U0463269

韩丛耀 主编

中国新闻传播技术史

A History of Chinese Journalism and Communication Technology

图像卷

于德山 编著

南京大学出版社

国家社会科学基金重大招标项目“多卷本《中国新闻传播技术史》”（项目号：14ZDB129）结项成果（结项证书号：2020&j015），获得国家社科基金办部分资助。

首席专家：韩丛耀

子课题负责人

朱永明　于德山　韩　雪

韩丛耀　贾登红　金文中

项目组主要成员

朱永明　于德山　韩　雪　王　灿

李　兰　陈　希　谢建国　许媚媚

贾登红　王　慧　金文中　杨志明

总 序
Preface

在人类社会漫长的文明进程中，科学技术起到了至关重要的作用。其中，信息传播技术，尤其是新闻传播技术，更是有如推进人类文明进程的铲道车。

人类的物质技术是支撑人类文明的有形脊梁，它架构起了人类的精神场域，不仅规范了人类的日常行为，更引导着人类文明发展的可能走向。人类的信息保存与思想传播的媒介，也由口语、文字、图像、印刷、摄影、电影、广播、电视逐步演进至现今的数字网络方式。这些信息保存与传播的方式，并非相互取代之关系，而是互相借鉴、累积，成为今日人类文明的共同记忆与文化遗产。

新闻类信息虽说不如政治、经济、军事对社会发展有直观而显著的影响，在持久影响方面，却隐匿而沉着地决定着人类文明的基本走向。欲行大道，必先辟路，传播技术披坚执锐，一马当先。

一

人类的信息储存与传播技术是由一种被称为“媒介”的物质文明承载的，最初主要由口语传播信息，后来由文字与口语共同传播信息。为了解决文字信息的保存和复制问题，人类又发明了印刷技术。

人类的终极梦想是复制世界，而用于复制文字信息的印刷术是一种针对信息传播文本的复制技术，不能满足人们复制现实的强烈愿望。于是人类在进一步完善视觉书写技术时，尤其是对相似性（类比性）图像倾注了大量的心血，产制了许多描写和叙述现实物象的图像。图像在能指和参照物之间应用了一种质的相似性，它模仿甚或重复了事物的某些视觉特征。为了追求图像对现实物象时间与空间的记录性和视觉形象的指涉性效果，人类不断发展完善视觉传播技术，又先后发明了摄影传播技术，以及以摄影为母体的电影、电视传播技术。现在，人们在数字技术的支撑下将口语传播技术、文字传播技术、图（影）像传播技术融合在一起，通过互联网进行多维传播。

人类社会就是在这一次次的复制技术、技术复制中发展起来的。

迄今为止，这种以语文（语言、文字、抽绎性符号等）为主要载体的线性、历时、逻辑的记述和文本复制的传播方式，以及以图像（图形、图绘、影像、结构性符号等）为主要载体的面性、共时、感性的描绘和现实摹写的传播方式，依然是人类社会信息的主要传播手段和技术程式。

信息传播技术的文明形态可视为人类文明形态构建中纲领性、砥柱性的脊梁，尤其是与人们日常生活紧密相关的新闻传播技术，已经内化为人类文化基因，渗透到现代社会每一个人的思想和文化血液之中。随着今日数字化时代信息与网络技术的成熟，信息传播的内容、工具与服务三者之间，不仅产生了前所未有的交融，而且获得了空前的整合发展机会。新闻传播技术决定了新闻传播内容的呈现方式。

纵观古今中外的新闻传播行业，如果以技术形态为中心视点，整个新闻传播行业无外乎文字传播技术、图像传播技术、摄影传播技术、电影传播技术、广播传播技术、电视传播技术和网络传播技术，人们形象地称其为文、图、声、影、网的新闻传播技术。

就具体的新闻技术而言，可分为采集新闻的技术、编辑新闻的技术和传播新闻的技术。就新闻媒介形式而言，可分为文字新闻传播技术、图（影）像新闻传播技术、电影新闻传播技术、广播新闻传播技术、电视新闻传播技术和网络新闻传播技术。而更深入的研究则要剖析新闻文本的生产技术、构成技术和传播技术，并且要诠释新闻的物质生产形态、技术构成形态和传播技术形态。只有这样，才能全面且深刻地阐明新闻传播的技术基础、媒介形式、社会场域和“历史原境”的重构，新闻传播技术史才能真正地反映新闻传播发展的历史轨迹，成为有“源”可溯的“信史”。

就中国的新闻传播技术而言，信息的摹写和复制技术大约经历了四个阶段：一是手工摹写阶段。手工摹写阶段是信息传播的“原始”时期，持续时间非常长，大致到唐宋版刻印刷技术诞生之前。手工摹写阶段的特点是，信息的采集、构成与传播等阶段均依赖手工，与口语相比，信息尤其是造型式信息具有唯一性、难以复制等特点。由此，限制了信息制作的数量与传播的广度，也影响了信息新闻性的发挥。二是手工复制（刻印）阶段。这一阶段也是我国信息传播的“史前史”时期，大致持续到晚清画报诞生之前。手工刻印是在手工摹写的基础上，将传播的信息翻刻于石砖、木质、金属等材料之上，再将其大量翻印到纸质材料之上。唐宋以来，随着佛、道等宗教文化与商业文化的不断发展，手工刻印技术开始大规模应用于文化、经济、宗教等领域，带动形成了中国古代信息传播的一个个高峰期。三是机械复制阶段。从晚清画报开始，通过引入和使用西方石印、铅印、胶印等现代印刷技术，传播的信息被制作成印刷版面，开始通过印刷机大规模复制印刷。正是通过这一传播技术的发展，中国近代诞生了真正意义上的新闻与新闻媒体。四是数字复制阶段。大约从 20 世纪 70 年代开始，数字复制与传播技术被大规模地运用到新闻传播活动之中，并逐渐大众化。目前，数字复制技术的核心内涵为语、图、文的音像信息多媒体再现，涉及跨媒体出版技术、印刷色彩管理技术、泛网络化的数字生产技术、印刷数字资产管理技术和计算机集成印刷与管理技术等关键技术，这也预示了新闻传播的智能化、即时化、个性化、按需化和跨媒体化等发展趋势。

在人类文明发展进程中，人们始终面临着信息处理、信息储存与信息传播的问题。许多科学家与发明家不断投入心血，期盼能提出一种与时俱进、功能周到的信息处理技术方式，协助人们进行庞杂的数据处理工作。如同美国传播学者尼尔·波斯曼所言，技术的变迁所带来的不单是工具数量的增减，而是引发了一种生态性的、整体性的变迁。[①] 换言之，当我们看到某一种技术被一个社会普遍接受、使用后，我们看到的并不是“多了一个工具”或是“多了一种做事情的方法”，而是人们身处其中并据以行动的社会环境的整体性转变。

需要警惕的是，人们在复制摹写信息时，不仅瓦解了原作的单一性，也建构起新的“形象”。复制摹写技术带给这个时代、这个社会的最大冲击，是带来了作品的非真实化、事物的非真实化以及复制信息对社会和世界的非真实化。

① ［美］尼尔·波斯曼：《技术垄断：文化向技术投降》，何道宽译，北京：北京大学出版社，2007 年，第 134 页。

现代复制摹写技术旋涡似的吸引着人们，没有人能抗拒，也没有人能逃脱。由于复制技术发展迅猛，复制摹写对人类社会的影响也越来越广泛，它已渗透到人类生活的每个领域，从天文到地理，从艺术到科学，从考古到工业，从宏观到微观，无所不在，无所不为。复制摹写技术已成为一种不可或缺的社会生产力，成为一种人们创造性活动的助力，成为推动社会变革的重要工具。就目前状况而言，复制摹写技术以不同的方式渗入不同的文化之中，带来了有形和无形的变革。信息的复制摹写技术造就了一个大众的文明。

二

以媒介技术的本质特征为原点，以各项传播技术的原理及技术流变为基础，结合历史“原境重构”的考察方法，我们可以发现，新闻信息主要通过以下几类应用传播技术实现传播。

文字传播技术。“文字是人类岁月的记忆”[①]，在早期口语传播的年代中，历史只能通过人类的大脑记忆被留存；文字产生后，人类的大脑记忆容量被突破，音形语义成为人类岁月的记忆，文字也成为人类文明产生的重要标志。当文字符号转化为信息与新闻的社会性交流工具时，相应的传播技术就成了文字新闻快速、广泛、有效传播的重要保障。

中国的文字技术发展较为复杂，早期随载体而得名者，有甲骨文、金文、陶文等。一方面，作为记忆的延伸，这些记录的使用对象多以官方、贵族或知识分子为主，这些记录类似政府的文书档案，或是在家族中世代相传，在信息传播的功能上并不突显。另一方面，因为庞大的载体体积与重量，信息水平传播的范围也受到了极大限制。

中国古代四大发明之一的印刷术是中华民族贡献给世界的最伟大的技术发明之一，它开创了人类表征社会的基本技术形态，是媒介信息社会现代性的开端。从纸、笔、刀、版、墨、砚、刷，直至活字印刷的发明与使用，无不凝聚着我国古代劳动

① Wilbur Schramm. *The Story of Human Communication: Cave Painting to Microchip*. New York: Harper & Row, 1988, 77.

人民的技术智慧和科学理想。从公元前 2 世纪西汉出现了具备新闻传播功能的机构“邸”，到唐代出现了“敦煌进奏院状”，再到清末现代意义上“新闻报纸”的刊布发行，以文字为主体的中国古代书写、复制传播技术发展同中华文明的发展同步，成为中华文明传播和发展切实可靠的技术保障，甚至可以说，没有中国古代传播技术的发展和进步，就不会有中华文明的辉煌。

本课题对中国近现代新闻传播技术史的考察重点放在清末民初和中华人民共和国成立后两个历史时期，其中又以后者为重。对清末民初阶段的技术史分期，主要以这一时期与新闻传播密切相关的“采、印、发”过程中的几种重要技术（印刷技术、电报技术、交通与新闻等）为核心内容进行概括、梳理和阐述。

图像传播技术。从技术原理上讲，图像与影像（摄影、电影、电视等机械工具生产的图像）的本质区别是，图像对现实物象是“非等比复制”，而影像（机具图像）对现实物象是“等比复制”。图像是一种结构性的视觉传播符码，它是经过作者观念抽绎的选择性物象描写与表征，它的现实指涉性很强。在从古至今的新闻信息传播中，图像传播表现出一种绝对的优势，图像技术的特性决定了信息传播的样态。

图像是人类最古老而又不断绵延更新的文化基因，每一个视觉图式都映现着人类的精神范式。从类人拿起第一根木棒、掷出第一块石头起，它就伴随着人类，表征着人类的情感与其对自然、对世界的认知，记刻着人类走过的所有历程，形成自类人到人类，直至今天的完整的文化基因谱系。人类在地球上已生存了数百万年之久，但人类社会有文字记载的历史只有数千年，并且在这数千年的历程中，人类大部分文明进化形态仍然隐含在视觉书写的图像范式之中未被领悟。

图像形态是一个民族最悠久的文化符码，它不但是一种象征形态，而且是一种相似形态，更是一种迹象形态。它痕迹性地或者说生物性地葆有这个民族的文化基因，它比文字更古老、更直观、更形象。图像天生具有视觉传播的指涉性、象征性、类比性、痕迹性等优势，自然地留存着人类物质文明的和非物质的原生形态，正是其所蕴含的无比丰盈的人类历史文化内核，使人类在面对一场场巨大的自然灾难和历经一次次社会动荡后，仍有复生与崛起的力量。

图像为人类的信息交流提供了基础，也为新闻信息提供了巨大的传播空间，更为我们详尽了解和分析人类在世界中的作用提供了条件。时至今日，图像新闻已渗透到人类社会新闻传播的方方面面，无所不及。世界的“现实”，本质上已不属于物象自身，而是属于人与物之间的关系，属于人们阅读图像新闻后所产生的意义。图像新闻传播已成为现代传播的一种最有效的方式和途径，成为一种不可或缺的社会生产力（如文化建设、新闻宣传、国际传播、信息交流、舆论引导、伦理构建、政治诉求等），成为一种创造性的人类思维活动，成为人类观察自然、社会和自身的有效工具，成为一种文化的力量。

摄影传播技术。摄影术是人类社会近两百年来最伟大的发明之一，它改变了人类的命运，加速了社会现代化的进程，深刻地影响着人们的日常生活和社会的政治地图。它与自然、社会和人的密切程度是任何一种媒介传播技术都无法比拟的，如同水和空气一样融入人类社会的日常生活。

摄影技术可以复制现实时空的神奇功能一旦运用于传播领域，即开辟了新闻信息传播的新天地。摄影融入生活。摄影对信息的传播，改变了千百年来人们认知世界的方式。摄影因为传播而强大，传播因为摄影而改变。人类社会由此开始了真正意义上的从实体社会向信息社会的转变。在传播新闻信息时，新闻影像的现实指涉性很强，表现出一种绝对的传播优势，成为当今媒体传播的最有效的技术手段。新闻摄影的技术特性甚至可以决定新闻传播的实现样态。

我们“从印刷人（Typographic Man）时代走向图像人（Graphic Man）时代的这一步，是由于照相术的发明而迈出的”[①]。维尔纳·卡尔·海森伯认为“技术变革不只是改变生活习惯，而且要改变思维模式和评价模式”[②]。这一点在新的传播环境，尤其在以互联网为主要依托的数字新闻摄影技术中体现得十分明显。数字新闻摄影技术创造了全新的“议程设置”环境，信息的传播者和接收者之间的界限被模糊了，每个人都既是新闻影像信息的传播者，又是新闻影像信息的接收者，并同时具有媒介和内容的双重身份。

电影传播技术。1895 年电影技术的发明，就像在天空上点燃了太阳，它的光

① [加]马歇尔·麦克卢汉：《理解媒介：论人的延伸》，何道宽译，南京：译林出版社，2011 年，第 219 页。
② [加]马歇尔·麦克卢汉：《理解媒介：论人的延伸》，何道宽译，南京：译林出版社，2011 年，第 83—84 页。

华使人眩晕，使人迷恋。它使得人类的传播媒介得到一次超时空的提升，人类真正进入视觉传播时代，传播话语的声音显得格外洪亮。

电影从一开始就在信息传播和历史纪实方面显示出它的独特优势。从默片到有声片，从黑白到彩色，每一次技术改革都对人类社会产生了巨大的影响。电影技术的进步历程记录着人类社会的现实和理想，电影技术真实书写了人类历史的视觉档案。电影传播技术对人类文明所起到的作用是非常独特的。

从本质上来说，电影（胶片电影）与摄影没有什么不同，它们都是一种技术性图像。以摄影为母体的电影是利用了人类的视觉暂留。视觉暂留也被称为视觉记忆，时间一般在 50~200 毫秒。也就是说，如果我们每秒能给出 20 格画面的话，那么人类的视觉就分辨不出其中的间隔。电影机的放映速度是每秒 24 格，在人们看来画面是连贯流畅的，并无间隙。简单地说，即摄影以较慢的速度将图像一幅一幅给我们看，于是我们看到“静止的图像”，而电影（胶片电影）则以小于 50 毫秒的换幅时间将图像一幅一幅给我们看，于是我们看到了“活动的图像”。

广播传播技术。婴儿的第一声啼哭，意味着一个新生命的诞生，声音被比拟为人类在这个世界上的“第一知觉登记簿”。声音对人类具有生物学上的遗传性、物理学上的定义性、心理学上的依赖性和社会学上的文化性特点。声音是人类最古老的传播媒介，也是最大众化的传播媒介，不管社会、科技、文化如何发展，声音将永远伴随着人类社会，伴随着人类的信息传播，伴随着人类生命的全过程。

就字面意义而言，传播即广播，即广为播散，广为播散就是传播。字面的意义也传递出广播这种专门传播技术的本质和目的。作为传播技术的广播是一种运用声音传递信息的技术。到目前为止，它依然是受众最广、速度最快、效率最高的信息传播技术。

美国学者威尔伯·施拉姆曾言，“历史，是被人记住的话”[①]，直到文字出现前，人类的历史只能靠口耳相传，以说故事、唱诗歌的方式来延续。美国学者罗伯特·默顿强调，在文字发明以前，各民族中历史传承的唯一方法，是通过说故事、

① Wilbur Schramm. *The Story of Human Communication: Cave Painting to Microchip*. New York: Harper & Row, 1988, 77.

唱诗歌一代一代延绵下去，默顿特别以“口语公布”（Oral Publication）来说明口语传播的独特性。[①]作家伊林也指出，人本身就是一本活生生的书，它有手有脚，它不是放在书架上，它会说话，还会唱歌。口语传播的实例，有荷马的史诗、基督教的《圣经》、佛教的经典与儒家的《论语》等，口语传播技术在人类历史的知识传承中，占有非常重要的地位并且具有极为深远的影响。人类具备面对面以口语传递和接收信息的能力，只是信息的记载仅能依靠大脑，同时囿于时空的阻隔，面对面口语传播信息的范围是相当有限的。

现代广播技术正向着数字化和网络化方向发展，这意味着更快的传播速度、更好的传播覆盖性和渗透性。广播在满足人们信息需求的同时也缩小了城乡信息差，使人们的文化价值观念产生了持续的潜移默化的改变，直接影响到人们的生活方式。

电视传播技术。电视传播技术已经成为今日人类社会文化构成的一部分，也是国家重要的新闻传播手段。电视技术引领着新闻传播界的技术革新和传播技术的革命，电视传播技术是一个国家科学技术水平的综合反映，电视技术样态的变化直接反映出一个国家科学技术的进步。今天的电视传播已经融合了多种媒体技术，开始出现新的传播信息技术形态。

1926年，电视技术的诞生和应用，宣告了综合运用文字、图像、声音的新传播时代的来临。电视技术的不断完善和发展，造就了传播的划时代格局。在电视发明之前，大众传播媒介传递的信息仅仅限于文字和图像的结合，但有了电视技术之后，格局就不同了。声音与图像、文字可以借助电子设备大量而且极迅速地进行共时传播，全世界真正进入信息共享、历时即时共存的传播时代。电视的普及使得视像成为继文字、声音之后又一信息传播的重要手段。

电视的意义，在于它改变了时空的距离、地域的差异，使人们仿佛生活在地球村里，这就是信息时代的显著特征。信息时代之前不能做的事，甚至是很难想象的事，现在都可以做到了。

需要警惕的是，在电视传播时代，图像不断地以极其强悍的态度侵入极私密化

① ［美］罗伯特·默顿：《美国社会学传统》，陈耀祖译，台北：巨流图书公司，1987年，第11—13页。

的家庭，以视觉霸权的手法侵犯人心；电视图像成了一种消费时尚，更重要的是，这种图像会变成一种技术性伪真的手段。

网络传播技术。网络传播技术开启了信息传播技术的新模式。从通信到媒体，从媒体到自媒体，网络传播技术的发展是催生这种信息传播形态变化的内在动力，同时也是这种信息传播形态变化的技术保障。网络传播技术决定了网络信息的形态，网络信息是完全依靠网络传播技术的发展而发展起来的新的媒体。

19 世纪初，英国数学家巴贝奇便首次提出了计算机的构想。而在第二次世界大战期间，美国政府投入大量资源进行计算机的研发。第一部能够执行庞杂运算任务的计算机 ENIAC（Electronic Numerical Integrator and Computer）于 1946 年诞生，并在 20 年内进入商业领域。到了 20 世纪 70 年代，随着微处理器工艺的成熟，个人计算机也就逐渐地进入人们的生活。在技术成熟后，计算机以惊人的速度处理着数量惊人的各类信息。互联网至今也历经了约 50 年的发展。它于 20 世纪 90 年代进入人们的日常生活，串联起世界各地不同的人群与思想。

计算机的出现，促成不同于以往的媒体技术的产生，信息载体的发展相当迅速，信息表达的媒介从文字、符号、图像转换到“0”与“1”，载体的容量更是以无法预测的速度持续增加。计算机的发展带来信息载体的发展，包含以纸为介质的媒体，如打孔卡、打孔纸带等；也包含以磁性物质为介质的媒体，如磁带、卡带、匣带、磁鼓、软盘、硬盘等。数字化传播和储存的精神也只能就此时彼刻来诠释其时代意义，未来的信息传播技术能到达哪里，或许也是无人能预测的。

数字技术下的网络信息几乎融合了所有的媒体形式。技术决定样态，新闻传播也不例外，新闻传播技术决定新闻传播业未来的样态。但同时我们也会记住 1939 年世界科学技术博览会的口号（“你能想到的，科学技术都能实现”）和 1999 年世界科学技术博览会的口号（“科学技术实现的，你还没有想到”）。到 2059 年世界科学技术博览会开展时，它的口号会是什么？

以上简要地描述了几类应用传播技术，必须强调的是，这种分类是论述性的而非定义性的。在现实的社会生活中，所有媒介的技术再现都是异质的，所有媒介的再现技术都是混合的。

三

世界上每一种事物都有其固定不变的物理成分，都有凸显其本质特征的技术因子。当我们将研究的视点锚固在信息生成与传播的技术元素上，通过对传播技术的研究和人类文明进程的分析，就可以找到构成人类文明与传播技术的最大公约数。因为任何社会信息都有其共轭的物象，而共轭关系是可以建模讨论的。

我们知道，最严密的科学研究应是任何人都无法对其自身的特征提出异议，而只能考虑其可能性的。对人类文明与传播技术的研究就是确定信息传播的可能性之极限，在定性的前提下取得定量的表征数据，取精用宏，尽微至广。

在人类文明发展进程中，人类如何看待历史与时间，在不同的文化背景下，有着相当多元的看法。古希腊人认为，人类文明是由传说中的黄金时代、白银时代、青铜时代、英雄时代一路衰退到黑铁时代。这是认为人类文明的演变是由高位向低位衰退，最终将面临毁灭的命运史观。罗马人认为，时间就是一种价值观与传统的延续，因此罗马人尊重传统，慎重地保存过去所留下的种种制度与纪念物。19 世纪的欧洲，历经资本主义发达与全球扩张，“进步”成了当时欧洲思维的基调。[①] 对技术与文明进程的省思以及伴随而生的各种争论，仍将是历史哲学家们所关注的议题。

20 世纪对人类文明来说，是一个重要的转折点。在科技上，石油、原子能与计算机，先后成为人类社会运作最重要的动能，给予人类文明在发展上难以衡量的驱动力；在政治上，人类面临两次惨绝人寰的世界大战，死者千万，继而又历经冷战时期。这种科技与政治上的巨变，是 19 世纪之前人类未曾面对过的。而在社会上，充斥着各种千禧年主义的流言，加上金融危机的推波助澜，似乎人类的命运即将在迈向历史的巅峰之际急转直下，回到石器时代。

然而我们已经看到，20 世纪结束了，但是历史并未走向终结，21 世纪已安然地来到了第 19 个年头。以微软窗口操作系统为例，Windows 98、Windows XP、Windows Vista、Windows 7.0、Windows 10.0 问世时，大家都认为当时的窗口操作系统已经发展到了最高位。但是事实证明，由于商业趋力与来自市场的实际需求，计

① ［英］齐格蒙特·鲍曼：《流动的现代性》，欧阳景根译，上海：上海三联书店，2002 年，第 172 页。

算机产业仍会不停地推陈出新，提供各项新产品与新服务。人类文明的演变也是一样，目前在进行的数字化工作，只是为了让人类文明更快、更好地传递下去。人类不能自我膨胀，认定此刻正在主宰历史的最高点；也不要轻视自己在漫长人类文明发展中所扮演的角色。人类社会如何发展自有它的规律，我们可以认知，但无法主宰。

如果说，早期对新闻传播的技术需求是为满足社会的信息和知识的传播，那么在数字化之后，人类的需求逐渐多元化、精致化，新闻传播的发展环境日趋复杂，早已超出纸张墨水的限制。在社会强力建构的形塑之下，新闻传播技术不断变革以回应变化和需求，高科技成了最受重视的香饽饽，传统技术只能黯然隐退，以往那种“老师傅式”的工作方式也成为高效率的阻碍。从单一技术角度来看，传播技术的发展似乎带给人更多的自由与选择，但是从整个技术系统来看，技术发展带来的是全盘控制与更少的选择。新闻传播行业竞相投资各类高科技机器设备、竞相争抢访问流量的结果，是无可避免地落入雅克·埃吕尔对现代技术自动化与单一性的批评，各家新闻传播行业的数字化产品产出质量差异不大，失去活版印刷时代各家应有的手工技术特色和人文色彩，人的价值隐没在新技术中，技术价值反而无法彰显。而新闻传播业为提高竞争力，以符合高科技设备的工作能量，必须争取更多业绩，降低投资成本，将数字化所结余的流程效益，全数投入移动产品阅读量的竞赛之中。人在技术滚轮中拉扯的力量愈来愈大，到达某一个极致后，在技术与社会互动之下，或许将再度迎来另一个技术发展的新阶段。相信人类可以看到，借由目前的努力，下一个时代的人类也将有机会，通过不断更新的传播技术认识千万年来祖先所经历的演化与冒险。

作为信息传播尤其是新闻传播的介质和载体，传播技术的发展与变化对于人类文明发展具有重要的影响。从社会发展历程来看，任何一种传播技术的出现都会带来一种新的信息传播模式，而新的传播技术形态必将构建一种新的文明形态。传播技术就如同人类文明道路上的铲道车，总是在人类社会文明发展的前夜提前出发，为人类社会的文明发展道路清除阻碍。

我们深知，中国新闻传播技术史的书写应该以新闻传播技术发展史为主线，外延为中国的科学技术史，内涵为中国新闻传播的思想史。在古为今用、洋为中用的现代中国，新闻传播技术决定着媒介的形态，因此在科学技术史学的视野下构建中国新闻传播技术史学的结构动力学框架是学术自觉的必然选择：一是建立中国传播技术史学独特的叙述性结构；二是厘清新闻传播技术与其他传播技术的边界。

一位以色列学者曾经对笔者说：中国人如此注重思想史的书写令人震惊，也产生了令人震惊的理论科学成果；但中国人如此轻视技术史的书写也同样令人震惊，并产生了同样令人遗憾的技术科学成果。他的话至今令我心痛，因为他说得不错，中国历史上的情况确实如此。而传播技术与文明进程的关系研究一天没有列入中国学术研究的必备清单并让相关问题得到切实解决，中国学术研究的科学性就仍要接受国际学术界的质疑。

虽然中国新闻传播技术史的书写是艰难的，但我们仍然执着地寻找书写新闻传播技术史的文化架构——一个属于新闻传播技术自身历史的文化架构，并试图去确定文化架构的核心。因为每个文化架构都有一个神圣的核心，它是文化、社会和政治的汇聚之所，这个神圣的核心有助于社会和政治的定位，有助于社会成员认清自身及自身所处。

韩丛耀

2019 年 6 月 6 日

目　录
Contents

导 论

Introduction

近些年来，有关中国图像信息（绘画）的研究成为中外学界关注的热点，涉及美术学、考古学、历史学、美学、新闻传播学与视觉文化研究等多个学科与研究领域。比较而言，新闻传播学对中国图像信息的研究主要集中两个方面，一是近代以来的画报研究，二是当代的影视与新媒体视频传播研究。在这两方面的研究中，有关图像信息新闻传播的研究还不够充分，以新闻传播技术发展为主线进行中国图像新闻传播技术史的探究更是鲜有论者涉及。我们知道，技术一直是新闻传播的组成因素，并在近代以来成为促进新闻传播发展的最为重要的因素之一，图像新闻作为新闻传播的主要类型之一，在我国新闻传播事业之中也占据着极其重要的地位，技术因素在图像新闻传播中所发挥的作用更为突出。基于此，本研究将聚焦于图像新闻传播技术，从此视域探析中国图像新闻传播技术发展的历史。

一、图像信息符号辨析

《中国新闻传播技术史 · 图像卷》是国家社科基金重大项目“多卷本《中国新闻传播技术史》”的一个组成部分，本卷研究集中于图像新闻传播技术史，涉及图像信息符号与图像新闻传播技术两个“破题”的核心概念。

1. 图像信息符号

图像信息符号是人类最古老和最基本的符号之一，具有叙述性和传播性的基本特征，[①] 在中华文明史之中发挥着重要的作用。从“符号”的“能指”层面看，线条、

①［瑞士］费尔迪南 · 德 · 索绪尔:《普通语言学教程》，高名凯译，北京：商务印书馆，1980 年，第 37—39 页；［法］罗兰 · 巴尔特:《符号学原理》，李幼蒸译，北京：生活 · 读书 · 新知三联书店，1999 年，第 30—32 页。

色彩、空间位置等形式因素构成图像的“能指”，形成富有意义的“视觉空间”。古代的“图”“画”“象（像）”“形”等词汇大都与图像有关。

《说文解字》中“图”为“囗”部，解释为“图画计难也。从囗从啚。啚，难意也”。清代段玉裁的《说文解字注》注解为：

画计难也。《左传》曰。咨难为谋。画计难者，谋之而苦其难也。《国语》曰。夫谋必素见成事焉而后履之。谓先规画其事之始终曲折。历历可见。出于万全。而后行之也。故引伸之义谓绘画为图。聘礼曰。君与卿图事。释诂曰。图，谋也。小雅传曰。虑，图皆谋也。从囗。规画之意。从啚。啚，逗。难意也。说从啚之意。啚者，啬也。啬者，爱涩也。慎难之意。[①]

绘画虽然是“图”的引申义，但是这一字义在汉代已经被广泛使用。至于“画”，《尔雅》释“画”为“形也”。《说文解字》释“画”为“介也。从一，象田四界。一所以画之，……引申为绘画之学”。《释名》释“画”为“画，挂也。以彩色挂物象也”。《周礼》记载了“卦之为言，挂也，挂万象于上也”的观点，可以与之互释。《广雅》释“画”为“画，类也”（《周礼·春官·大卜》）。总的分析，这些解释基本上代表了汉魏时期人们对“画”的看法，点明了画的“形、类、象形”等特点。有论者认为，“画”字的本义是手执笔一类的工具描绘刻画纹饰之义，《说文解字》所说“画”字“象田四界”的解释是受到战国讹变字形影响产生的，它只是引申义并不是本义。“画”字的初文形体到西周金文演变过程所体现的形义变化，揭示了先秦绘画纹饰的形式和发展。“画”字初文所体现的是用画纹饰表示绘画之义。这里透露出的是，在绘画较原始阶段，画纹饰是绘画的重要组成部分。可以说中国绘画以线条为主要表现语言，从“画”字的初文中也能充分体现。[②]此说如果能够成立的话，那么确实揭示了古代先民刻画实践的实质。

在《周易》中，“象”与“形”已是一对相似而又有所区别的重要范畴。《周易·系辞上》认为“在天成象，在地成形，变化见矣”，显示出二者的区别。《周易》中言及“形”“象”的还有一处，“见乃谓之象，形乃谓之器，制而用之谓之

① [汉]许慎著，[清]段玉裁注：《说文解字注》，上海：上海古籍出版社，1981年，第277页。

② 李洪财：《出土文献“画”字形义疏证》，北京大学考古文博学院编：《高明先生九秩华诞庆寿论文集》，北京：科学出版社，2016年。

法”（《周易·系辞上》），出现的物形是“象”，制成物形的是“器”，制作和运用的方法是“法则”。其中“形”的词性虽有变化，但仍包含着“形状”之义。依“象”来制器，就是“制器者尚其象”的圣人之道，而“形而上者谓之道，形而下者谓之器”（《周易·系辞上》），则又说明了围绕着“形”，“象、形、意”之间的关系十分密切。总的看来，历史中有关“形”与“象”的论述可以概括为三点：第一，“形”与“象”可以并举，“形”与“象”代表了地与天的两种物态，都具有极其鲜明的可视特征。《周官》郑注论及“六书”之中的“象形”时认为：“象形者，画成其物，随体诘屈，日月是也”，不仅说明“象”与“形”可以并称，而且还说明了“形”“象”在文字与图像的形成过程中的重要作用。第二，“形”与“象”互孕，因象而“形器”，“形器”又可“象”道，二者之间没有主次之分。第三，“象”偏重自然物象，“形”侧重于人工物象，“形器”之中蕴含着“道象”，正是由于“形”与“象”之间的紧密关系，“形”与“象”的含义在不断地趋同。《周易》认为：“故《易》者，象也，象也者，像也”；《说文解字》释“形”为“象也”，又释“像”为“象也”；段玉裁进一步认为“在天成象，在地成形，分称之，实可互称也”“凡言象某形者，其字皆当作像”，[①]这样，“象”“形”“像”三字就具有了源流上的“血缘”关系，并在实际的使用中不断互释与互换。

上述几个概念所指称的对象大多可以列入我们研究的范围。但是，本卷所指的图像信息强调其符号化、文本化与媒介化等特征，只有这样，图像信息才有可能被制作、储存与传播。从这一角度分析，所谓形象、想象、心像（心相）、幻象等图像的泛化概念[②]一般不会被本研究论及。

从图像信息符号的视觉形式与对象物之间的“模拟关系”分析，图像信息符号可以分为等比图像信息与非等比图像信息。所谓等比图像信息重在表现对象物的物质外表特征，典型是现代等比图像信息——照片与影像，它是一种使用机具技术（照相机、摄像机等机器）生产的等比缩放图像信息，影像与对象物之间严格遵循理化原理，有着严格的比例关系，因此，现代照片与影像是一种典型的等比图像信息；

①［汉］许慎著，［清］段玉裁注：《说文解字注》，上海：上海古籍出版社，1981 年，第 424 页。

②［美］W. J. T. 米歇尔：《图像何求？——形象的生命与爱》，陈永国、高焓译，北京：北京大学出版社，2018 年，第 2 页。

所谓非等比图像信息是指并非严格按照等比缩放而制作的图像信息符号，传统的手绘图像信息和版画一般都属于这类图像信息。非等比图像信息是一种结构性的视觉传播符码，“它对物象的转形呈现总是经过图像信息作者观念抽绎的一种选择性描写与表征，从传播技术的角度考查，它没有‘冗余’性信息（噪音）呈现，在传播新闻信息时，它的指涉性比其他任何一种新闻信息都强，但它的证据性信息又很弱。这种技术特性使得它在新闻传播中表现出一种绝对的优势”[①]。非等比图像信息虽然在新闻传播活动中具有“优势”，但是由于图像制作的复杂性与难度大，加之现代新闻客观性的加强以及媒介技术的发展，非等比图像信息在现代新闻业中在不断“衰落”，体现了现代以来，图像技术在新闻传播业之中的特殊发展特点。

从复制印刷的角度分析，图画原稿按其阶调变化情况，图像信息符号可以分成线条图画及连续调（Continuous Tone）图画两大类。线条图画是线条、色块原稿，没有色调深浅感觉，如手书文字、美术字、图表、钢笔画、版画、地图、图案花纹等；连续调图画是有晕染层次变化的连续调原稿，如炭画、油画、水墨写意画、水彩画及摄影图片等，其中又各有单色及彩色之分。[②]这两类图像的刻版与印刷工艺有所区别，比如，连续调原稿的古代复制涉及多版套印技术，现代制印技术则涉及加网照相制版与套印技术。

按载体的透明特性，我们可将印刷图像的原稿分为反射稿和透射稿两种。反射原稿是以不透明材料为图文信息载体的原稿，如照片、各种画稿、印刷品原稿等。透射原稿是以透明材料为图文信息载体的原稿如负片、天然色反转片等。使用最多的是天然色反转片，其图像是被摄物体的正像，色彩与被摄物体相同。此类原稿色彩鲜艳，层次分明，清晰度高。彩色负片是指我们生活中熟悉的彩色底版，其图像是被摄物体的反像，与被摄物体的明暗程度恰好相反，与被摄物体的色彩互为补色。由于彩色负片的反差系数小，形成彩色透明影像的反差偏低，色彩又与实物的色彩互成补色，所以在观察时要正确判别图像不如天然色反转片容易，因此极少用作原稿。[③]

① 韩丛耀：《图像：主题与构成》，北京：北京大学出版社，2010 年，第 64 页。
② 罗福林、李兴才：《印刷工业概论》，台北：中国文化大学出版部，1987 年，第 388 页。
③ 钟永诚主编：《古今印刷术》，济南：山东科技出版社，2008 年，第 66 页。

我们按图像记录方式，可以将图像分为模拟图像和数字图像。模拟图像可以通过某种物理量（如光、电等）的强弱变化来记录图像亮度信息，例如模拟电视图像；数字图像则是用计算机存储的数据来记录图像上各点的亮度信息、由像素点阵构成的位图。在计算机中常用的存储格式有 BMP、TIFF、EPS、JPEG、GIF、PSD、PDF 等格式。按图像的点空间位置和灰度的大小变化方式，图像可分为连续图像和离散图像两类。所谓连续图像是指在二维坐标系中具有连续变化的灰度值（表示颜色的深浅）的图像，其深浅变化是无级的。例如照片图像、电影图像都是连续图像。所谓离散图像是以一定网格为周期，把 X、Y 坐标轴划分为棋盘式的网格，仅取离散的各个交点位置上的灰度值所构成的图像，也称采样图像。印刷、电脑和扫描图像都是离散图像。[①] 这两大类图像是现代计算机技术与信息数字化发展的结果，表现了当代图像信息数字化发展的趋势。

结合上文分析，我们发现，图像依据不同分类标准可以分为多种类型。非等比图像既可以是线条图像，也可以是连续调图像，而等比图像则一般为连续调图像。根据课题实施的总体安排，本卷研究将重点关注我国非等比图像信息，重点从线条图像和连续调图像的制作与印制工艺区别入手，分析图像制作与传播技术发展史及其对于图像新闻的影响。

2. 图像新闻传播技术

具体到图像新闻传播技术，我们发现相关技术涉及具体的技术形态、工具、材料及其组织形式，图像新闻则包含新闻采写、文本构成和社会传播三个基本过程，显示了图像新闻传播技术的物质生产形态、媒介构成形态和社会传播形态，涉及图像信息符号制作与传播的人（群体）、材料、器具、工艺、受众、传播渠道、组织、政策等方面。具体到中国古代图像信息技术，我们发现，“技术”一词在古代实际上是“技”与“术”分称，分别有技艺、技能和工匠、方法、策略、知识、学习等含义。而现代技术概念中的工具、设备、设施、装备等含义在古代则包含在“器”之中。[②] 因此，在研究中国古代图像信息传播技术时，我们将结合

① 陈永常主编：《现代印刷技术》，北京：化学工业出版社，2003 年，第 20 页。
② 吴国盛：《技术释义》，《哲学动态》2010 年第 4 期。

“技”“术”“器”“具”“艺”“巧”等概念，分析其中包含的技术观念及其衍生出来的实践活动。同时，由于中国图像新闻的历史较短，我们在分析图像新闻技术时也将使用图像新闻的广义概念，即图像信息，在全面梳理中国古代图像信息技术发展历史的脉络中，分析中国图像新闻技术的发展史。

二、中国图像信息传播技术历史的分期

我国现代意义上的新闻传播活动直到近代才真正出现，但是图像信息传播活动早在先秦时期就已经十分频繁，并在其后随着技术的发展形成了中华图像信息独具特色的文化传统，因此，我们对中国图像新闻传播技术历史的梳理要上溯到先秦时期。张树栋从印刷技术的角度，将中国印刷历史分成“准备与发明（起源时期）”“手工印刷的发展与繁荣（古代史部分）”“近代印刷术的传入与发展（印刷近代史部分）”“现代印刷术的兴起（现代史部分）”等四个时期。[①] 这一分期对本课题研究颇有借鉴价值，结合我国图像信息制印的特点及其最新发展情况，我们大致可以认为，中国图像新闻传播技术经历了四个阶段。

1. 手工制印阶段

手工制印阶段是图像信息新闻传播的“前历史”和“黎明前”时期，可以分为手工绘制阶段和手工刻印阶段。手工绘制阶段持续时间非常长，大致到唐宋雕版印刷技术兴盛之前。图像信息手工绘制阶段的特点是，图像信息的制作工具、材料、制作过程与传播等环节均依赖于手工完成。与语言符号相比，图像信息符号尤其是图像信息的造型符号具有唯一性、难以复制或者复制时间长等特点，由此，限制了图像信息制作的数量与传播的广度，也影响了图像信息“新闻性”功能的发挥。手工刻印阶段从隋唐大致持续到晚清报刊诞生之前。手工刻印是在手绘图像信息的基础上，将图像信息翻刻于石砖、木质、金属等材料之上，[②] 再将其翻印到纸质等材料之上。唐宋以来，随着佛道等宗教文化与城市商业文化的不断发展，手工刻印技

① 张树栋：《试论中国印刷史的历史分期问题》，《印刷技术》1992 年第 10 期。
② [德] 雷德侯：《万物：中国艺术中的模件化和规模化生产》，张总等译，北京：生活·读书·新知三联书店，2012 年，第 2 章。

术尤其是雕刻制版技术不断成熟，造纸术不断出新，一般纸张制造量增加，图像信息开始大规模应用于宗教图像信息、纸币图形、书籍插图、画谱、年画、招贴画等图像信息制作与传播活动之中，形成中国古代图像信息传播的一个个高峰期。

2. 机械刻印阶段

从晚清报刊与书籍开始，通过引用西方石印技术、珂罗版技术、铜版技术、照排技术、胶印技术等现代制版与印刷技术，图像信息被以化学、光学等技术方法制作成印刷版面，开始通过印刷机大规模复制印刷。这些技术虽然并不是促成中国图像新闻的媒介形式、组织与传播等现代新闻活动形成的根本原因，但是无疑极大地促进了中国近代新闻传播尤其是图像新闻传播的发展速度。

3. 电子成像阶段

这一阶段与机械刻印阶段有所重叠。但是二者发展的侧重点不同，机械化刻印阶段主要展现的是照相制版与机械化印刷的技术特征，电子成像阶段则强调的是图像信息的电子化制作与传播的特点。随着摄影术与录像技术的不断发展及其在新闻传播中的普及应用，图像制作进入电子（模拟）成像阶段。印刷方面，电子扫描仪、电子刻印机等电子制版技术开始使用于图像制印之中，图像制印进入电子时代。广义图像新闻传播越来越让位于照片与运动影像，非等比图像信息新闻传播的数量与影响力都在逐渐递减，狭义的图像新闻在体裁上多集中于新闻插图、新闻漫画与具有一定新闻性的宣传画等方面。

4. 数字成像阶段

随着 20 世纪 90 年代以来数字传播技术的发展，各种绘图软件出现，可以绘制出各种图形乃至三维人像与情景图，这种技术被应用于新闻传播实践之中，由此，图像新闻传播在当代新闻传播中又恢复了难得的生机。近几年来，随着所谓大数据时代的到来，新闻信息可视化与虚拟影像技术（VR）成为热点，不仅受到新闻业界的追捧，也受到新闻学界的关注。从本质上分析，新闻可视化表达并非原有的图像信息或者影像式（电影新闻纪录片、电视新闻乃至视频新闻等）表达，而是基于海量的新闻信息而形成的图形、图像信息、图表等视觉表达方式，这种视觉表达方式体现出一种新型的视觉观念与视觉思维，可谓当前媒介融合语境中图像新闻传播的最新发展。同时，依托于自媒体应用，针对一般受众的图像新闻制作、传播乃至图像新闻恶搞成为备受瞩目的媒介文化现象。

我们知道，历史研究之中的分期是一个大问题。根据图像新闻传播技术史的特殊性，相关研究就不能完全套用现有的历史分期标准（主要指意识形态的书写形式），[①] 而应该以图像新闻传播技术发展之中重大技术发现（发明）、重大事件为主要分期依据，辅以现有的历史分期标准，由此较为客观地规划出图像新闻传播技术史自身的发展历史。上述中国图像新闻传播技术史的四个分期大致遵循了这一原则。

① 唐海江：《政治文化视角与近代新闻史研究》，《新闻与传播研究》2005 年第 1 期；戴元光、陈钢：《中国新闻史研究的本体意识与范式创新》，《当代传播》2010 年第 3 期；黄瑚：《论中国近代新闻事业发展的三个历史阶段》，《新闻大学》2007 年春季号；宋三平：《“革命史范式”和“本体论范式”的转换——中国新闻传播史研究路径的思考》，《南昌大学学报（人文社会科学版）》2008 年第 6 期。

第一章
中国制像的四种传统

Chapter 1
Four Traditions in Image Producing in China

中国古代图像信息的制作历史悠久，数量庞大，制式复杂，蕴含着丰富的制像观念，这一制像观念与古代哲学思想、宗教、政治、社会习俗等相关联，铺演出异常丰富多彩的实践活动。柯律格（Craig Clunas）在分析中国古代图像时认为："'图'字涵盖了视觉表达的所有形式：地图（map）、图画（picture）或画作（painting）、图示（diagram）、肖像（portrait）、图表（chart）、图案（pattern）等，但都可以统摄到'象'（figure）的概念之下，这意味着思考具有社会角色的像（image）时，始终离不开宏观视角。"[①] 如果说哲学是技术活动创成的基础，[②] 那么，图像制作也同样融合着图像观念。在独特的图像观念的指导下，中国古代出现了大量的相关图像实践，逐渐形成影响深远的四种制像传统。

第一节　图符制像传统

图符是指以图形为主，具有"图符化、模式化"等的形式特征，构图简洁，变形也十分明显，用以传递某种信息与具有象征意义的视觉符号。图符与图画和象形文字不同，体现出更强的抽象性。

---

① [英] 柯律格：《明代的图像与视觉性》，黄晓娟译，北京：北京大学出版社，2011 年，第 118 页。
② 陈昌曙：《从哲学的观点看科学向技术的转化》，《哲学研究》1994 年第 11 期。

一、图符传统

《尚书》记载："予（舜）欲观古人之象：日、月、星、辰、山、龙、华虫作会；宗彝、藻、火、粉米、黼、黻，絺绣，以五采彰施于五色，作服，汝明。"（《尚书·益稷》），这一记载有传说的成分，但是说明了绘形与着色在上古王权统治中具有"观象定名"的作用，图像与色彩成为政治的象征符号体系，形成影响极为深远的十二章纹和五方正色的舆服礼制传统。[①] 唐代张彦远对《尚书·益稷》的记载非常重视，认为自此"绘画明焉。既就彰施，仍深比象，于是礼乐大阐，教化繇兴，故能揖让而天下治，焕乎而词章备"。[②] 夏代"铸鼎象物，百物而为之备"（《左传·宣公三年》）。《尚书》之中还有"象以典刑"（《尚书·舜典》）的记载，《周礼》中也提到："正月之吉，县治象之法于象魏"（《周礼·天官·大宰》），可见当时有一种特殊的法典展示的方法。宋时有人就"'象以典刑'，如何为象？"请教朱熹，朱熹说："此言正法。象，如'悬象魏'之'象'。或谓画为五刑之状，亦可。此段《舜典》载得极好，有条理，又轻重平实。'象以典刑'，谓正法，盖画象而示民以墨、劓、剕、宫、大辟五等肉刑之常法也。"[③] 在朱熹看来，"象以典刑"与"象魏之法"可能都运用图画来表现法典。这一说法得到不少迎合赞同之声，但是也有人认为："象非画像之象，乃象示之象，盖布象其法以示民，使晓然可见也。"[④] 参照《周礼·考工记》所记载的周代绘工的绘染活动，我们大致认为，三代之时的图像以图符乃至图案为主，已经在指事、宗教与政教等活动中发挥着功能。

二、卦象

《易·系辞上》记载："河出图，洛出书，圣人则之。"对于其中的"图"与"书"究竟是什么，历来说法不一。《汉书·艺文志》认为："《易》曰：'河出

---

① 陈彦青：《观念之色：中国传统色彩研究》，北京：北京大学出版社，2015 年，第二章。
② [唐] 张彦远：《历代名画记》，上海：上海人民美术出版社，1964 年，第 3 页。
③ [宋] 黎靖德：《朱子语类·尚书一·舜典》，北京：中华书局，1986。
④ [宋] 吕祖谦撰、时澜增修：《增修东莱书说卷二》，长春：吉林出版集团，2005 年。

图，洛出书，圣人则之。’故书之所起远矣。”至东晋伪孔安国传《尚书·顾命》则记载：“伏羲王天下，龙马出河，遂则其文以画八卦。”则把圣人坐实为伏羲，伏羲是因为看到了龙马之图，才演绎画出八卦的。从这则古老神话传说中，我们可以推测出一种神圣符号体系的诞生过程，其在后来的流传演绎过程中不断被神秘化，影响深远。从目前出土的石器时代和殷商时期陶器和鼎器的图像来看，众多图符是运用图绘或者刻画的方法制作的，体现了远古族群的宗教信仰，主要运用于宗教、卜筮、天文等方面，大致可以证明当时图符的功能与特点。八卦图符作为中国古代最具有典范意义的图符系统，对于其起源与演化的分析，除了上述神圣化的文字记载之外，我们还可以从近些年出土的相关文物进行对比研究。我国安徽省含山县凌家滩出土的玉鹰，有六七千年的历史。玉鹰上有“八角星”纹饰，十分引人注目。如图 1–1 所示。

图 1–1　玉鹰，双面，长 8.4 厘米、高 3.5 厘米、厚 0.3 厘米，凌家滩遗址出土，安徽省文物考古研究所藏

大约同一时期的凌家滩含山玉片上的图案则更引人入胜。其“两短边上各对钻5个圆孔，一长边上对钻9个圆孔，另一长边在两端各对钻2个圆孔。玉版中部偏右琢一小圆，在小圆内琢刻方形八角星纹，小圆外琢磨大圆。大小圆之间以直线平分为八个区块，每区域内琢磨圭形纹饰一个。在大圆外沿圆边对着玉版四角各琢磨一圭形纹饰”。[①] 有研究者认为，它就是由四个同等于《周易》的“卦”的象形水文字“山”围着一个正方形四边，巧妙排成“如山之出云，连绵不绝”的（《连山》）八山太极图，可能是“伏羲大易之太极也”。[②] 如图1–2所示。

1959年，考古人员在山东泰安大汶口文化遗址出土文物中发现一枚象牙梳，这把象牙梳顶端有四个小缺口，其下透雕三个圆孔，梳身中部用平行的三行条孔组成类似“S”形的透雕装饰，内填“T”形花纹，在“S”形装饰的左右两侧刻出对称的三个条孔，上方刻有一道条孔，左右两侧各刻三道竖条孔，构成了一个长方形的装饰画面，条孔为刻具一次刻成。象牙梳的下端有15个细密的梳齿。易经学者黄懿陆认为，这是一个太极图，是刻划在象牙骨上的天地之数，是海上日出之后的天地阴阳图，是从“两仪”生“四象”的一种表达方式。[③] 如图1–3所示。

图1–2　玉版，长11、宽8.2、厚0.2—0.4厘米，凌家滩遗址出土，北京故宫博物院藏

图1–3　象牙梳，约有17厘米长，大汶口文化遗址出土，国家博物馆藏

① 安徽省文物考古研究所编著：《凌家滩——田野考古发掘报告之一》，北京：文物出版社，2006年，第47页。
② 韦章炳：《浅议贵州水书与中华古文明的亲缘关系》，《贵州大学学报（社会科学版）》2014年第1期。
③ 张向阳：《五千年前原始社会象牙梳暗含神秘“太极图”（图）》，《齐鲁晚报》2011年7月25日。

山东泰安大汶口文化遗址中还出土一件獐牙钩形器，这一器物由獐牙和鹿角质扁圆柄组成，上部左右嵌入獐牙，柄下端有穿孔。这一器物两面均有类似八卦的刻符。这些符号与《系辞》中八卦卦形符号完全相同，是大汶口文化先民观天象、记录天象运行、分开黑夜与白天的初始符号。[①] 如图 1–4 所示。

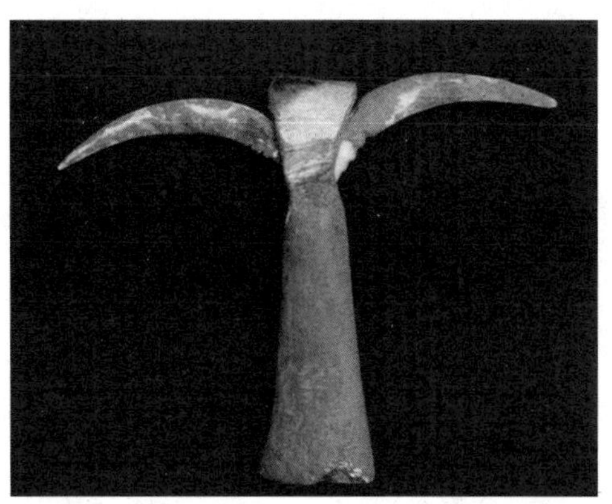

图 1–4　獐牙钩形器及其刻符，大汶口文化遗址出土，苏昭杰收藏

清华简中有《筮法》文献，记载了一种盛行于战国时期楚国的占筮办法。《筮法》全篇文字分栏书写，记述占筮的原理和方法，包含大量以数字卦表现的占例，甚至附有插图和表格。《筮法》的卦名、数字卦的形式等与传统上认为的商代《易经》的《归藏》一致。如图 1–5 所示。

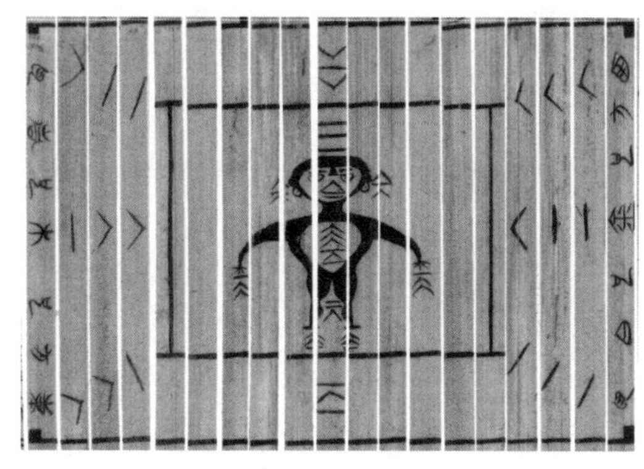

图 1–5　清华简《筮法》局部，清华大学藏

以上我们分析的几个案例可能都与占卜卦符有关。卦符是一种典型的图符，与绘画、图案、数字、文字等符号有一定的关系，这些图符表现占筮方法和观念的渊源久远，起源可能与当时流行的“龟甲卜”与“筮卜”皆有关系，[②] 其基本的图符爻——“—”“– –”“∧”在先秦时

① 李玉亭：《八卦符号的起源新说》，《华夏考古》2009 年第 4 期。

② 参见王守信：《西周甲骨述论》，《甲骨文与殷商史·第二辑》，上海：上海古籍出版社，1986 年；朱伯崑：《易学哲学史》，北京：北京大学出版社，1986 年，第 5 页。

期即已发展成熟。

六朝时期的颜光禄曾将图像分为“图理、图识、图形”三种，分别对应“卦象、字学、绘画”，① 宋元时期，随着理学对“易学”的深入研究与阐发，出现了刘牧《易数钩隐图》、周敦颐的《周氏太极图》、杨甲的《卦爻律吕图》、朱熹的《伏羲八卦次序图》和《伏羲六十四卦次序图》、吴澄的《河图》与《洛书》、胡一桂的《文王十二月卦气图》等，形成以象数制作“易图”的高潮。这些对于“易经”的解说与图绘与“河图洛书”的传说结合在一起，受到汉代道家易学、道教易学及其图符的影响。② 宋代刘牧《易数钩隐图》共 55 幅图，基本图符为实心小黑圆点（两个黑点代表阴爻）、小黑边圆圈（阳爻）及连线，组成各种变化的“黑白点图”。如其“太极生两仪第二”，上用一个小黑边圆圈（阳爻）与下用两个黑点（阴爻）代表两仪，（以文本自身为中心区分左右）其左边三个小黑边圆圈（阳爻）表示“一天三位”，右边四个红色黑边圆圈代表“二地四位”。如图 1–6 所示。

元代出现由《伏羲八卦图》衍生出的《天地自然河图》，这幅图后来被人称为“古太极图”，如图 1–7 所示。

明代后期来知德的《来知德圆图》，成为可以解释一切事物的万能之图。明末

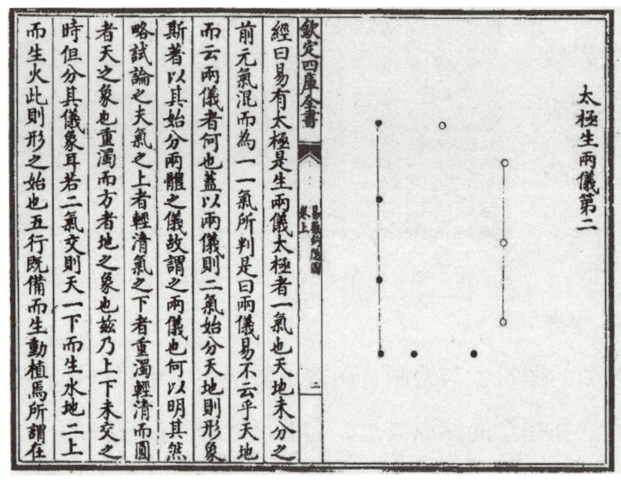
太極生兩儀第二

欽定四庫全書

易數鈎隱圖 卷上

經曰易有太極是生兩儀太極者一氣也天地未分之前元氣混而為一一氣所判是曰兩儀易不云乎天地而云兩儀者何也蓋以兩儀則二氣始分天地則形象斯著以其始分兩體之儀故謂之兩儀也何以明其然略試論之夫氣之上者輕清氣之下者重濁輕清而圓者天之象也重濁而方者地之象也兹乃上下未交之時但分其儀象耳若二氣交則天一下而生水地二上而生火此則形之始也五行既備而生動植焉所謂在

图 1–6　“太极生两仪第二”，选自刘牧《易数钩隐图》，钦定四库全书本

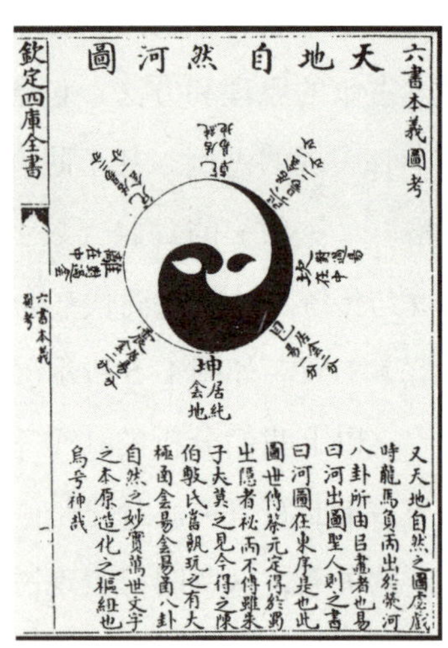
六書本義圖考

天地自然河圖

欽定四庫全書

又天地自然之圖虙戲時龍馬負而出於滎河八卦所由以畫者也易曰河出圖聖人則之書曰河圖在東序是也此圖世傳蔡元定得於蜀之隱者秘而不傳雖朱子夫莫之見今得之陳伯敷氏嘗熟玩之有太極函陰陽函八卦自然之妙實萬世文字之本原造化之樞紐也烏乎神哉

图 1–7　《天地自然河图》，钦定四库全书本

① 参见［唐］张彦远：《历代名画记》，上海：上海人民美术出版社，1964 年，第 3 页。

② 王先胜：《绵阳出土西汉木胎漆盘纹饰识读及其重要意义》，《宗教学研究》2003 年第 2 期。

黄道周《易象正》有图 63 幅，以天文历法配合六十四卦而推历年，论及天道而及于历史兴衰。清代易图体现出较强的标准化绘图的特征。例如程廷祚所绘的《易简图》依照周敦颐《周氏太极图》而来，使用了图例，涉及每一图符乃至连接符号。梁锡玙《易学启蒙补》中将朱熹“六横图”改画作六圆图，把表示阴阳的任务交给色块，而将数目字全部用空心圆圈或白点表达。在形式上，梁锡玙的图中尺规作图的痕迹已经很明显，很有工业时代绘图的特征。[①] 如图 1-8 所示。

总的来看，我国易图的历史悠久，涉及的历史人物与文献数量庞大，形成了完备的“象说”系统，其中卦象的“图理”功能十分强大，“卦象”本身已经成为简之又简的“图符”，可谓中国图符制作传统的典型，也是“图解式图像”的典型。同时，《周易》作为中华文化的元典，对中国传统社会影响重大而深远。易图作为易经的一种特殊的阐释方式，除了对传统官方文化、宗教文化与精英文化有影响之外，[②] 还极大地影响了民间宗教符谶经咒、风水方术、命相祸福等方面的图符制作，成为传统神秘文化的一部分，渗透到婚丧嫁娶、节庆习俗等民间社会的方方面面。当然，民间的图符制作要“简陋”得多。如图 1-9 所示。

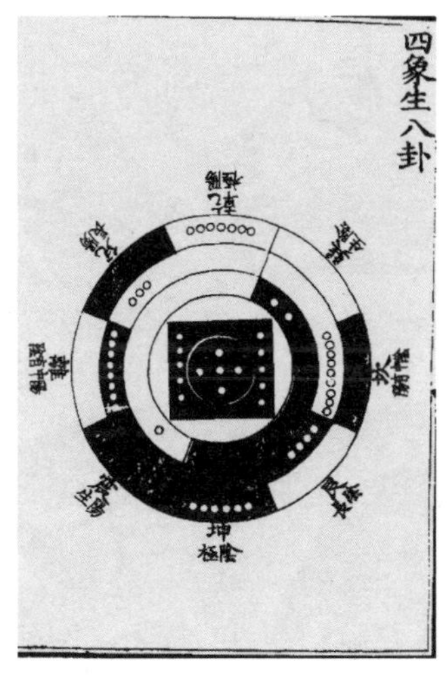

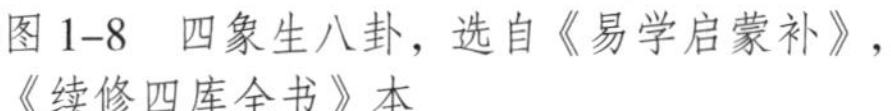
图 1-8　四象生八卦，选自《易学启蒙补》，《续修四库全书》本

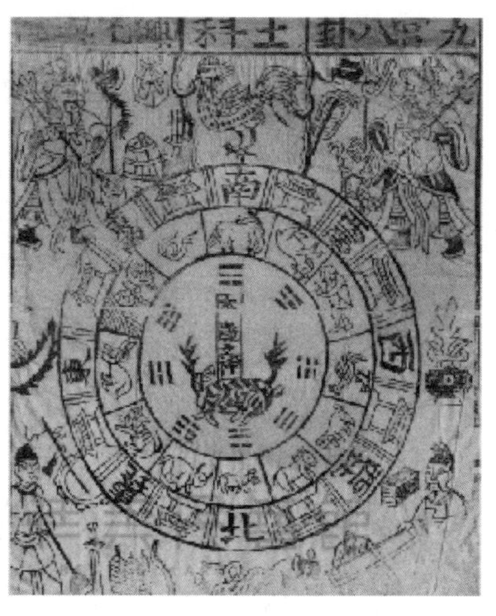

图 1-9　土科，清代年画，中国艺术研究院藏

① 参见李申、郭彧编纂：《周易图说总汇》，上海：华东师范大学出版社，2004 年；朱伯崑主编：《易学基础教程》，北京：九州出版社，2000 年；刘保贞：《〈易图明辩〉导读》，济南：齐鲁书社，2004 年。

② Shih-shan Susan Huang, *Picturing the True Form: Daoist Visual Culture in Traditional China*, Cambridge, MA: Harvard University Asia Center, 2012.

第二节　民间制像传统

比较而言，民间制像传统历史悠久，石器时代的岩画、陶器图像有些大致可以归属于这一体系。其后，民间制像广泛用于民间婚丧嫁娶、民间习俗、日常装饰等方面。总的分析，民间制像制于民间，使用于民间，是一个开放的体系，具有较大的包容性。

一、汉画像

汉画像是两汉时期用于墓葬的石质（砖制）图像，图像类型复杂，表现了当时神话（宗教）信仰、日常生活的方方面面，风格质朴，形象夸张，具有一定的模式化特征，广泛分布于现在山东、河南、江苏、安徽、山西、陕西、浙江等地区，用于一般家庭的墓葬与祭祀活动之中，由此可以略知当时民间制像的风貌，如图 1-10

图 1-10　盐场画像砖拓片，东汉，四川成都出土，成都市博物馆藏

所示。从出土的一些画像石题记和画像石的图像信息制作风格分析，我们可知在汉代民间已有相当规模专门从事建造画像石墓的施工队伍。这些人被称为“画师”“工”，每次制像活动可能多达数十人参与，历经两三年之久。这些“画师”“工”经过长期实践，结合地域风俗，形成被地域认可的制像风格，并可能形成一整套的制像工艺和规制，形成师徒传承的关系，一代一代地延续下去，并在这一区域内有较深的影响。[①]

二、道释图像

道释图像是中国古代典型的宗教图像，出于感化大众的需要，宗教图像从一开始就是基于民间观众而发展的，主要以寺观壁画形式展现。除了少数的皇家寺庙道观之外，其他寺庙道观都是对所有人开放的，据画史记载，六朝以后，“道释”类图像成为一种重要绘画类型，隋代的展子虔、董伯仁、唐代吴道子等大画家都曾经图绘过“变相图”，可见这类图像之盛。又据《宣和画谱》记载，唐代辛澄曾经在蜀中大圣寺画僧伽及诸变相，“士女倾城邑往观焉，后至者无地以容”，可以想见当时“变相”对于一般民众的巨大影响。从这一角度分析，宗教图像可谓一种特殊的民间图像。从传播的角度看，道释图像尤其是佛教图像主要通过佛教俗讲（变相）、壁画、讲义印刷品等方式大规模传播，对中国古代通俗图像叙事影响巨大。现存的敦煌佛教叙事图像除了图像卷轴之外，还有“上图下文”“左图右文”“正图背文”等写本图文形式，皆有供养与宣扬佛法之用，而图文形式则“在讲唱变文时用作道具”，提示情节发展。[②] 敦煌佛教叙事图像在唐五代之后通过雕版印刷，开始巨量大范围传播，促进了中国图像印刷时代的开始。宋元时期，印刷图像从宗教图像扩展到经典、拟话本、章回小说、戏曲文本、类书乃至日历、年画、券钞等方面的印

① 信立祥：《汉代画像石综合研究》，北京：文物出版社，2000 年，第 24 页。

② 朱凤玉：《论敦煌文献叙事图文结合之形式与功能》，樊锦诗、荣新江、林世田主编：《敦煌文献·考古·艺术综合研究：纪念向达先生诞辰 110 周年国际学术研讨会论文集》，北京：中华书局，2011 年，第 557—573 页；［日］荒见泰史：《敦煌讲唱文学写本研究》，北京：中华书局，2010 年，第 66—68 页。

制之中，成为当时以中下层市民为接受主体的都市商业文化的一个重要部分，[①]由此带动了明清时期民间制像活动的繁荣，影响到整个图像传播的社会格局。除了纸质版刻印刷图像之外，日常装饰图像用于服饰、家具、建筑、器皿等方面，除了故事、人物题材、动植物的图像之外，主要是图案式的图像，蕴含着祈福、祥瑞等主题，模式化特征十分明显。

从制像的技巧分析，民间制像讲究多种工具（如界笔、界尺等）的使用，形成各种形象与场景的图样（粉本），甚至出现口诀式的绘画技巧，[②]同时，民间制像也受到界画、文人画乃至西洋绘画技巧的影响，充分体现了民间制像是一个开放的制像体系。

第三节　界画写实传统

界画是中国传统绘画的一个画种，使用界尺等工具作画，具有独特的绘图工具、绘图技法与用途，可谓古代最具有“技术含量”的绘画。界画一般是指建筑图或者精确绘制的包含建筑的绘画，但是在发展中大致也可以涵盖器物图、地图、本草图、人体图等图像类型，兼具绘画与制图的特色，从而形成一个完整而庞大的制图体系。宋代郑樵《通志·图谱略·明用》认为：“图谱之用者十有六。一曰天文。二曰地理。三曰宫室。四曰器用。五曰车旗。六曰衣裳。七曰坛兆。八曰都邑。九曰城筑。十曰田里。十一曰会计。十二曰法制。十三曰班爵。十四曰古今。十五曰名物。十六曰书。凡此十六类。有书无图。不可用也。”[③]这些图像大多为天文图、地理图、建筑图、兵法图、人像图、器物图、祥瑞图谶等等，多为古代的图谱之学。

一、界画的工具

先秦的《孟子》《管子》《尸子》《墨经》等典籍中多次记载过古代绘图绳墨、

① ［日］内田道夫：《中国小说世界》，李庆译，上海：上海古籍出版社，1992年版，第83页。
② 参见王树村编著：《中国民间画诀》，北京：北京工艺美术出版社，2003年。
③ ［宋］郑樵：《通志略·图谱略》，上海：上海古籍出版社，1990年。

规、矩等工具，这些都是界画的基本工具。“规”就是圆规，“矩”就是直角曲尺，准绳就是一根绳子。传说中，规是伏羲发明的，矩是女娲发明的，所以汉画像石中不少伏羲女娲图像是拿着规矩的。如图 1–11 所示。

规矩成为木工、陶工、车工制作中常用的画形、测量工具。从现在考古发现的汉代壁画和汉画像可以看出，其中的不少床榻、屋宇、庭院采用了斜平行线法表现空间，其中长的直线等应当运用了制图工具绘制。《周礼·考工记》中，有规矩、绳墨、悬垂等绘图、测绘工具的记载。唐代张彦远《历代名画记》“叙画之兴废”记述图画历史，其中提及的典藏图画涉及建筑图、机械图、地图、本草图等等。《唐朝名画录》记载：“吴道子尝画佛，留其圆光，当大会中，对万众举手一挥，圆中运规，观者莫不惊呼。”①他还能够“弯弧挺刃，植柱构梁。不假界笔直尺”。②结合现存敦煌地区唐代壁画，可知当时大型壁画的绘制是使用规矩等工具的。③在明代一些文献如《三才图会》《几何要法》等书籍中，对规矩、准绳、界笔等工具多有记载。如图 1–12 所示。

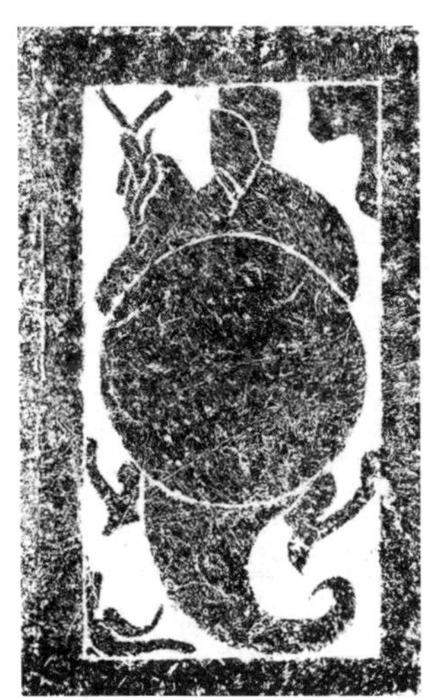

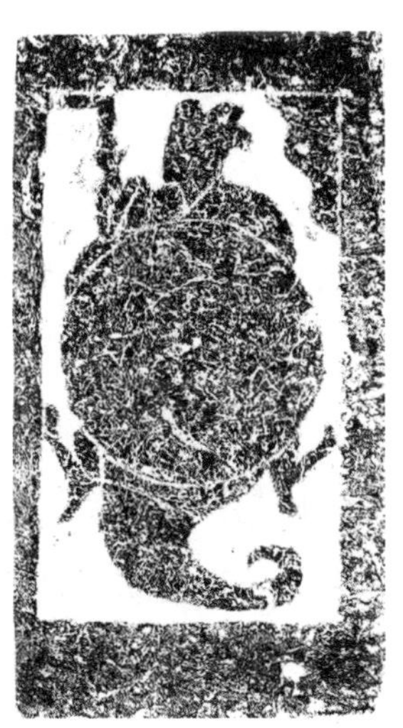

图 1–11　伏羲、女娲执规矩画像石拓片，东汉，山东费县出土，山东博物馆藏

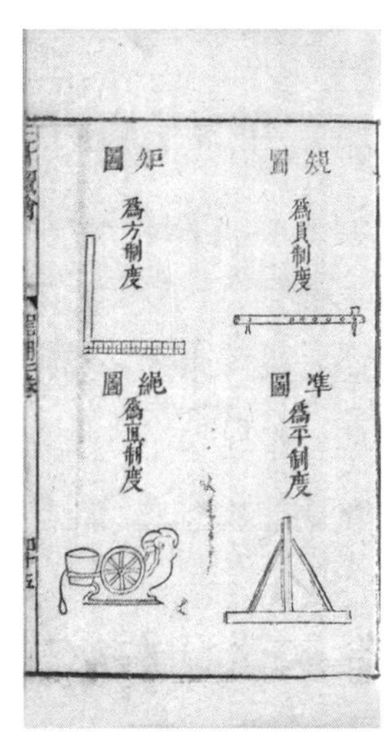

图 1–12　《三才图会》记载的界画工具，明代万历三十七年原刊本

① [唐] 朱景玄：《唐朝名画录》，上海：上海人民美术出版社，1982 年。
② [唐] 张彦远：《历代名画记》，上海：上海人民美术出版社，1964 年。
③ 萧默：《敦煌建筑研究》，北京：机械工业出版社，2003 年，第 275—277 页。

有研究者对明代界尺、槽尺实物研究后认为：明代界尺长610毫米，宽60毫米，由等大上下两条直尺组成，两直尺之间用二铜杆在左右端连接，可变化水平高低位置。槽尺长210毫米，是开有半圆槽的木杆。作画时将毛笔紧贴半圆槽壁，手持槽尺，并可根据直线的粗细需要，调整笔锋露出槽口长短来确定粗细，再以槽口紧依界尺的上尺边缘行笔。另有一种槽尺的制作方法是“剖开笔管成圆”，将毛笔夹在其中。不管槽尺的制作方法有几种，槽尺的主要作用是使毛笔与界尺之间墨不会外渗，行笔引线有所依循，不致偏差，并能保持线条的“笔墨均壮”。毛笔以“七紫三羊”兼毫笔的使用较为合适，因为“七紫三羊”笔心用紫毫（野兔毛）锋尖而有弹性，笔肚部分外裹羊毫可起含墨多的功能，同时墨汁流量均匀缓慢，可以画粗线条，也可以画长线条时而不必中途吮墨。宫室建筑中横线、直线部分使用界尺、槽尺，在运用界尺画平行线时，界尺的上尺有高低升降功能，勾平行线时既准确又快。而勾勒建筑中的竖直线部分时，会使用第二把小尺寸“L”形尺并与大尺寸界尺形成直角从而容易勾勒梁柱等竖直线。勾勒宫室时，界尺与徒手应当结合使用，这样会使界尺画显得生动。①

二、作为绘画的界画

广义的界画基本表现出两个发展方向，一是包含精确描绘建筑的绘画，二是建筑图样、机械图样、地图等图像。

第一种界画作为绘画的一种类型，与宫廷绘画与宗教绘画关系密切，历史悠久。六朝时期的顾恺之、姚昙度、张善果、陆探微等画家都善于画台阁宫观与车舟。传为顾恺之的《洛神赋图卷》中，舆车与龙舟即使用了界画的绘制方法。隋唐五代时期，杨契丹、展子虔、董伯仁、李思训、李昭道、尹继昭、卫贤、赵德义、赵忠义等画家皆善界画。现存的唐懿德太子李重润墓道西壁的《阙楼图》是目前中国最早的一幅大型界画，真实地表现唐代界画的高超技巧。如图1-13所示。

① 陈磊：《界尺与槽尺研究》，《国画家》2019年第6期。

图 1-13　《阙楼图》局部，唐代懿德太子墓壁画，陕西历史博物馆藏

两宋时期，界画成为院体画的代表画种，“画院界作最工，专以新意相尚”。[①]界画发展达到高峰，其中郭忠恕擅长界画，宋代李廌在评价他的画作《楼居仙图》时认为：“至于屋木楼阁，恕先自为一家，最为独妙。栋梁楹桷，望之中虚，若可投足，栏楯牖户，则若可以扪历而开阖之也。以毫计寸，以分计尺，以寸计丈，增而倍之，以作大宇，皆中规度，曾无少差，非至详至悉、委曲于法度之内，皆不能也。”[②]从他现存的《唐明皇避暑宫图》中，我们大致可以领略其界画写实的风采。如图 1-14 所示。

图 1-14　郭忠恕《唐明皇避暑宫图》局部，绢本设色，日本大阪国立美术馆藏

元代以来，界画逐渐衰落，但是界画在宫廷绘画中仍然占据重要地位，主要用以描绘宫廷庆典、巡幸、军功等活动，仍然追求精细工巧的特色。像元代宫廷画家

①［宋］邓椿、［元］庄肃：《画继 画继补遗》，北京：人民美术出版社，1963 年。
②［宋］李廌：《德隅斋画品》，于安澜编：《画品丛书》，上海：上海人民美术出版社，1982 年。

王振鹏“妙在界画，方圆平直，曲尽其体，而神气飞动，不为法拘”。明清时期，宫廷之中的界画继续向工谨精细的画风发展，并逐渐受到西方绘画写实风格的影响，直至康乾之后成为宫廷画的主流风格。除此之外，界画作为一种技巧与画风对明清时期文人画与民间绘画影响深远。明清的文人画家周臣、“明四家”、焦秉贞、王时敏、徐扬、冷枚、高士奇等人都或多或少地受到界画技巧的影响。尤其是“明四家”之一的仇英精通界画技巧，其画中的宫殿楼台严谨精细，色彩秀丽。如图 1–15 所示。

图 1–15　仇英《汉宫春晓》局部，台北“故宫博物院”藏

总的分析，自宋代起，界画作为中国画的一个独立类型充分体现了中国传统绘画富有特色的写实风格。对于界画的认识与评价，历代画论似乎都存在着一种矛盾:

凡画，人最难，次山水，次狗马。台榭一定器耳，难成而易好，不待迁想妙得也。（顾恺之《论画》）

至于台榭，树石，车舆，器物，无生动之可拟，无气韵之可侔，直要位置向背而已。（张彦远《历代名画记》）

千栋万柱，曲折广狭之制，皆有次第。又隐算学家乘除法于其间，亦可谓之能事矣。然考杜牧所赋则不无太过者，骚人著戒尤深远焉，画有所不能既（及）也。（《宣和画谱》评价唐代尹继昭《阿房宫》）

画屋木者，折算无亏，笔画匀壮，深远透空，一去百斜。如隋唐五代以前，洎国初郭忠恕、王士元之流，画楼阁多见四角，其斗栱逐铺作为之。向背分明，不失绳墨。今之画者，多用直尺，一就界画，分成斗栱，笔迹繁杂，无壮丽闲雅之意。（郭若虚《图画见闻志·论制作楷模》）

世俗论画，必曰画有十三科，山水打头，界画打底，故人以界画为易事。不知方圆曲直，高下低昂，远近凹凸，工拙纤丽，梓人匠氏有不能尽其妙者，况笔墨规尺，运思于缣楮之上，求合其法度准绳，此为至难。（汤垕《画鉴》）

画家宫室最难工，谓需折算无差，乃为合作。盖束于绳矩，笔墨不可以逞，稍涉畦畛，便入庸匠。故自唐以前不闻名家。至五代，卫贤始以此得名，然而未为极致。独郭忠恕以后伟奇特之气，辅以博文强学之资，游规矩准绳中，而不为所窘，论者以为古今绝艺。（文徵明《衡山论画山水》）

屋宇不用界自恕先始，用界折算无遗，自伯驹始。其后李嵩辈，则是木工界法，终成下品。（唐寅《六如论画山水》）

有明以来，以此擅长者益少，近人喜尚元笔，目界画都鄙为匠气，此派日就澌灭者。（徐沁《明画录》）

西洋人善勾股法，故其绘画于阴阳、远近不差锱黍，所画人物、屋树皆有日影，其所用颜色与笔与中华绝异，布影由阔而狭，以三角量之，画宫室于墙壁，令人几欲走进。学者能参用一一，亦具醒法，但笔法全无，虽工亦匠，故不入画品。（邹一桂《小山画谱·西洋画》）

总的来看，界画的缺点尤其是匠气等在宋元以后的画论尤其是文人画论中不断被放大，批评者既可以认为它“不待迂想妙得”而无生动气韵，也可以因为其劝诫不深而轻视它。但是，在宋代以后有关界画的著名画家、画作与画法、风格等方面的讨论也不断提升了界画的画品，加深了古代画坛对于视觉观察与图绘技巧的认识。例如，大约在宋时，人们开始在讨论郭忠恕界画时，分析其“以篆入画”的绘画笔法，体现出对于类似篆书的圆润劲长线条的追求。同时，也许正是受到楼宇界画技法的影响，中国古代山水图景多采用整幅移动透视或散点透视、局部准定点透视的方法。[①]至于乾隆时期邹一桂所论述的西洋画观点，实际上与古人论述界画的论点颇有相似之处。当时，西洋画法在宫廷之中不断受到青睐，文人画及其画品已经表现出衰退之势。

三、作为“图样”的界画

中国古代的界画另一个发展是建筑图样、机械图样、地图、医学图样[②]、动植物等图像，与古代六艺图、礼仪图与图谱、图志等图像多有交集，大抵属于现代制图范畴。[③]比较而言，图样涉及社会生活实践，比作为艺术的绘画发展得要早。[④]两宋时期，出现了曾公亮、丁度等奉敕编撰的《武经总要》、苏颂的《新仪象法要》、李诫编修的《营造法式》等书籍，涉及武备、天文仪器、建筑等方面的图样。宋代也是古器收藏的高峰期，出现众多的博古图谱，包括北宋官修的《皇佑三馆古器图》、金石学家刘敞的《先秦古器图碑》、吕大临的《考古图》、王楚的《宣和博古图》等。张世南的《游宦纪闻》卷五介绍了铜器绘制的临、摹、硬黄、响拓四种方法，力求忠实地图绘铜器的形制与图案。《宣和博古图》三十卷，著录了皇家收藏的自商代至唐代的古铜器800多件。如图1-16所示。“宋代图样科技著作出现，使工程制图脱离绘画的形式，成为一门独立的科学学科。”[⑤]

---

① 张柏春、田淼：《中国古代机械与器物的图像表达》，《故宫博物院院刊》2006年第3期。
② 王淑民、罗维前主编：《形象中医：中医历史图像研究》，北京：人民卫生出版社，2007年。
③ 陆敬严、华觉明：《中国科学技术史·机械卷》，北京：科学出版社，2000年，第156—168页。
④ 崔杨：《我国古代画中的机械图研究——从机械制图的视角》，山西大学硕士论文，2015年。
⑤ 刘克明：《中国图学思想史》，北京：科学出版社，2008年，第353页。

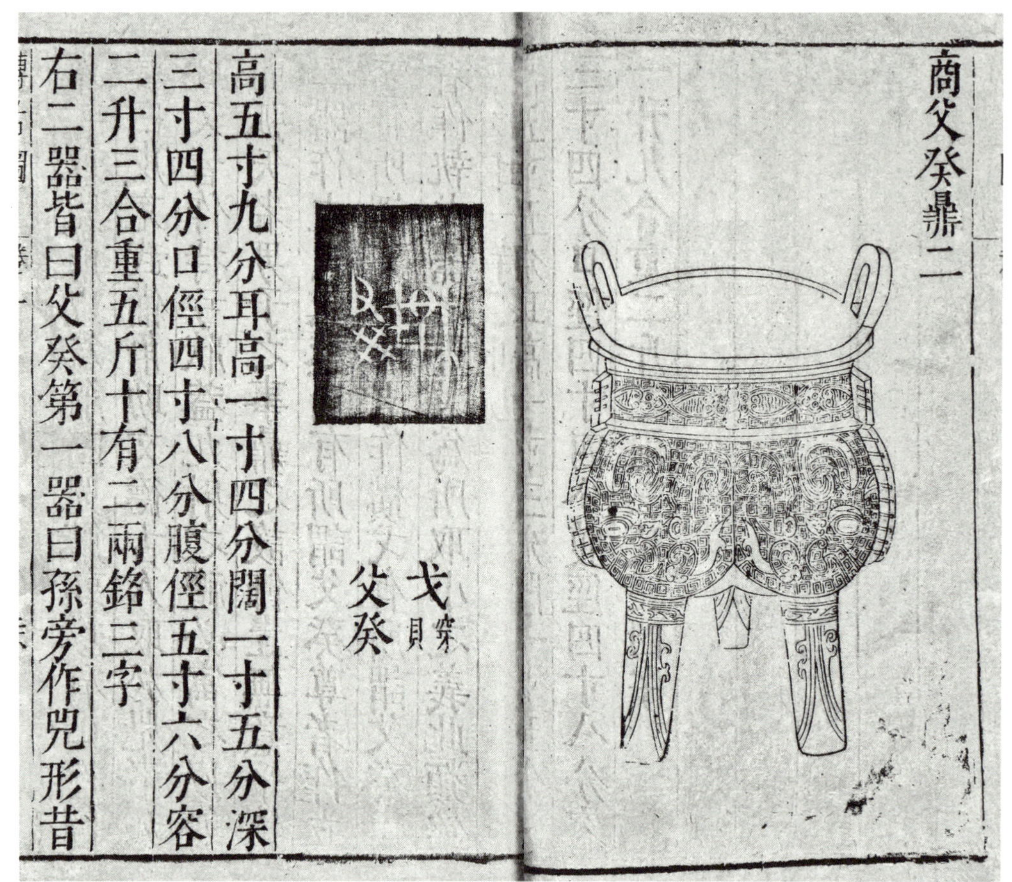
商父癸鼎二

高五寸九分耳高一寸四分闊一寸五分深三寸四分口徑四寸八分腹徑五寸六分容二升三合重五斤十有二兩銘三字

戈 父癸

右二器皆曰父癸第一器曰孫旁作兕形昔

图 1–16 《重修宣和博古图》，明代万历年间刻本

明代宋应星的《天工开物》初刊于崇祯十年（公元 1637 年），是中国古代一部综合性的科学技术著作，具有百科全书的特色，附图 121 幅（如图 1–17 所示），影响了《三才图会》等大型百科类书乃至《程氏墨苑》《顾氏画谱》等画谱的插图，体现出明代图样大众出版与传播的状况。自明代万历以来，随着西学在中国的传播，西方传教士与国内接受西学的官员、文人编纂出版了众多介绍西学的书籍，涉及数学、水利、天文、地理、火炮制造、化学、光学、机械、动植物等方面的西学知识，其中的插图运用了西方现代工程制图技术，数量庞大，至晚清时期达到高峰。

中国古代地图的制作历史悠久，逐渐发展出发达的“舆地图”体系。“舆地图”逐步发展出两个大系统：一是由魏晋时裴秀奠定的“制图六体”原则和以此为基础所作的《禹贡地域图》体系，这一体系是专注做大幅的“天下舆地图”。二是方志

图 1–17　《天工开物》之《筒车》，明代涂绍煃刊本

所附的区域地图、专业地图。晚明以后，西方地图绘制技术传入中国，与传统地图的形象图符、图说等方法融合，逐渐成为宫廷绘制大型地图的主流方法，并以其新的地理等级观影响了官方“天下观”。[①]“舆地图”类地图的绘制基本原则是裴秀在《禹贡地域图》序中提出的“制图六体”，即分率（带有比例尺含义的缩尺）、准望（水平方向）、道里（道路里程）、高下（道路高下曲折取水平距离得道里数）、方邪（道路遇到方形阻碍取其斜向得道里数）、迂直（道路水平弯曲取两点直线得道里数）。其后有唐代贾耽“计里画方”“朱墨对书”，宋代沈括“二十四至”和“制图七法”，元代朱思本制图等实践。[②]

① 吴莉苇：《欧洲人等级制世界地理观下的中国——兼论地图的思想史意义》，《中国社会科学》2007 年第 2 期。
② 齐清文：《中国古—近—现代地图的传承脉络探究》，《地球信息科学学报》2016 年第 1 期。

唐代贾耽“计里画方”是在“分率”的基础上，进一步按面积缩制的比例尺。以地图上的一寸代表固定里数，画成方格，然后在方格中根据测量数据和方位绘制，用特定符号标识不同的地理事物。计里画方一般在天下“舆地图”类的地图中采用。现藏于西安碑林的北宋《禹迹图》是中国现存最早计里画方的地图。每寸一方，每方折地百里，横方七十一，竖方七十三，总共五千一百一十方，[①] 如图 1-18 所示。

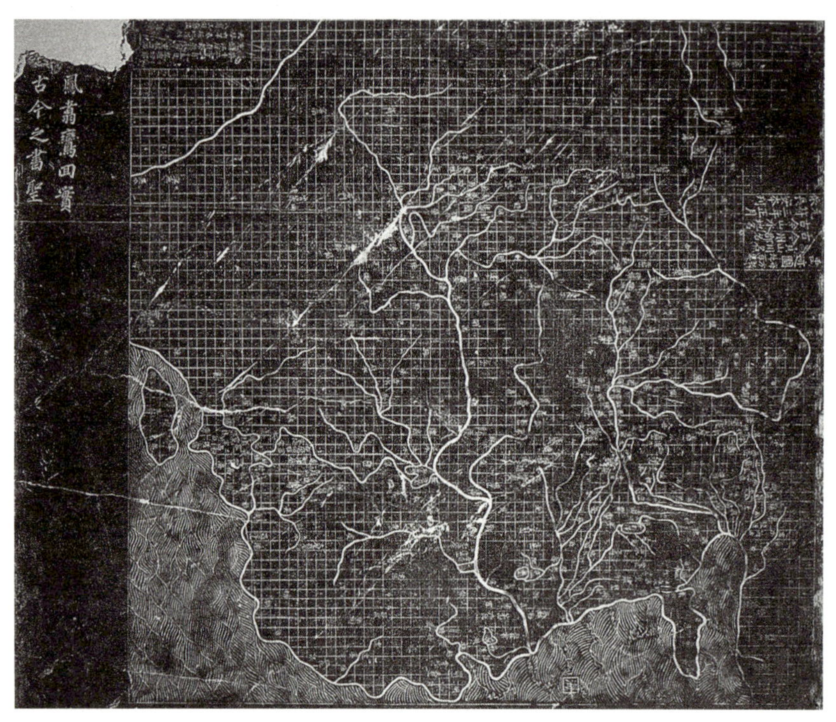

图 1-18　北宋《禹迹图》碑拓片，西安碑林博物馆藏

方志所附的区域地图、专业地图分支繁多，没有明确的版本传承，但涌现出诸如《郑和航海图》、海防图、水道图等颇为重要的中国古代地图，主要是古代地方志书中的雕版刊印或手摹地图。这类地图并不运用计算方法，“成功地运用了中国传统山水画的某些绘画法则，形成了绘制志书地图的‘经营位置’准则”，由此决

① 陈述彭：《中国古地图的辉煌》，《中国国家地理》2001 年第 8 期。

定了古代地图的政治、绘画乃至文学的人文特征。[①] 明清时期，不少画家参与到山水图志的绘制活动之中，数量庞大，不断被传摹乃至版画印制传播，影响至清末民初时期。在民间则与堪舆图、相宅图等结合在一起，体现出更为复杂的民间地图的传播状况。如图 1–19 所示。

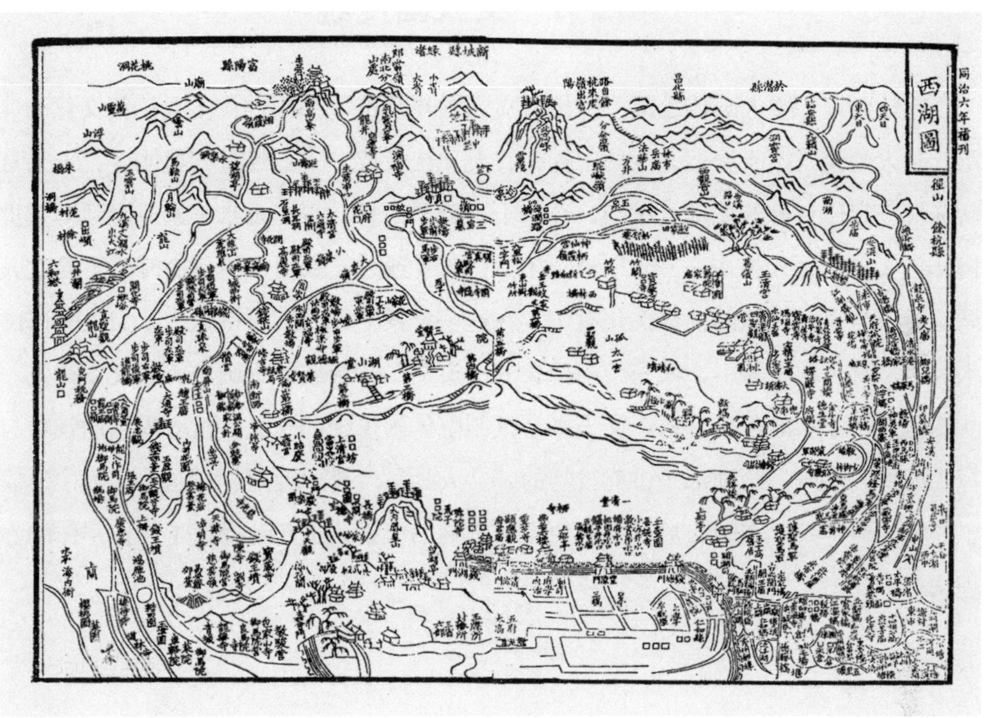

图 1–19　《西湖图》，出自《咸淳临安志》，清同治六年补刊本

总的分析，中国古代广义界画数量庞大，涉及古代对山川、楼宇与其他技术知识的认识、观察及其实践的图像表达。一方面，“技术知识的图像信息表达与绘画艺术密切相关。中国画家在以再现视觉效果为追求的对位置向背方面的揣摸及绘画实践中总结出了一些与现在的透视理论一致的绘画方法，并将这些方法用于机械、器物的绘画之中”。[②] 用现代制图技术来衡量这些图样，我们可以发现它们还不尽“科

① 阙维民：《中国古代志书地图绘制准则初探》，《自然科学史研究》1996 年第 4 期；［美］余定国：《中国地图学史》，姜道章译，北京：北京大学出版社，2006 年，第 200 页。

② 张柏春、田淼：《中国古代机械与器物的图像表达》，《故宫博物院院刊》2006 年第 3 期。

学”，但是却饶有趣味；另一方面，更为重要的是，界画以独特的制图工具、技巧及其实践在强调着一种独特的纪实风格，这种纪实风格关乎记功、劝诫，关乎格物、记胜，甚至与游仙、审美相关，体现出一种独特的视觉审美风貌。

第四节　文人画传统

比较而言，文人画传统最为晚出，文人画传统可谓中国古代士人精英文化的典范。文人画大约始于唐代，经两宋探讨，至元代大成。元代经过朝代剧变，士人重新选择与定位自己的命运。相当一部分士人隐居山林，寄情山水，逃避宫廷乃至世俗社会生活。文人画在这一时期被集中探讨，并通过实践得以达到高峰。可见文人画的形成与当时特殊的社会文化有关。在这一背景中，我们可以认为，文人画以山水、兰、竹等题材为主，崇尚绘画蕴含的“道义”，形成诗书画合一的文本样式。从技巧（技术）的角度分析，文人画是抵制院体画传统的，尤其批驳界画的技巧与写实风格。然而，绘画都是讲究技巧的，文人画虽然排斥技巧，还是在实践中形成了独特的对笔墨、空间布局等技巧原则与工具的探索，也充分探讨了创作主体的心理状态。

一、笔墨

文人画最讲究笔墨，是用笔（毛笔）和墨（墨与水）的技巧，体现为线条与水墨的画迹形态。皴、擦、点、染是山水画的表现技巧。这就是中国绘画“以线为造型的基础”。南朝宋王微在《叙画》中认为：“曲以为嵩高，趣以为方丈。以叐之画，齐乎太华。枉之点，表夫隆准”，[①] 这里所指的“曲、趣、叐、枉”其实是指四种象形性的线条表现方法，参以构图规则的复杂变化来表现物象（山水）的形态。可见，王微充分发挥了宗炳的“以形写形，以貌色貌”的图像叙述传播观念，他的“曲、趣、叐、枉”四法成为古代图像叙述传播“用笔（线条）”模式的最早

① [南朝宋] 王微：《叙画》，俞剑华编著：《中国古代画论类编》，上海：上海人民美术出版社，1961 年。

总结，标志着中国古代图像叙述传播“以形写神”方法的成熟。沿着这一发展路径，中国古代文人绘画尚“笔墨”，宋元之后的文人画则不断吸收书法抽象化的点线形式，发展出具有摹仿性与独立性双重特性的“笔墨”之法，其中，各种线法、点法、皴法最具有代表性。例如有表现岩石与山体的各种皴法；皴法，就是小点、短线等元素的集合。例如北宋书画家米芾、米友仁父子独创了米点皴，分为大米点、小米点。米芾的大米点点形阔大，米友仁的小米点点形略小。都是用饱含水墨的横点，密集点山，泼墨、破墨、积墨并用，最能表现江南山水润泽而渺茫的意境。如图 1–20 所示。中国古代图像符号就具有了从物象形式到基本形式元素的双重分节，图像的基本形式元素就成为“图式”的一种基本的组构部分，甚至成为一种基本的“图式”，中国古代图像符号的细化分析也就有了文本基础。

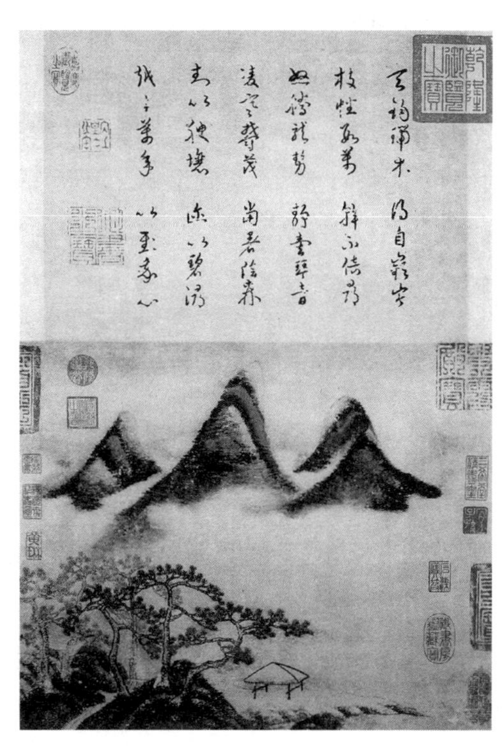

图 1–20　米芾《春山瑞松图》及局部，台北“故宫博物院”藏

同时，色彩尤其是墨本身得到深入的分析（如墨有五彩），并在与水的各种结合状态的实践中得以发展。这一实践把王维以来的“水墨泻染”、王洽的“泼墨”、董源的“淡墨轻岚”及其点子皴，根据多雨迷漾、变幻无常的江南自然景色，加以融会贯通，创新为以横点为主、画烟云变化、雨霁烟消的山水。明清时期，各种专门或综合画谱面市，其中不仅总结了各种线法、点法、皴法与墨法，而且还有岩石、水波、草木、花鸟、屋宇、人物等局部物象的画法，还有某些情景与画题的画法。可以说，这些图谱是笔墨图示化的总结，成为士人学画的入门书籍，而且不断翻印，印刷精美，成为士人喜爱的“大众艺术书籍”。

二、象征图式

贡布里希（Sir. Ernst Gombrich）认为图式是事物的“共相”，是一种“习得公式”（acquired formulas），[①]图式并非简单的形式元素，基本图式及其形式元素组合可以类别化、模式化，表达某种意义，由此构成“意图模式”。“意图模式”常常由具有象征意义的形式符码组成，形成象征图式，蕴含着特殊的审美内涵，以形式化的样式进入图像系统之中，影响图像的形象塑造与空间构图方式，成为图像意义的修辞表达与实践的重要方式。

先秦“象说”确立了“为象”原则，“意”（道、神、理）是“形”的根本，对于文人画的意图确立具有决定性意义。魏晋六朝是中国图像理论的自觉时期。这一时期，中国图像叙述传播融合了先秦以儒道为代表的“象说”传统，对图像的“形”进行了广泛的讨论。顾恺之的观点在中国画论中的重要意义在于，他明确地提出了“以形写神”的观念，指向“形而上”的或难以言说的本体“道（神）”。其后，宗炳把先秦的“道象说”完全融入“以形写神”的观念中，山水画可以“以形写形，以貌写貌”而感通无端的神理。从顾恺之“以形写神”到谢赫的“六法”“气韵生动”已经融会了人物画的“传神”和山水画的“畅神（媚道）”的双重要求，“以形写神”得到图画“六法”的包容与进一步发展。两宋期间，绘画的形与神（意）的关系得到更为细致的分析，如沈括认为：“书画之妙，当以神会，难可以形器求也。世之观画者，多能指摘其间形象、位置、彩色瑕疵而已，至于奥理冥造者，罕见其人。”[②]比沈括小六岁的苏轼对此即有妙论，“余尝论画，以为人禽、宫室、器用皆有常形，至于山石、竹木、水波、烟云，虽无常形而有常理。常形之失，人皆知之；常理之不当，虽晓画者有不知”（《净因院画记》）。李雪曼与方闻从北宋山水手卷《溪山无尽》中“读”出了中国山水画“理”的重要性：“（宋代山水画）要通过穷尽在视觉和物体上体现的自然基本法则（理）而得到这种理性力量。由此把极为复杂、变幻莫测的自然面貌转化为经过提炼、具有象征性的绘画形式，

①［英］E.H. 贡布里希：《艺术与错觉：图画再现的心理学研究》，林夕等译，长沙：湖南科学技术出版社，1999 年，第 51 页。

②［宋］沈括：《梦溪笔谈》卷一七，北京：中华书局，2009 年。

而这种形式能唤起观者理性和视觉的经验。”[①] 高居翰认为：“元代发展出了本质上已抽象且理想化的山水类型。倪瓒不断地重复着一种简单的构图公式，画面的设计安排远多过主题的变化，好似一并不实际存在的山水景色，其构成的要素无止尽地重新排列组合着。”[②]

在中国画中，笔法规范、类型以及构图格式，“雷同于儒家理论中‘致知’过程。在这两种过程中，当一再重复的模式被辨认且概念化以后，未经分析的感官资讯中所含的多样特性，便被约化为明白易解且便于掌握的格式”，[③]“致知格物”的目的在于对“理”与“道”的把握，图式形成的重点就在于物象与道理之间的关系。以“云”“水”图像为例，中国古代“云”“水”的图式积累则得益于对“水”“气”流化生机道理的深刻体验，“真山水之云气，四时不同：春融洽，夏蓊郁，秋疏薄，冬暗淡。画见其大象而不为斩刻之形，则云气之态度活矣”，[④] 画云不求“斩刻之形”，而是讲究其中的生生不息的活力。到清代方薰甚至认为：“画云不得似水，画水不得似云，此理最微，入手工程不可忽之也。会得此理后，乃不问云耶水耶，笔之所之，意以为云则云矣，意以为水则水矣”，[⑤] 这样，就把“云”“水”图式引申到“空白”的自由生发的境界，体现出中国古代绘画从最为基本的“图式”元素到自由组合的“图式”单元，再到象征模式的意义传播的独特过程，建构了与西方截然不同的绘画理论。[⑥]

三、空间布局

绘画布局即空间布局，既涉及绘画题材的物象空间，也涉及画的物理空间。画

① [美] 李雪曼、方闻：《溪山无尽——一帧北宋山水手卷及其在前期中国绘画史上的意义》，洪再辛主编：《海外中国画研究文选（1950—1987）》，上海：上海人民美术出版社，1992 年，第 191 页。

② [美] 高居翰：《山外山：晚明绘画（1570—1644）》，王嘉骥译，上海：上海书画出版社，2003 年，第 5 页。

③ [美] 高居翰：《气势撼人：十七世纪中国绘画中的自然与风格》，李佩桦译，上海：上海书画出版社，2003 年，第 212 页。

④ [宋] 郭思编、杨伯编著：《林泉高致》，北京：中华书局，2010 年。

⑤ [清] 方薰：《山静居画论》，北京：人民美术出版社，1959 年，第 57 页。

⑥ [法] 于贝尔·达米施：《云的理论：为了建立一种新的绘画史》，董强译，南京：江苏美术出版社，2014 年，第 227 页。

幅之中物象空间涉及物象之间的关系、大与小、呈现方式，既反映着观看方式与视觉思维方式，也决定着图像本体形态，包含着独特的空间观念。宗白华认为《周易》的“鼎卦”是中国的“空间之象”，强调主体的“正位凝命”，将空间与时间、生命打通，是生命的空间化、法则化、典型化，是空间的生命化、意义化和表情化；“革卦”则是中国的“时间之象”，“有观于四时之变革，以治历时”。[①] 这一理论总结十分精彩，从中我们可以体悟出中国古代叙述传播“时空观”的独特本质，即这种“时空观”不是反思的、抽象的或幻想的，而是生命化、具象化和体验化的，其中物我的时空状态得到还原——不是物我二分的主动与被动的观看与撷取，而是同居一处、同春相悦的生存状态。同时，中国古代的“时空观”又与“无”“虚”观念相联系，这一“无”“虚”观念包孕万物，生成万物，蕴含着“道”的奥妙。在秦汉之际成熟的阴阳五行观中，物、方位、时节、品性、政教等因素融为一体，成为一个万物化衍、周流四界的运动系统，并进一步生发出“虚实相生”“境生象外”等叙述传播原则。因此，“时间”因素在中国古代叙述传播中几乎完全被具象化和空间化，呈现出“无”“虚”以及万物化衍中的变化性、周期性和距离感，显示着“道”与万物的“本相”。

在中国图像叙述传播观念中，既然“时间”是变动的因素，那么，图像叙述传播要么以多个“视面”来尽量保持“时间”的流变特征，让物我进入无时间的“玄鉴（览）”状态。一般论者都把中国画的“光影”省略归结于动态的观察法，其实在“玄鉴（览）”状态中“物”更为本真，更是一种整体的、混沌美的把握。因此，“景物”再次还原为可居可游的居所，图像时空就拓展为更广阔、更具包容性的可塑“时空”，在这一可塑“时空”中，依然保持着万物欣欣向荣的生机和物我相处的喜悦感。“时间”因处所的可居、可游而是流动的，“空间”也因移步换景而成为多层空间的组合。山水画的布局是不同物象的图像本体，也是各种观看方式的视觉思维的融合，由此形成独特的绘画风格。宋代郭熙的“三远法”与沈括总结的“以大观小”法，并不是简单的山水物象的空间布局方法，而是融合了仰观俯察法与游目流连法等观察方法，创建了中国文人画的观察方式。元汤垕认为：“山水之为物，禀造化之秀，阴

① 参见《宗白华全集·一》，合肥：安徽教育出版社，1994 年，第 612—617 页。

阳晦冥，晴雨寒暑，朝昏昼夜，随形改步，有无穷之妙。自非胸中丘壑，汪洋如万顷波者，未易摹写”，[①]这正是中国古代叙述传播主体在山水意象中看出了变与不变、静与动、时空流变的无穷之趣，是叙述传播主体仰观俯察、涤除玄览所体验出的自我身形与鲜明的内在意象。中国古代图像叙述传播主体把自己安置在景物之中，随着物远而远，物近而近，上下四方自由移动，祛除了固定视点所造成的时空限制，景物就是想象中自由呈现的样子，“谛视斯境，一草一木，一丘一壑，皆洁庵灵想所独辟，总非人间所有。其意象在六合之表，荣落在四时之外”[②]。这就是“玄鉴（览）”中物我自然呈现的本来面目。

四、创作主体

古代士人画论对文人画的创作主体有着充分的论述，涉及创作主体的认知方式、修养、创作状态与创作心理。这既是创作主体论和特殊的创作技巧论，也是画幅之中创作主体的特殊表现形式，平添了文人画的一丝神秘色彩。

以中国古代山水画为例，我们来简略分析一下文人画是如何表现创作主体的。其实早在六朝时期，宗炳、王微等人澄怀味象、卧游畅神，善画山水的萧贲等人则“学不为人，自娱而已”，这些都说明具有类型化特征的文人抒情主体的初步形成。类型化文人抒情主体强调“体道乐感”和自我美感形象的表达，其呈现的是“抒情性”特征。可以说，类型化文人抒情主体的成熟催生了中国山水画和花鸟画的成熟，人物、花鸟、屋室等古老题材由此表现出新的叙述传播观念和文化意义。宋元“文人画”出，其图像叙述主体直接追慕老庄“道象”意义，“道象”特征进一步培育出图像叙述主体独特的审美品格。宋代郭熙《林泉高致》云：“水以山为面，以亭榭为眉目，以渔钓为精神，故水得山而媚，得亭榭而明快，得渔钓而旷落，此山水之布置也”“山水人物，各有家数。描画者眉目分明，点凿者笔力苍古。必皆衣冠轩昂，意态闲雅”。[③]人物在山水之中，或垂钓乐吹，或优游行吟，或闲居读书，或观瀑赏月，山水亭榭

①［元］汤垕：《画鉴》，北京：人民美术出版社，1959 年，第 74 页。
②［清］恽寿平：《瓯香馆集》，杭州：西泠印社出版社，2012 年。
③［元］饶自然、黄公望：《绘宗十二忌 写山水诀》，北京：人民美术出版社，1959 年，第 5 页。

成了人物卧游畅神的居所，投射着他们特殊的精神活动，山水画中的“人物”成为创作主体精神投射的特殊形象，由此成为中国文人典型的“自画像”。文人的闲逸形象表现在山水图像之中，正是“文人们”登山观水、逸兴思飞时的情感状态的还原。其时，叙述传播主体迁想妙得，视觉引发身体、身体带动视觉，图像之中包蕴着叙述传播主体“观物体道”时多感官的心理印象点迹。这就是中国古代图像叙述传播主体所营造的独特的“自我”空间。

总的分析，一般情况下，文人画家大多不会使用界画的绘画工具进行绘画，但是，历代士人在不断雅致化的追求中，对图像构成因素进行了深入的探索，尤其是其中的笔与墨不断向多样化与精致化方向发展，波及纸、砚等画材与文房工具。当然，也有一些画家尝试过使用秃笔、芦苇、布等工具作画，还有的画家以头发、指头作画，但并非主流。总的分析，笔墨作为绘画工具在文人画千年的发展中并无质的变化，这也从一个层面说明了文人画的独特性。

小　结

我国先秦时期，各种图像观念即已成熟，其中有《周易》代表的象征图像观念、老庄代表的形而上的“象观念”，还有儒家的实用图像观念、名家与墨家的经验图像和实验图像观念，这些图像观念蕴含着丰富而独特的图像思想，对当时与其后的制像实践、图像技术产生或明或暗的重要影响。中国古代的四种图像传统就是在先秦图像观念之中不断生发而发展的，例如图符传统主要受到《周易》代表的象征图像观念的影响，界画受到了儒家的实用图像观念与墨家的实验图像观念的影响，文人画传统主要受到老庄代表的形而上的“象观念”影响，民间制图传统则较为复杂，儒家的实用图像观念对它的影响更为明显一些。“在中国，图像信息及图像信息文化始终根植于日常生活、生产劳动和精神创造之中”，[①] 各种制像活动一直具有强的生命力。四种制像传统之间虽然有所交融影响，但是在技巧、工具、风格、受众等方面均有着较为明显的不同。因此，中国古代四种图像传统不仅是图像风格的不

① 韩丛耀：《中国近代图像新闻传播的兴起与发展》，《江海学刊》2010 年第 3 期。

同，而且包含着制像观念、技巧、工具、技术与流程的不同，由此体现出不同图像传统对图像技术的不同要求。这些问题在图像印刷时代实际上被有意无意地放大，由此进一步影响了不同图像的特征、数量与传播状况。从图像技术的角度着重分析，我们发现，文人画的图像传统追求“独创性”，对图像器具、技术等方面要求不高，而图符制作传统、界画制作传统与民间制像传统则基于制作图像的便利性与大众传播的目的追求，表现出更强的图像制作的技术特征与技术革新的特征，也正是基于这一原因，本课题研究关注的是图像刻印的技术及其发展历史，而对各种图像（绘画）绘制的技巧与发展历史略而不谈。

第二章
图像信息的各种刻印技术

Chapter 2
Variety of Printing Techniques for Image Information

图像信息的刻印技术是指在各种材料介质之上刻印图像信息的方法。图像信息的刻印技术与其绘制技术不同，二者在材料、工具等方面有相似之处，[①] 但是前者更强调了图像信息的刻制与印制的过程。图像信息刻印技术用于印章、符范、青铜器、陶器、玉石器、漆器、砖瓦、木范等介质和器物，体现出宗教、权威、民间习俗、日用乃至装饰加工等功能。历史文献和出土文物证明，手工雕刻技术在大约五千多年以前的新石器晚期，已经用于陶器的制作和树皮布印花。到了商朝，手工雕刻技术被广泛用于在龟甲、兽骨之上雕刻文字。手工雕刻技术日益成熟，从中发展出的封泥、盖印、印染、拓印等与印刷术颇为近似的转印、复制技术，为印刷术的发明和完善奠定了技术基础。[②]

第一节　陶瓷器的图像信息刻印技术

与世界上其他民族一样，中华民族很早就开始进行图像信息的绘制活动。图像信息的绘制是人类最早的符号实践活动，贯穿其中的是工具、材料与技艺的不断发

① 赵权利：《中国绘画技法、材料、工具史纲》，南宁：广西美术出版社，2006 年，第 12 页。
② 张树栋、庞多益、郑如斯等：《中华印刷通史》，台北：财团法人印刷传播兴才文教基金会出版，1998 年，第 3 页。

展，也成为图像信息刻制乃至复制、印刷的基础。在大约公元前26世纪，中国境内南北各方，几乎同时存在制有单色或彩色图案的制陶技术。这些陶器上的图案，除了绘制的之外，还有刻划的，也有通过拍印技术拍印上去的。[①] 目前，在我国境内多处考古发现了多个新石器时期陶器，其中有些表现出，除了绘制方法之外，中国早期陶器图像信息还出现了刻印技术。

一、陶器图像信息的刻划技术

陶器的图像信息刻划一般趁陶器坯胎尚未干燥时，用坚硬的笔状物在其表面刻划，然后再进行烧制。1973年，浙江余姚河姆渡文化（公元前7000年至公元前5000年）遗址出土黑陶钵，钵体上两只猪形动物形象是用尖锐物刻划而成，其中有圆形线、长短弧线、直线等线条，可见绘制者对线条和形象的熟练把握。如图2–1所示。

从内蒙古敖汉旗赵宝沟文化（约公元前5000年至公元前4400年）遗址出土的刻花纹椭圆底陶罐可以看出，其上的图案线条流畅锋利，应该是由尖锐物快速刻划而成。如图2–2所示。

图2–1　猪纹黑陶钵，新石器时代，高11.7厘米，口径17.5至21.7厘米，浙江省博物馆藏

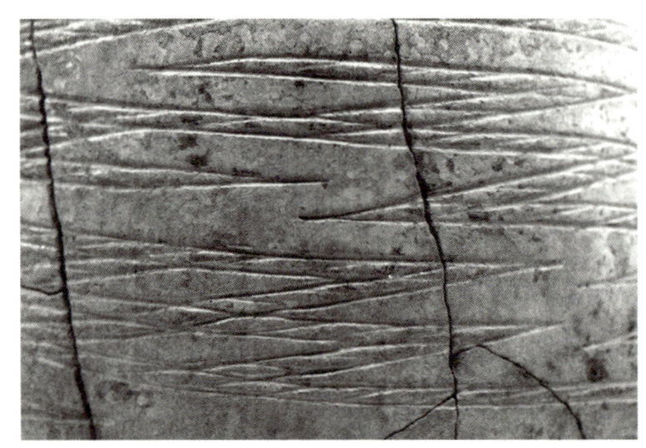

图2–2　刻花纹椭圆底陶罐细部，敖汉旗博物馆藏

在赵宝沟文化内蒙古敖汉旗小山遗址出土了刻花纹陶尊形器，其腹部刻划有繁

① 张树栋、庞多益、郑如斯等：《中华印刷通史》，台北：财团法人印刷传播兴才文教基金会出版，1998年，第6页。

缛的动物纹饰，有鹿、猪、鸟等，刻划线条更为复杂，其中的直线可能运用了类似尺子的工具。如图 2-3 所示。

图 2-3　刻画纹陶尊形器细部，敖汉旗博物馆藏

在目前考古发现的大汶口文化时期（公元前4200年至公元前2500年）的陶器上，有一些刻划的图符，体现出象形文字的特点。如在约公元前 2600 年大汶口文化晚期的刻画纹大口陶尊上，我们可以看出有横斜的压印线，在压印线之上刻印了类似象形的图符。

可资比较的是同一时期山东莒县陵阳河遗址出土陶器上的刻划图符，如图 2-4

图 2-4　刻纹灰陶尊细部，山东莒县陵阳河遗址出土，中国历史博物馆藏

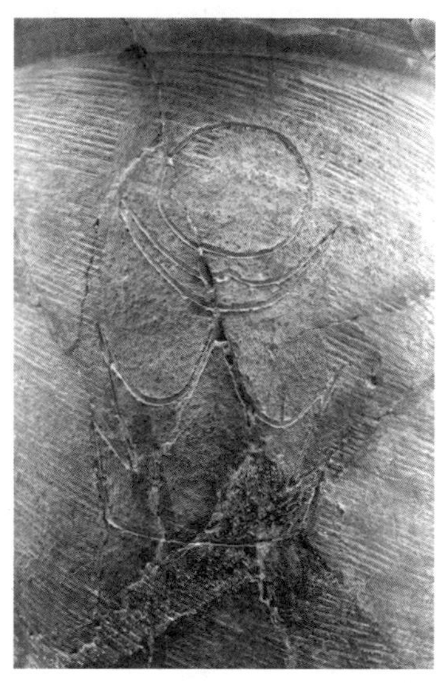

图 2-5　刻画纹大口陶尊细部，高 63 厘米，安徽省蒙城县尉迟寺出土，安徽博物院藏

所示。这一图符与安徽省蒙城县尉迟寺出土的刻画纹大口陶尊图符应为同一图符。如图 2-5 所示。刻有图符的这类大口尊陶器一般出土于中型以上的墓葬中，随葬品丰富，有木质棺椁。大口尊多竖立于墓主人的脚端，图符朝向墓主人，部分刻符还有涂朱痕迹。

总的分析，陶器的图像信息刻划技术不断发展，在秦汉时期延伸到兵马俑与陶器的图符刻划工艺之中，其后在儒道佛偶像等塑像的人物五官、服饰等刻印方面有所应用。

二、陶器图像信息的压印技术

陶器之上的图像信息除了采用刻印的方法之外，还可以通过压印的方法进行制作。这种压印方法需要可以制作出纹路或者图案的模具，在湿润的陶器坯胎上进行拍打或压制，由此制作出一定的图像信息。此类陶器我们现在称之为印纹陶。早期的压印技术，是在制陶过程中，在所使用的木拍之类的工具上，有意识地缠绕上草绳之类的东西，使拍打出来的陶器上留有绳纹等印迹。[①] 目前，在我国（大陆、台湾地区）和日本等地的新石器时代以来的考古遗址中，都发现了绳纹陶器。[②]

图 2-6 战国时期陶拍，河北省文物研究所藏

一般标准的陶器图像信息压印技术是先刻制木质或石质等材质的印模，迄今已发现多种，有陶印模、雕纹龟版、石印模。[③] 这些印模上刻划有方格纹、重圈纹、网纹、编织纹、水波纹、弦纹、

① 张树栋、庞多益、郑如斯等：《中华印刷通史》，台北：财团法人印刷传播兴才文教基金会出版，1998 年，第 8 页。

②［日］森川昌和：《鸟滨贝冢：日本绳纹文化寻根》，蔡敦达、邬利明译，上海：上海古籍出版社，2008 年。

③ 彭适凡：《中国南方古代印纹陶》，北京：文物出版社，1987 年，第 398—402 页；张树栋、庞多益、郑如斯等：《中华印刷通史》，台北：财团法人印刷传播兴才文教基金会出版，1998 年，第 8 页。

斜条纹、粗绳纹、斜线加圆点纹、双线斜格纹、曲折纹、叶脉纹、羽状纹等多种图案。如图 2–6 所示。

陶器图像信息压印时，一手须持一件圆弧形光面陶垫在内壁相应地托住器壁，一手执拍进行拍印或压印，以使器形不致变形。[①] 印纹陶图像信息制作技术始见于我国南方新石器时代晚期，商周时代这种技术达到鼎盛期，发展出游涡纹、云雷纹、锥点纹、米字纹、回字纹、夔纹等多种图案，在制作同一陶器的图像信息时往往多种图案同时使用，形成可与当时青铜器图案媲美的图像信息制作工艺。如图 2–7 所示。从刻画到模具拍压，体现古代陶器图像信息制作追求速度、规模与模式化的工艺过程，陶器图像信息压印技术的使用到战国时开始衰退，但是其工艺技术影响了其他介质的图像信息制作技艺。

图 2–7　白陶几何纹瓿，商代，高 20 厘米，口径 18.5 厘米，河南省安阳出土，北京故宫博物院藏

① 徐畅：《陶印与玺印的起源》，《青少年书法》2011 年第 4 期。

三、陶瓷器图像信息的漏印技术

目前，我们发现在唐代安徽寿州窑、湖南长沙窑、河北定窑、河北邢窑等地的陶瓷产品中，出现了不少漏花印纹。陶瓷器的漏花印版的版材可以是兽皮、纸张乃至经过加工的树叶等。像寿州窑的漏花印纹，就是“用薄兽皮预制各式的图案花纹，在器胎未施瓷衣前，将漏花印版贴在胎坯上，遂施白瓷衣，然后取下印版，胎上即漏成阴文花，再施黄釉入窑煅烧，便呈现浓厚色彩的漏花印纹。黑釉器，待施白色瓷衣后，将预制漏花印纹版贴上，施黑釉后取下印版入窑煅烧，即成黑釉白色的漏花印纹”。[①]剪纸贴花纹的制版是将以桐油或漆加工过的纸张剪出各种图案而成，制作时将剪纸贴在胎坯上，施化妆土后取下剪纸再罩青釉烧成，无化妆土的图案纹即成褐色漏胎。[②]木叶纹的制作工艺可能是“把浸泡腐烂的叶子沾上与坯胎釉色不同的釉后，放置在坯胎上入窑一次烧成”，也可能是直接将枯叶片（无须腐烂）沾上色釉，直接平贴于已施底釉的碗内壁或内底，不需要揭下，经高温烧制而成，木叶中的“无机物”“木叶灰”、色釉将木叶纹理叶脉清晰地映现于碗壁。[③]

宋代吉州窑是在早期寿州窑、长沙窑、定窑漏绘花装饰的基础上，不断发展完善，形成了多种剪纸贴花漏绘技巧。吉州窑最早的剪纸漏花是把剪纸印版图案贴在胎上后，施一层黑釉，揭去印版即成漏版印刷之效果，烧成后即可见釉色与胎体截然不同的两色分明图案。其后，吉州窑独创出用两种铁含量不同的釉料，先后二次施于同一坯体的剪纸贴花纹器。制作时，先在胎坯上施一次含铁量稍高的黑褐地釉，将制作好的剪纸纹样贴在所需位置，最后再施一层含铁量稍低的釉料，揭掉剪纸纹样后入窑烧成，成品表层釉色呈现出类似蛋黄色斑的窑变色，下层为褐黑色剪纸轮廓。为区别于这种一次施釉剪纸装饰与两次施釉剪纸装饰，可将前者称为“剪纸留白”，后者称为“剪纸贴花”。宋代吉州窑的剪纸贴花技术不断继承与创新发展，又得益于

① 胡悦濂：《谈寿州瓷窑》，《考古》1988 年第 8 期。
② 欧阳希君：《试析剪纸贴花瓷及其源流》，《欧阳希君古陶瓷研究文集》，香港：世界学术文库出版社，2005 年。
③ 欧阳希君：《木叶纹装饰研究》，《欧阳希君古陶瓷研究文集》，香港：世界学术文库出版社，2005 年。

鎏金银器、金银平脱器和夹缬等工艺，[①] 体现出器具之上相贯通的图像信息制作工艺。

第二节 青铜器的图像信息刻印技术

先秦尤其是商周时期是我国青铜器十分兴盛的时期，亦被称为青铜时代。[②] 当时的青铜器形制与功能多样，十分繁复。[③] 总的来看，各种青铜器形制丰富多样，图像信息纹饰繁缛细密，体现出中国早期金属器物图像信息的复杂制作工艺。

一、青铜器图像信息制模浇铸技术

1. 块范法

块范法或称土范法、泥范法，是商周时代广泛采用的最具中国特色的青铜器铸造方法。青铜器块范法包括制模、制范、合范、浇注、去范和修复等几个工艺流程，其中与图像信息有关的是制模、制范和修复三个环节。

（1）制模。模在铸造工艺上亦称作母范，即与被塑物一模一样的模型，是制作青铜器铸型和外面图像信息的依据。模的制作原料可选用陶泥或木、竹、骨、石等各种质料，青铜器也可直接作为模型。选用何种质料要视铸件的几何形状而定，并要考虑花纹雕刻、传印与拨塑的方便。从殷墟和侯马晋国铸铜遗址出土发掘实物来看，陶范最为常见。陶范的塑制与陶器的制作过程类似，也包括塑形与雕刻两大步骤。其中的雕刻也是有刻划与压印两种工艺，不过由于青铜器图像信息凸凹明显，立体感强，因此，青铜器陶范图案刻划线条要更深，对于高出器表的花纹，则用泥在表面堆塑成形，再在其上雕刻花纹，部分运用雕塑的手法。泥模在塑成后，应该使其在室温中逐渐阴干，然后置入窑内焙烧成陶模。

（2）制范。青铜器的范分为外范和内范。用泥土敷在母范外面，脱出的用来

① 欧阳希君：《试析剪纸贴花瓷及其源流》，《欧阳希君古陶瓷研究文集》，香港：世界学术文库出版社，2005 年。

②［美］张光直：《中国青铜时代》，北京：生活·读书·新知三联书店，1983 年，第 12 页。

③ 容庚、张维持：《殷周青铜器通论》，北京：文物出版社，1984 年，第 25—27 页。

形成铸件外廓的铸型组成部分，在铸造工艺上称为外范。大型青铜器与异型青铜器的外范往往要分割成数块，以便从模上脱下。内范是用泥土制成的一个体积与容器内腔相当的范，通常称为芯、心型。外范的内壁图像信息是从母范上翻范而来，技术性很强，是块范铸造技术的中心环节。其方法是在翻范以前，首先要决定外范应该分为几块及应该在何处分界，对外范模件进行编号；然后将炼制好的泥料做成形状较为规则的泥块。用泥弓将泥剖成一定厚度的泥片，把泥片贴覆于母范的相应部位，外面再贴覆泥片至预定厚度（14 厘米 ~130 厘米）；或将泥料制成小块，顺序分层贴压于模上。待全部泥范制就并略变干硬后，从最后制就的一片范开始倒序起模，即可制成一块块外范。如图 2-8 所示。当然，也有论者认为，外范上的图案绝大多数应是直接在其表面手工制作的："其制作工艺简单，具体的操作也只是采用挖、压、贴、割等技术，所使用的工具亦较常见，如骨、竹、石、铜等材质类的刀、针、刮、铲等。"直接刻画与形塑图案，这种方式少了一步倒范的工序，直接浇注出的青铜器图像信息可能会更好。[①] 其后将外范与内范"合范"，烘烧成陶范。

图 2-8　饕餮纹模，东周，山西省侯马晋国遗址出土，山西博物馆藏

（3）修整。经过铜液浇注凝固冷却后，即可去范、去芯，取出铸件。铸件去陶范后还要进行修整，经过锤击、锯锉、錾凿、补缀、打磨等工序，消去多余的铜

① 董亚巍：《商晚期圆形鼎的范铸模拟实验研究》，《四川文物》2010 年第 5 期；佘玲珠、董亚巍、秦颖、张亚炜：《商末周初青铜礼器纹饰制作技术初探》，《湖南省博物馆馆刊》2010 年第七辑。

块、毛刺、飞边，或者对脱范后有局部缺损的铸件进行补缀。其中打磨工序使用的工具是大小不一的粗、细砂岩，并在磨光之后，有可能使用木炭在水中打磨器物，使铜器发亮。对于图像信息部分，考古并没有发现花纹部分有打磨的痕迹，说明当时非常注重表面质量，陶范的铸造性能很好，而合金也有很好的流动性。由此可见当时青铜器图像信息制作的高超技艺。[①]

2. 失蜡法

中国古代尤其是先秦以前是否存在失蜡铸造技术的问题在学界有所争议，[②]但是肯定的观点是主流。失蜡铸造技术原理起源于焚失法，焚失法最早见于商代中晚期，这种技术在无范线失蜡法出现之后逐渐消亡。失蜡法是一种青铜等金属器物的精密铸造方法。失蜡法指用容易熔化的材料，比如黄蜡（蜂蜡）、动物油（牛油）等制成欲铸器物的蜡模，然后在蜡模表面用细泥浆浇淋，在蜡模表面形成一层泥壳，再在泥壳表面上涂上耐火材料，加入内范后，使之硬化即做成铸型，最后再烘烤此型模，使蜡油熔化流出，从而形成型腔，再向型腔内浇注铜液，凝固冷却后即得无范痕、光洁精密的铸件。[③]

二、青铜器具的图像信息刻划方法

青铜器具上的图像信息制作除了上述制模浇铸方法之外，还有直接在青铜器皿上刻划图像信息的方法。目前，考古发现多件战国时期的以宴乐、狩猎、水战、采桑、鸟兽等为主题的青铜壶器，表现出很高的构图和图像信息刻划的制作工艺水平。战国宴乐渔猎攻战纹图壶的图像信息分为四个区域，分别描绘了采桑、射礼、宴享乐舞、射猎、水陆攻战的场景和垂叶纹等装饰，刻划采用了阴刻技巧，形成了粗犷的风格。如图 2–9 所示。

刻划是在青铜器具上，用铜铁刀具刻划线条或点、面，刻划出图案乃至具有一定场景的情景图。这种工艺在春秋晚期出现，战国时期盛行，有时也与镶嵌技术结

① 以上部分主要参见陈建立、刘煜主编：《商周青铜器的陶范铸造技术研究》，北京：文物出版社，2011 年。
② 周卫荣、董亚巍、万全文、王昌燧：《中国青铜时代不存在失蜡法铸造工艺》，《江汉考古》2006 年第 2 期。
③ 谭德睿、徐惠康、黄龙：《中国青铜时代陶范铸造技术研究》，《考古学报》1999 年第 2 期。

合运用。有研究者结合战国、两汉时期的考古发现认为，青铜器具与漆器之上的图案是用锥刻划的，这些锥有铜锥、铁锥、钢锥，有安装木柄的锥和不安柄的锥，铜器锥画的技法一般是“先在器物上，用颜料画上花纹图案，或者将预先画好的样稿拷贝上去，然后进行锥画，特别是像人物、鸟兽、狩猎、山水等复杂的图像，不打底稿是不可能的。因为锥画是不能修改的，要么成功，要么报废。故先上样稿是很重要的。作画的方法：一些非常简单的锥画，也许是手握钢锥，直接在器物上刻画而成的，但是，锥画是要用力的，漆器的漆膜非常坚硬而且光滑，铜器也一样，由于手握钢锥，有时用力不匀，或偶尔抖动，就会出现线条扭曲，或深浅不一，或在封口处划过了头、接头处不齐等现象。但是，我们看到的锥画图像，大多数没有这种现象，线条的转角处非常流畅，圆圈好像用圆规画出来的一样。我想，可能是用了某种机械作辅助，其方法大概是将锥固定在工作台上，然后用慢轮带动器物，按照样稿线条，均匀旋转刻画而成”。[①] 结合图 2–9，我们可以看出该壶具的图案应该是用刀具刻挖出来的，根据当时制玉器具的使用情况，某些青铜器具与漆器之上细线条图案的刻画是有可能使用类似界尺与其他机械的。

图 2–9　宴乐渔猎攻战纹图壶局部，战国，北京故宫博物院藏

① 傅举有：《再说锥画》，《中国文物报》2007 年 10 月 10 日，第 5 版。

第三节　石、玉、砖器的图像信息刻印技术

石、玉、砖是自然材料或者易制廉价的建材，又具有保存长久的优点，因此古人很早就在石、玉与砖等材料上进行图像信息刻划，使其成为重要的图像信息介质。

一、岩画的图像信息刻印技术

刻石活动在世界各民族的原始遗存之中大多有所发现，可谓人类最为古老的符号（图像信息）活动之一。[①] 石头是最常见、最易得的自然物之一，其天然的圆面或者平面非常适合图像信息的绘制与刻划。中国是世界上岩画最丰富的国家之一，根据最新统计，在近 29 个省区内的 200 多个县境发现有岩画，岩画点总数达 5000 处以上。[②] 这些岩画大多为新石器时代晚期以来的作品，形象地表现了中国早期图像信息实践活动。

岩画的制作方法可以分为刻、绘两大类。我国发现的刻制岩画分布最广，数量最多，其制作方法主要有三种：

（1）敲凿法。用钝尖的工具为凿，用石器敲打手中的凿子在石面上进行凿刻，打击成点，点上落点，点连成画线。敲凿法的使用时间最长，技巧与成品相差较大。宁夏大麦地岩画（如图 2–10 所示）、内蒙古乌拉特中旗昂根乡南山“虎豺逐马图”、内蒙古阴山岩画、青海刚察县泉吉乡黑山舍布棋沟岩画和台湾万山岩雕群大多采用这种手法。

图 2–10　宁夏大麦地岩画局部，图片来源：西北第二民族学院编纂：《大麦地岩画（第一册）》，上海：上海古籍出版社，2006 年

① 陈兆复：《中国岩画发现史》，上海：上海人民出版社，1991 年，第 20 页。
② 朱利峰：《近现代中国岩画研究概况》，《中国社会科学报》2012 年 10 月 31 日。

（2）磨刻法。其制作程序先凿出对象轮廓，再用硬度大的石器在石面上研磨，其过程中可能加细砂。这种刻法岩线深，断面呈V形，磨刻痕迹光滑。这种刻法主要用于早期岩画之中，主要涉及人面像和兽面像。我国阴山、贺兰山、江苏连云港将军崖崖画（如图2-11所示）、内蒙古巴彦淖尔乌拉特后旗大坝口岩画、青海湖附近岩画中的人足迹和兽蹄印迹等图像，都是采用磨刻法制作的。

（3）刻画法。即用尖硬的金属锐器在岩石表层刻画，线条浅细。这种方法主要流行于北方游牧民族。[①]

图2-11　连云港将军崖岩画局部，图片来源：《中国美术分类全集》编辑委员会编：《中国岩画全集：南部岩画（一）》，沈阳：辽宁美术出版社，2007年

二、玉的图像信息刻印技术

玉为“石之美者”，石与玉虽然都是石料，但是玉的图像信息琢划与岩画不同在于，玉料需要加工然后才能够使用。从图刻石头到琢划美玉，不仅体现了古代先民审美趣味的提高，也表现出人们在坚硬物品上制作图像信息技术的不断提高。结合本书论题，我们不讨论琢玉与玉器雕塑技术，而是重点分析玉石的刻绘技术。

我国利用玉的历史最迟可追溯到新石器时期，河姆渡、大溪、大汶口、仰韶、红山、良渚、龙山等文化遗址中都有精美玉器发现。其中不少玉器壁身刻划着精美而神秘的人神、兽面图像信息纹饰。例如良渚文化余杭反山遗址出土的神人纹玉琮上的神人纹高不足3厘米、宽不及4厘米，其中线条纤细如发丝，采用了浅浮雕法和线刻法，技艺之高令人叹为观止。如图2-12所示。

① 以上部分参见盖山林：《中国岩画学》，北京：书目文献出版社，1995年，第198页。

图 2–12　神人纹玉琮细部，良渚文化余杭反山遗址出土，浙江省文物考古研究所藏

反山墓地出土的玉钺也是良渚文化的典型器物之一，上面雕刻的神人图案则采用了凹雕与线刻的方法。商周时期是用玉的鼎盛时期，当时的玉石雕刻技术也达到高峰。图 2–13 所示的玉鸟是妇好墓出土 700 余件随葬玉器中的一件，这些玉器有礼器、动物、玉人，造型与纹饰丰富生动。这些玉器身上大多刻划了与当时青铜器相类似的纹饰，那么，这些玉器壁身的图像信息纹饰究竟是如何制作的呢？

古代制玉的方法源于制作石器，完成一件玉制品，要经过锯截、琢磨、穿孔、雕刻和抛光等工序。其中的玉器雕刻工序及其技艺目前学界多有争论，如认为良渚文化遗址出土的“神人纹玉琮”和其他玉器，加工运用的雕刻工具是细石、鲨鱼牙、钻石，采用了焚烧致软加工法，等等。从考古发掘来看，良渚文化遗址出土的古玉材多为透闪石型和透闪石—阳起石型软玉，这些遗址中发现的细石类的燧石、叶腊石质火成岩、硅线石以及刚玉片麻岩，硬度都超过良渚古玉，可以用来雕刻玉器。①

① 干福熹等：《浙江余杭良渚遗址群出土玉器的无损分析研究》，《中国科学：技术科学》2011 年第 1 期。

图 2-13　玉鸟，商代晚期，妇好墓出土，中国社会科学院考古研究所藏

有论者认为，5000 年前用石器工具和手工琢磨工艺雕刻玉器，应该使用了类似钻木取火那种杆状或管状钻孔工具，但没有手动机械的旋转加工工具。4000 年前谷纹和蒲纹玉器出现时，开始使用铁器工具和琢磨工艺雕刻玉器，手动旋转工具出现，主要用于钻孔等小尺寸圆弧加工。秦汉时期开始出现金刚石雕刻工具，铁器工具的琢磨工艺和金刚石工具的精雕工艺并用，但仍以铁器工具为主。平面切割技术、抛光技术和解玉砂（天然刚玉砂矿和石榴石砂矿经捣制筛选制成，硬度为莫氏 8—9 度）开始应用。圆形玉器似采用了刀具不动而玉件旋转的加工工艺。[①] 由此可见，

① 赵永魁、张加勉：《中国玉石雕刻工艺技术》，北京：北京工艺美术出版社，2000 年，前言。

上述良渚文化遗址发现的玉器图像信息应该为铁器刻划而成，当然这一结论尚需更多的考古发现和技术数据的支撑。然而无论如何，制玉在中国形成了一个工艺传统，这一传统一直流传到晚清时期。清光绪十七年（公元 1891 年），李澄渊绘制《玉作图》，共 12 幅，描绘出制玉的主要工具与 13 个工艺流程。其中与玉器雕刻有关的是其中的“上花”“透花”。“上花”就是以小圆钢盘（又称丁子）或轧碣（陀），在玉器的表面磨琢花纹。不同的轧碣形式会留下不同的线条。例如，中厚缘锐的碣具所琢碾出的线条，往往两端较窄浅，中段较宽深。如图 2–14 所示。

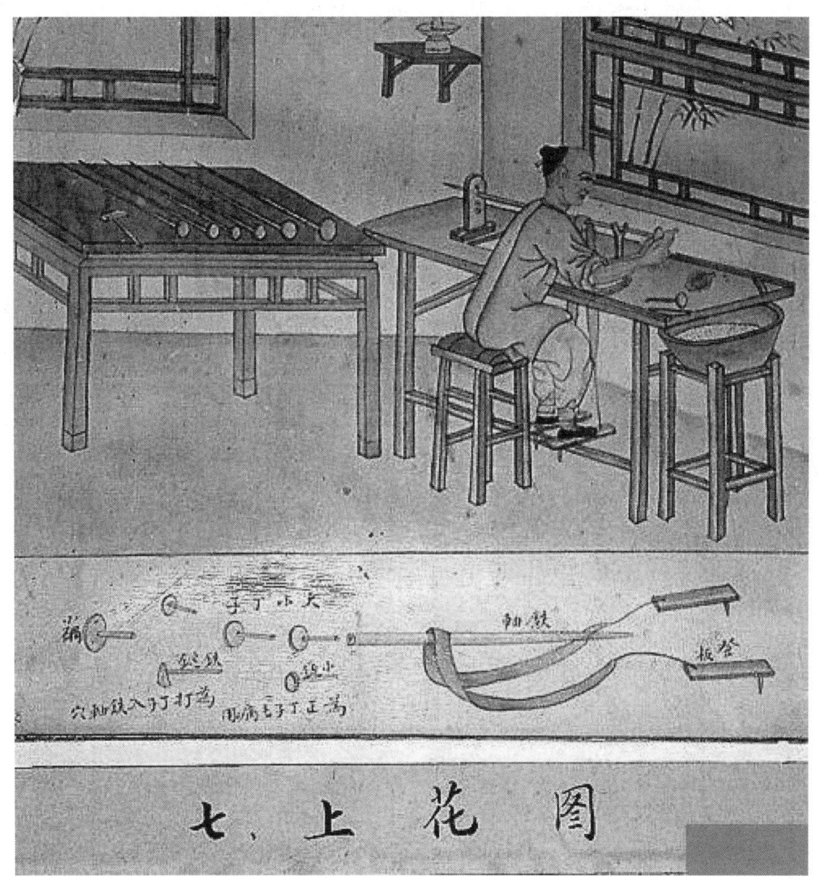

图 2–14　李澄渊《玉作图》之“上花图”，东京国立博物馆藏本

“透花”，就是在“大钻”的基础上镂空花纹，以“搜弓”为主要的工具。操作的时候，先把搜弓上的钢丝解开一端，穿透这个圆洞，再绑好。玉工的右手握着搜弓，一来一回拉动着，钢丝上加浸了水的石砂，就能按照玉片上画的线条来切割了。

因为一般书写作画的墨汁，是会被水冲洗掉的，所以玉工是用石榴皮的汁来勾画出要透雕的图案，和了水的解玉砂，配合钢丝在玉片上来回割锯时，图案仍是清清楚楚的不会被水洗掉的（如图 2–15 所示）。良渚文化时期已出现以拉线透花的玉器，发展至清代，镂雕玉器薄而细，达到技法的巅峰。

由此可见，古代主要的制玉工具是旋车和碢（陀）。旋车主要由木质零件构成，是一套结构复杂的人工制动机械。而碢（陀）实际上是安装在旋车横木轴上可以旋转使用的各种圆形工具的泛称。古代碢（陀）可以是木质的、石质的、铜质的、铁质的、皮质的。木轴上缠绕着两根绳子，绳子下端各系一片木板。这两片木板叫做“登板”。操作的时候，玉工的两只脚轮流踏着“登板”，靠麻绳牵动木轴旋转。玉工用左手托拿着玉料，抵住正在旋转的碢（陀）。桌子的一端放着一个盛了水和解玉砂的盆子，玉工就用右手去舀砂，浇在玉料上。由此磨制出玉料的各种形状与图案。如图 2–16 所示[①]。

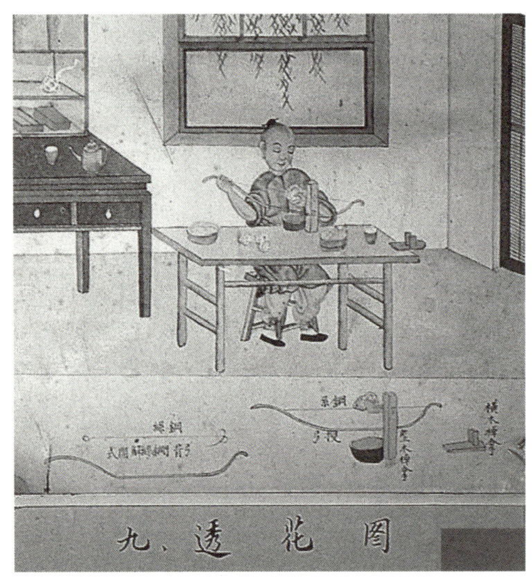

图 2–15　李澄渊《玉作图》之“透花图”，东京国立博物馆藏本

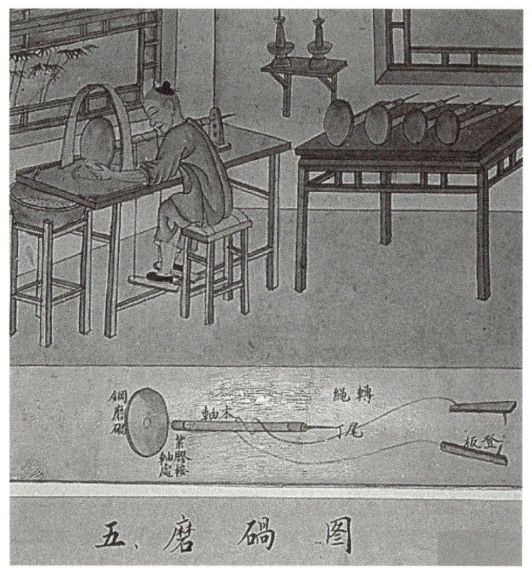

图 2–16　李澄渊《玉作图》之“磨碢图”所图示的“碢”和“旋车”，东京国立博物馆藏本

值得注意的是，印度河谷文明和两河文明之间流行着一种蚀花石珠，用蚀花的

① 以上部分参见徐琳：《中国古代治玉工艺》，北京：紫禁城出版社，2011 年，第五章。

特殊绘图工艺制作而成。这种工艺是运用化学方法对玛瑙或玉髓进行处理，将当地常见灌木（Capparis aphylla，信德语：Kirar）的果实捣成绿色的浆糊状，混合洗涤碱溶液（主要成分 Na_2CO_3），制成流体颜料，用芦苇管在玉髓表面绘制纹饰后晾干，再用炭火加热五分钟即可；还可以先用上述方法将表面全部蚀白，再用某种金属的硝酸盐溶液在其上绘制黑色图案。蚀花工艺使用的关键成分是碱，因此也有研究将这种蚀花流程称为“碱蚀”。目前，中国新疆、云南、西藏、两广等地出土了汉代以前大量的蚀花石珠，同时在中原地区也有零星出土。[①] 蚀花作为一种外传的石玉图像制作方法，影响到我国春秋、战国时期蜻蜓眼式玻璃珠的图像制作，整体影响范围虽然有限，但是无疑成为古代石玉图像制作最为独特的方式。[②]

三、画像石（瓦砖）的图像信息刻印技术

1. 刻石图像信息

根据目前的考古发现，我们可以大致推断，石器是中国史前文化之中重要的生产工具，出于实用的目的，古人大多只是磨制出这些石器的形状，一般不会在其上刻划图案。商周时代，出现了石质的乐器、石雕动物，多为祭礼乐器与殉葬品，制作精美，其上大多刻划图案。如图 2-17 所示。

图 2-17　虎纹石磬，商后期，长 84 厘米、宽 42 厘米、厚 2.5 厘米，河南安阳殷墟武官村出土，中国国家博物馆藏

① 李钰：《中国古代蚀花石珠源流探析》，《文物天地》2018 年第 1 期。
② 赵德云：《中国出土的蚀花肉红石髓珠研究》，《考古》2011 年第 10 期。

这些石器都是选用大理石石料，从其形制和图案分析，应是使用了与玉器相同的制作工艺——即图像信息磨制工艺。这一工艺其后与刻划工艺结合在一起，运用到大型石器的制作之中。

2. 画像石（瓦砖）图像信息

从技术史发展规律看，任何一种工艺技术的发生与成熟都需要人们长期的实践与经验积累。瓦当是筒瓦的瓦头，是一种具有装饰性的建筑构件。瓦当的制作技术源于西周中后期，当时的瓦当多为素面或者绳纹、点状图案，战国时期，各种形制的动植物图像信息瓦当十分流行，秦汉时期，文字瓦当与动植物图像瓦当、图案瓦当更具有代表性。[①] 瓦当一般用黄土烧制而成，图像信息制作技术明显借鉴了制陶工艺，即通过画像、制模（如图 2–18 所示）、翻模、烧制等工序而制成。

瓦当制作的标准化与模式化的特点很强，这一制作方式可以保障砖瓦构件的生产数量、质量与一致化等要求。这一工艺还应用于秦始皇陵兵马俑身上（尤其是盔甲）的图案制作，蕴含了秦帝国一统天下的政治意志（如图 2–19 所示）。

图 2–18　云纹瓦当陶母范，汉代，面径 170 毫米，灰陶质，陕西咸阳出土，咸阳博物馆藏

图 2–19　武士俑局部，秦始皇兵马俑坑出土，秦始皇兵马俑博物馆藏

① 徐锡台等：《周秦汉瓦当》，北京：文物出版社，1988 年，第 9—13 页。

我们下面将重点分析画像石（画像砖）的图像信息制作技术。画像石（瓦砖）是用石头或砖块制成的建筑构件，主要用于宫殿、祠堂、墓葬等处所，其上多制作有图像信息，因此我们现在称之为画像石（瓦砖）。画像石作为祠堂与墓葬建筑构件大约兴起于秦代、西汉时期，兴盛于东汉。目前，在我国的河南、江苏、山东、山西、四川等地皆有汉画像石发现，数量多达十余万件，表现内容极其丰富，汉画像石遂成为一代之图像信息。画像石所用的石料主要为青灰色石灰岩和红砂岩，大多可以就地取材或者从不远处运送而来。这大致可以从出土的当时一些画像石题记中有所了解。从画像石题记中，信立祥推测出汉画像石的制作大体可以分为六道制作工序：选匠设计、开采石料、石料加工、画师起稿、石工雕刻、施彩着色。其中与图像信息制作相关的有画师起稿、石工雕刻、施彩着色环节。所谓的画师起稿是画师在石面上用墨线绘制图像底稿的施工作业过程；石工雕刻是刻工严格按照画师的石面底稿墨线，用凿、錾等工具刻出图像；施彩着色是使用赤、黄、白、绿、黑等矿物质染料为画像石施彩。[①]

由现存的画像石实际情况看，画师的绘画工具应该有各类毛笔和界尺之类的工具，并有所谓的“粉本”参考。[②]雕刻则用各种工具，采用线刻、凸面线刻、凹面线刻、浅浮雕、高浮雕、透雕等多种雕刻技法，达到“拟绘画”与“拟浮雕”的效果。[③]如图 2–20 所示。

画像砖是一种模制图像信息的建筑构件，与画像石一样，主要用于墓葬与其他建筑。画像砖始于战国，盛于两汉，创新于魏晋南北朝，流行至隋唐宋元。画像砖主要分布于今天的河南、四川、江苏、陕西、山东等省。画像砖的制像工艺主要有画像、制模、翻模与烧制等，与瓦当的制作工艺相同。与瓦当相比，画像砖的内容题材更为丰富。同时，某些形象如人物、车马、房屋、动植物、装饰图案等模具往往会在同一块（组）画像砖之上多次使用，形成重复图像与对称构图模式。有的画像砖还在烧制前着色，制成彩色画像砖。如图 2–21 所示。

① 信立祥：《汉代画像石综合研究》，北京：文物出版社，2000 年，第 22—26 页。
② 郑立君：《剔图刻像：汉代画像石的雕刻工艺与成像方式》，重庆：重庆大学出版社，2010 年，第 228 页。
③ 信立祥：《汉代画像石综合研究》，北京：文物出版社，2000 年，第 27—37 页；周晓莉：《浅谈临沂汉画像石的制作与雕刻技法》，《神州民俗》2009 年第 1 期。

图 2-20 《庖厨图》局部，东汉，山东嘉祥武梁祠画像石，武氏墓群石刻博物馆藏

图 2-21 《郭巨埋儿》，彩色画像砖，河南省邓州市张村镇许庄南朝墓出土，国家博物馆藏

由于画幅较大，有的画像砖采取编号分块制作的方法，如著名的《竹林七贤》画像砖目前已在江苏南京、丹阳发现4组，其中南京西善桥宫山北麓南朝帝王陵墓出土的《竹林七贤》最具代表性，这组画像由近600块砖组成，其制作大致经过画稿临摹、制模、制砖、烧制、砌砖等工艺流程。[1] 如图2–22所示。

图2–22　《竹林七贤》之“嵇康”，南朝，南京博物院藏

第四节　织物的图像信息印染技术

织物的图像信息制作在我国有悠久的历史，《周礼》中就记载有“掌染丝、帛”的工匠（《周礼·天官》）。虽然通过绘制、绣制、织制等方法可以方便地在织物上制作图像信息，但是只有使用印染技术才能大规模快速地制作织物的图像信息。

① 周伟平：《南朝“竹林七贤与荣启期”模印画像砖》，东南大学硕士学位论文，2009年，第二章。

一、织物凸版印花技术

我国的织物凸版印花技术在春秋战国时代得到发展，到西汉时已有相当高的水平。[①] 织物凸版印花是用铜材制作出凸版图像信息模具，在其上涂抹颜料后直接在织物上面多次规则压印。1983 年，在广州西汉初年南越王墓西耳室中部南墙根处，发现有两件铜质印花凸版模具，一大一小，大的模具形如小树，上雕刻出旋曲的火焰状纹；小的呈“人”字形。背面均有穿孔的小钮用以穿绳，便于执握。其西侧有大量丝织品。其中一件仅有白色火焰纹的丝织品，其花纹形状恰与松树凸版纹相吻合。[②] 如图 2-23 所示。

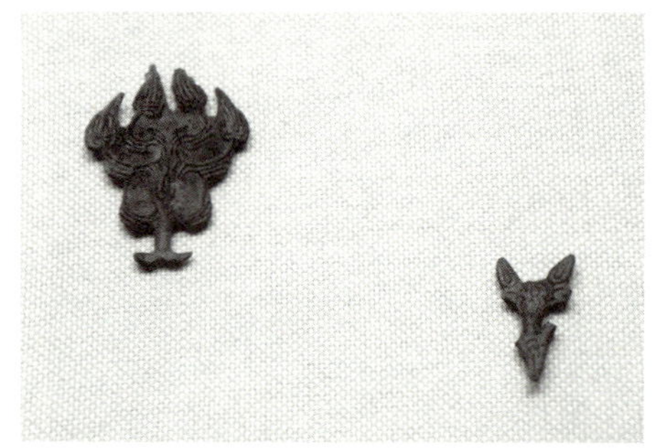

图 2-23 铜质印花凸版模具及其复制品，南越王博物院藏

在出土的西汉马王堆一号汉墓中，考古发现两件单幅的金银色火焰纹印花纱。印花纱为轻薄透明的平纹组织丝织物。其上图案由均匀细密的曲线和一些小圆点组成，曲线为银灰色和银白色，小圆点为金色或朱红色。图案的外廓略作菱形，每个单位长 6.1 厘米、宽 3.7 厘米，错综连续排列，通幅共有图案 13 个单位。图案线条分布细密，间隔不足 1 毫米；无渍版胀线情形；交叉连接较多，无断纹现象。颜料是用金、银研碎成极细小的粉末，调干性油类胶粘剂做成，呈稀泥状。如图 2-24 所示。

① 吴淑生、田自秉：《中国染织史》，上海：上海人民出版社，1986 年，第 98 页。
② 吕烈丹：《南越王墓出土的青铜印花凸版》，《考古》1989 年第 2 期。

图 2-24　金银色火焰纹印花纱及线描图，湖南博物院藏

根据这些特点，有研究者经过模拟实验证实，其纹饰是用三块雕刻凸版套印加工的。用长宽各 2.8 厘米的“个”字形纹、4.3 × 3.5 厘米的多条曲线组成的花纹以及 3.5 × 2.8 厘米的圆点纹戳印，分三步套印而成。第一步用“个”字形纹戳印成银白色的长六角形网眼，即所谓“龟背骨架”；第二步，在网眼内套印银灰色曲线组成的花纹；第三步，套印金色或朱红色的圆点纹。按这种纱的幅宽推算，每米大约印有图案单位 430 个，每个单位套印三版，即达 1200 多次。[①] 如图 2-25 所示。

图 2-25　印花纱单个图案及其分版示意图，图片来源：张树栋、庞多益、郑如斯等：《中华印刷通史》

① 吴淑生、田自秉：《中国染织史》，上海：上海人民出版社，1986 年，第 227 页；张树栋、庞多益、郑如斯等：《中华印刷通史》，台北：财团法人印刷传播兴才文教基金会出版，1998 年，第 22—24 页。

将马王堆西汉墓金银色印花纱与南越王墓的青铜印花铜模相比，我们就可以看出二者花纹与制作工艺的相似之处，这反映出当时织物凸版印花技术的相似性与流行广泛。另外，一件经鉴定的青铜器具的出现则说明当时还施行另一种织物图像信息的印制方式。这件青铜器具由三部分组成，一个长方形空心腔体，一个圆柱形带三组凸阳纹龙饰的滚筒，一个方头圆柱形销钉。圆柱形滚筒通过销钉固定于腔体之内，以销钉为轴，可以自由转动。如图 2–26 所示。①

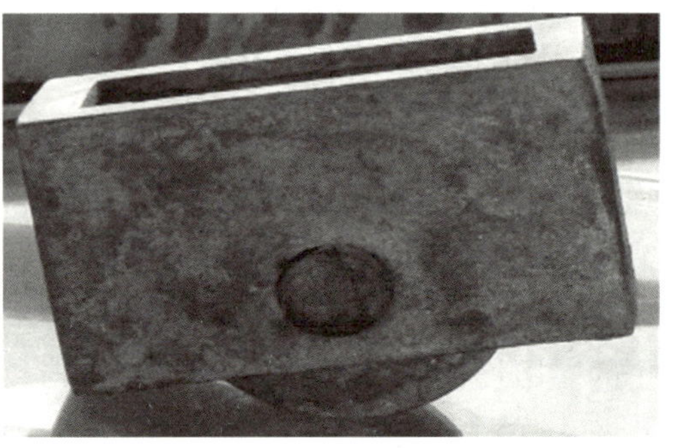

图 2–26　青铜器具与印面图，图片来源：邱林华、张树栋、施继龙、方晓阳：《战汉“印染工具”模拟实验研究》，《北京印刷学院学报》2011 年第 6 期

有关专家组根据其形制、纹饰，大多认为其可能是一件印染工具，断代为战国，最晚至汉代。有关专家小组还对该器具进行复制并利用复制品进行模拟印染实验，实验选取现代麻布、丝绸，现代国画颜料。实验中使用毛刷将搅拌好的颜料均匀涂抹在复制品的滚筒上，印染操作时，手握工具，滚筒向下与承印物紧密接触，均匀用力将工具前推，即可印出效果较为理想的图像信息。如图 2–27 所示。②

图 2–27　青铜器具复制品印出的图像，颜料为朱砂，承印物为麻布，图片来源：邱林华、张树栋、施继龙、方晓阳：《战汉“印染工具”模拟实验研究》，《北京印刷学院学报》2011 年第 6 期

① 邱林华、张树栋、施继龙、方晓阳：《战汉“印染工具”模拟实验研究》，《北京印刷学院学报》2011 年第 6 期。
② 邱林华、张树栋、施继龙、方晓阳：《战汉“印染工具”模拟实验研究》，《北京印刷学院学报》2011 年第 6 期。

这一青铜印具采用的印染方式为圆压平式，具有简单的机械特征。相较于单纯的印模捺压方式无疑更有效率，体现出当时人们制作图像信息的机巧之心。

二、雕版（漏版）漏印

我国的织物图案印刷除了织物的雕刻凸版印花技术之外，有论者通过对我国少数民族树皮布印花方式的考证，认为印刷树皮布纹饰的技术有六种：镂空花模版、阳纹花模版、雕花木版、小花木印、滚条木轴、画线竹笔，其源头在新石器时代早就存在了。其中的镂空花模版属于雕刻（漏版）漏印技术，大约在秦汉前后出现。[①]雕刻（漏版）漏印技术属于孔版印刷的范畴，史料记载唐代出现了用镂空版加筛网的印花方法。[②]这一记载说明漏印技术在当时应用还是较广的。根据雕刻（漏版）漏印技术工艺的特点，中国古代雕刻（漏版）漏印技术用于纺织物图案印染的方法分为夹缬法、绞缬法和蜡缬法三大类。

1. 夹缬法

夹缬法工艺历经两汉、两晋、南北朝，到隋唐时期有了广泛的应用。这种技术首先是制作漏版，漏版的材料可以是木板或皮革，也可用绸帛或硬纸浸过油、漆之后制作而成。木板雕刻分为阳刻木板和阴刻木板，阳刻木板镂空的部分多，留住少量线条，刻去块面，对线条、圆圈需加毛发或丝线做成丝网进行粘贴。阴刻木板镂空部分较少，版面实处为多，无须用丝网粘结。[③]只要将动物皮和纺织品浸泡于油、漆等含干性油成分的树汁中，再捞出沥干抹平，或将油、漆等树汁直接涂抹在动物皮与纺织品的表面，干燥后就可使原来柔软的动物皮与纺织品材料变得挺括与坚韧，并有良好的成型性、保型性与防腐性。由这类经过处理的动物皮或纺织品制成的漏印版材，不但易于镂刻而且在刮涂色浆时不会因版材吸收染料中的水分而软化或腐败，是一种十分理想的漏印版材。针孔漏版的版材制作工艺大致是用生纸施胶、填料、黏合，再经碾研，就能制成质硬、坚韧的纸版，再在其上涂抹漆、桐油、梓油

① 凌纯声：《树皮布印文陶与造纸印刷术发明》，台北："中研院"民族学研究所，1963 年。
② 张树栋：《从印、印染到刷印看我国传统印刷术的发展脉络和轨迹》，《新闻出版报》1994 年 3 月 4 日。
③ 张燕：《中国印刷技术与蓝印花布雕花型版的发展》，《丝网印刷》1992 年第 2 期。

等防水材料，就可以制成适合针孔漏版的版材。[①]然后在其上描绘图像信息，进行图像信息雕刻或者针刺，镂空制成漏版。印刷时，将需印染的织物对折，夹在两块完全相同的漏版中间，用刮板或刷子分别在镂空的地方涂刷染料或色浆，除去镂空版，展开织物，织物一面的对称花纹便显示出来。[②]如图 2–28 所示。

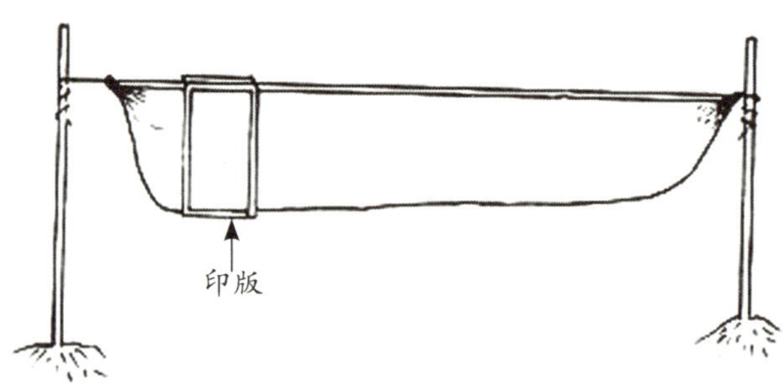

图 2–28　夹缬法示意图，图片来源：张树栋、庞多益、郑如斯等：《中华印刷通史》

山西省朔州市应县佛宫寺释迦塔内部塑像所藏辽代佛画中，有三幅南无释迦牟尼像是我国现存最早的彩色绢画。三幅图像信息刻画了释迦牟尼扶膝端坐在莲台向弟子说法的情景，尺寸相近。三幅绢地彩印版画都是先用同一套版印刷人形、物状的轮廓，而后用笔墨勾画人物的面部五官及手足。采用了半幅画同一漏版的单面漏色，进行三次漏色，一次漏红色、一次漏蓝色、一次漏黄色，并且产生了深红色、绿色和橘黄色等混合色。夹缬时将绢对折，使颜色浸过两层绢素，再打开成整幅，这样，画面上的人物、图案、字迹左右对称，而“南无释迦牟尼佛”七字，就出现了左为反文、右为正文的情况，对折处也留下一条污痕。[③]如图 2–29 所示。细观此绢画之中释迦牟尼佛两旁的众弟子，我们可以看

图 2–29　南无释迦牟尼像，辽代，绢本彩印，应县木塔文管所藏

① 张秉伦、方晓阳、樊嘉禄：《中国传统工艺全集：造纸与印刷》，郑州：大象出版社，2005 年，第 230—231 页。

② 张树栋、庞多益、郑如斯等：《中华印刷通史》，台北：财团法人印刷传播兴才文教基金会出版，1998 年，第 24—25 页。

③ 侯恺、冯鹏生：《应县木塔秘藏辽代美术作品的探讨》，《文物》1982 年第 6 期；山西省文物局、中国历史博物馆主编：《应县木塔辽代秘藏》，北京：文物出版社，1991 年。

出两旁弟子的头部不尽相同，这表明此画在经过夹缬漏印的工序之后，包括其中的某种颜色，可能还有手工绘制的过程，这样制作是为了增加画作人物造型和色彩的丰富性。

2. 绞缬

绞缬又称扎染，是一种古老的采用结扎染色的民间印染工艺。绞缬依据一定的花纹图案，用针和线将织物缝成一定形状，或直接用线捆扎，然后抽紧扎牢，使织物皱拢重叠，染色时折叠处不易上染，而未扎结处则容易着色，从而形成别有风味的晕染效果。东晋时，绞缬工艺已在民间流传。南北朝时期，出现了历史上有名的“鹿胎紫缬”和“鱼子缬”图案。隋唐时期，绞缬更是风靡一时，史料记载的绞缬名称就有“大撮晕缬”“玛瑙缬”“醉眼缬”“方胜缬”“团宫缬”等。[①] 如图 2–30 所示。

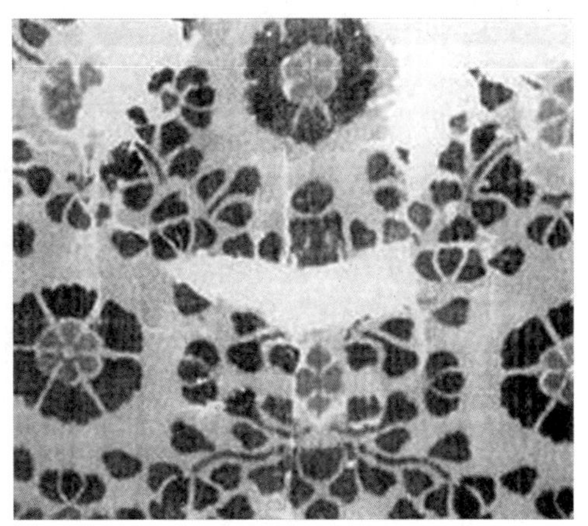

图 2–30　花卉纹夹缬绢，唐代，新疆吐鲁番阿斯塔那出土，新疆维吾尔自治区博物馆藏

3. 蜡缬

蜡缬又称蜡染。据记载，早在秦汉时期，随着对外贸易与文化交流的发展，我国西北地区流行各种印染制品。如图 2–31 所示。[②]

蜡缬实际上是“蜡防染色”，织物上的图像制作有刀具蜡绘和模具印蜡等方法。刀具蜡绘先在麻、丝、棉、毛等天然纤维织物上画图案，然后用蜡刀入染。蜡刀的头部由两片或多片形状相同的薄铜片组成，一端缚在木柄上。刀口微开而中间略空，以易于蘸蓄蜂蜡。蜡刀有半圆形、三角形、斧形等不同规格，可以绘出不同的线条，如图 2–32 所示。蜡液浸入纤维后，有防水的作用，染液不能进入。经过热煮脱蜡，可形成白色花纹。蜡液的凝结收缩，往往会形成许多自然的裂纹，入染后图案中会

① 张树栋、庞多益、郑如斯等：《中华印刷通史》，台北：财团法人印刷传播兴才文教基金会出版，1998 年，第 22—24 页。

② 王华、张伍连：《尼雅遗址出土的东汉蜡染布研究》，《东华大学学报（社会科学版）》2006 年第 1 期。

图 2-31　蜡染蓝白印花棉布，东汉，新疆和田民丰尼雅遗址 1 号墓出土，新疆维吾尔自治区博物馆藏

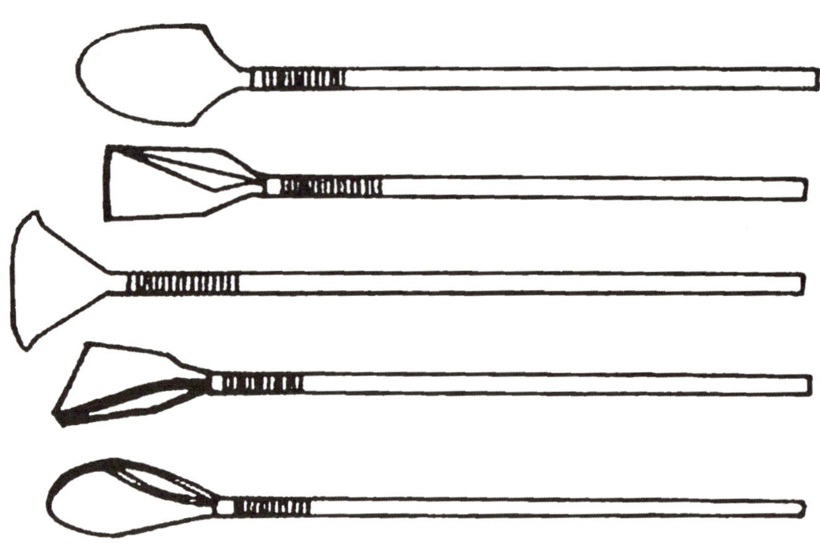

图 2-32　各式蜡刀示意图，图片来源：张树栋、庞多益、郑如斯等：《中华印刷通史》

出现独特而自然的纹理。由于中原地区产蜡很少，唐代出现以灰代蜡的防染印花，亦称灰缬。明清时被广泛用于棉织物。[①]

小　结

中国古代的信息记录使用过各种介质，魏隐儒认为古代最早的书有“龟甲兽骨的书”“青铜的书”“石头的书”等。[②]本章分析的古代各种介质图像信息制作的技术、工具与工艺流程，从简单的手工刻划，到类似机械化图像信息制作工具的出现，各种方法中图像信息模具的制作与使用，以及多版漏印彩印技术的成熟，体现了古人对图像信息制作模式化、标准化与效率的追求，[③]也正是从这一层面，体现出古代图像信息制作工艺化的特征，与手工图像绘制技艺形成不同的发展体系。在图像信息各种刻印技术之中，制范与翻范、压印与漏印等技术是核心技术和环节，也正是在针对不同介质的图像信息制作的长期实践中，人们摸索出丰富的图像信息制作经验。[④]随着造纸术与纸张的普遍使用，以及知识传播尤其宗教知识宣传的需求，[⑤]这些制图经验逐渐被使用于纸张的雕版印刷，形成图像雕版印刷技术，我国图像信息的制作与传播进入了一个新的发展阶段，也引发了古代知识传播的重大变革。

---

① 张树栋、庞多益、郑如斯等：《中华印刷通史》，台北：财团法人印刷传播兴才文教基金会出版，1998 年，第 22—24 页。

② 魏隐儒编著：《中国古籍印刷史》，北京：印刷工业出版社，1984 年，第一章。

③ [德] 雷德侯：《万物：中国艺术中的模件化和规模化生产》，张总等译，北京：生活·读书·新知三联书店，2012 年，第二章。

④ 张树栋、庞多益、郑如斯等：《中华印刷通史》，台北：财团法人印刷传播兴才文教基金会出版，1998 年，第 19—21 页。

⑤ [美] 卡特：《中国印刷术的发明和它的西传》，吴泽炎译，北京：商务印书馆，1957 年，第 25—26 页。

第三章 图像信息雕版刻印技术

Chapter 3 Woodblock Printing Techniques for Image Information

雕版印刷技术（雕版印刷术）代表着中国古代印刷术的高峰，雕版刻印技术（雕版印刷术）一般指用木质雕版在纸质媒介上印刷的技术，有关这一技术的出现与使用被国内外学界作为人类文明传播的重大事件，其中相关的研究课题历来被中外学界大书特书。结合本卷的论题，我们将在本章重点介绍图像信息雕版刻印技术，比较而言，文字雕版刻印技术与图像信息雕版刻印技术在工艺流程上大致相同，但是由于所刻内容不同及其不同要求，二者又有或显或微的差别，值得我们认真梳理分析。

第一节 雕版图像信息刻印技术的出现与成熟

有论者认为："笔的发明和改进，使得汉字逐渐向着简化、工整、规范和易于镌刻方向发展；织物、纸张和人造墨的发明和应用，为印刷术提供了必不可少的原材料，奠定了物质基础；手工雕刻技术以及盖印、拓印和印染技术的不断完善，解决了印刷术的技术难题；社会的进步和文化事业的发达、兴旺，造就了印刷术的社会环境和客观需求。上述这四者的结合，构成了印刷术源头时期的全部内容，使得印刷术的成熟和完善成为历史的必然。”[①] 雕版刻印技术（雕版印刷术）之所以被学界大书特书，确因这一技术的使用实质上是各种相关技术成熟的综合体现，由此进一步展开，体现出影响时代的知识传播与价值观的文明嬗变。图像信息雕版刻印技术的出现与使用有一个渐进的成熟过程，不仅提高了图像信息制作的速度与数量，而且改变了图像信息形态乃至知识传播的范围。

一、雕版图像信息刻印技术的出现

有关我国雕版图像信息刻印技术于何时出现的问题，目前学界还有所争议。[②] 倘若论及相关技术，那么我们上文分析的青铜器、画像砖（瓦石）、织物等媒介的图像信息刻印技术大多具有一定的相似性。当然，将雕版图像信息刻印技术上溯到前秦时期毕竟有些勉强，但是我们大致可以认为，作为一种图像信息刻印技术，其技术的成熟要早于纸张的出现。也许正是由于各种纸张尤其是廉价纸的大量生产，基于纸张的物理特性，人们开始木质图像信息版的雕刻制作以及使用相关油墨，促进了雕版图像信息刻印技术的成熟与广泛使用，这一时间大致应该定位于唐五代时期。

据史料记载与考古发现，唐代中后期的印刷业十分兴盛，不仅印刷了大量单幅佛画和书册类的民间读物，而且形成印书铺、书坊等生产与销售组织。这些产销组织遍及陕西、河南、四川、江苏、浙江、江西一带，出现长安和成都等刻印中心。从考古发现的这一时期雕版图像信息印刷品中，我们大致可以看出当时图像信息雕版印刷的状况。如 1967 年陕西西安唐墓出土梵文《陀罗尼经》印本，其中四处梵文可能是捺印，四周印契、法器、花朵等为墨线手绘，如图 3-1 所示。1975 年陕西西安唐墓出土《陀罗尼经》印本，考古学家认为，此件印于唐玄宗时期（公元 712—756 年）。可见中心方形辐射式的“回”字构图方式。此图之中的经文和边框 12 种手结印契为印制，中心方框中的两位人物则为手绘。

① 张树栋、庞多益、郑如斯等：《中华印刷通史》，台北：财团法人印刷传播兴才文教基金会出版，1998 年，第 4 页。

② 周心慧：《中国古版画通史》，上海：学苑出版社，2000 年，第 19—22 页。

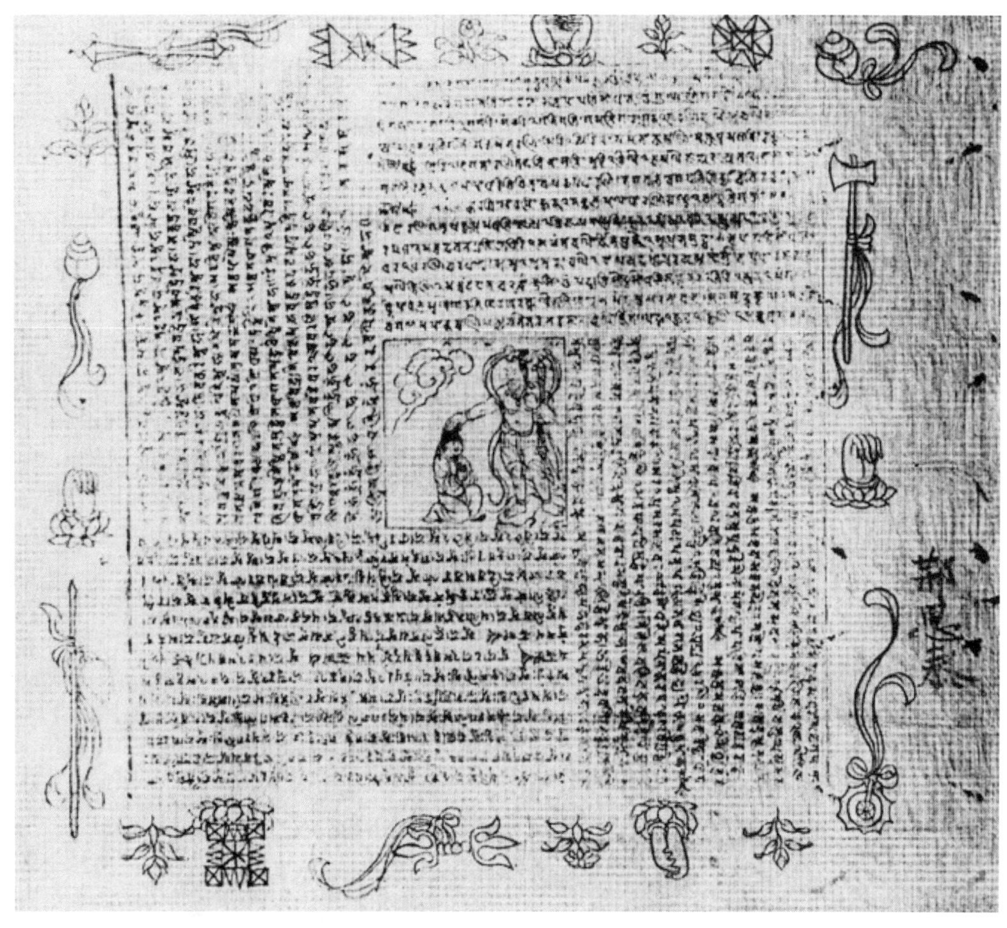

图 3-1　《陀罗尼经》印本，图片来源：《考古》1998 年第 5 期

这种构图方式在 1944 年成都东门唐墓中发现的梵文《陀罗尼经咒》中亦有体现，此图中刊有“成都府成都县□龙池坊□□□近卞家印卖咒本”等字。根据《唐书》地志记载：“至德二年十月，驾回西京，改蜀郡为成都府，长史为尹。”由此可证此物应刻印于至德二年（公元 757 年）至大中四年（850 年）之间，为成都县民间作坊的“印卖咒本”。梵文《陀罗尼经咒》长 34 厘米、宽 31 厘米，用茧纸印制，质地薄且半透明，异常柔韧。中央为一小方栏，栏中有六臂菩萨刻印一尊，手持各种法器。栏外围刻几圈梵文，外雕双栏，四角及每边都有菩萨和供品刻像。[①] 如图 3-2 所示。

① 宿白：《唐宋时期的雕版印刷》，北京：文物出版社，1999 年，第 192 页。

图 3-2 《陀罗尼经咒》，晚唐成都刻本，中国国家博物馆藏

发现于敦煌莫高窟的《金刚经》卷尾刻印题字："咸通九年四月十五日王玠为二亲敬造善施"。咸通九年即公元 868 年，这是现存世界上最早有确切纪年的雕版印刷品。卷首《释迦说法图》版画，高 24.4 厘米、横 28 厘米。右上角有"祇树给孤独园"的标题，下右方有"长老须菩提"标题。描绘释迦牟尼对弟子须菩提说法的场面，画面中人物众多，构图饱满，刀法极为纯熟峻健，线条遒劲精美。长卷《金刚经》由 7 块木雕版画经纸粘合而成，《释迦说法图》版画是其中的卷首部分，由此可见经卷插图的装裱方式。如图 3-3 所示。

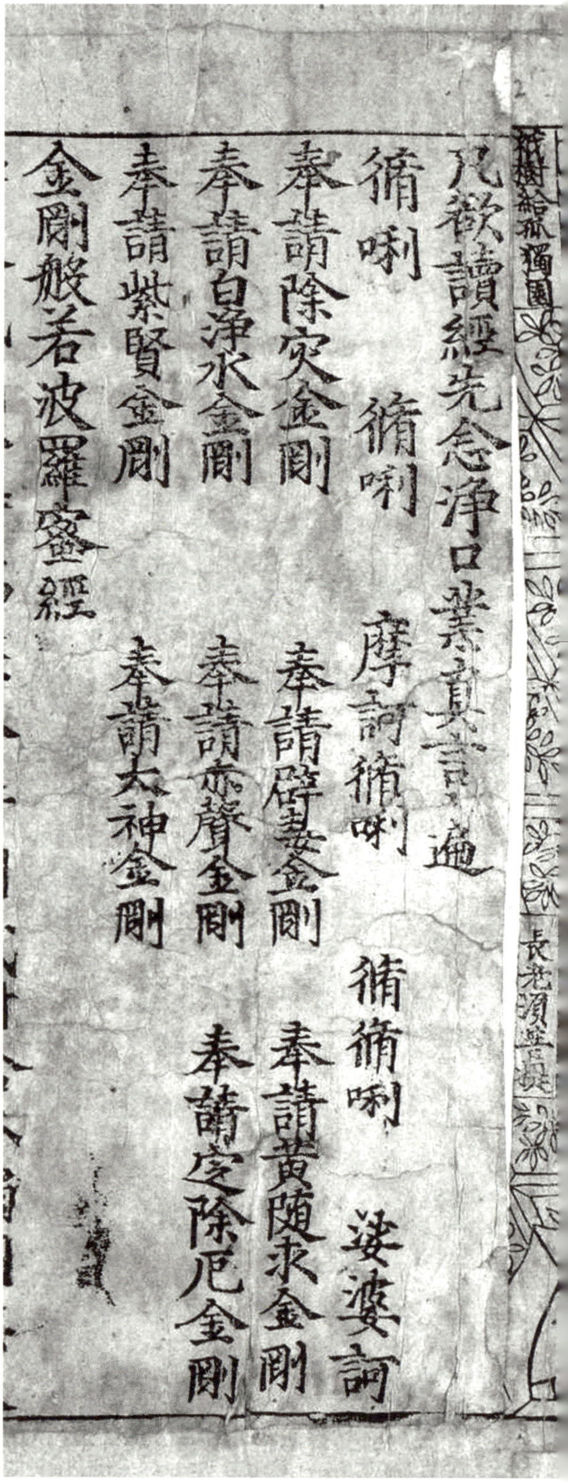

祇樹給孤獨園
長老須菩提
凡欲讀經先念淨口業真言遍
脩唎 脩唎 摩訶脩唎 脩脩唎 娑婆訶
奉請除災金剛 奉請辟毒金剛 奉請黃隨求金剛
奉請白淨水金剛 奉請赤聲金剛 奉請定除災金剛
奉請紫賢金剛 奉請大神金剛
金剛般若波羅蜜經

图 3-3 《释迦说法图》，大英图书馆藏

现存唐僖宗乾符四年（公元 877 年）丁酉历书，可见当时民间历书文字与图像信息结合于一版的状况。[①] 如图 3–4 所示。

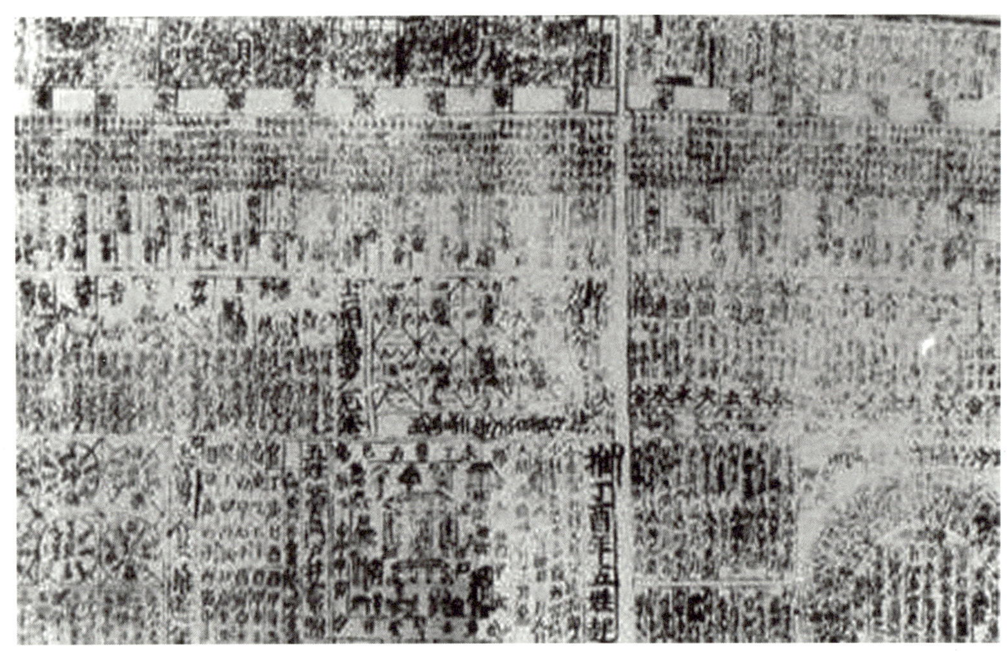

图 3–4　唐代历书，大英博物馆藏

五代时期，我国雕版印刷更为兴盛。当时的吴越国印刷业十分发达。单是国王钱俶与和尚延寿就刻印了大量的佛经、佛像、塔图、咒语，其中印数可考的就达 68 万多卷，印数之大是空前的。[②] 在杭州雷峰塔发现的吴越国《一切如来心秘密全身舍利宝箧印陀罗尼经》卷首有 3 行 37 字发愿文题记“天下兵马大元帅吴越国王钱俶造此经八万四千卷舍入西关砖塔永充供养乙亥八月日纪”。发愿文后的一幅扉画“礼佛图”，是根据经文内容而作的变相。题记中的乙亥岁为宋太祖开宝八年即公元 975 年，西关砖塔是吴越王为其妃黄氏所建，此批供养经卷达 84000 卷，可见数量之巨。如图 3–5 所示。

① 严敦杰：《跋敦煌唐乾符四年历书》，中国社会科学院考古研究所编：《中国古代天文文物论集》，北京：文物出版社，1989 年。

② 张绍勋：《中国印刷史话》，济南：山东教育出版社，1991 年，第 21 页。

图 3–5　《礼佛图》，杭州雷峰塔出土，叶恭绰旧藏

在敦煌地区发现的《大圣毗沙门天王像》是五代时驻守敦煌的归义军节度使曹元忠请匠人雕印而成。在该像的题记中，刻有“归义军节度使特进检校太傅谯郡曹元忠请匠人雕此印板”，纪年为“大晋开运四年丁未岁七月十五日”，即公元 947 年。此图可见当时敦煌地区礼佛供养活动用图的风尚，当然最引人注意的还是它上图下文的构图方式。如图 3–6 所示。

从以上分析的案例可知，唐五代时期我国图像信息雕版制印技术已经出现，并且逐渐成熟。[①] 这一时期的雕版图像大小不一，版式不同。主要集中于佛教与民间历书等题材，印量巨大，表明民间受众需求对于图像信息雕版制印技术的促进。

① 宿白：《唐宋时期的雕版印刷》，北京：文物出版社，1999 年，第 7—9 页。

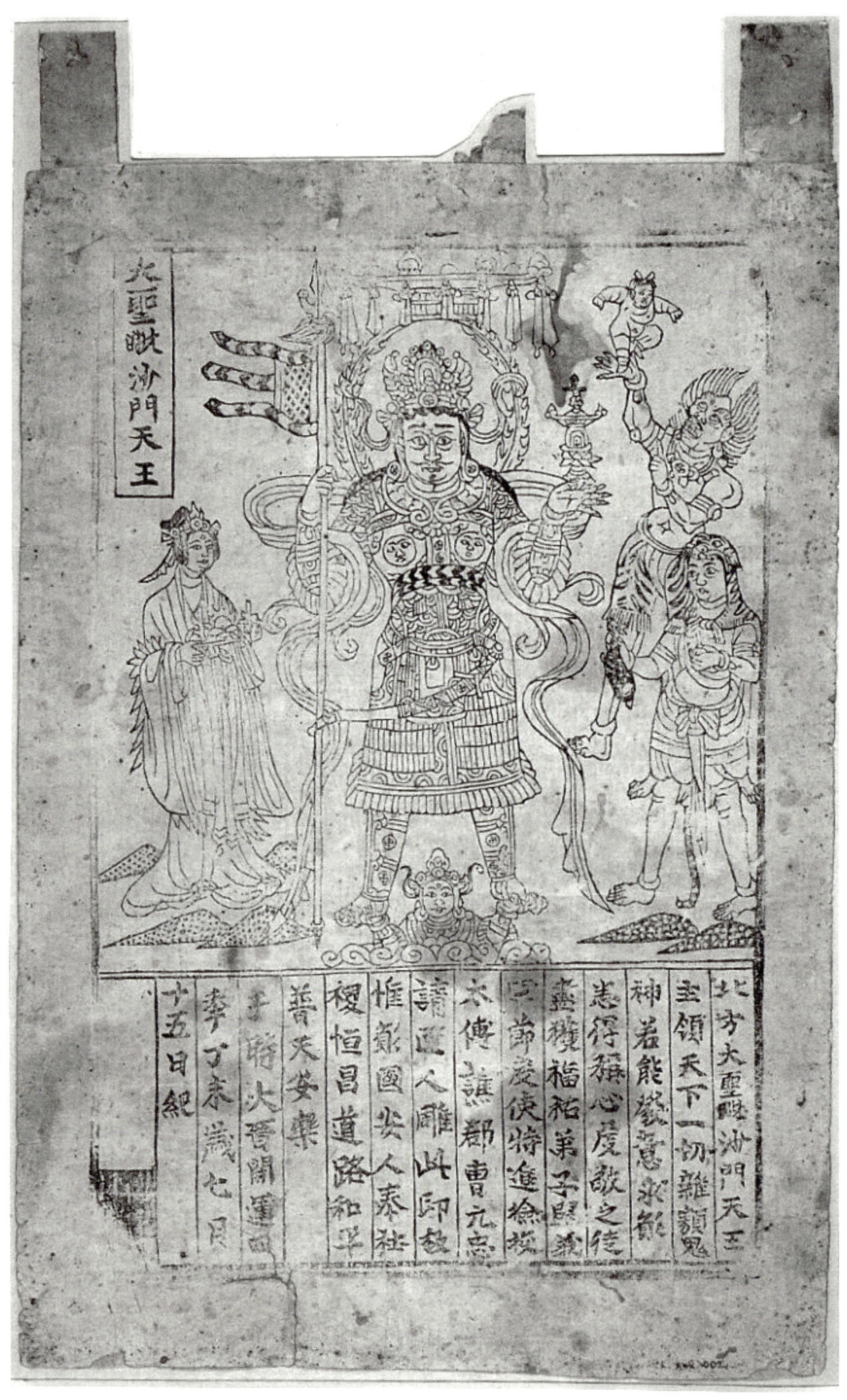

图 3-6 《大圣毗沙门天王像》，大英博物馆收藏

二、图像信息雕版套印技术的发展

上述唐五代时期的雕版图像信息皆为黑白印制品，主要用于宗教与日用等领域，在两宋时期又发展到士人知识与社会文化传播的领域，达到发展高峰。[①] 其后，雕版图像信息在技术和用途方面都不断拓展，官刻、私刻与坊刻并存的制印格局尤其是坊刻的商业化带来我国图像信息雕版刻印业的辉煌。[②] 图像信息雕版的黑白印刷是图像信息雕版制作的最基本和最流行的技术，在此基础上，古代不断进行雕版印刷技术的创新，发明出彩色雕版制印技术，以其出现时间先后次序，可划分为刷涂套色、刷捺套印、刷版套印、分版套印、饾版印刷等五种工艺方法。这五种方法按先后次序排列起来，可清晰地勾画出雕版印刷在工艺技术发展历程中的脉络和轨迹。[③]

1. 刷涂套色（印后涂色）

刷涂套色多用于版画，是于刷印出墨色图案后，再手工涂上各种颜色的工艺技术。刷涂套色这一工艺与刺孔粉本漏印技术有相似之处。元代夏文彦《图绘宝鉴》记载："古人画稿谓之粉本，前辈多宝蓄之；盖其草草不经意处，有自然之妙。宣和、绍兴所藏粉本，多有神妙者。"[④] 可见，粉本是古人图像信息制作的底稿、样稿，也是图像信息制作的一种范式。据唐代的画论和诗歌等记载以及考古发现可知，粉本在当时图像信息制作活动中已经普遍使用。清代方薰《山静居画论》认为："画稿谓粉本者，古人于墨稿上加描粉笔，用时扑入缣素，依粉痕落墨，故名之也。"[⑤] 这里的刺孔粉本则是一种狭义的粉本，是一种古老的图像信息漏印技术。其制作工艺流程是先制作针孔粉本母版，方法是把某一幅画稿贴在一张硬纸或者加工过的牛、羊皮上，沿画稿线条用针刺孔，制成图像信息轮廓的粉本母版。然后，将母版铺在承印的纸张、绢帛或者墙壁上，在母版上涂抹黑墨，或拓印墨粉。墨汁、墨粉漏在

① 杨玲：《宋雕版印书工艺技术要素考》，《图书与情报》2005 年第 1 期。

② 肖东发：《坊刻的特点及贡献：中国古代出版印刷史专论之四》，《编辑之友》1990 年第 5 期。

③ 张树栋、庞多益、郑如斯等：《中华印刷通史》，台北：财团法人印刷传播兴才文教基金会出版，1998 年，第六章。

④［元］夏文彦：《图绘宝鉴》，于安澜主编：《画论丛刊》，北京：人民美术出版社，1963 年。

⑤［清］方薰：《山静居画论》，北京：中华书局，1985 年，第 3 页。

承印物上，形成由黑点构成的图像信息。用笔墨将墨点连接勾勒出来，制成一张白描画。再在白描画上填彩敷色，最终完成一幅彩色图画。刺孔粉本技术在隋唐之前佛教石窟、寺院里的壁画绘制中可能就已使用。敦煌藏经洞之中发现的大量唐代壁画、纸画、绢画就运用了这种方法制成。[①] 刺孔粉本技术流行于唐五代时期，在宋辽时期又有所发展。用刺孔粉本漏印技术制作的纸质版画是印刷与绘画技艺的结合，一般称之为填色版画，严格来讲还不是雕版图像信息印制品。

大约在唐五代时期，还出现了雕版填色图像信息刻印技术和雕版图像信息同版涂色刻印技术。雕版填色图像信息刻印技术是用雕版印刷的方法印出图像信息的线条轮廓，然后再手绘颜色。在敦煌地区发现多卷唐代《说法千佛捺印图》，其中的每一个佛像采用木版水墨捺印加涂彩的方法制成，这些佛像基本制式一样，但是在绘制时则有细节的不同。如图 3-7 所示。现存最早的实物是辽代出土的《炽盛光佛降九曜星官房宿相》等佛画。辽代刷涂套色印制的《炽盛光佛降九曜星官房宿相》，

图 3-7 《说法千佛捺印图》局部，纸质，大英博物馆收藏

① 沙武田：《由敦煌各类绘画反映出的画稿问题试析》，《敦煌研究》2006 年第 5 期。

着红、绿、蓝、黄四色，雕刻技法娴熟，画面布局得当，是迄今所见中国古代木刻刷印后着色印制的最大、最早的精品。[①] 这种方式在中国民间制图传统中应用广泛，像杨柳青年画就一直保持着这种制图方式。

2. 刷捺套印

这种技术出现在北宋时期，是主要用于当时交子和钱引等纸币印刷的工艺技术。宋代的交子、钱引等纸币已经采用墨、红、蓝三色套印，其印版为铜版或者铅版。关于钱引，彭信威引述史料分析认为，宋代的钱引用六颗印来印制，分三种颜色，第一颗印是敕字，第二是大料例，第三是年限，第四是背印，这四种印都是用黑色。第五是青面，用蓝色。第六是红团，用红色。六颗印都饰以花纹，例如敕字印上或饰以金鸡，或饰以金花，或饰以双龙，或饰以龙凤。每界不同。又如青面印则饰以花木动物景象，如合欢万岁藤、蜃楼去沧海、鱼跃龙门、缠枝太平花等。至于红团和背印则是图画故事，红团如龙龟负图书、朽粟红腐、孟尝还珠、诸葛孔明羽扇指挥三军、孟子见梁惠王、尧舜垂衣治天下等。背印如吴隐之酌贪泉赋诗、汉循吏增秩赐金、周宣王修车马备器械、舜作五弦之琴以歌南风、武侯木马流车运、文王鸡鸣至寝门问安否等。拿整张钱引来说，最上面是写明界分，接着是年号（如“辛巳绍兴三十一年”），其次是贴头五行料例（如“至富国财并”等，多是些格言），其次是敕字花纹印，其次是青面花纹印，其次是红团故事印，其次是年限花纹印（如三耳卣龙文等，多为花草），再其次是背印，分一贯和五百文两种，最后是书放额数。由此说明了钱引的印刷技术复杂，其中印有丰富的图案。[②] 现存实物——安徽东至县出土的宋代“关子印版”多达八块。据分析，这八块印版不可能是全部采用刷印方法。很可能是票面版等大面积图案用刷印印刷后，再将小面积的印章按设计位置捺印。从现在看，这种方法很简陋、笨拙，但在当时又是了不起的进展。因这毕竟是按设计位置进行套印的套印术，为彩色套印之先驱。[③]

① 张树栋、庞多益、郑如斯等：《中华印刷通史》，台北：财团法人印刷传播兴才文教基金会出版，1998 年，第六章。

② 彭信威：《中国货币史》，上海：上海人民出版社，1958 年，第 285 页；屈小强：《谈谈一件误传的“成都交子”图片》，《文史杂志》2006 年第 3 期。

③ 张树栋、庞多益、郑如斯等：《中华印刷通史》，台北：财团法人印刷传播兴才文教基金会出版，1998 年，第六章。

3. 刷版套印

刷版套印是在雕刻好的同一块印版上，根据画面要求，在不同部位涂刷不同颜色，譬如花涂红色、树叶涂绿色等，然后进行覆纸刷印的工艺技术。这种方法技术要求很高，很难掌握，印刷效果差，印刷速度慢。①

4. 分版套印

成熟的图像信息雕版套印技术为多版分色套印技术。是先把画稿分成不同的颜色，按照不同的颜色，刻成多个雕版，每版只印制一种颜色。然后按颜色的先后，一版一版地套印在一张纸上，最后就印成了一幅彩色图像信息版画制品。这种套印方法，对印版的尺寸规格要求非常严格，印刷时印版位置要精确稳固，操作者要认真、熟练，方能套印准确。与前三种套印相比，这才是真正意义上的套版印刷。分版套印的出现，标志着中国的套版印刷已趋于成熟。② 图像信息雕版套印技术出现于宋金时期，北宋版印残画《蚕母》表现蚕母、蚕茧和蚕筐等图案，用阳文刻版，用浓墨、淡墨、朱红及浅绿四种色彩。如图 3-8 所示。

图 3-8　《蚕母》，纸质，北宋，残高 21 厘米、残宽 19 厘米，温州博物馆藏

① 吴荣鉴：《关于敦煌版画制作的几个问题》，《敦煌研究》2005 年第 2 期。
② 张树栋、庞多益、郑如斯等：《中华印刷通史》，台北：财团法人印刷传播兴才文教基金会出版，1998 年，第六章。

元代的图像信息雕版套印技术大约只有朱、墨两色，应与评点内容相关。元末至正元年（公元 1341 年）《金刚经注》，是用朱、墨二色套印的无闻和尚批注的《金刚经》。这部《金刚经注》为经折装，卷首有释迦牟尼说法图，卷尾有无闻和尚注经图和韦陀像。经文大字、圈点、句读符号等印红色（句读符号也有印黑色），注文双行印黑色。书后有刘觉广于至元六年为本书写的跋文，记载："师在资福寺丈室注经，庚辰四月间，忽生灵芝四，茎黄色，紫艳云盖。次年正月初一日夜，刘觉广梦感龙天聚会于刊经所谶云"。卷尾的《注经图》绘有一个老僧（无闻和尚）正坐在松树下的书案旁讲经，还有侍僮一人，旁立儒服老者（也许是刘觉广），桌前地面上生出几枝灵芝草，天空中还有云彩飞绕。画中松树用黑色，其他用红色。描绘的正是刘氏跋文的内容。如图 3-9 所示。

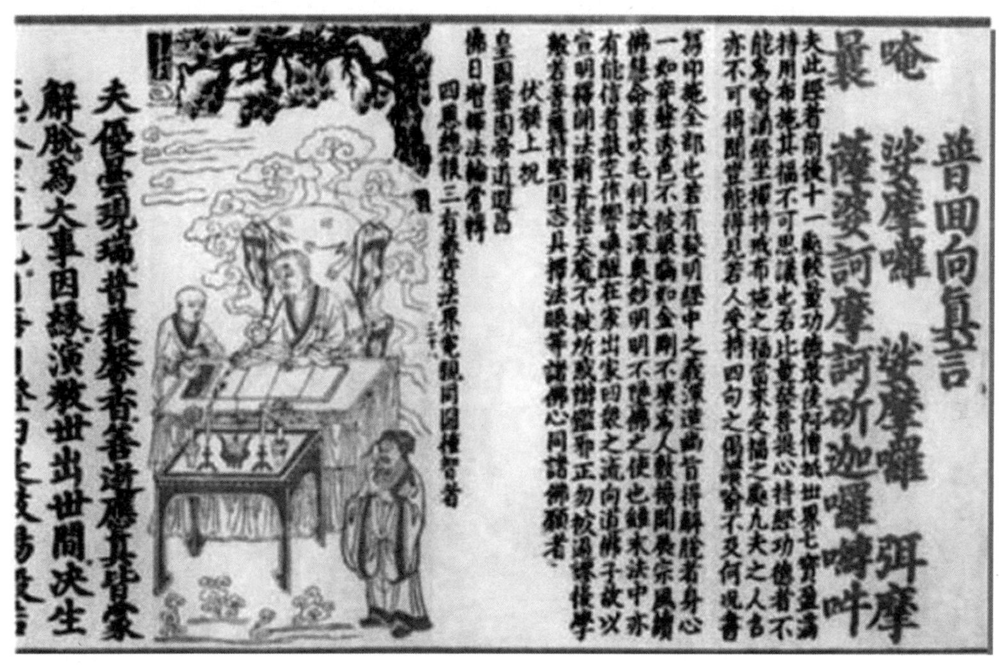

图 3-9　《注经图》，《金刚经注》卷尾，纸质，台北"中央图书馆"藏

明代万历天启年间，小说、戏剧插图本和画谱十分流行，我国雕版印刷发展至高峰期，这一时期的图像信息雕版套印技术发展到朱、墨、黛、紫、黄五色套印。安徽歙县制墨家程大约的滋兰堂在 1605 年出版彩色套印本《程氏墨苑》，其中有近 50 幅是用四色、五色套印的。歙县黄一明出版彩色套印本《风流绝畅图》，效

果更为精美。稍后，浙江湖州的闵齐伋、凌濛初两家，雇用徽州刻印工人，运用套印技术，刻印了包括先秦诸子、史书、诗文集、戏曲等书 130 多种，大多数为朱墨两色，还有三色、四色、五色的，其印本风行全国。其中“以刻书为事”的闵齐伋综合运用套版技术和饾版水印技术，在崇祯十三年（公元 1640 年）刊印《西厢记》，其中 21 幅插图皆构思巧妙，绘、刻、印极为精美，堪称明代木刻中的极品。[①] 例如第十二图《倩红问病》描绘张生因相思成疾、莺莺着红娘递简的情景。借相扣之玉环构图，既同时表现两个场景，又暗寓鸳盟已成。色彩丰富，相扣玉环的玉润之色尤其令人惊叹。如图 3–10 所示。

套版印刷在清代也取得不少成就，其中最值得称道的是《芥子园画传》。《芥子园画传》前三集由画家王概及其兄弟王蓍、王臬在 1679 年与 1701 年间绘编而成，采用五色套印，一百余年畅销不衰，可谓古代雕版画谱的集大成者。如图 3–11 所示。

图 3–10 《西厢记》彩图第十二图，明闵齐伋绘刻，德国科隆东亚艺术博物馆藏

图 3–11 《芥子园画传》第二集，乾隆金阊书业堂刻五色套印本

① 范景中：《套印本和闵刻本及其〈会真图〉》，《新美术》2005 年第 4 期。

5. 饾版拱花

拱花技艺行于唐，饾版技艺肇自宋代。[①]饾版拱花是印刷后施以拱花压的制印技术，其中拱花技术是将雕版压印在白纸上，压出凸起的花纹。饾版水印技术强调水墨色彩的浓淡效果，有时一幅作品的用版量多达几十块。饾版印刷与分版套印的套版印刷的区别是其根据画面颜色、浓淡、部位的不同刻制许多的印版，纸张和印版都固定在版台上。[②]明代的金陵地区为雕版刻印的中心之一，吴发祥（号萝轩）在这里刻印的《萝轩变古笺谱》使用了饾版水印技术。寄居南京的胡正言则编印了《十竹斋书画谱》和《十竹斋笺谱》，全用饾版印法，刻、画、印俱佳，影响巨大。[③]《十竹斋笺谱》最初印行于明崇祯十七年（公元 1644 年），全书采用了饾版和拱花相结合的技术，共分四卷，每卷按“清供”“胜览”“孺慕”“无华”“宝素”等专题形式，共汇印了近一百幅笺纸纹饰，[④]创造了古代雕版刻印的新高峰。如图 3–12 所示。

图 3–12　胡正言《十竹斋笺谱》局部，明崇祯十七年刊本

① 冯鹏生：《中国木版水印概说》，北京：北京大学出版社，1999 年，第 5 页。

② 张树栋、庞多益、郑如斯等：《中华印刷通史》，台北：财团法人印刷传播兴才文教基金会出版，1998 年，第六章。

③ 张绍勋：《中国印刷史话》，济南：山东教育出版社，1991 年，第 117 页。

④［明］胡正言辑印《十竹斋笺谱》，北京：荣宝斋重印本，1952 年。

比较而言，图像信息雕版套印技术在唐五代之后除了精细化发展路线之外，还有基于宗教与民间实用的技术使用，尤其是在明代中后期与清代，图像信息雕版技术广泛使用于年画、门对等制作之中，逐渐形成苏州桃花坞、天津杨柳青、晋南平阳府、陕西凤翔县、四川绵竹县、山东潍县、河南朱仙镇、广东佛山镇等民间彩色年画中心。这些中心的彩色年画形式多样、题材丰富、产量巨大，不仅使用同版填彩技术，还使用图像信息雕版套版技术，形成有别于士人“清玩”的风格，即线条工整、造型简洁、人物夸张、色彩艳丽等独特风格，体现出古代图像信息雕版技术的民间发展路径。如图 3–13 所示。

图 3–13 《十美踢球图》，清代，苏州桃花坞年画，上海市历史博物馆藏

第二节 图像信息雕版的刻制材料与工艺

图像信息雕版刻印技术与工艺经过千余年的积累，最终形成包括二十余道工序和多种材料的工艺。

一、图像雕版的版材、制作工艺与刀具

图像雕版刻制的材料与工具涉及制作过程中的木材和刀具等方面，其中的雕版的木质特征决定了其与其他材质的不同工艺特点，其刀具等设备的使用也显得与众不同。

1. 图像雕版的版材

从第二章的分析我们可知，古人的图像刻制与制作模具曾经使用过各种材料。唐代出现了铜版千佛像印刷。[1] 据载，宋代苏州、无锡等地出现了雕刻铜版的技术，用雕刻铜版印制官府钞票及商品的广告。[2] 现存宋代“济南刘家功夫针铺”的印刷铜版，上面刻的字是反的。最上面是店铺的名称：“济南刘家功夫针铺”。铜版正中有店铺标记白兔捣药图，而且还有标注：“认门前白兔儿为记。”下方的广告文字说：“收买上等钢条，造功夫细针。不误宅院使用，转卖兴贩，别有加饶，请记白。”如图 3–14 所示。

图 3–14　“济南刘家功夫针铺”广告铜版，宋代，上海博物馆藏

① 潘吉星：《中国金属活字印刷技术的起源及其在东亚各国的传播》，韩琦、米盖拉编：《中国和欧洲——印刷术与书籍史》，北京：商务印书馆，2008 年，第 21 页。

② 屈小强：《谈谈一件误传的“成都交子”图片》，《文史杂志》2006 年第 3 期。

大明通行宝钞为明太祖洪武八年（1375 年）发行，其制版方法延续了宋元以来的铜版制作方法，可能是先雕刻木模，再翻制泥范，泥范经高温焙烧后制成陶范，再熔炼青铜合金浇铸成印版毛坯，经打磨加工成青铜印版。[①] 如图 3–15 所示。这种图文铸造铜版印制钞券的方法一直沿用到晚清时期。

图 3–15　大明通行宝钞五十文铜版，明代，中国国家博物馆藏

《说文解字》解释“牍”字为“牍，书版也”，段玉裁《说文解字注》注释“版”字为：“版者，片也，从半木，版、板为古今字。”由此可知，版的本义为经过人工加工的木片，牍是书写后的木版。[②] 比较而言，版牍虽然与雕刻木版不尽相同，但是从中我们还是可以看出木板作为人类信息记载介质的古老渊源。对于图像雕版刻印而言，古人也许经历过各种材料的试用，最后才选定木材作为制作雕版的最佳版材。瓦当图像模具和印染模具已经尝试使用木质材料。魏晋时期，道教流行桃木刻符，虽然不是刻印之用，但是可见宗教图像的木材刻划传统。现存于法国巴黎国立集美美术馆的阴刻如来坐像木版，高 15.4 厘米、宽 10.2 厘米、厚 1.0 厘米，是目前仅见的出自敦煌莫高窟藏经洞的唐代印版。结合敦煌地区发现的雕版印刷品，可知唐代木质的图像雕版已经广

① 李琳娜、施继龙、周文华、邱林华：《清代北京纸币印刷技术研究》，《北京印刷学院学报》2012 年第 2 期。
② 施勇勤：《“版本”考源——上古时期社会信息的传播方式和早期的版本》，《出版与印刷》2004 年第 2 期。

泛使用。

总结起来，木材作为雕版材料的优点大致有三：一是木材坚韧易刻，二是木材价廉易得，三是木版轻便。当然，各种木材的特性不同，对于制作雕版用材来讲："木材的要求比较严格，材料必须坚硬而不脆，质地细腻柔韧、树木生长期长而粗壮，可用平面大而无疖疤。对木材的采伐也要有一定的时间，即立春以前采伐的树木材质最佳，同一棵树，超过和不到采伐的时间其质量亦有不同。质量以雕刻印版时不起层、蹦线、划刀造成损坏为佳。雕刻完成的印版，经长时期使用和存储也不会造成干裂与变形。从现在还流传在敦煌地区的木刻版画制作技法、木制材料的运用以及木质的性能分析对比来看，敦煌的木刻版画雕版用的木制材料，多以硬杂木中的李木、杏木和纤维质地较细的水渠柳木为主。"[①] 比较而言，图像雕版多使用杜梨木、梨木、梓木、黄杨木、桃木、银杏木、苹果木、杏木、白杨木、乌桕木、白果木、桦木、椴木、小叶樟木等。其中最为常用的有梨木、枣木两种。梨木材质硬度适中，纹理细滑；枣木的材质较为坚硬，质地紧细。这两种材质都较硬，耐印率高，纤维细匀，易于凑刀，吸墨、释墨性均匀。饾版印刷的版材根据待印画面而有不同的选择，一般的线版常用梨木和枣木，细如发丝的线条则需用纹理细腻的黄杨木，大块的色版除了梨木外，也可使用杨木、柳木等，有时为了刻意表现山石的粗糙，可采用木纹较粗的杂木。[②] 河北巨鹿故城出土的北宋仕女雕版是目前发现最早的年画雕版之一，是用枣木雕刻而成。天津杨柳青一带盛产杜梨树，"杜梨树成材慢，结的梨很小，更多的养分长在了树干上，所以它的木材很结实，而且木材结构比较紧密细腻，硬中有软，还耐磨，非常适合刻版"[③]。因此杨柳青年画雕版版材多选用杜梨树材。江苏桃花坞版画所用的木材主要也是梨木。[④] 如图 3–16 所示。

① 吴荣鉴：《关于敦煌版画制作的几个问题》，《敦煌研究》2005 年第 2 期；宿白：《唐宋时期的雕版印刷》，北京：文物出版社，1983 年，第 1 页。
② 张树栋、庞多益、郑如斯等：《中华印刷通史》，台北：财团法人印刷传播兴才文教基金会出版，1998 年，第 104 页。
③ 马洪超、武自然：《在墨香画影里描绘新图景》，《经济日报》2009 年 11 月 8 日，第 23 版。
④ 史静、蒲娇：《桃花坞年画：房志达》，天津：天津大学出版社，2011 年。

图 3-16　中堂《三星图》雕版，清代，桃花坞，图片来源：史静、蒲娇：《桃花坞年画：房志达》，天津大学出版社，2011 年

2. 雕版版材的加工

雕版版材的加工分为锯板、浸沤、干燥、拼板、平板等工序。

（1）锯板。将梨木、枣木等木料除去小枝，选取有充分雕刻面积的树干，沿树干纵向直截，避开木材上的疤节和质地疏松的树心，锯成约 2 厘米厚的木板。还可以使用断纹法，即木纹横断取材，这种方法宜于细刻，在中国古代很少使用。比较而言，欧洲雕版除了纵向制取版材的“纵刻法”之外，到 19 世纪初，在与铜版制版的竞争中，印刷所使用木刻版则改为横刻法（Crosscut），此种是结合石版印刷的制图技巧。先将树干横锯，以硬而细纹的木材为主，诸如枫树、梨木和黄杨木等均特别适合于此种雕刻版。为了避免在干燥时破裂或弯曲，须将木材切成许多小段，再用胶黏合在一起成棋盘状，或在其下方钻孔用螺丝锁在一起，这些胶合的木块被锯成约 2.5 厘米厚以配合印版高度，在使用前由雕刻师用砂纸将之砂平，雕刻师将木板放在充满细砂的皮垫上或小型木制转盘上，使其在雕刻时转动自如，并做细致的雕刻而成木刻版。

（2）浸沤。将锯好的木板放在水中，上压重物，浸沤一至数月，脱去木材内的树胶与树脂，使木板既利于刊刻又易于吸墨释墨。浸泡时间夏季稍短，冬季稍长，放置时间较长，已经干燥的木材可不必再作浸沤处理。

（3）干燥。将浸沤后的木板平行码放在无直射光的通风干燥处，每层木板之间用粗细相等的长木条或竹片垫平，令其自然干燥。自然干燥期间应时常翻动检查，并不时将码垛的木板上下左右对调，以防干燥不均而扭曲变形。急用时可将木板放入大锅中用石灰水煮沸，经此方法处理过的木板，容易干燥也利于刊刻。

（4）拼板。如果印画的版面较大，如年画的中门神、中堂等，则需要拼板。首先要将数块小木板拼接成一块大板，然后再进行雕刻。拼接的技术要点是，根据版面大小，选择若干块无虫眼、少疤节的木板，将每块木板的拼接面刨平，画上大眼位置，写上拼接序号，然后根据画出的位置，在每块木板的拼接面上用木工钻打出 3~4 个深 3~4 厘米的洞眼，插入铁制的枣核钉，再在每块板的拼接面上刷一层猪皮膘子（用猪皮或猪骨制成的胶），最后将木板一块块拼接起来。①

① 张秉伦、方晓阳、樊嘉禄：《中国传统工艺全集：造纸与印刷》，郑州：大象出版社，2005 年，第 384 页。

（5）平板。将干燥后的木板上下两面刨平、刨光，截成略大于双页版面的矩形。用植物油遍涂表面，再用芨芨草的茎部细细打磨平滑。[①]

3. 雕刻工具

雕刻工具多达 20~30 种，各有不同的功用，包括各种型号刻刀、铲刀、凿子、锤子，另外还有锯、刨、斧子、磨石以及尺、规矩、刷子等。刻版刀具最常用的是拳刀。拳刀也许是因其握法而得名，因其刀头或者刀刃形状又可以细分为曲刀、雀刀、挑刀等。明清时期，徽州刻工技术最为精良，名满天下，他们使用的雕刻工具可以说最为典型，如图 3–17 所示。[②]

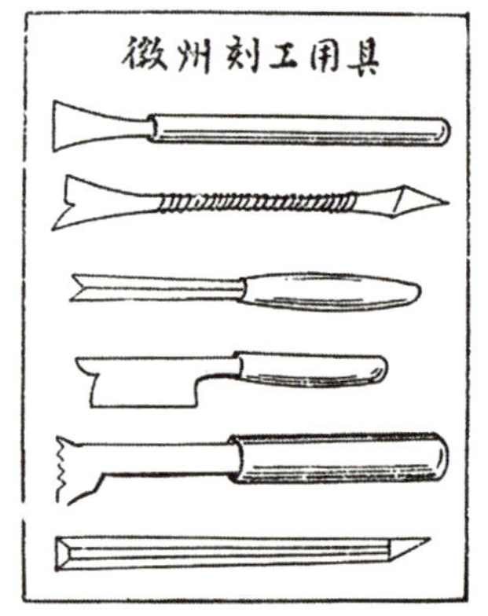

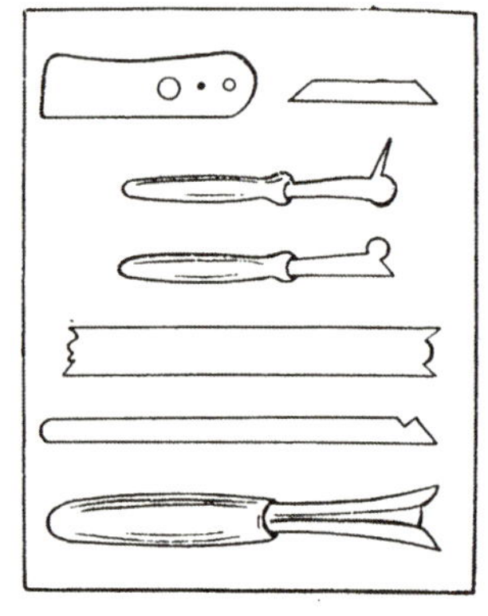

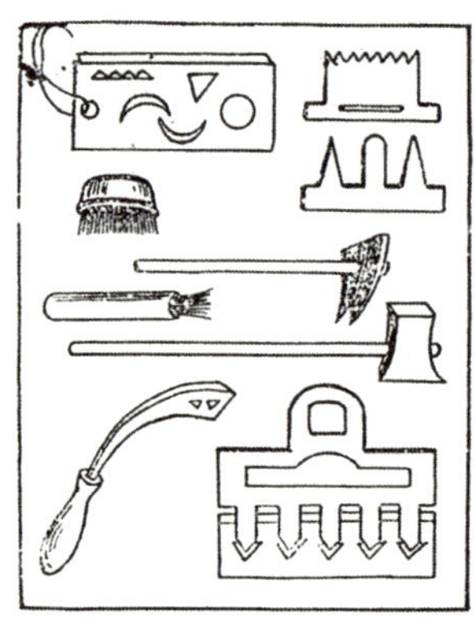

图 3–17　明代徽州刻工所用工具，图片来源：张树栋、庞多益、郑如斯等：《中华印刷通史》

二、图像雕版的刻制工艺流程

雕版的刻制工艺流程一般分为写样、上版、刻版、打空（剔空）、拉线、修版等。图像雕版工艺流程与之大致相同，但是由于刻制内容不同，二者的刻制方法也有区别。以传统杨柳青年画为例，其“勾”“刻”两个流程与图像雕版的刻制相关。所谓的“勾”就是勾勒雕版图样，即写样。如果刻印内容为名家画作，则需要先请

① 以上部分参见钱存训：《李约瑟中国科学技术史·第五卷：化学及相关技术·第一分册：纸和印刷》，刘祖慰译，北京：科学出版社、上海：上海古籍出版社，1990 年，第 174 页；吴德祥：《连城四堡雕版印刷技艺初探》，《中国出版史研究》2016 年第 4 期。

② 王伯敏：《中国版画史》，上海：上海人民美术出版社，1982 年，第 96 页。

丹青高手将选定的作品依据版式大小临绘一幅，制成画样。民间版画尤其是年画则大多有代代传承的画样。写样是依据原有画样制作雕版图样的过程，一般用较软的“燕皮纸”或较薄的生宣纸、透明的雁皮纸依据版式大小绘图成稿。唐代拓书技术已经开始使用硬黄勾摹方法，成为拓书中最高技艺。“硬黄者，嫌纸性终带暗涩，置之热熨斗上，以黄蜡涂匀，纸虽稍硬而莹彻透明，如世所谓鱼枕明角之类，以蒙物无不纤毫毕见者。”纸涂黄蜡，色黄，且硬，故称硬黄；在硬黄上作双勾廓填，因名硬黄勾摹。这种技艺的优越性在于：一是纸上涂蜡，可使书帖上字迹看得清楚一些；二是因涂蜡而不渗水，可以防止勾摹时污损珍贵的原帖。拓书在唐代还出现了响拓的技艺，“利用明亮窗户的光影，把书帖上字迹看清楚，如此作双勾廓填，效果更好”。[①] 现代杨柳青年画“写样”工艺中往往会用到“灯箱”，灯箱“样子像一张桌子，面板是由玻璃制成，在玻璃下面装有日光灯灯管。如果是描画已有的画样子，需要把画样放于灯箱上，再铺一层生宣纸，打开灯箱的灯，通过灯光可以透过生宣，清清楚楚地看到画样的图案，用笔把图案的线条在生宣上勾勒出来，有点类似过去学生学写字使用的描红纸”。古代没有制作灯箱的某些原料，但是日光灯、玻璃可以用烛光和透明纸替代。[②] 文图经文和书籍的插图要根据文图关系安排画稿。饾版的写样操作方法则更为复杂：在雕刻之前，先根据彩色画稿的设色深浅浓淡、阴阳向背的不同，进行分色分版。每色一版，甚至一版多色，画面大的要多至几十块小版。随后用透明的雁皮纸蒙上画稿分别依版勾描出不同的独立画样。[③]

线描（上样）结束后，即进入上样（上版）工序。把描好的纸稿反贴在已经涂满浆糊的木板上，再将纸压平，并用毛刷在纸背上打，使毛刷的毛刺纸，把纸和木板紧密地粘在一起。等干透之后，将纸上层的膜擦去，只留下很薄的一层纸膜附在木板上，这时就可以清楚地看到反面的画稿。[④] 雕版套印地图的上样方法是，先要在编纂好的原稿上覆以一张极薄的白纸，在白纸上先描绘好图框，再按原稿上的同

① 刘光裕：《印刷术以前的复制技术（一）——搨书与拓石的产生、发展》，《出版发行研究》2000 年第 8 期。
② 霍庆有、俞彬文：《中国民间杨柳青年画技法》，北京：中国劳动社会保障出版社，2009 年，第二章。
③ 张树栋、庞多益、郑如斯等：《中华印刷通史》，台北：财团法人印刷传播兴才文教基金会出版，1998 年，第七章。
④ 霍庆有、俞彬文：《中国民间杨柳青年画技法》，北京：中国劳动社会保障出版社，2009 年。

一色的线条、符号、文字进行描绘，用几色套印则描绘几张，朱墨套印则一张为黑版稿，一张为红版稿，两稿均以图框套合为准；经校正无误后，将描绘的分版稿分别反贴于备用的雕刻木板上，使其粘贴平服，粘贴时要尽量减少纸张变形，故浆糊是刷在木板上的，待干燥后经研压处理，由刻工照样雕刻。[①]

刻版是雕版印刷的关键工艺之一，为保证印刷质量，刊刻时握刀要稳，下刀要准，务使一笔一划依照墨线完成。刻版的基本手法是：右手握住拳刀，刀柄向外侧倾斜 40 度，向下向内用力。左手用大拇指第一关节拢住刀头，控制运刀的速度、方向并防止滑刀。[②]比较而言，图画雕刻无疑难度更大。《十竹斋笺谱 · 序》中言："刊刻中，切忌剽轻，尤嫌痴钝，易失本稿之神。"[③]杨柳青的师傅则将线条分为三级，"一级线条是脸部和手足处，处于主要位置，比较细腻传神；二级稍次之，衣服的纹路就是二级线条，需要刻出动感，还有'年年有余'的鱼尾部线条也属于二级线条；三级线条是画面的背景，如陪衬的芦苇、荷花、鱼草等线条。三级线条要区别对待，这样才能出来层次感"。[④]"人物的脸形、手形包括手指的动作，线条一定要流畅。""比如刻人物的眼神，木纹是横丝，你要把这块挑出来，变竖丝重新填入，这样印刷出来的效果显得眼眸特别黑，才传神有灵气。"[⑤]

修版是对已经刊刻并打空的雕版，先用蓝色刷印数张校样，然后用试印的作品与原作相对照，如有不妥部分，则需将谬错之处用平凿凿去，并向下凿成凹槽，用一块与凿除部分相同大小的木板嵌入凹槽中，然后在嵌入的木板上刊刻出修正后的内容。[⑥]

饾版的刻版需要表现中国画的多种技法与风格，因此在版材的选择上主要根据需要印刷画面的性质与所要表现的形式而选择不同的木材。对于一般的墨线版，

---

① 张树栋、庞多益、郑如斯等：《中华印刷通史》，台北：财团法人印刷传播兴才文教基金会出版，1998 年，第七章。

② 张树栋、庞多益、郑如斯等：《中华印刷通史》，台北：财团法人印刷传播兴才文教基金会出版，1998 年，第 106 页。

③ [明] 胡正言辑印《十竹斋笺谱 · 序》，北京：北京荣宝斋重印本，1952 年。

④ 李思思：《从古一张画店作坊看杨柳青年画的传承》，中央民族大学硕士论文，2011 年。

⑤ 邱杨：《雕版印刷：雕刻灵性的手艺》，《三联生活周刊》2015 年第 24 期。

⑥ 张树栋、庞多益、郑如斯等：《中华印刷通史》，台北：财团法人印刷传播兴才文教基金会出版，1998 年，第 117 页。

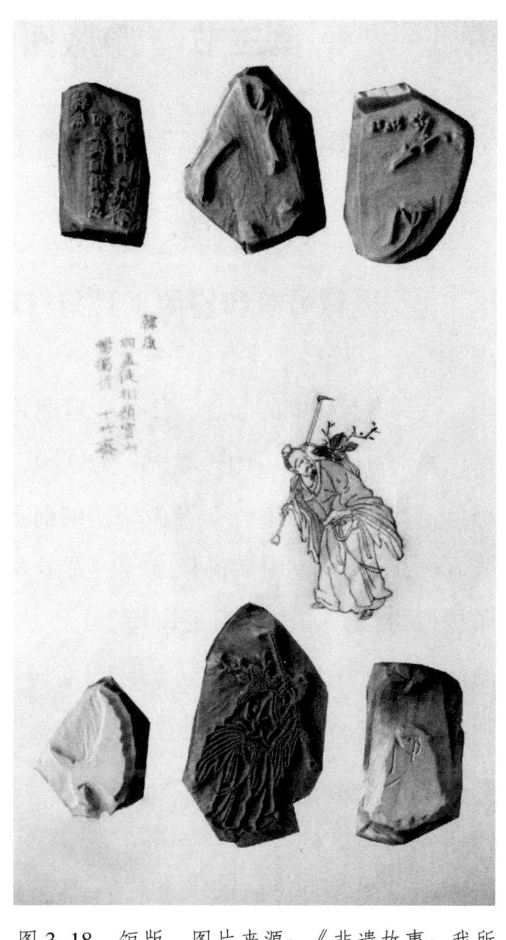

图 3-18　饾版，图片来源：《非遗故事：我所经历的荣宝斋木版水印发展历程（上）》，搜狐号“好手艺”，2017 年 9 月

与雕版印刷一样常常选用木质细滑、材质均匀的梨木与木质较硬、材质细坚的枣木，有时也可使用材质细软的杨木、柳木；有时为了刻意表现出山石的粗糙等，则专门选用纹理粗糙的木材，并且故意不将木材处理光滑。总之，饾版印刷选用的木材不拘一格，全凭印刷者根据具体情况分别对待。[①] 操作方法则依据不同图样，选择与其大小相近的版材刻制图版，分别依据上述工艺流程制作而成，其中的大部分雕版可以省略拉线等环节。[②] 如图 3-18 所示。

作为拱花制版的版材最合适的是杜梨木，枣木与梨木也可以选用。拱花的勾描要注意拱花的层次、深浅。拱花刻版用阴刻的方法剔出凹槽，要求与普通雕版的刻制方法不同，下刀时必须根据拱花的形状使刀刃与版面倾斜成不同的角度。由于有的拱花是多层次的，因此在镌刻时一定要分清层次，一层层镌刻。拱花制版无须打空，修版时要将凹槽内的所有表面都处理得光滑并有一定的立体形态。[③]

① 张秉伦、方晓阳、樊嘉禄：《中国传统工艺全集：造纸与印刷》，郑州：大象出版社，2005 年，第 396 页。

② 顾廷龙、冀淑英：《套印和彩色印刷的发明与发展》，《装订源流和补遗：〈中国印刷史料选辑〉之四》，北京：中国书籍出版社，1993 年，第 169—172 页；张秀民著、韩琦增订：《中国印刷史》（上册），杭州：浙江古籍出版社，2006 年，第 311—320 页。

③ 张秉伦、方晓阳、樊嘉禄：《中国传统工艺全集：造纸与印刷》，郑州：大象出版社，2005 年，第 407—408 页。

第三节　雕版图像印刷的工艺流程

图像雕版印刷的工艺流程复杂，除了上述的雕版与备料之外，大致可分刷印、套色与装帧几个步骤。

一、图像雕版印刷的工具与材料

谈到雕版印刷的起源，往往会追溯到印章。虽然二者的关系很密切，但技术上存在差别：印章系捺印；雕版多为刷印，反而和碑刻的拓印更接近。不过印章出现得早，有理由把它看作是雕版印刷的前身。[①] 汉魏时期，道教图符法印（符咒）十分流行；[②] 南北朝时期佛教流行，为了方便佛像的印制，人们就发明刻图像印章捺印佛像方法，如国家图书馆所藏敦煌卷子中的东晋写本《杂阿毗昙心论》卷一〇，纸背捺有方形佛印，为环绕梵文经咒的西方三圣像。这种方法在其后的佛道图像宣传活动中都有延续使用，如图 3-19 所示。

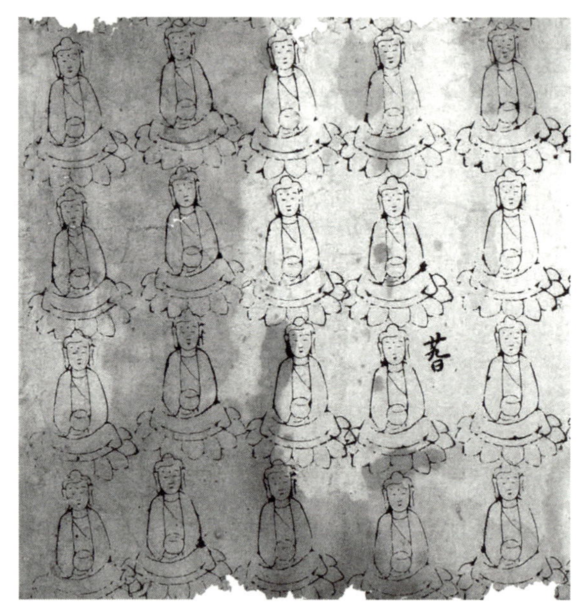
图 3-19　《纪药师千佛捺印图》，初唐，大英博物馆藏

1. 图像雕版印刷的工具

图像雕版印刷常用的工具有印刷台案、印刷版固定夹、纸张固定夹子、各种规格的刷子。这种印刷台由固定在一起的两块台板组成，两块台板中

① 赵平安：《秦西汉印章研究》，上海：上海古籍出版社，2012 年；罗树宝：《中国古代印刷史》，北京：印刷工业出版社，1993 年，第 8 页。

② 张志清：《佛道教印像符咒对雕版印刷术起源的影响》，韩琦、米盖拉编：《中国和欧洲——印刷术与书籍史》，北京：商务印书馆，2008 年。

间有一个宽 10~15 厘米的空隙，用来晾放印过的纸张。整个印刷台可做成拆卸式，也可以做成一个整体。待印版一般固定在印刷台的左边，印刷用纸固定在印刷台的右侧，操作者坐在中间偏左的位置。[①] 如图 3–20 所示。

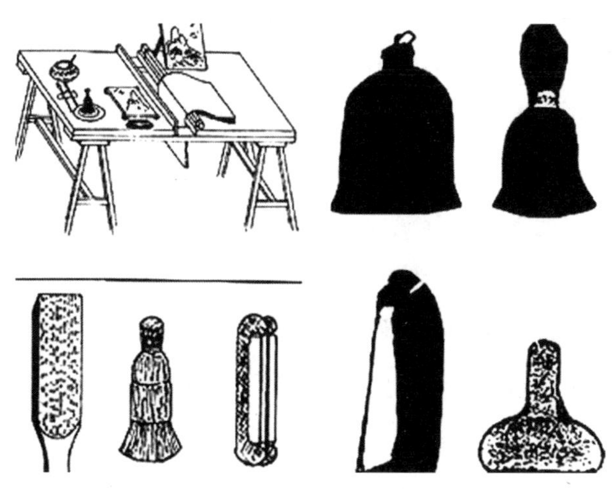

图 3–20　印刷用工具图，图片来源：张树栋、庞多益、郑如斯等：《中华印刷通史》

2. 图像雕版印刷的材料

图像雕版印刷的材料主要包括纸张与墨、颜料。

（1）图像印刷用纸。雕版印刷的三个基本要素是木板、墨和纸。但是其中最为重要的也许是纸的制造与生产。[②] 我国造纸术在晋代有了改进，民间与佛教书画多采用纸底。[③] 至隋唐时期造纸业有了较大发展，唐代造纸手工业遍及全国，品种众多。各种廉价纸张可以供给雕版印刷所用。如敦煌本地盛产棉花、麦秸、胡麻秸等原料，可以就地取材，加工制作廉价纸张。[④] 上文我们分析过出土的唐五代时期雕版印刷图像，其用纸多为麻纸、茧纸等。宋元时期，诸多质高洁白、种类齐全的纸的大量生产，为宋代雕版印刷业的繁荣奠定了雄厚的物质基础。[⑤] 图像印刷开始使用量大价廉的竹纸和皮纸。明清时期，江西、福建造的“连史”“毛边”等行销

① 吴德祥：《连城四堡雕版印刷技艺初探》，《中国出版史研究》2016 年第 4 期。
② 钱存训：《中国纸和印刷文化史》，桂林：广西师范大学出版社，2004 年，第 9 页。
③ 蒋玄佁：《中国绘画材料史》，上海：上海书画出版社，1986 年，第 34—35 页。
④ 吴荣鉴：《关于敦煌版画制作的几个问题》，《敦煌研究》2005 年第 2 期。
⑤ 杨玲：《宋雕版印书工艺技术要素考》，《图书与情报》2005 年第 1 期。

全国，适宜大宗印刷，[①] 晚清时期众多石印印刷品包括《点石斋画报》等都选用连史纸印刷。比较而言，多色套版与饾版印刷对纸张要求很高，则多采用宣纸印刷。

（2）图像印刷的墨与颜料。墨与颜料是印刷的主要材料之一，品质的高低直接影响印刷品的质量。隋唐敦煌地区的图像雕版颜料以黑色为主，兼用红色。[②] 印刷用墨不同于一般用墨，普通的书籍印刷，为了降低成本，多用烟炱颗粒最粗、质量最次的"粗烟"作为原料，是将烟室开端的粗烟子研细，加以胶料和酒制成膏状后，放在缸内存放三冬四夏，使臭味全部散去。而且存放得越久，墨质也越好。久贮的墨膏，可以临用前加水充分混合，用马尾制成的筛子过滤后再用。如果用临时磨成的墨汁印刷，很容易化开，使字迹模糊。[③]

中国古代绘图颜料的使用历史悠久，商周时期已经使用矿物颜料与植物染料。我国绘画用色历来十分讲究，[④] 彩色套版印刷追求彩色绘画的效果，其颜料的使用也十分注意。其中尤其像饾版印刷可以达到模仿原画作的效果，常常是根据原作的用墨用色而选用颜料。[⑤] 一般印刷用的颜色墨，多为常见的国画颜料如朱砂、藤黄、黄丹等加入动物胶或白及胶等配制而成。制作的方法一般是：若为石性颜料如石青、朱砂等，则放入内层无釉的碗或盆内，加入适量的水与溶化后的动物胶或白及胶，用表面粗糙的棒状物品进行研磨，研磨时按一个方向旋转，至石性颜料与胶、水融合，短时间不发生分层即可使用。若为水性颜料如蓝靛等，则加入适量的动、植物胶，稍加研磨便可使用。制好的颜料经过滤后使用为佳。颜色墨制好后应收贮于瓷质的容器内，使用时取出加水调至适合的浓度或直接用于印刷。需要注意的是，配好的颜料应尽快用完，不易久放，以免因胶质腐败、色素氧化等造成色彩变差甚至不能用于印刷。[⑥]

---

① 孙机：《中国古代物质文化》，北京：中华书局，2014 年。

② 吴荣鉴：《关于敦煌版画制作的几个问题》，《敦煌研究》2005 年第 2 期。

③ 钱存训：《李约瑟中国科学技术史·第五卷：化学及相关技术·第一分册：纸和印刷》，刘祖慰译，北京：科学出版社、上海：上海古籍出版社，1990 年，第 218 页；邱杨：《雕版印刷：雕刻灵性的手艺》，《三联生活周刊》2015 年第 24 期。

④ 蒋玄佁：《中国绘画材料史》，上海：上海书画出版社，1986 年。

⑤ 方晓阳：《饾版印刷之模拟实验》，《中国科学技术协会首届青年学术年会论文集》，北京：中国科学技术出版社，1992 年，第 279—284 页。

⑥ 张树栋、庞多益、郑如斯等：《中华印刷通史》，台北：财团法人印刷传播兴才文教基金会出版，1998 年，第 114 页。

二、印刷工艺流程

拓石与拓书技术自魏晋以来即有很大发展，对雕版印刷技术影响颇大。[①] 比较而言，拓石、拓书与雕版印刷技术在用纸、用墨与工艺流程方面有相似之处，但是在使用目的、版材、制版方式、印刷工具、制成品等方面均有较大不同，雕版印刷工艺更为复杂。

1. 单色刷印

有的刻印好的雕版在开印前需去掉底样纸衣，方法是将版面喷水或浸泡，等浆糊泡开后用毛刷在版面上顺着笔画横向轻扫，去除残留纤维，再用开水浸泡，洗掉植物油或残留树脂，等版面稍干就可以开印。

（1）固版。单色雕版印刷的印版通常不需要固定在印刷台上，有时为了防止雕版移动影响印刷操作，可用钉子沿雕版的四周将其钉在印刷台上，也可用蜂蜡、松香等制成的粘版胶粘在印刷台上。单色雕版印刷可用普通的方桌代替特制的印刷台，只要方桌坚实，在印刷中不致摇晃，就不会影响操作，也不会降低印刷品的质量。

（2）刷墨。正式刷墨之前，先在版面上用棕刷刷两遍清水，待雕版吸水湿润后，再刷墨印刷。刷墨时先用小毛刷从大墨盆中蘸少许墨放在瓷盘内，再用棕把在瓷盘中打圈旋转，使棕把着墨均匀，然后用棕把在雕版上按顺时针方向打圈，把墨汁均匀地刷在雕版上。刷墨的要求是全版墨色均匀，凹陷处不存积墨，否则印出的图像将浓淡不匀、洇漶不清。

（3）覆纸。单色雕版印刷的纸张一般不需固定，覆纸时用两手将纸端起平放在刷过印墨的版面上即可。纸张通常使用纸面光滑、纸质均匀、吸墨适量的竹制太史连纸与毛边纸，藤纸、皮纸、宣纸多用于印刷精美的作品。有些不合要求的纸，经抛光石加蜡研磨等处理后也可用于印刷。

（4）刷印。墨拓石刻技术东汉时期已经十分流行。[②] 正是这种用墨在纸张上拓

① 刘光裕：《印刷术以前的复制技术（一）——搨书与拓石的产生、发展》，《出版发行研究》2000 年第 8 期；李万健：《中国古代印刷术》，郑州：大象出版社，2009 年，第 14—19 页。

② 张树栋、庞多益、郑如斯等：《中华印刷通史》，台北：财团法人印刷传播兴才文教基金会出版，1998 年，第 28 页。

印的技艺和反体刻印技术的合流，孕育了雕版印刷的方法。[①] 正式刷印前，还需再印数张清样，即“打红样”。印刷时左手扶住纸张不使移动，右手持耙子在纸背刷印。刷印时用力要均匀。如图 3–21 所示。

（5）晾干。擦印之后，将印纸从雕版上揭起，放在一旁晾干。[②]

2. 多色印刷

对于彩色图像的雕版印刷，其刷印的步骤一般需要分次印刷或者分版套印，[③] 比单色印刷的工艺更为复杂。

图 3–21 刷印，图片来源：张树栋、庞多益、郑如斯等：《中华印刷通史》

固纸。由于套版印刷作品须经多块印版多次套印而成，所以必须保证每块印版都准确地套印在预定的位置。为此待印版与纸张都必须加以固定。纸张的固定方法通常是用硬木制成的压纸杆将纸张的一边压紧在靠近中间的缝隙右边的印刷台面上。如图 3–22 所示。

图 3–22 固纸，图片来源：张树栋、庞多益、郑如斯等：《中华印刷通史》

对版。彩色雕版印刷的对版法采用传统的摸对法。即事先在

① 钱存训：《中国纸和印刷文化史》，桂林：广西师范大学出版社，2004 年，第 7 页。

② 单色印刷工艺流程主要参考张树栋、庞多益、郑如斯等：《中华印刷通史》，台北：财团法人印刷传播兴才文教基金会出版，1998 年，第 115—117 页。

③ 张秀民：《中国印刷史》，上海：上海人民出版社，1989 年，第二章；马孟晶：《文人雅趣与商业书坊——十竹斋书画谱和笺谱的刊印与胡正言的出版事业》，《新史学》1999 年第 3 期。

第一张纸的背面用笔画出每块套版的应在位置，对版时左手将纸拉平，右手在纸下移动套版，并不时地用右手在纸背上向下摸按雕版，当纸背上凸出印痕与事先画在纸背上的套版位置重合时，套版的位置也就基本对准了。当一块版印完之后，则换上另一块版，按同样的对版方法将印版对好位置。

固版。取松香与蜂蜡的共熔物或墨膏药油一类的物质在火上烤软，然后揪成几个小团分别放在雕版的几个边角下，稍用力下压，便可以将套版粘在印刷台上。粘好后可以立即试印一张，若套版的位置稍有偏差，可趁热作适当调整。一块套版印完后，用木榔头敲击套版的侧面，使套版与印刷台面分离。然后换上另一块印版，经对版后，用同样的方法固定，印完后用木榔头敲击分离。

刷色。正式刷色前先用清水刷两遍使套版湿润，然后刷上待印的颜色。刷色时的要点是一版一色，一色一刷，少蘸多刷，不留积色。万万不可用一把刷子刷两种不同的颜色，否则会造成色彩混乱不堪。如桃花坞年画《燃灯道人》的印制有 6 个步骤，先后印制墨线版、青莲色、绿色、红色、黄色、桃红色，如图 3–23 所示。[①]

覆纸。刷色后，右手揭纸，在印版的上方交到左手，由左手拉住纸张的一端，稍加用力地将纸张拉平放在刷过色的印版上方约 1 厘米处。套色印刷的用纸一般以白色为佳，这样可使印出的色彩更加鲜明。对纸张的要求是表面平滑并有一定的吸水率，对不太符合要求的纸张可经过打磨或加蜡磨研处理，对质量太差的纸最好不予使用。

刷印。左手将拉平放在印版上的纸张稍稍放松，右手持耙子从纸背自右向左将纸压到印版上，然后用耙子在纸背均匀地擦印，使印版上的文字或图画等均匀、完整地转印到纸上。套色印刷中的注意事项是，对版要准确，拉纸覆纸用力大小一致，擦印时用力均匀，这样就能保证每块印版都能准确清晰地套印在纸张的预定位置。

晾干。擦印完成后，左手将纸从雕版上揭起，两手配合将纸张放到台板中间的空隙处，使纸自然下垂。一块套版印完之后，换上另一块套版继续重复上面的操作过程，直至全部套版印刷完毕。[②]

---

① 史静、蒲娇：《桃花坞年画：房志达》，天津：天津大学出版社，2011 年。

② 以上内容参见张树栋、庞多益、郑如斯等：《中华印刷通史》，台北：财团法人印刷传播兴才文教基金会出版，1998 年，第 116 页。

图 3-23 《燃灯道人》印制过程，桃花坞彩色版画 图片来源：史静、蒲娇：《桃花坞年画：房志达》，天津：天津大学出版社，2011 年

一些佛道印刷品则一直保持着印与绘相结合的技术，尤其是明代水陆画，其中一部分水陆画就是用黑白版画和填彩版画的方法制作的。其形式可以是先印出黑白版画，把印出的白色线条用金粉重描。黑底金线条，醒目精美，由此制成描金版画，效果如同用金线描绘的汉画像石拓本一样。还可以是先印出只有线条的黑白版画，然后填彩，制成填彩版画。其效果如同年画一样，只是比年画的色彩更丰富，绘制更精美。[①]而像杨柳青年画也大多采用传统印绘工艺，即先刷主版（墨线版），之后依次印浅色版到深色版。印刷结束后，制成留有空白的“画坯子”。把“画坯子”架在竹竿上，在阴凉通风处晾起来，一般晾晒时间为一年左右，然后手绘制成成品。[②]其中的绘染工艺也较为复杂，例如脸部的绘染就要10道工序。[③]

3. 饾版印刷

比较而言，饾版印刷的工艺更为复杂，主要包括以下七个步骤。

（1）湿纸。在含有适量水分的生宣纸上进行印刷，是胡正言对雕版彩色印刷的贡献，也是饾版印刷的特点之一。通过对纸张水分的控制，可克服湿版干纸印刷的弊病。能使印刷品表现得或凝重，或滋润，或轻灵，或苍劲，将中国书画作品中的神韵——表现得淋漓尽致。湿纸的方法可直接用嘴喷出水雾使纸张湿润。喷水量的多少，依待印画面的内容而定。如欲印出滋润漫漶的渲染则多喷，欲印出干枯瘦劲的皴擦则少喷。纸张喷水后要用油布蒙盖浸闷约半天时间，令水分渗透均匀。

（2）对版。为保证每版套印准确，必须使每块版都能印刷在相应的位置。对版的方法采用与普通套版印刷相似的摸对法，十分快捷、准确、便利。饾版摸对法是：先在一张纸的背面将整幅作品中每块印版的位置标出来。再将标有印版位置的纸张与其他待印刷纸张一起固定在印刷台右边一侧，标有印版位置的纸放在第一页。对版时，左手将标有印版位置的纸翻到印刷台左侧的印版上方拉平，右手一边在纸下移动印版，一边不时地从纸背向下按压。当纸面下印版与画在纸背上的印版位置重合时，此块印版的位置就算对准了。这种对版方法不受复制画面大小及分版多少的影响，只要保证每次拉纸刷印时的手法与力量大小相同，就可以达到很高的套印

① 谢生保、谢静：《敦煌版画对雕版印刷业的影响》，《敦煌研究》2005年第2期。
② 周新月：《苏州桃花坞年画》，南京：江苏人民出版社，2009年。
③ 张秉伦、方晓阳、樊嘉禄：《中国传统工艺全集：造纸与印刷》，郑州：大象出版社，2005年，第387页。

精度。一块版印完后，换上另一块版，用同样的对版方法就可将印版位置准确地固定下来。

（3）固版。印版对准之后，左手扶住印版不使移动，右手将标有印版位置的纸张翻回到印刷台的右侧。下面具体的固版方式与“多色印刷”中的固版方式大致相同。

（4）调色。调色的关键之一，在于颜料、水与胶三者的比例。水多则色浅，胶多则画面出现麻点；水少则色深，胶少则颜料容易从纸面上脱落。调色的关键之二，在于使调出的色调与原作几乎完全相同。这项工作一般由经验丰富的专人承担，同时必须经过多次调、刷、印、看，否则难以达到“仅下真迹一等”的水平。

（5）刷色。先用毛笔蘸少许颜料放在瓷盘中，左手持棕把在瓷盘中打圈将色彩调匀，然后用棕把将颜色涂刷于印版上。刷色上版不亚于运笔作画，全凭印手心灵手巧。一版多色的印刷方法始见于《十竹斋书画谱》与《十竹斋笺谱》，如《十竹斋笺谱 · 华石八种》中的紫薇，花瓣由绿渐红，其间色彩过渡平滑，无套印痕迹。经模拟实验证明，这种艺术效果是用一版多色技术印制产生的。具体印刷过程是：先在印版上刷一层水，然后在印版的某一部位刷上红色，另一部位刷上绿色，红绿两色之间留有一定的间隙，等两种颜色相互扩散渗透后覆纸印刷，便产生了上述效果。

（6）刷印。左手拉住纸张的一端，用力适中，不偏不倚，对准版面后稍稍放松，右手持耙子在纸背自右向左地将纸张压到印版上。然后或用耙子进行压刷，或用指肚或指甲进行压按，全凭印刷者对原作的理解与表现。如指甲刷印可用于表现铁画银钩的线条，指肚轻按可表现柔和圆润……这种不同刷印工具适时运用、软硬兼施、轻重相济的方法，可充分表现出中国书画作品的技巧与神韵，这是其他印刷技术所无法媲美的。

（7）晾干。一张纸擦印完毕后，左手将纸从印版上揭起，两手配合将纸张放到印刷台中间的空隙处，使纸张呈自然下垂状态，这样每张纸之间就不会彼此粘连，从而避免相互污染。

一块印版印完之后，将印刷台中缝中的纸张全部翻回到印刷台面的右侧，换上另一块印版，经对版、固版后，重复上面的印制过程。在印刷过程中，纸张中的一部分水分会挥发到空气中，所以要适时对纸张喷水补湿。全部印版印刷完毕后，松开压纸杆，将印好的纸张取下来。剔除有缺陷的印刷品，合格的部分就可以装裱或装订成册了。[①]

拱花印刷也有固版、固纸、覆纸、拱压等工艺流程，会使用拱花棰这一特殊的工具。拱花棰为一根长约20~30厘米的圆形木棍，通常用黄檀木制成。为了便于手握，其中间较细两头较粗，中间直径大约为5厘米，两头直径大约6~7厘米。其中的覆纸流程需要在纸背上覆盖羊毛毡；拱压时使用拱花棰抵压羊毛毡压印出拱花图案。[②]

由于木质雕版遇墨水会膨胀变形，所有雕版印刷到一定数量后，需要间隔四五天才能再行刷印，以免书版变形损坏；如果雕版出现了损坏，需要进行修版、补版之后方能再印。[③]

三、图像雕版的版式和装帧

从现存唐五代的图像雕版印刷品可见，单张雕版图像在当时已经形成多种版式，如上文唐代咸通九年（公元868年）雕版《金刚经》的卷首扉画是单张整体图式，与六张面积相等的雕版经文纸粘接，装帧为卷轴。其他的还有上文提到的文包图式、图含文式、上图下文式、右文左图式、图像题记式等多种图像雕版版式。单张图像雕版自宋元时期也开始高速发展，运用于纸币、广告、宗教画、纸牌、民间喜庆习俗的年画与纸马等方面，出现丰富多彩的雕版版式。宋金时期的版画《四美图》描绘汉、晋两代的四大美人：班姬、赵飞燕、王昭君、绿珠，每人头上皆有姓名标记。上额横框题记“随朝窈窕呈倾国之芳容”，下面小竖框题记“平阳府姬家印”。整图尺寸较大，画面富有装饰美，应是当时的室内张贴画。如图3–24所示。

明代出现了大量水陆画，这些画作采用印绘结合的方法，面积都很大，画幅一般纵高为120~135厘米，横宽60~80厘米，都是卷轴裱装。可能是多块木料拼接的

---

① 以上内容参见张树栋、庞多益、郑如斯等：《中华印刷通史》，台北：财团法人印刷传播兴才文教基金会出版，1998年，第119—122页。

② 张秉伦、方晓阳、樊嘉禄：《中国传统工艺全集：造纸与印刷》，郑州：大象出版社，2005年，第407页。

③ 何朝晖：《试论中国传统雕版书籍的印数及相关问题》，《浙江大学学报（人文社会科学版）》2010年第1期。

雕版制成。[1]明代的“纸牌”也有“马吊”之称，唐代即有“叶子戏”。纸牌的形制多为长条形，上附雕木版刻印的人物和装饰纹样。明末清初的陈洪绶曾经绘制过《白描水浒叶子》《水浒叶子》《博古叶子》等叶子图画，其中黄肇初刻的 40 张《水浒叶子》成为极富艺术性的纸牌典型。如图 3–25 所示。“纸马”是中国民间进行宗教祭祀及祈福禳灾活动时使用的各种雕版印刷品的总称，其形式实质上是木刻的黑白版画。[2]

图 3–24 《四美图》，高 57 厘米，宽 32.5 厘米，俄罗斯圣彼得堡国立艾尔米塔什博物馆藏

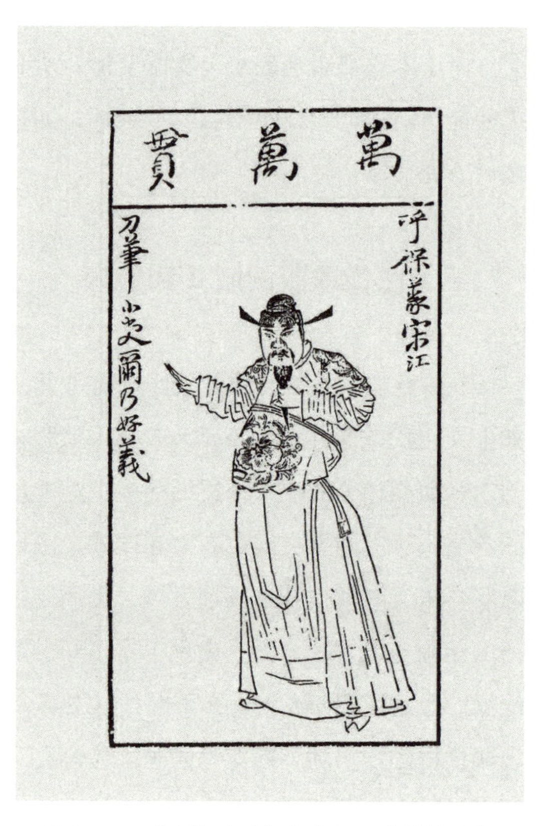

图 3–25 《水浒叶子》之宋江，明崇祯刊本

① 谢生保、谢静：《敦煌版画对雕版印刷业的影响》，《敦煌研究》2005 年第 2 期。
② 张翠霞：《云南纸马艺术源流初探》，《民族艺术研究》2009 年第 4 期。

宋元时期，相继出现经折装、蝴蝶装、包背装、梵夹装等册页书版式的装帧方式。雕版图像作为这些图书的插图，一般为全图式、上图下文式、上文下图式等版式，大多受到唐五代时期雕版图像版式的影响。[①] 现存南宋《纂图互注荀子》和建阳刊本《尚书》等版本的插图皆上图下文的版式，图像大致占据五分之二的篇幅。其中《尚书》插图 77 幅，上图下文版式。元代至治年间（公元 1321—1323 年）建安虞氏刻印的“新刊全相平话五种”是元代雕版本的珍品。五种平话均有图画封面，为上图下文版式，图像大致占据三分之一的篇幅。如图 3-26 所示。

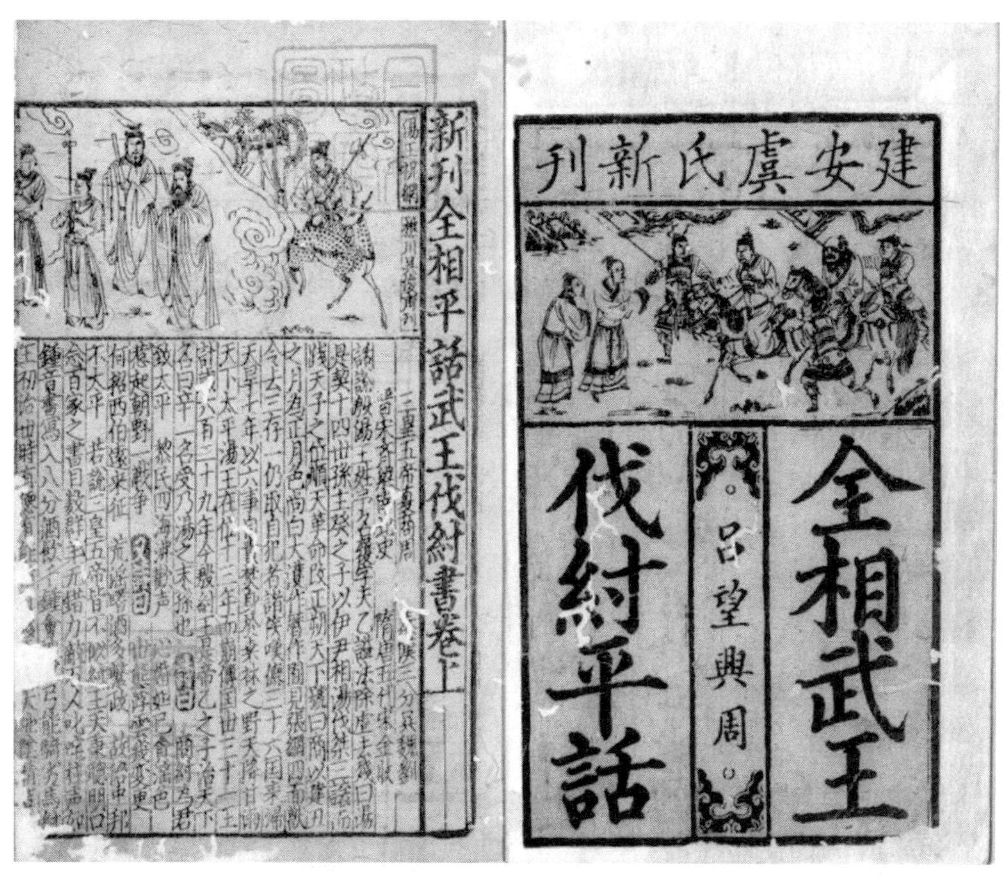

图 3-26　《全相武王伐纣平话》，元代至治年间，建安虞氏刻印本

《梅花喜神谱》为宋伯仁编绘的专题性画谱，嘉熙二年（公元 1238 年）初刻。

① 谢生保、谢静：《敦煌版画对雕版印刷业的影响》，《敦煌研究》2005 年第 2 期。

宋伯仁为唐宰相宋璟后裔，嘉熙时为盐运司属官，工诗，善画梅，《梅花喜神谱》采取全版图画方法，影响到其后的竹梅等画谱乃至医书、博古、百科等书籍的插图。如图 3–27 所示。

至明清时期，图像雕版达到高峰，出现了各种插图版式，如《唐诗画谱》《诗余画谱》图绘诗词画境，形成一图一诗（词）对照的版式。如图 3–28 所示。

《西厢记》《坐隐先生精订捷径奕谱》等书籍出现了多联页插图。如图 3–29 所示。

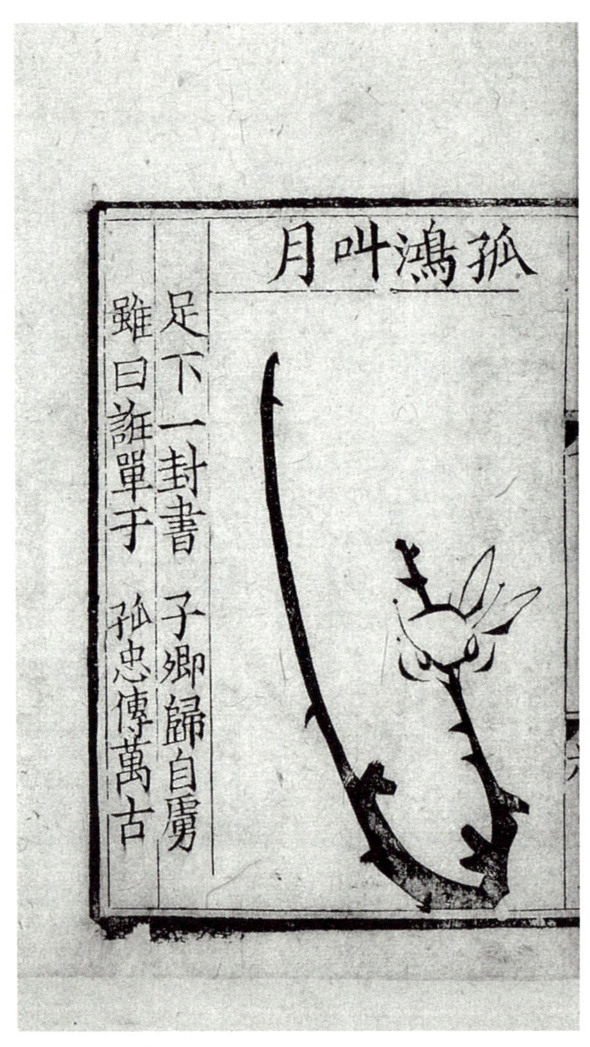

图 3–27 《梅花喜神谱》，吴湖帆旧藏宋刻本

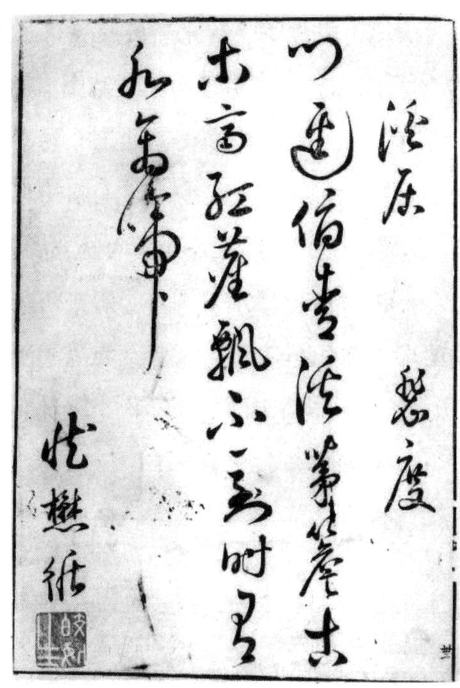

图 3-28　《唐诗画谱》，明代万历刻本

图 3-29　《坐隐先生精订捷经奕谱》，明万历徽州汪氏环翠堂刻本

在明清插图本流行的风潮中，甚至还出现了以图为主的“画册”，如《功臣图》《顾氏画谱》《圣迹图》《环翠堂园景图》《历代古人像赞》《水浒叶子》《太平山水图画》《白岳凝烟》《红楼梦图咏》《御制耕织图》《圆明园四十景诗图》《万寿盛典初集》《南巡盛典图》《金鱼图谱》等等。《万寿盛典初集》共120卷，共含版画241幅。是为了庆祝康熙皇帝60寿辰而作，由山水画家兼朝臣王原祁与人物画画家冷枚等人编绘，著名刻工朱圭刻成。详尽描述了臣庶迎銮呼祝的盛大场面，表现了“大清”统治之下天下升平康乐的情景。如图3–30所示。《万寿盛典初集》的类似制作后来被广泛应用于清代康乾两朝的巡视图和军功图等大型宫廷活动图画之中，即使是在已有精美绘本和铜版画的情况下，雕版印本依然是必不可少的。

图3–30　《万寿盛典初集》，清康熙内府刻本

第四节　雕版图像在新闻出版活动中的使用

“邸报”作为古老的官报样式，大约在唐代就开始雕版印刷。宋代与明代“邸报”有了进一步发展。[①] 清代同治以后，民间报房出版的所谓“京报”，有的在白色的封面上加印“一品当朝”“指日高升”“天官赐福”“加官晋禄”等红色图案，把“京报”这两个字和报房的名称也嵌在其中（如图 3–31 所示）。[②] 清代中叶，在一些城市还曾出版发行过单页小报，这类小报没有报名，没有标题，内容往往是政治、军事方面的突发性新闻和有关地震、水旱等自然灾害方面的消息。一事一报，印成单页后公开发售，其中一些还配有插图甚至连环画插图。这类小报有较强的新闻性，突破了旧式官报的模式和“京报”、辕门抄一类报纸垄断当时报业的格局。[③]

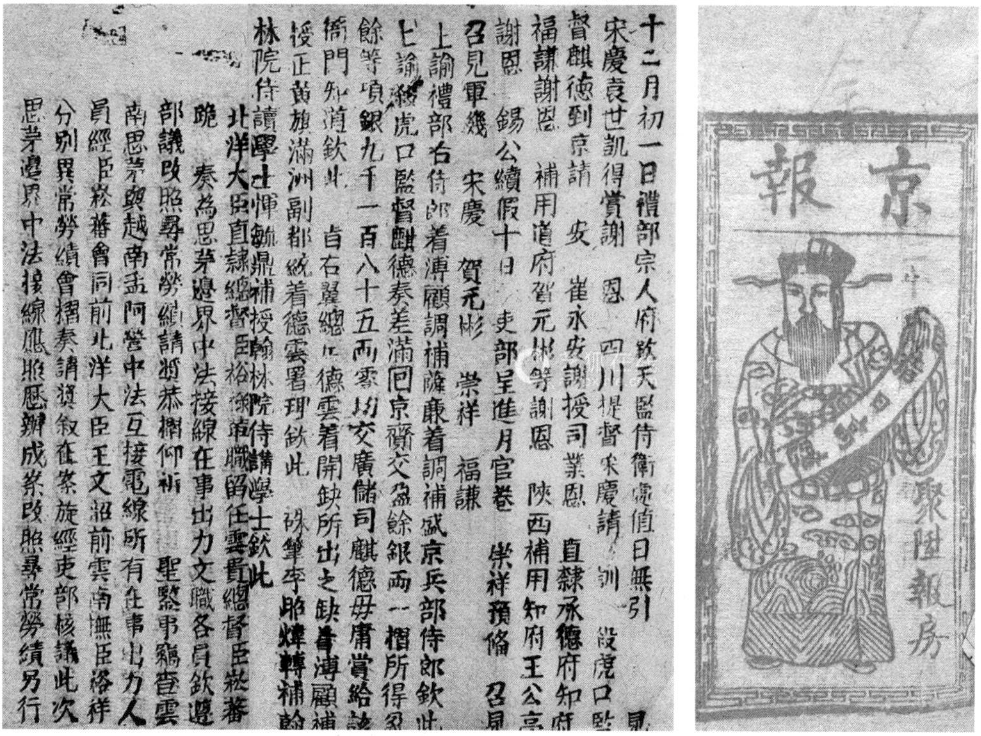

图 3–31　清光绪二十四年聚升报房出版的“京报”，北京保利十周年秋季拍卖会拍品

① 张秀民：《中国印刷史》，上海：上海人民出版社，1989 年，第 36 页、第 205—206 页。
② 方汉奇主编：《中国新闻传播史》（第一卷），北京：中国人民大学出版社，2004 年，第 42 页、第 207—208 页。
③ 方汉奇主编：《中国新闻传播史》（第一卷），北京：中国人民大学出版社，2004 年，第 42 页、第 227—228 页。

晚清时期，我国的邸报、辕门钞与报房“京报”等传统报刊仍然有相当的发展。[①]

早在万历十八年（公元 1590 年），欧洲耶稣会士在澳门出版印刷拉丁文《日本派赴罗马之使节》，这是最早活版书（如图 3–32 所示），其中的插图为木刻版，后与活字版拼版制成整版。

图像信息的雕版印制与传播一直延续到晚清，当时一些传统书籍、年画、钞券等出版物的制印还使用木版印制。在新旧社会交替之际，各地开始出现表现丰富现实题材的木版年画，涉及当时中西战争、戊戌变法、太平天国与捻军起义与新观念、新事物、新习俗与风景图等方面（如图 3–33 所示），[②] 具有一定的新闻特性。

DE MISSIONE
LEGATORVM IAPONEN
sium ad Romanam curiam, rebusq; in
Europa, ac toto itinere animaduersis
DIALOGVS
EX EPHEMERIDE IPSORVM LEGATORVM COL-
LECTVS, & IN SERMONEM LATINVM VERSVS
ab Eduardo de Sande Sacerdote Societatis
IESV.

In Macaensi portu Sinici regni in domo
Societatis IESV cum facultate
Ordinarij, & Superiorum.
Anno 1590.

图 3–32 《日本派赴罗马之使节》，图片来源：张树栋、庞多益、郑如斯等：《中华印刷通史》

图 3–33 《上海火车站》，清光绪桃花坞木版年画 图片来源：冯骥才编：《中国木版年画集成 · 桃花坞卷》，北京：商务印书馆，2011 年

西方传教士相继出版中文期刊，大多为木版印制。[③] 如《察世俗每月统记传》（1815 年）、《东西洋考每月统记传》采用中国传统的木刻雕版印刷；《特选撮要每月纪传》（1823 年）为木刻版竹纸印刷；《中外新闻七日录》1865 年创刊于广州，周刊，采用雕版印刷。这些期刊大多采用传统的文字竖排版式，线装，有少

① 谷长岭：《晚清报刊的两个基本特征》，《国际新闻界》2010 年第 1 期。
② 张秀民：《中国印刷史》，上海：上海人民出版社，1989 年，第 653—654 页。
③ 陈钢：《印刷术在晚清的剧变及其原因分析》，《中国出版》2010 年第 16 期。

量插图。（如图 3–34 所示）。[①]

这种期刊插图的制版方式以后多有使用，例如 1868 年 7 月底开始，创刊 7 年的《上海新报》在第 4 版开设“图说”栏目，固定刊发科技、动物、事件、礼仪、人物等方面的图像，大约有 140 余幅。其中剖土轮器、种麦机、吸水器之类新式机械图像，类似广告。[②]1876 年 8 月 18 日，《申报》刊登新闻《拿获匪党》，配有木版插图。晚清时期所谓画报如《图画演说报》（1902 年）、《启蒙画报》（1902 年）等也采取这种图文制版方式。这些插图都是木刻制版而成，然后与铅版文字拼版印制。如此制作图像，当然还是取木刻图像制作的方便快捷。《启蒙画报》内容涉及格致、教化与时事等，字为铅字排版，插画为木刻，二者拼版形成框形版式。[③]如图 3–35 所示。

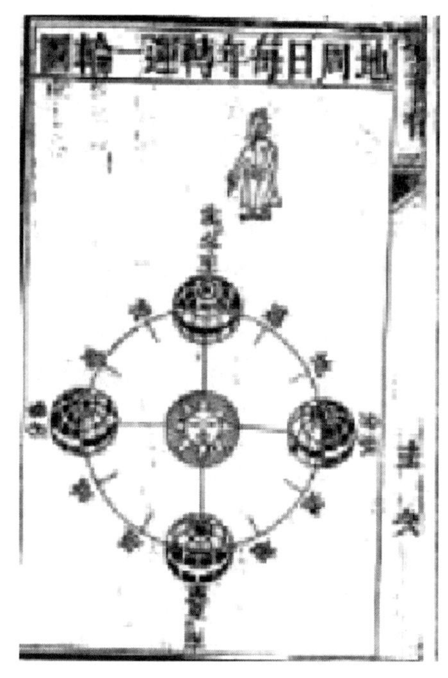

图 3–34　《地周日每年转运一轮图》，《中外新闻七日录》1816 年十月插图

图 3–35　《启蒙画报》，中国书店 2008 年秋季书刊资料拍卖会拍品

① 刘美华：《雕梓应自苦寒来——谈大英博物馆藏〈察世俗每月统记传〉的出版印刷》，陶飞亚、杨卫华编著：《宗教与历史》，上海：上海大学出版社，2016 年。

② 赵楠：《〈上海新报〉初步研究》，复旦大学硕士论文，2004 年，第 19—23 页。

③ 张静庐辑注：《中国近现代出版史料·近代二编》，上海：上海书店，2003 年，第 15 页。

在西方绘图新技法与印刷新技术的不断影响下，传统雕版印刷在绘图、制版与印刷等方面也进行了一些“创新”。从 17 世纪初期开始，西方宗教铜版画作品传至中国，不断被改绘后以木版出版，由此影响了传统绘图与雕版技法。1888 年，土山湾印书馆出版《道原精萃·天主降生言行纪略》一书，采用上图下文的版式，图像采用木版雕刻，文字则用铅活字。该书插图多达 300 幅，由“修士刘必振，率慈母堂小生画像三百章，列于是书，其间百十一章，仿法司铎原著，余皆博采名家，描画成幅。既竣，雇手民镌于木”。《道原精萃》的图像渊源可以追溯到 17 世纪初期，当时即在明代万历年间产生不少影响。《道原精萃》的绘制者在表现明暗调子时，还创造性地把铜版画中大量的交叉线条改换成平行的线条，以符合木版的制作方式。雕刻者使用木口版面（指树木的横截面），这样可以减少木质本身的纹路对作品的影响，使运刀更加灵活，使作品更为精美、生动。①

清朝中期，苏州桃花坞年画受到西方绘画尤其是铜版画的影响，形成具有鲜明中西融合特色的“姑苏版”年画。姑苏版年画吸收了意大利文艺复兴时期以来的透视法则以及与透视学密切相关的光影表现方法。由此影响到制版、色彩、线法与印刷等诸方面。姑苏版一版是印墨色深浅，二版再加手敷色彩。姑苏版的色彩比较强调统一的调子，以一二种原色，如大红、深黄、青紫为主进行点缀，着色时有时使用晕染套印的方法。② 在细密线条的排列方面，姑苏版也受到了铜版画的启发。如对建筑物的墙壁、地面都用非常规整的平行线、交叉线组织起大面，线条的粗细、密度和线条的方向大都能根据物体表面组织的方向排列，从而使塑造的对象更加结实。对不同的质地和肌理甚至采用点线面相结合的方法加以深入刻画。③ 例如乾隆年间姑苏信德号出品版画精品《麟儿轩榻纳荷凉》《麟儿吉庆新年瑞》，其受西画影响的线法与色彩技巧体现得十分充分，如图 3-36、图 3-37 所示。

清末民初的广东徐氏五桂堂、麟书阁和佛山天保楼等书局，则采用传统雕版与西方机械印刷相结合的方法，专印风靡广东地区的木鱼书、龙舟歌、南音等说唱文

---

① 参见吴洪亮：《从〈道原精萃〉到〈古史像解〉》，《文艺研究》1997 年第 2 期。

② 莫小也：《十七—十八世纪传教士与西画东渐》，杭州：中国美术学院出版社，2001 年，第 275 页。

③ 张莉：《由“姑苏信德号”之麟儿系列重新解读乾隆“姑苏版”》，《南京艺术学院学报：美术与设计版》2009 年第 6 期。

图 3-36　《麟儿轩榻纳荷凉》（左）、《麟儿吉庆新年瑞》（右），宽 59 厘米、长 109 厘米，乾隆年间，姑苏信德号，嘉德四季第十三期拍卖会拍品

图 3-37　《麟儿轩榻纳荷凉》局部放大图

学和应试书册。如五桂堂从日本购买两部印刷机，印刷时，在机上排列 10 块版，用手工摇动印刷机（后改为电动印刷），一次可印 10 张版页，大大提高了印刷效率。这些号称“机器板”的通俗唱本和应试书册在广州等地区十分流行，成为极富特色的印制技术。①

小　结

图像雕版刻印技术是独具中华民族特色的图像制印技术，自唐代以来，佛教的兴盛带动了雕版佛画的高速发展，“刊印佛经与佛画之风不可避免地繁荣兴盛起来，长安、洛阳、成都、敦煌先后成为经图刻印中心”。② 图像雕版技术制印与传播了大量的图像信息，极大地丰富了中华民族的图像文化形态。③ 传统图像雕版刻印将画稿、刻版与印刷分别交由画工、刻工和印刷工以分工协作的方式完成，是由生产方式的高效率所决定的。“分工协作在客观上形成一种流水线式的作业方式，最大化地提高了生产效率。中国古代版画的复制性观念从实质上而言是一种技术性观念，版画的制作生产隶属于印刷的范畴，而非纯粹从艺术的角度来考虑。”④ 当然，中国古代图书插图的技术、图样、版式等方面的延续性还有商业“抄袭转借”的原因。⑤何谷理重点通过考察明代福建建阳所出品章回小说中“俗”插图的风格认为，这些小说插图对人物与场景的刻画，高度依赖既存的视觉形式、共享的母题、人物形式，甚至各种装饰细节，常只使用有限的形象类型进行创作，体现出插图作者对流传的通用形象类型的改造。何予明认为：“特定母题和场景在一系列文本和视觉资料中的反复出现，也使得它们成为晚明阅读世界的共享‘流通物’，并营造出新的符号和象征系统。”⑥ 同时，通俗图书的制印与传播形成了手工作坊与贩售的体系，形

① 骆伟：《近代西方印刷品及其版本特征》，《图书馆论坛》2009 年第 1 期；关瑾华：《木鱼书研究》，中山大学博士论文，2009 年；刘淑萍：《古籍版本中的“机器板”问题》，《图书馆论坛》2009 年第 4 期。

② 周安平：《由敦煌雕版佛画管窥中国古代版画的美术历史作用》，《敦煌研究》2005 年第 2 期。

③ 肖东发：《佛教传播与雕版印刷术的发明：中国古代出版印刷史专论之一》，《编辑之友》1990 年第 1 期。

④ 谢生保、谢静：《敦煌版画对雕版印刷业的影响》，《敦煌研究》2005 年第 2 期。

⑤［美］贾晋珠：《谋利而印：11 至 17 世纪福建建阳的商业出版者》，邱葵等译，福州：福建人民出版社，2019 年，第 327 页。

⑥［美］何予明：《家园与天下：明代书文化与寻常阅读》，北京：中华书局，2019 年，第 23 页。

成了身份较为灵活的手工艺人群体与组织以及官方的相关管理政策，[①] 正是从这一层面出发，我们才能够深入理解图像雕版刻印方法的技术性、复制性特征，以及由此促进的图像雕版制品的大众化、商业化的文化特点。

与院体画和文人画不同，图像雕版制品的题材与传播功能主要集中于中下层，属于民间图像传统的典型，尤其是宋代以后，图像雕版技术开始应用于宗教宣传品、货币、地图、年画、书籍的印制活动之中，其中雕版图像信息成为书籍的“插图”，甚至独立成为“画册”，由纸张的媒介发展出书籍的媒体，使书籍成为名副其实的“图书”。图像信息的“图书化”带动了大众化阅读。“文字与图画的共存，是设计出来以拨动读者心弦并逐渐灌输一种个人参与意识的，它意味着读者大众中的一种新的欣赏口味。”[②] 图书不仅相对易得，因其小型轻便而便于携带与随时阅读，而且在寺观壁画和观戏等公开观看活动之外，形成一种日常化、个人化乃至私密化的“读图”方式，带动某些通俗叙事乃至隐秘叙事图文的流行，这也许就是所谓的“读者大众中的一种新的欣赏口味”。明代叶盛曾记载：“今书坊相传，射利之徒伪为小说杂书，……农工商贩，抄写绘画，家畜而人有之，痴骇女妇，尤所酷好”，[③] 一个图像，具有唤起与重建读者的情感力量甚至是道德之意义。[④] 图书对儿童、女性等读者群的观念形成与知识传播发挥着更为重要的作用。

另一方面，本来应该是“童稚且嬉戏视之”的版画，在明末的书籍中被广泛应用，在技术提高、向着艺术的目标精炼的过程中，渐渐地产生了可称之为俗之雅的新的美。官方开始注意与使用雕版印制图像，如《帝鉴图说》《养正图解》《耕织图》、“战功图”与各类官敕书籍插图精美雅致，体现教化、记功乃至科技的政治传播特

① [德] 艾约博：《以竹为生：一个四川手工造纸村的 20 世纪社会史》，韩巍译，南京：江苏人民出版社，2016 年，导论。

② [美] 高彦颐：《闺塾师——明末清初江南的才女文化》，李志生译，南京：江苏人民出版社，2005 年，第 45 页。

③ [明] 叶盛：《水东日记》，北京：中华书局，1980 年，第 213 页。

④ [美] 何谷理：《明清插图本小说阅读》，刘诗秋译，北京：生活·读书·新知三联书店，2019 年，第 372 页。

征。[①] 同时，雕版图像也得到了士大夫的欣赏和欢迎。[②] 高居翰认为，晚明时期通俗文化的最精华部分“都是由文人所写（或改写），其中反映了纤细高雅的品位，以及文人阶层所特别关注的一些事物，包括对社会和政治的讽刺等等”，[③] 结合当时的通俗叙事传播文本的插图，我们可以清晰地看出其中文人画技法与风尚的影响，看出其中洋溢着的文人画的高雅机智和深刻性。在当时“弃儒就贾”的风尚中，人们就会对商业、商人与商业文化进行重新认识。[④] 通俗性的图像在明代大量加入各类叙述文本之中，其中，尤以通俗化的图像叙事最为兴盛，由此出现了大规模雅俗交融的局面，催化了中国通俗叙事文本样式的成熟，形成了一种新型写作与传播观念。日本学者大木康认为，明末江南，以书籍（印刷物）为媒介的大众传媒社会的雏形已经建立，[⑤] 构成晚明以来中国政治、社会、文化等发展的一个重要部分。[⑥]

同时，近代以来百余年的动荡时局之中，图像雕版仍然被使用，甚至被用于新闻报纸的插图和宣传品之中，依然表现出相当大的影响力。[⑦] 抗日战争期间，由于受到各种条件限制，木刻雕版制印技术由于简便一直发挥着重要作用。例如，晋西木刻厂成立于 1941 年 3 月，是晋绥抗日根据地从事报纸插图、书刊封面和各种美术设计及印刷的唯一专业印刷厂。晋西木刻厂成立后，除编辑《大众画报》、为《大众报》等报纸刻制木版插图画和为书刊设计封面外，还配合各个时期的中心工作刻制一些宣传画和刻印领袖像等。据 1942 年初有关材料统计，从 1941 年 3 月建厂起到 11 月，9 个月的时间，共出版《大众画报》7 期，印了 4800 册，画图 445 幅，木刻画 105 幅。另外还画、刻大小画计 347 幅。其中有用两丈布以上的大画 4 幅，

---

①［英］白馥兰：《技术、性别、历史：重新审视帝制中国的大转型》，吴秀杰、白岚玲译，南京：江苏人民出版社，2017 年，第八章。

②［日］井上进：《中国出版文化史》，李俄宪译，武汉：华中师范大学出版社，2015 年，第 186 页。

③［美］高居翰：《山外山：晚明绘画（1570—1644）》，王嘉骥译，上海：上海书画出版社，2003 年，第 208 页。

④［美］余英时：《士与中国文化》，上海：上海人民出版社，2003 年，第 540—543 页。

⑤［日］大木康：《明末江南的出版文化》，周保雄译，上海：上海古籍出版社，2014 年，第 67 页；马孟晶：《〈隋炀帝艳史〉的图饰评点与晚明出版文化》，《汉学研究》2010 年第 2 期。

⑥［美］梅尔清、刘宗灵、鞠北平：《印刷的世界：书籍、出版文化和中华帝国晚期的社会》，《史林》2008 年第 4 期。

⑦［美］包筠雅：《文化贸易：清代至民国时期四堡的书籍交易》，刘永华、饶佳荣等译，北京：北京大学出版社，2015 年，第十四章。

四开彩色宣传画 10 幅，大小木刻画 216 幅。[①] 20 世纪五六十年代和改革开放以来，荣宝斋、朵云轩、天津杨柳青、山东潍县杨家埠、河南朱仙镇、广陵古籍刻印社等都发扬传统雕版制印技术，印制古今绘画、年画、典籍等制品，体现出传统印刷文化之美。直到“文化大革命”前，荣宝斋共印制出版古今绘画作品 4000 多件，行销 48 个国家和地区，曾在 28 个国家举办过展览，使古老的中国印刷术在国际上重放异彩。荣宝斋为了印制五代顾闳中的《韩熙载夜宴图》，特制了最好的画绢，动用了石青、石绿、朱砂、赤金等矿物颜料和金属色，历时 8 年，雕刻了 1600 多块木版，仅仅印制了 35 幅。由于勾、刻、印、装的精工制作，复制品达到了酷似原作、几可乱真的地步。从 1958 年到 1966 年，朵云轩先后复制的名画珍品达 530 余种。朵云轩雕刻木版达 190 多块，复印明代仇英的《秋原猎骑图》；雕版达 200 多块，复印唐代阎立本的《步辇图》；花 3 年时间刻版 250 余块，精心套印数千次，复印明代徐渭的《杂花图卷》。虽然印版、印次很多，但套印却不差毫厘，真可谓巧夺天工。[②] 这一方面说明传统雕版印刷文化的强大惯性与艺术生命力，另一方面也体现出社会环境对图像制印技术的强力影响。然而，随着国门在鸦片战争之后被真正打开，新进的石印技术、凸版技术、珂罗版技术对传统雕版印刷造成巨大冲击，[③] 传统雕版印刷文化迅速让位于西方机械化印刷技术，西方机械化印刷技术成为主流印刷技术。相比于汉字的制印技术，图像制印技术的传入与转型似乎更容易被国人接受，但是也更复杂一些，从这一特殊角度体现了近代印刷文化尤其是图像印刷文化的技术性的本质特征。

① 张树栋、庞多益、郑如斯等：《中华印刷通史》，台北：财团法人印刷传播兴才文教基金会出版，1998 年，第十五章，第三节。

② 张树栋、庞多益、郑如斯等：《中华印刷通史》，台北：财团法人印刷传播兴才文教基金会出版，1998 年，第二十章，第四节。

③ 韩琦、米盖拉编：《中国和欧洲——印刷术与书籍史》，北京：商务印书馆，2008 年，第 117、119 页。

第四章 西方图像制印技术的发展与认识

Chapter 4 Development and Understanding of Western Image Printing Techniques

虽然大约在唐宋时期，西方印刷就曾经受到中国传统印刷术的影响，但是在不同的绘画、制图观念与印刷技术革命的支配下，西方图像印刷术呈现出与中国传统印刷术不同的发展路径。西方近代印刷术，主要包括以铅活字排版直接印刷，和以铅活字版为母版，采用泥版或纸型翻铸成复制版，以及照相术用于印刷制版后产生的照相铜锌版进行印刷的凸版印刷术；以石版、珂罗版和照相平版、间接印刷的平版印刷术；以雕刻凹版和照相凹版（影写版）进行印刷的凹版印刷术。近代以来，这些技术尤其显现出媒介技术的优势，相继影响到日本和印度等亚洲地区。19 世纪以降，西方的各种印刷新技术、新设备逐渐传入我国，“印刷现代性”促进了当时思想文化的革新，[①]其中的图像制印技术不仅改变着国人的图像观念，逐渐取代我国传统的图像雕版制印技术，而且促进了我国近代图像新闻传播技术的出现与成熟。

① 雷启立：《晚清民初的印刷技术与文化生产》，《华东师范大学学报（哲学社会科学版）》2008 年第 5 期。

第一节　西方图像制印技术

我们知道，图像制版是图像印制过程中最为耗时的关键步骤。近代以来西方的图像信息制版技术运用现代光学、化学与机械发明，不断进行技术更新，相继出现了凸版制版、凹版制版、平版制版和孔版制版等图像制版技术，促进了图像印刷术的发展。

一、凸版制印技术

现代西方制版技术涉及光学、化学等技术，虽然形成凸版、凹版、平版、孔版等不同制版技术，但是其基本的制版工艺过程是一样的。[①]

1. 凸版制版技术

图像凸版制版是版中图像部分高于空白部分的制版方式，与中国传统图像凸版雕版不同，西方图像凸版制版体现出独特的技术工艺。15 世纪德国古登堡（Johannes Gutenberg）发明了铅活字印刷术，开启了近代机械凸版印刷的先河。这一印刷术包含着制版与印刷两方面的技术创新，无疑主要是针对文字印刷的，那么对图像印制是否也有影响？

早期的活字版插图较少，如果需要插图，则需要文字部分与图像部分的组版（装版）。1804 年，英国士坦荷（Earl of Stanhope）针对活字版的缺点，发明泥型铅版制版技术，这实际上是依据原版制作复印版。1829 年，法国谢罗（Claude Genoux）发明纸型铅版制版技术。纸型是将专用的纸型纸，覆盖在活字版上，施加压力，制成供浇铸铅版用的模版。用纸型可以浇铸成平面和圆弧形的铅合金印，供平台机或轮转机印刷。纸型的发明应用，使凸版铅印制版技术趋于成熟。到 1871 年，美国拨力克惠尔（B. B. Blackwell）创造出用薄铅版，垫以木底印刷。纸型铅版制版的优点是纸型可以多次使用，并且便于保存与运输，“为书刊尤其是报纸的印刷与发行，

① 田玉仓：《近代印刷术的主要特征、形成时间及对传入的影响》，《北京印刷学院学报》1996 年第 1 期。

创造了良好的条件”[①]。

铅版制版技术以活字版为原版，用泥版或纸型浇铸复制成铅版。制版工艺流程为：原稿→制纸型（制泥版）→浇铸铅版→修版。铅版制版技术工艺中的原稿主要是针对活字版的，后来发展到也可用铜锌版作为原版制作铅版，说明铅版制版技术同样能够用于图像制版。除此之外，还出现过电镀铜凸版、石膏版和黄杨版三种制版技术。电镀铜凸版为美国魏尔考士（John W. Wilcox）发明于1846年。方法是先用凸版（木刻雕版或铅版）制出阴文正体蜡型做型版，再将蜡型置于电缸之中镀铜制成铜凸版。电镀铜版质量甚佳，版面图文与原版几乎一般无二，只是由于造价昂贵，难以推广应用。石膏版系在平面石膏板上雕刻阴文正像图文做型版，然后以此型版浇铸反体阳文做印版进行印刷。石膏版的质量远不及电镀铜版，故亦未能久行。黄杨版技术可能为日本人发明，系用感光乳剂将原版显现在黄杨木板上，然后按版上图像进行雕刻，制成印版。[②]上述三种制版方法皆可用于图像制版，因为存在各种问题，因此未能推广使用，但是体现出西方近现代以来运用化学与机械原理追求图像制版技术创新的历程。

1851年，英国首先发明了湿版照相法（wet-plate photography），1845年，英国制成重铬酸盐和胶组成的感光液，可以用照相方法及铬胶在钢板和锌板上制作印版。1855年，法国稽录脱（Firmin Gillot）发明照相铜锌版制版技术，照相铜锌版是照相术应用于印刷制版的产物，主要包括照相铜版和照相锌版，习惯上合称铜锌版，这一技术进一步发展了凸版印刷术。[③]铜锌版发明初期，为单色线条图照相凸版，图面无浓淡层次之分。1877年，网目凸版在维也纳得到发展，在凸版上制作插图才成为可能。这种技术1880年传到纽约，《哈泼斯杂志》（Harper's Magazine）首次采用了这种技术。[④]1882年，德国糜生白克（Georg Meisenbach）发明照相网目版，

① 张树栋、庞多益、郑如斯等：《中华印刷通史》，台北：财团法人印刷传播兴才文教基金会出版，1998年，第503页。

② [美]芮哲非：《谷腾堡在上海：中国印刷资本业的发展（1876—1937）》，张志强等译，北京：商务印书馆，2014年，第75页。

③ 有论者认为照相铜锌版制版技术由英国人詹姆斯在1859年发明。吕道恩：《照相锌版印刷术和照相石印术的发明及传华时间新考》，《中国科技史杂志》2013年第1期。

④ [美]芮哲非：《谷腾堡在上海：中国印刷资本业的发展（1876—1937）》，张志强等译，北京：商务印书馆，2014年，第74页。

使用一种栅格结构，创造了可重复使用的网屏，即连续调复制技术。这些照相机使用光学照相的手段，将原稿的连续调值（如相片或画稿）进行分解，变成不同大小的网点（半色调值），即变为可印刷的元素。所以，加网术将连续调原稿变为黑白信息（像素、半色调网点）元素，这些信息适合于印刷介质（胶片或印版）的制作。将照相制版术向前推进了一大步，发展出单色照相网目铜版和二、三、四色照相网目铜版，为照相制版术的进一步发展和应用开辟了广阔的发展前景。[①]

由以上分析可知，20 世纪的凸版制版分为文字排版和图像照相制铜锌版两条工艺流程。无论铅版还是树脂版都只解决了文字印刷的问题。遇到图形图像，还需制作铜锌版。如果原稿是具有连续变化的阶调层次的照片或素描，则需要照相制作加网铜版，一般速写、图纸类的线条原稿则照相制作锌版。制作铜锌版时先照相制出负像底片，用负像底片在涂布了感光胶的铜或锌板上曝光，俗称晒版，然后进行腐蚀处理。铜版使用三氯化铁溶液腐蚀，锌版则用硝酸和盐酸混合溶液腐蚀。[②]

照相锌版与照相铜版的制作工艺相仿，需要首先将拍摄原稿制成阴像底片，如图 4-1 所示。

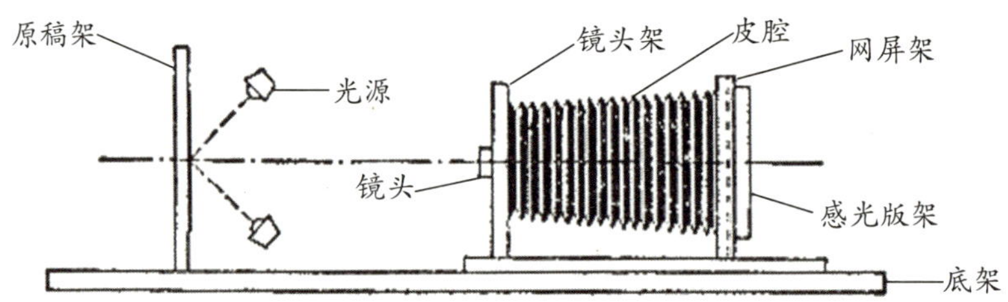

图 4-1　用于铜锌版制版的照相机示意图，图片来源：张树栋、庞多益、郑如斯等：《中华印刷通史》

照相制版技术成熟之后，照相凸版按照原稿的不同特征可以分为线条凸版（线画凸版）、网线凸版和彩色凸版三种。线条凸版（线画凸版）是指一种由色相线条构成的凸版，如地图、线条图案、图表、钢笔画等，一般由锌版制版，经过版材预处理、涂布感光液、晒版、显影、烤版、腐蚀等工艺步骤，制成图文金属凸版，[③]

①［德］赫尔穆特·基普汉：《印刷媒体技术手册》，谢普南、王强主译，北京：世界图书出版公司，2004 年，第 90 页。

② 钟永诚主编：《古今印刷术》，济南：山东科学技术出版社，2008 年，第 28—29 页。

③ 藏广州主编：《最新印刷技术实用手册——凸版印刷技术分册》，合肥：安徽音像出版社，2012 年，第 5—10 页。

如图 4–2 所示。

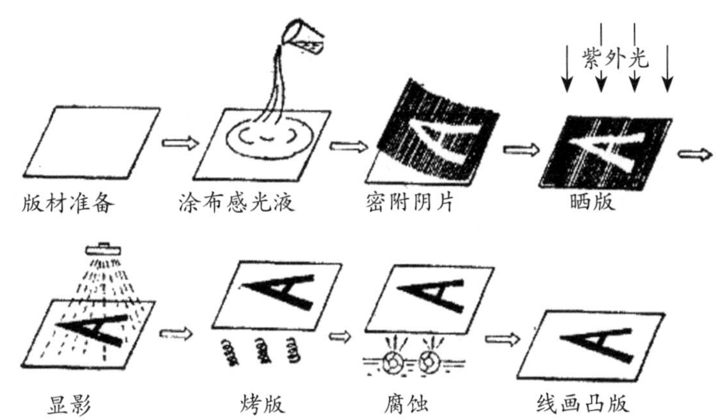

图 4–2　铜锌版制作工艺图，图片来源：张树栋、庞多益、郑如斯等：《中华印刷通史》

网线凸版（网目凸版）多用来制作带有浓淡层次的图画，所以需要在拍摄底片时加上网目版，用网点来反映原图的浓淡层次，这就是网线凸版（网目凸版）。网线凸版晒版时用加网阴图片，其他工艺流程与线条凸版相同。如果需要制作彩色图稿，要采用三色照相铜版法，即在拍摄照相阴像底片时，在镜头前面（或后面）分次插入红、绿、蓝三原色滤色镜，并改变网目角度，拍摄出黄、洋红、青三种分色底片。再用三张分色底片分别晒制三块分色铜版。这三块分色铜版经过腐蚀、修版之后，即可作为分色印版，逐版套色印刷。[①]

2. 制版照相设备及其器具

制版照相机（process camera）又称复照仪。是拍摄原稿以获取制版用底片的一种特制照相机。它有镜头、滤色片、网屏、三棱镜、照明光源等部件，由机架、暗箱、原稿架、操纵机构等组成，可进行等大、放大、缩小、透光、棱镜、分色、加网等照相工艺，以获得所需的各种底片。制版照相机的结构形式及种类很多，按结构形式可分为水平式（其中有卧式和吊式）、立式（其中有立式和立式放大型）。制版照相机是照相制版的基础设备，凸版、平版、凹版、孔版的制作，虽有各种不

① 张树栋、庞多益、郑如斯等：《中华印刷通史》，台北：财团法人印刷传播兴才文教基金会出版，1998 年，第 504 页。

同方法，但都能用照相制版方法进行制作，其使用的照相设备是一样的。[①]

3. 凸版印刷技术

凸版印刷时，在印刷部分敷以油墨。因空白部分低于印刷部分，所以不能黏附油墨，然后使纸张等承印物与印版接触，并加以一定压力，使印版上印刷部分的油墨转印到纸张上，由此印出印刷成品。凸版印刷使用的印刷机械，早期由铅活字版直接印刷，使用的是人力印刷机。后来，凸版印刷使用的印刷机械向用铅活字版通过泥版或纸型浇铸铅版复制版演进，逐渐由简单的平压平方式向圆压平、圆压圆方式演变，到用于报纸连续印刷的卷筒纸轮转印刷机和多色套印的彩色印刷机出现并用于生产，凸版印刷机械已达到当时相当先进的水平。[②] 柔版印刷是一种特殊的凸印方法，最初称为“苯胺印刷”，其得名来源于该印刷方式在当初产生的时候使用苯胺染料制成的挥发性液体色墨。随着科技的进步，颜色虽鲜艳但容易褪色且毒性较大的苯胺类油墨不再被使用。1952 年 10 月 21 日美国包装学会第十四届学术讨论会上，将该印刷方式正式命名为“Flexography”，含义为可挠曲的印版，即柔版印刷。[③]

二、平版制印技术

平版制版技术是制作图文与空白部分处在同一个平面上的印版技术，主要包括石版制版、珂罗版制版和金属版制版、橡皮版（胶版）制版三种形式。

1. 石版制印技术

德国人阿罗斯 · 塞尼菲尔德（Alois Senefelder）于 1797 年发明石版制版技术，被世人尊称为“石版或平版印刷之父”。塞氏在偶然的情况下发现了转写石版方法，当时他为了要翻印一本书，这本书的插图以前是用雕刻铜版印的，他为了避免麻烦和节省时间，不想在石板上重新描绘，试着用他调配好的“改正液”滚布在原来的凹版上，并印出一张样张，再细心地反覆在石板上，随后用一块木板在样张背后压过，样张上的图画便转印在石板上了，再分别滚上水与油墨，结果可和手绘石版一

① 邹毓俊编著：《印刷概论》，北京：测绘出版社，1993 年，第三章。
② 钟永诚主编：《古今印刷术》，济南：山东科学技术出版社，2008 年，第 77 页。
③ 钟永诚主编：《古今印刷术》，济南：山东科学技术出版社，2008 年，第 77 页。

样达到印刷的目的，因而发明了转写石版。这种平版印刷为现代胶印创造了条件。[①]制作石版选择多孔性、善吸水、质地细密的碳酸钙（石灰石），用脂肪性物质直接描绘、书写图画和文字，再经化学腐蚀而制成石印版。石版制版的早期制作工艺简单，称为“绘石”，只能用来印刷线条简单的图文印件。在绘石制版技术发展过程中，制版工艺不断复杂，出现了通过转写纸、转写墨、玻璃纸、照相等方法“复制”图像于石面上的落石制版法，发展出彩色石版制版和照相石版制版两种方式，进一步发展了石版印刷术。

石版的加工方法如下。首先，将石头置水平，将银砂撒布在石头上，再在上面洒水，借着小石灰石的帮助，以圆圈动作使银砂在整个表面上摩擦，直到石料被这种特别的石头磨平为止。其次，为了能用粉笔或墨水在石头上作画，此石头表面还必须加以处理直到看起来与砂纸表面一样：将上好的金刚砂或碳化硅粉撒在此石头上，并用一个磨盘或者玻璃摩擦，直到表面显示出细致、规则的颗粒为止。经过上面两个步骤的石头经清水洗涤、干燥并将全部灰尘除去后，便可绘图于其上。石版制版墨或称印度墨，是用蜜蜡、羊脂、肥皂、虫漆与油烟做成的。当画在石头上时，油蜡笔或印度墨与石头的碳酸钙结合，形成脂酸粉，其是排斥水分、吸收油脂的一种物质。随后此石头经细心地处理，目的是以印刷油墨替代油蜡笔或印度墨，称为换墨：在图画线条上涂一层树脂粉或滑石粉作保护，然后用一块海绵将内含一点点硝酸的阿拉伯树胶溶液擦在石头上，酸胶满布于图画线条上，产生一层保护层，此层薄薄的酸胶层须在石头上保留约 24 小时，然后用水彻底洗涤。之后，在石头上涂一层纯阿拉伯树胶层，当与石头上硅酸作用后，其转换成变性阿拉伯胶，这是一种不溶于水的物质，但会吸水和排斥油脂。用一块沾有松节油的布擦拭石头，使蜜蜡或印度墨溶解，如此剩余在石头上的图画线条就全是吸收脂肪的影像，石头上以前的图画线条部分现已变成脂酸粉，能吸收油墨并排斥水分。其余石头上则覆盖着一层变性阿拉伯胶，具有吸水和拒墨性。用墨辊给石头上墨时，那些图画线条部分即能接受油墨，此即“手绘石版”的制版程序。

自从塞尼菲尔德发明了石版印刷术后，印刷内容包含传单、统计图表、教会书籍、

---

① 徐世垣：《印刷技术发展史最重要的“里程碑”》，《今日印刷》2019 年第 11 期。

乐谱、人像、风景、教科书等。这种新式印刷术的优点，立刻受到印刷界的重视，因此新式印刷术很快就传到了世界各地。并渐渐取代了雕刻铜版，成了复制者的新宠。于是很多家印刷材料行或商店，开始供应各种石版印刷材料，包含药墨（Crayon）、石板、石印机及其他材料等，以供一些对这方面有兴趣的工作者采购使用。

彩色石印制版方法采用落石制版法，其工艺流程为：彩色原稿→描刻轮廓→填红粉→落石→分色描绘→翻制印版→版面处理。具体做法是：首先将玻璃纸（或称胶纸）覆于彩色原稿之上，用钢笔依图描刻；其次在描刻过的玻璃纸的针缝中填入红色砥粉；再将填入红色砥粉的玻璃纸反覆于石面上，加压，使红粉落于石上；然后按照原稿的轮廓和色度进行分色、分石描绘，再翻制成印版。[①]1852 年，法国石印家稽录脱发明照相石印术（Paniconography），并取得专利。[②]

平版印刷是利用油水相斥的原理进行印刷的。如早期的石印就是在石版上用水和树胶的混合液予以湿润，未绘图案的部分便可吸附水分，图画线条部分则因有脂肪而排斥水分，然后再用一个皮滚把油墨滚布在整个石版上，图画线条部分即粘吸油墨，空白部分仍保持洁净，经将白纸放于版上加压后，即可印出成品。1797 年，塞尼菲尔德设计制成刮板式石印机（lever-scraper lithographic printing press），其是由腐蚀凹版机改装而成。将石版放在印刷机的机床上，利用水墨相互排斥的原理，先在版面布上一层薄薄的水，再布上一层油墨，继而再铺上一张白纸，并在纸面上放一块布毯及一块皮压垫，将一块悬挂在上方的压力刮板压在皮垫上用力刮过版面，使印墨转印到纸上，因此称为石版印刷术。用这部印刷机，所有的操作如上墨、抹水以及动力，都靠人力，又因石版是固定的，所以印刷时可省力而快速。因系利用水与墨排斥的化学反应原理来印刷，故曾一度被称为化学印刷。[③]由于这种印刷机操作困难，故他又花几年时间制造了一种带大尺寸压印滚筒的印刷机，即快速滚筒印刷机（替代平压平原理）。但由于成本因素，这两种系统并行存在了很

① 以上部分参见张树栋、庞多益、郑如斯等：《中华印刷通史》，台北：财团法人印刷传播兴才文教基金会出版，1998 年，第十三章第二节。

② 张秀民：《中国印刷史》，上海：上海人民出版社，1989 年，第 587 页。

③ 胡宏亮：《图文传播有问必答（四）》，《广东印刷》2013 年第 4 期。

长时间。[①] 如图 4–3 所示。

1813 年，塞氏采用了一种将金属平版用在印刷机上的印刷方法。1817 年，塞氏又发明了一种利用水力拖动的印刷机，它可借机械方法在石版及金属版上抹水和上墨。后来的金属手摇石印机也是由塞尼菲尔德发明的石版印刷术发展出来的。[②] 如图 4–4 所示。

图 4–3　塞尼菲尔德的两种石印印刷机，图片来源：张树栋、庞多益、郑如斯等：《中华印刷通史》

图 4–4　手摇石印机，图片来源：张树栋、庞多益、郑如斯等：《中华印刷通史》

第一台快速石印机出现在法国。这种印刷机由 Nicolle 在 1846 年发明。随后在 1852 年，Georg Sigl 在维也纳也发明了一种印刷机。1860 年，Alexander Dupuy 在巴黎制造出他的第一台自动滚筒型石印机，这种印刷机曾长期用于艺术品印刷（招贴画），需要 3 人操作：1 人驱动轮子，1 人输入纸张，1 人收集印刷好的纸张，监工站在前面。如图 4–5 所示。他雇用了两个德国施瓦本地区的人 Louis Faber 和 Adolf Schleicher，后来他们成了合伙人。1870 ~ 1871 年的普法战争，使 Louis Faber 和 Adolf Schleicher 被驱逐出法国，他们在美茵河畔奥芬巴赫建立了自己的车间来制造石印机。再经后人不断改进，用橡皮版的间接方法，发展出以平压平、圆压平和圆

① [德] 赫尔穆特・基普汉：《印刷媒体技术手册》，谢普南、王强主译，北京：世界图书出版公司，2004 年，第 1051 页。

② 张树栋、庞多益、郑如斯等：《中华印刷通史》，台北：财团法人印刷传播兴才文教基金会出版，1998 年，第十三章，第二节。

压圆三种转印方式制造的各种平台、轮转印刷机。①

图 4-5 自动滚筒石印机，带推力曲柄驱动装置，图片来源：张树栋、庞多益、郑如斯等著：《中华印刷通史》

2. 珂罗版制印技术

珂罗版是英文 collotype 的音译，珂罗版印刷是德国慕尼黑的摄影师海尔拔脱（Joseph Albert）于 1869 年前后发明的，是以玻璃为版基，在玻璃板上涂布一层用重铬酸盐和明胶溶合而成的感光胶制成感光版，经与照相底片密合曝光（晒版）制成印版。珂罗版印刷属平版印刷范畴，是最早的照相平版印刷之一，因多用厚玻璃作为版基，所以又叫“玻璃版印刷”。珂罗版印刷技术复杂，印品精良，多用于珍贵图片、绘画、碑帖及文献、照片的印制。

珂罗版是在厚磨砂玻璃版材上，涂布铬胶感光液，阴像底片与感光膜层密接曝光后，即发生光化学反应而引起胶层硬化构成图像。图像密度的深浅不是用大小不同的网点形成，而是由于受光量的不同而导致胶膜硬化程度不一，而硬化程度又决定胶膜膨胀情况的不同，不同的膨胀程度形成版面疏密不同的细微皱纹。受光量越大，硬化程度越大，膨胀越小，皱纹越多，吸收水分少，黏附油墨多，印刷后色调越暗；反之，色调越亮。从而再现原稿画面各种层次。由于珂罗版印刷是直接印刷，所以印版上的图文应为反像。珂罗版工艺流程是：原稿→拍连续调阴片→修版→准备玻璃板→涂布感光液→干燥→晒版。第一步是用原稿拍摄正像阴片。拍摄时在镜

①［德］赫尔穆特·基普汉：《印刷媒体技术手册》，谢普南、王强主译，北京：世界图书出版公司，2004 年，第 1052 页。

头前面要加放转向三棱镜，这样拍摄的底片是正像，正像底片晒在印版上是反像，印刷品才能是正像。底片经冲洗、干燥后，要人工修版，制成可供晒版用的原版。第二步是准备玻璃板。因需直接印刷，玻璃板厚度在 6~10 厘米之间，并须用金刚砂研磨，使玻璃平面产生细小的砂目，在经清水或碱溶液冲洗、去除杂质后，在玻璃板上涂布媒解剂硅酸钠，以增加玻璃板面对感光胶层的黏附力。第三步是在准备好的玻璃板上涂布感光液。感光液的涂布一定要均匀，之后放入烘箱烘烤、干燥。第四步是晒版，即将拍摄的正像阴片与感光版密合放入晒版机内，抽真空曝光，使感光版上的感光胶膜因底片深浅密度不同而产生不同程度的硬化。之后，将其放入显影槽内显影，将未受光硬化的胶膜溶解，版面形成不规则的皱纹。经干燥后，即可上机印刷。

珂罗版印刷在专用的珂罗版平台式印刷机上进行，结构为圆压平型，手工揩水、滚墨和摆纸，要求油墨的流动性和黏性小，黏结料的抗水性能良好，颜料容易分散而结构软，以免损坏印版。着墨时用反应辊着黑墨，胶辊着色墨，版面胶层膨胀了的部分吸水多，难于吸收大量油墨，版面的凹部则着有较多油墨，可以进行较高浓度的印刷。印刷时对环境的温湿度要求较严。珂罗版由于版基是玻璃，印刷部分和空白部分又都是明胶，所以印力不高，一般一块印版仅能印 500 ~ 3000 份左右，最多不超过 5000 份。因此不宜印刷急件和大批量产品。[①]

3. 金属版制版、橡皮版（胶版）制版

平版印刷中的石版和珂罗版，版材是石头或者玻璃，笨重易碎，有其先天的缺点。其后有以金属为版材的直接印刷和把金属版上的图文转移到橡皮之上进行间接印刷的发明。金属版制版一般均以铅或锌为版材，制成印版进行印刷。最先出现的金属版印刷是从石版印刷演变而来。发明石版印刷的塞尼菲尔德，曾于 1817 年尝试过利用锌版代替石版之法，到 1868 年，用金属薄版代替石版才得以付诸实施。金属版落石之前各工序，均与石版印刷相同。[②]

胶印的发明是在采用间接凸印印刷铁皮的开发中完成的。这项发明是由美国人

① 以上内容参见邹毓俊编著：《印刷概论》，北京：测绘出版社，1993 年。

②［德］赫尔穆特·基普汉：《印刷媒体技术手册》，谢普南、王强主译，北京：世界图书出版公司，2004 年，第 1053 页。

罗培尔（Iva W. Rubel）和德国移民 Caspar Hermann 两位发明家发明的。两个人在1904年前后构建了同样的技术思路，通过一个橡皮布滚筒进行间接平印，俗称“橡皮版”。[①] 橡皮版印刷的印版与直接印刷的金属版基本相同。所不同者，直接印刷的石版和金属版，版面均为反像图文，而用于橡皮版印刷的金属版，版面上的图文是正像的。因为只有正像的图文转印到橡皮版上才是反像的，印刷到纸上才是正像的。这是由橡皮版印刷系间接印刷所决定的。橡皮版间接印刷较金属版直接印刷，无论耐印率、印刷速度还是印刷质量，都有明显的提高。胶版印刷的发明可以说是平版印刷术的一项重大改革，对平版印刷的进一步发展乃至整个印刷事业的发展具有重要意义。[②]

三、凹版制印技术

凹版制版是印刷内容版面低于空白部分的印版制作工艺技术。凹版印刷的印版多为铜质或钢质等金属版。雕刻铜版印刷，中国古已有之，只是不如近代西方传入的铜版和钢版印刷精致。同时，西方近代以来的凹版制版过程使用了化学腐蚀剂，这是中国古代类似雕版的手工物理过程所没有的。凹版有雕刻制版、蚀刻凹版和照相凹版（影写版）三种。

1. 雕刻制版

雕刻版主要就是雕刻铜版，早期的铜质凹版用手工雕刻而成。近代的雕刻凹版，起自15世纪中叶的欧洲文艺复兴之前。1452年，意大利腓纳求赖（Maso Finiguerra）发明雕刻凹版制版方法。这一制版技术是从铜版雕刻版画演变发展而成的。当时德国、荷兰与意大利的金银匠们与画家们不断提升铜版画的技艺，创作了大量题材丰富的铜版画，不仅促进了文艺复兴的知识传播与艺术复兴，也促使铜版逐渐替代木版成为西方图像制作的主流方法。1477年，欧洲托雷米（Bologna

① [德]赫尔穆特·基普汉：《印刷媒体技术手册》，谢普南、王强主译，北京：世界图书出版公司，2004年，第1053页。

② 张树栋、庞多益、郑如斯等：《中华印刷通史》，台北：财团法人印刷传播兴才文教基金会出版，1998年，第十三章，第二节。

Ptolemy）在意大利的博洛尼亚（Bologna）绘制并用26块雕刻铜凹版印制出世界地图，由于相当精美不易仿制，纸面上的印墨稍微鼓起为其主要特点，易辨真伪，所以此印刷术如今仍为印制钞票、邮票和有价证券的主流。从此一直到19世纪中期，西方铜版画不仅发展出线雕法、飞尘法、糖水技法、软蜡技法、美柔汀技法、浮雕蚀刻法等雕刻技法，发明出各种雕刻刀具与蚀刻工具，而且完善了铜版蚀刻方法与套色印刷方法。德国版画家伯隆（Jakob Cristof Blon）发明了铜版美柔汀套色技法，1720年在英国伦敦开设了一家专门印刷彩色版画的公司，后他又在法国获得彩印印刷的专利，直到18世纪末，彩色制版都还沿用伯隆的方法。1910年，德国采用凸版印刷的《弗莱堡日报》（Freiburger Zeitung）面市，发行量为20000份，包括两版各4页的副刊，其中副刊图像是将凹版印刷插入普通图版的文字之间，采取混合型印刷机印刷。自此，凹版印刷成为报纸插图印刷首选方法，并发展到用凹版独立印刷期刊。①

（1）直刻凹版。

雕刻凹版目前大部采用钢质版材来制作，也有用铜和锌等金属材料的。为便于雕刻加工，通常先将钢板退火，表面加工后转印图像轮廓，用雕刻刀手工雕刻，直接制成图像凹版的原版，其工艺流程为：版材的加工处理→底图的转印→雕刻→修整版面。

版材的加工处理。将钢板退火处理，表面磨光，并在上面涂布一层蜡，熏成黑色。

底图的转印。把透明薄膜盖于原稿上，按照图形位置用刻针进行勾绘，以点和线表现原稿的轮廓范围，并在刻出的轮廓线痕里涂上红粉（氧化铁），再把薄膜上轮廓线痕里的红粉转印到已处理好的版材上。

雕刻。把版材放在皮制的枕垫上，一边顺着线条方向转动版材，一边用各种刀具（如图4-6所示）刻出凹下的点或线，雕刻者按照轮廓线，对照原稿直接在金属版材上雕刻，将原图的层次以雕刻线的粗细、深浅、疏密、长度、宽度、方向的变

①［德］赫尔穆特·基普汉：《印刷媒体技术手册》，谢普南、王强主译，北京：世界图书出版公司，2004年，第1056页。

化和雕刻点的形状等进行表现。[①]

（2）针刻法。

在金属版材上，用坚硬锐利的刻针等雕刻工具，以手工雕刻方式，直接雕刻出图像。其工艺流程为：版材加工处理→描绘图像→雕刻→修正版面。

版材加工处理。用木炭轻轻磨光版材表面，或经短时间酸洗处理版材。

描绘图像。用软铅笔或蜡笔直接在版材上描绘出反像图形，或者在底图和版材之间衬以复写纸，进行转印，但需注意版材上必须得到的是反像图形。

雕刻。用刻针（如图 4–7 所示）刻制凹版，直接凹版是用刻刀雕刻出线划，针刻是用刻针划刻线痕。刻制时，版面线划会产生线屑（毛刺），对于明亮部分的线屑，用刮刀刮掉，而阴暗部分的线屑，就不必刮削，保留下来，这样可制出带有针刻法特点的、有柔软感的艺术版画。雕刻钢凹版技术难度大、要求高，目前仍然广泛应用于各种票据的制版印刷。

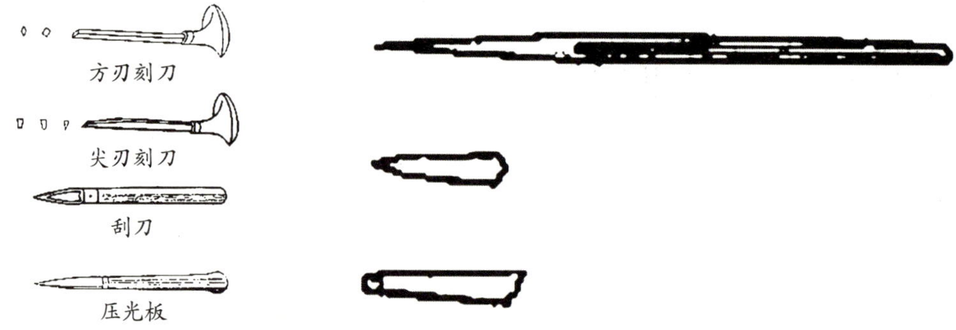

图 4–6　手工铜版的各种刻刀，图片来源：张树栋、庞多益、郑如斯等：《中华印刷通史》

图 4–7　针刻法所用的刻针，图片来源：张树栋、庞多益、郑如斯等：《中华印刷通史》

修正版面。用刮刀和压光板进行。由于刻针对版材施刻的压力和角度不同，所以刻出的线条的深度和线屑的情况有着种种变化。针刻凹版印刷时，不仅线划内能

① 张树栋、庞多益、郑如斯等：《中华印刷通史》，台北：财团法人印刷传播兴才文教基金会出版，1998 年，第十七章，第三节。

附着油墨，而且线侧面也能附着油墨，所以印刷出的产品与直刻凹版不同。①

（3）镂刻法。

镂刻法是用压花铲、压花辊等雕刻工具（如图4–8所示），在版材上滚压而直接制作成凹版的方法。用镂刻法可以在版面形成均匀微细凹凸的砂目，以制作底纹。

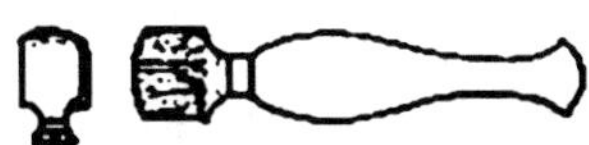

图 4–8　压花铲和压花辊，图片来源：张树栋、庞多益、郑如斯等：《中华印刷通史》

镂刻法是在版面上直接勾出图样，所以需要转制图样。雕刻时在版材整个表面涂上油墨，用压花铲或压花辊把版材整个表面都滚压出花纹，表面上的毛刺，是用刮刀或压光板进行修正的，以该方法可制出保持镂刻特点而又有柔软感的底纹。版面的修正虽可以用刮刀或压光板进行，但会修磨或修刮过重，还要用压花辊重新滚压出底纹。使用压花铲时，要使它与版材保持垂直状态，在版材表面用力晃动，在满版上压出底纹；使用压花辊时，要使它在版材表面滚动，用于在局部位置上压出底纹。②

（4）机械雕刻凹版。

手工雕刻凹版的进一步发展，是机械用于凹版之雕刻后出现的机械雕刻凹版。用精密的雕刻机械，如平行线雕刻机、彩纹雕刻机、浮凸雕刻机和缩放雕刻机等，通过机械性的移动，刻制平行线、彩纹（由波状线、弧线、圆、曲线、椭圆等组合成的花纹）等几何花纹凹版。雕刻机刻版是通过钻石刻针或钢刻针与金属版材或涂布在版材上的防蚀膜接触刻绘的。使用雕刻机雕刻时，如直接刻在金属板上，即为雕刻法，如果刻在版材的防蚀层上，再进行腐蚀，即为腐蚀法。③

2. 蚀刻凹版

（1）蚀刻凹版（etched intaglio plate）。

① 以上部分参见张树栋、庞多益、郑如斯等：《中华印刷通史》，台北：财团法人印刷传播兴才文教基金会出版，1998 年，第十七章，第三节。

② 以上部分参见张树栋、庞多益、郑如斯等：《中华印刷通史》，台北：财团法人印刷传播兴才文教基金会出版，1998 年，第十七章，第三节。

③ 以上部分参见张树栋、庞多益、郑如斯等：《中华印刷通史》，台北：财团法人印刷传播兴才文教基金会出版，1998 年，第十七章，第三节。

蚀刻凹版是在金属版材上，涂布一层防蚀膜，用蚀刻针手工刻绘，刻去防蚀膜，以化学药品腐蚀法制得图文线条凹版。其工艺流程为：版材处理和底图转印→雕刻→腐蚀。

首先将金属版材放在炉内加热，抗蚀刻剂开始熔化并均匀地布满整个版面，再将其翻过来放在汽油火焰或油烛上方，熏上一层黑色油烟，以使蚀刻纹路易于辨识，腐蚀之前须用刮刀将要蚀刻的部分刮掉，使金属部分暴露出来。

图4–9　蚀刻凹版所用的蚀刻针，图片来源：张树栋、庞多益、郑如斯等：《中华印刷通史》

雕刻。先在版材上涂布防蚀膜，用蚀刻针（如图 4–9 所示）雕刻防蚀膜使金属表面露出即可。

腐蚀。在版材防蚀膜上刻绘出全部图形后，放入腐蚀液中浸泡一定时间，进行腐蚀，取出后只需要在图形最浅的部分涂上防蚀剂，予以保护不再腐蚀，再将版材浸入腐蚀液里腐蚀，取出，再把不需要深腐蚀部分涂上防蚀剂，继续腐蚀，如此逐步腐蚀，得到不同深度的凹版。

一般是用由沥青、蜡和树脂熔合成的固体作防蚀剂，它具有易熔化、易黏附于金属上、易刻绘、刻出的线划光洁、膜层不会破裂等特点。铜版一般采用三氯化铁腐蚀液，钢版采用氯化亚铁和硝酸溶液腐蚀液。

（2）蚀镂法。

蚀镂法是蚀刻凹版的一种，在研磨过的版材表面，用机械或手工方法，撒上树脂或沥青粉末，经加热，使粉末固着在表面，然后用防蚀剂刻划出阴图图像，用腐蚀方法制作图像凹版。

腐蚀前将版面上的非图像部分，涂以防蚀剂予以保护，腐蚀时可用不同浓度的腐蚀液腐蚀版面，因腐蚀时间长短和粉末颗粒大小的不同，制成浓淡变化不一的凹版。①

3. 照相凹版

照相凹版，俗称影写版，是照相制版术应用于凹版制作的工艺技术。早期的照

① 张树栋、庞多益、郑如斯等：《中华印刷通史》，台北：财团法人印刷传播兴才文教基金会出版，1998 年，第十七章，第三节。

相凹版工艺系照相腐蚀凹版制版工艺，为 1894 年嘉立许（Karl Kleisch）所发明。1895 年嘉氏赴英国，开始以照相凹版印刷名画，盛行一时。1902 年德国人梅登（Doctor Mertens）在嘉氏基础上继续改良，使照相凹版技术日臻完善。到 1930 年，美国试制彩色照相凹版成功。此后，欧美各国对此颇为重视，竭力提倡、推广。

照相凹版是用照相所得的阴像底片（可以是线划稿、连续调稿、单色稿或彩色分色片），拷翻成阳像底片。经修整后使用，在敏化处理后的炭素纸（carbon tissue）上，先用凹印用的网屏曝光，然后用阳像底片曝光，炭素纸上的感光层按其阳像浓淡不同的密度，而发生不同程度的硬化，再将曝光后的炭素纸过版到铜滚筒上，经温水浸泡，逐渐把没有硬化的胶质溶掉，再用三氯化铁溶液进行腐蚀，由于底片图文部分的层次密度不同，经水冲后得到硬化程度不同的胶层，因此，在腐蚀过程中三氯化铁溶液对胶层的渗透程度也不同，按腐蚀时间的长短，形成了深浅不同的凹陷，从而得到图像层次丰富的凹版。

照相凹版制版工艺流程为：照相→修版→拼版→晒版→过版→填版→腐蚀→打样→整版→镀铬。

照相。照相时不论是线划稿、连续调原稿、单色原稿或彩色原稿，其工艺及对底片的质量要求基本上与凹版制版和平版制版的要求相同，仅对连续调原稿在照相过程中，不必加网、仍保持连续调的底片，用照相所得到的阴像底片，再经过拷贝，制出可供晒版的反阳像底片，对反阳像底片的要求是层次丰富，密度适当，文字、线划清晰，无擦痕斑点。

修版。原稿复制成底片，在复制过程中原稿的色调、层次会有一些损失，修版工作就是对有所损失的色调、层次加以补救和调整。照相凹版用的阳像底片的质量特别重要，阳像底片将直接用来晒制炭素纸，再转移到铜印版滚筒上，阳像底片在层次上如有不足之处，在铜印版滚筒上不好进行修正，所以在晒炭素纸之前必须对阳像底片加以仔细修正。

拼版。拼版是根据设计的版式、装订的方式，将各种不同尺寸的图像及文字底片按要求拼贴在透明版上。首先根据版式画出台纸，台纸是印刷厂内部使用的一种标有各种版面规格、尺寸和版面内容安排的设计图纸。台纸规定了版面内各部分的安排，是拼版工作的依据。它在很大程度上决定着该印件在制版、印刷、装订中的工艺过程，台纸以往都用伸缩性极小的纸，用手工绘制。台纸上按印刷纸张尺寸和印版滚筒尺寸用墨线画成细而直的垂线、直角、中线，画出裁切线、网版线、切口、订口、版口线以及页码的位置。按照台纸把阳图底片进行拼贴，拼贴工作容易发生差错，如图文位置错误、图与文字说明不符、图形正反方向错误等。因此，拼版工作要极细致，并经多次审校、改版后才能晒版。一般在拼版工作结束后，晒出蓝图，供有关部门审校。对彩色阳像底片的拼版工作，除要求没有差错外，还必须使各图各色版套合十分准确，用统一的十字线来控制，拼彩色版时，所有的拼彩色版的薄膜或玻璃上，应先晒好放好底片位置的十字线，再将底片上的十字线对准该薄膜上的十字线，四周贴上胶纸，复查后可送晒版工序。

晒版。凹版晒版是将网线与图像分两次晒在同一张炭素纸上的。炭素纸是制作凹版印版滚筒的媒介物，是晒版感光材料。它由纸基及表面涂有混合颜料色素的白明胶乳剂组成，胶层厚度约 50 微米，表面胶层作感光层、显影层和腐蚀层之用。一般出厂的炭素纸，其胶层无感光性能，需要在使用前进行敏化处理，干燥后才能进行晒版。加网是晒版的重要环节，照相凹版用的网屏又叫白线网屏，由透明白线网条和黑色小方块或长方块组成，有玻璃和软片两种质地。网屏透明线的宽度和不透明部分的宽度不等，其透明线越细，则版上着墨孔的面积就越大，版上着墨孔面积越大，在纸上印出的图像再现性也就越好。凹版印刷一般使用 60 线 / 厘米、70 线 / 厘米的网屏，80 线 / 厘米、100 线 / 厘米和 120 线 / 厘米的细网线常用于晒制邮票或有价证券。网目支承线与网目方块的比例是 1 ∶ 3 ~ 1 ∶ 5。照相凹版用的网目形状，也逐步有所发展，有方格网屏、砖形网屏、菱形网屏和不规则网屏等，如图 4–10 所示。

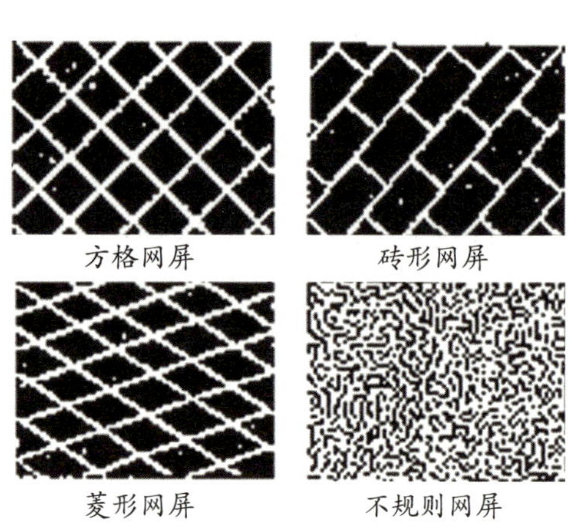

图 4–10　凹版用各种类型网屏，图片来源：张树栋、庞多益、郑如斯等：《中华印刷通史》

生产实践中，先晒网线，因经过敏化的炭素纸干燥后，从玻璃板上揭下来是很平整的，能使炭素纸很好地与网屏密切接触，在晒版机内经抽气加压，会与网屏贴得严密，得到很均匀的支承网线。炭素纸经用网屏晒出网线后，即可用来晒阳像底片，使炭素纸胶层表面形成图像潜像。阳像晒版和网目晒版的曝光时间基本相同。为使文字和阳像深暗色调在腐蚀时不致太深，一般在阳像晒版后，取去阳像底片，对整张炭素纸再全面曝光 3 ～ 5 秒钟，使整张炭素纸胶层表面更加硬化，从而在以后的腐蚀过程中，达到腐蚀均匀。

过版。把已晒网线和图像的炭素纸黏附于磨光的铜印版滚筒上的工艺称为过版。铜印版滚筒在过版之前，必须经过镀铜、打磨、抛光、清洗、银化等处理过程，并使铜印版滚筒达到规定的直径尺寸，才能使用。凹版制版过版完毕后，随即进行显影工作，防止炭素纸继续硬化。先进行预显影，将铜印版滚筒的一部分浸泡在 35℃ ~ 45℃的温水中，同时转动滚筒，使纸基与胶层脱离，然后进行正式显影，在纸基脱离胶层后，继续用喷水器往铜印版滚筒上淋冲温水，把未硬化的胶层全部溶解掉。温水显影后，将铜印版滚筒冷却至室温，显影中最重要的是控制温度。显影完后，一边转动铜印版滚筒，一边淋上酒精，然后用橡皮刮板或水胶绒辊擦去酒精，用风迅速吹干炭素纸胶层，这时，在暗调部分形成薄的耐蚀膜，高调部分形成厚的耐蚀膜，耐蚀膜厚的部分约为 20 ～ 30 微米，此时，阳像底片上的图形已通过炭素纸的转移，在印版滚筒表面的胶膜层上清晰地反映出来了。

填版。在进行腐蚀之前，把铜印版滚筒上图文部分以外不需要腐蚀的部分，用耐酸的沥青漆涂盖，谓之填版。通常用的沥青漆是沥青粉和苯调和经高温而成。填版时操作要十分细心，首先将版面上胶层图像的白点、气泡和孔洞处，用最细的圭笔尖蘸取沥青漆进行点修，接着用稍大的毛笔对照版样填齐图像的裁切边缘，最后涂盖图文以外部分。填版时手指不能触及图文部分，否则胶膜会留有油污，腐蚀时会形成污点，填版时如有失误，填进圈形内，可用脱脂棉蘸苯擦洗干净，这样就不会出现抗蚀现象。

腐蚀。腐蚀是整个制版过程中的关键环节。它与制版质量的好坏有密切的关系。因为凹版印刷品的墨色浓淡是由印版表面上腐蚀凹陷的深浅不一的着墨孔来决定的。所以一张凹印制品是否层次丰富、色彩明朗，在很大程度上取决于腐蚀是否恰好到处。腐蚀所使用的腐蚀液是三氯化铁溶液，它在版面不同厚薄的胶膜上使之膨胀，浸透耐蚀膜的胶膜而达到铜表面，使铜溶解。在实际操作中，要一边随时观察腐蚀的进行情况，一边合理调换浓度不同的腐蚀液，直至最后确认高调部分被腐蚀后，再冲水终止腐蚀，一般腐蚀深度为高调部分6微米、中间调部分10～50微米、暗调部分80微米。腐蚀完毕后，冲水终止腐蚀，还要将胶膜层和保护墨洗去。

打样。凹版滚筒制成后，为检查其质量效果，需要打样。由于没有专门的凹印打样机，所以都在印刷机上进行，要求调节好机器的压力与油墨的稀稠，使之达到与正常印刷相同的数据。打出样张后经审查，提出修正意见，进行修正。如果样张不符合原稿要求，又无法调修时，便要修正底片，然后重新制版。

整版。整版是根据样张审查提出的意见，对凹版滚筒作一次修整，内容包括：弥补第一次腐蚀的不足，进行补救，若局部图像色调较淡，则对凹版滚筒进行再腐蚀，以加深其着墨孔，使其达到理想的色调密度范围，再腐蚀时，在凹版空白部分滚上抗腐蚀墨，然后再使用三氯化铁溶液进行局部腐蚀。版面上如有细小洞孔，可用点焊方法填平，目前点焊用银汞代替以往的锡。对版面的残缺线划、白砂眼等可用刻刀、钢针、医杆等修整工具进行修刻。

镀铬。在印刷过程中，为了防止凹版滚筒的磨损、加强滚筒表面的耐磨性，以增加耐印力，采用镀铬的方法提高其硬度。同时，版面镀铬后还可以长期保存，不致受空气氧化及其他化学气体的影响。目前广泛采用铬酐及硫酸作为镀铬电解液，在电镀过程中，电流强度、电解液成分、溶液湿度，电镀时间、镀槽的清洁与否都影响镀铬的质量，所以必须严格控制这些因素，镀铬完成后需用细砂纸将版面打光，再用冷水冲洗，干燥。

凹版印刷技术。凹版印刷时，全版面涂布油墨后，用刮墨机械刮去平面上（即空白部分）的油墨，使油墨只保留在版面低凹的印刷部分上，再在版面上放置吸墨力强的承印物，施以较大压力，使版面上印刷部分的油墨转移到承印物上，获得印刷品。文艺复兴时期，随着铜版画的兴盛，发明了平压式凹版印刷机，在这以前铜版画是用刮印的方式印制完成。平压式凹版印刷机的机械原理是利用螺旋杆由上至下加压，并且可以人工调节压力的大小，从而大大地提高了铜版印刷的效率。[1]

① 以上内容参见张树栋、庞多益、郑如斯等：《中华印刷通史》，台北：财团法人印刷传播兴才文教基金会出版，1998年，第十三章，第三节。

四、孔版制印技术

孔版印刷又称滤过版印刷，包括誊写版印刷、网版印刷以及镂空版印刷三种技术。[①]孔版印刷的印版由印孔组成。孔版印刷设备简单、操作方便，印刷、制版简易且成本低廉，适应性强。其中以誊写版印刷术最具有代表性。

誊写版印刷也称油印印刷，是最常见的一种孔版印刷方法，源于 19 世纪 80 年代，美国人狄克（Albert Blake Dick）想到将防水纸放在金属板上，并用金属尖笔在防水纸上用力书写后，利用纸上所留的孔洞来当作复印用的网版。后来此项装置亦传入日本，经崛井治三郎改进后得以迅速推广应用。[②]1923 年日本在作家有岛武郎的支持下，创立了“黑船工房”，工房对誊写版印刷技术做了进一步的完善，并摸索出誊写版画的创作方法。[③]

誊写版的制版工具有誊写钢板和铁笔。誊写钢板表面布满均匀颗粒，颗粒大小根据刻写的要求而有所不同，而且颗粒的排列方向也有所不同，还有为满足某些特殊用途而生产的特殊誊写钢板，如专刻乐谱、表格、花纹用的钢板，钢板两面都刻有颗粒，有的两面制成不同粗度或不同方向的颗粒，满足多种刻写。

钢笔的笔尖是尖锥形，尖端是圆滑的，有的尖端是球形，专供刻写粗体字和绘画积状的图形用，因此，有配套的各种形式笔尖供选用，笔尖为钢质，其硬度比钢板稍大。

制版时，将蜡纸放在钢板上，用铁笔在蜡纸上刻写，把蜡纸上的蜡刻去，形成与钢板上颗粒相应的小孔洞，即成印版。[④]

誊印机又名速印机，是一种较为简便而又有效的印刷器具。一般印刷幅面是八开，能印 52 克薄级和厚卡纸。早期的誊印机为手动（如图 4–11 所示），其后发展出电动誊印机，附加了输纸台、收纸台等设备。[⑤]

① 张树栋、庞多益、郑如斯等：《中华印刷通史》，台北：财团法人印刷传播兴才文教基金会出版，1998 年，第二十三章，第七节。

② 郑晓霞：《油印技术在中国出版印刷史上的应用》，《出版与印刷》2010 年第 3 期。

③ 李蕴平：《孔版画技法与教学》，北京：中央广播电视大学出版社，2005 年。

④ 顾关元：《誊印的发展与现代应用——从手工誊印到传真誊印》，《印刷技术》，1994 年第 6 期。

⑤ 邹毓俊编著：《印刷概论》，北京：测绘出版社，1993 年，第四章。

图 4-11　早期誊印机，高雄市“科学工艺博物馆”藏

凸版、平版、凹版、孔版等四种制印技术是四种基本的印刷技术，自 15 世纪以来在西方高速发展，[①] 在 19 世纪中期相继传入特殊社会经济语境中的中国。这四种印刷技术并非完全针对图像（图形）的印制而发明，但是大多与图像印制有一定关系，尤其是以石版、珂罗版为代表的平版与凹版技术非常适合图像的印制，由此开启人类通过机械化印刷技术大规模印制图像的时代，不仅增加了近代以来报刊图像（图像新闻）的数量，而且直接促生了近代以来画刊（画报）的诞生。

第二节　明清时期对西方图像文化的接触与认识

早在明代中期以来，古代中国对西方图像制印技术和作品就开始有所接触。这一过程蔓延 200 余年，正是欧洲大陆兴起文艺复兴并且不断迸发知识活力的时期，随着西方传教士的传教活动，西方的视觉知识、图像文化与图像制印技术以特殊的状态传入中国，激发国人强烈的情感与想象力，成为早期中国不断深入的现代性进程一个重要表征。

① 项翔：《近代西欧印刷媒介研究：从古腾堡到启蒙运动》，上海：华东师范大学出版社，2001 年。

一、传教士与宫廷

明神宗万历十二年（公元 1584 年），利玛窦到达广州，自制《万国图志》。万历二十八年（公元 1600 年）12 月 24 日，在利玛窦献给万历皇帝的奇珍异宝中，有《时画天主图像》《古画天主母图像》《时画天主圣母像》和《万国舆图》一册。礼物中还有一幅以西班牙圣劳伦索宫为题的铜版画，除这幅铜版画外，还有一幅威尼斯圣马可宫的画片、西班牙国王菲利浦二世的殡葬图。万历皇帝诏令宫廷画师在利玛窦的指导下用色彩放大复制了这幅以西班牙圣劳伦索宫为题的铜版画。这是中国历史上第一次复制西洋的铜版画。万历二十九年（公元 1601 年），利玛窦到京师献图，深受明神宗喜爱。万历三十年（公元 1602 年），太仆寺少卿李之藻出资刊行该图，名为《坤舆万国全图》。该图现存多个版本，对其绘制者与内容颇有争议。[①] 如图 4–12 所示。

万历三十六年（公元 1608 年），明神宗下诏将此地图摹绘 12 份，传于现世。现藏于南京博物院的 1608 年宫廷摹绘本可能就是其中一件。该《坤舆万国全图》通幅纵 168.7 厘米，横 380.2 厘米。图首右上角题“坤舆万国全图”六字。主图为椭圆形的世界地图，四周附有四小幅圆形天文图和地理图。图中绘有帆船与各地异兽，另外附有利玛窦的自序以及李之藻、陈民志、杨景淳、祁光宗的题跋。基本与明尼苏达大学图书馆所藏的《坤舆万国全图》相同。如图 4–13 所示。

1640 年，传教士汤若望呈献给崇祯皇帝《进呈书像》，全书一共包括 48 幅图像。顺治五年（公元 1648 年），传教士毕方济（Francesco Sambiasi）编绘了《坤舆全图》，这张图基本仿照《坤舆万国全图》，再放进当时新的地理知识及将中国置于图的中线附近。南怀仁（Ferdinand Verbiest）1658 年来华，是清初最有影响的来华传教士之一。康熙中曾官任钦天监监正，官至工部侍郎，正二品。他的《新制灵台仪象志》是介绍钦天监观象台上的天文仪器及其使用方法的一部著作，完成于 1664 年，附图 117 幅，大多来自西方文献。如图 4–14 所示。

同时，南怀仁还绘制了《坤舆全图》，该图总结明末以来传教士在华编绘世界

---

① 李兆良：《坤舆万国全图解密——明代测绘世界》，台北：联经出版事业股份有限公司，2012 年。

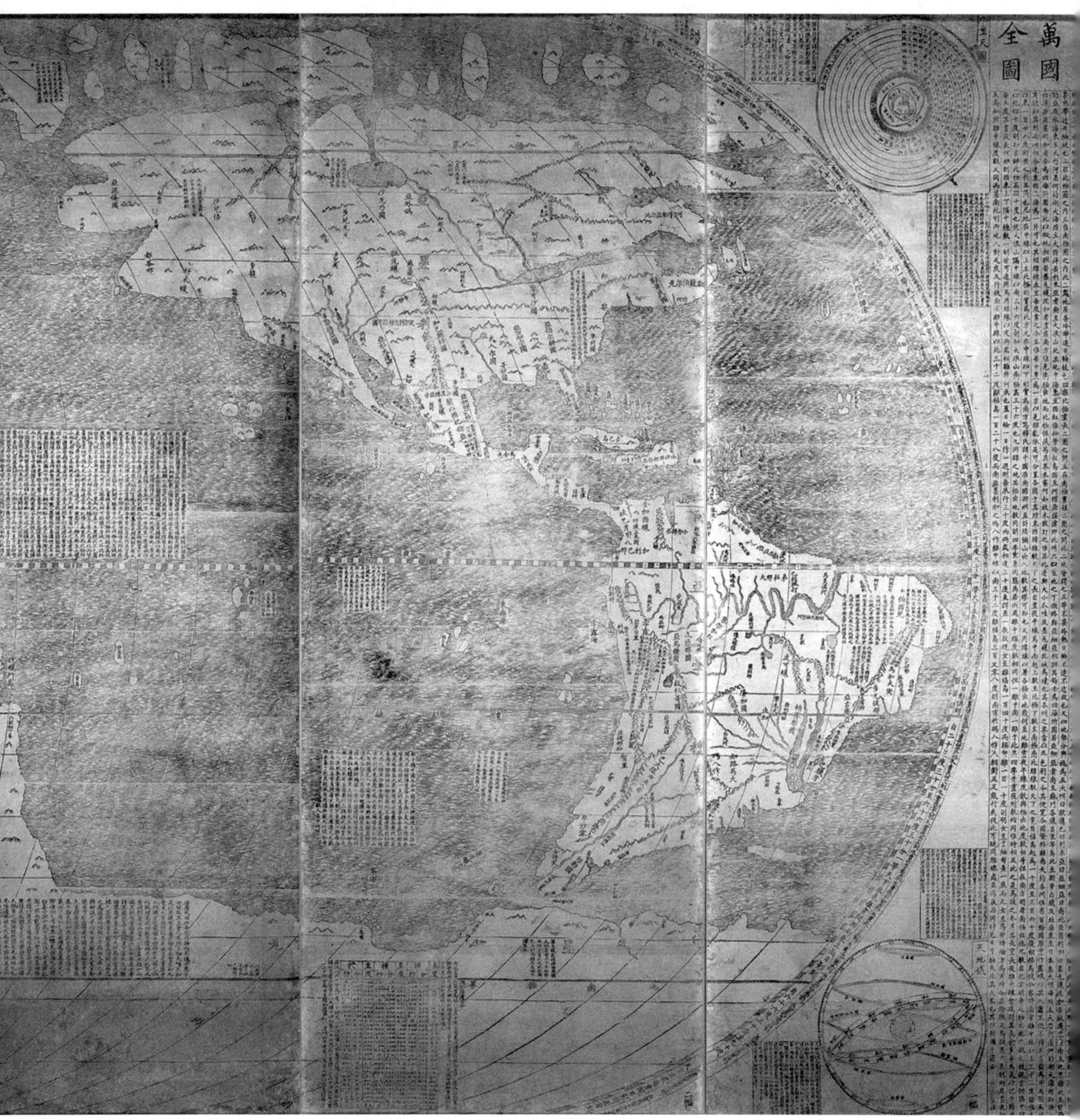

图 4-12　《坤舆万国全图》，明尼苏达大学图书馆藏

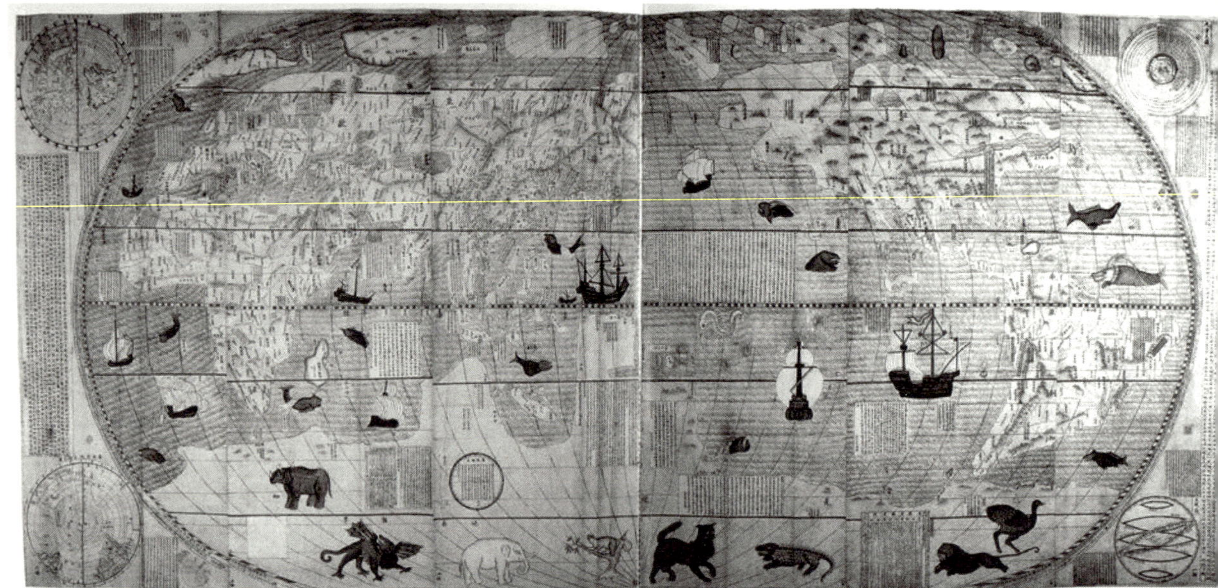

图 4–13 《坤舆万国全图》，南京博物院藏

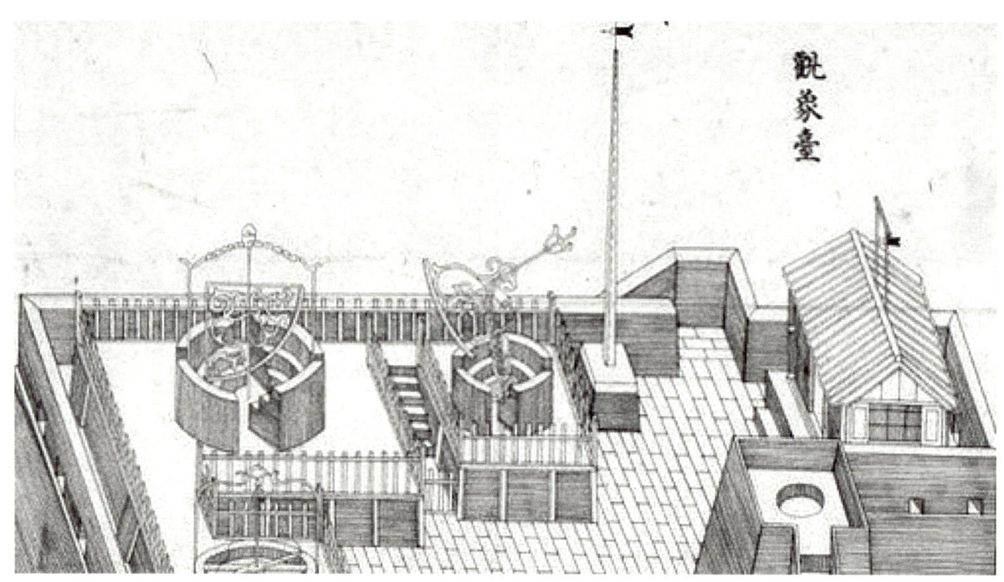

图 4–14 《新制灵台仪象志》之“观象台”，康熙十三年本

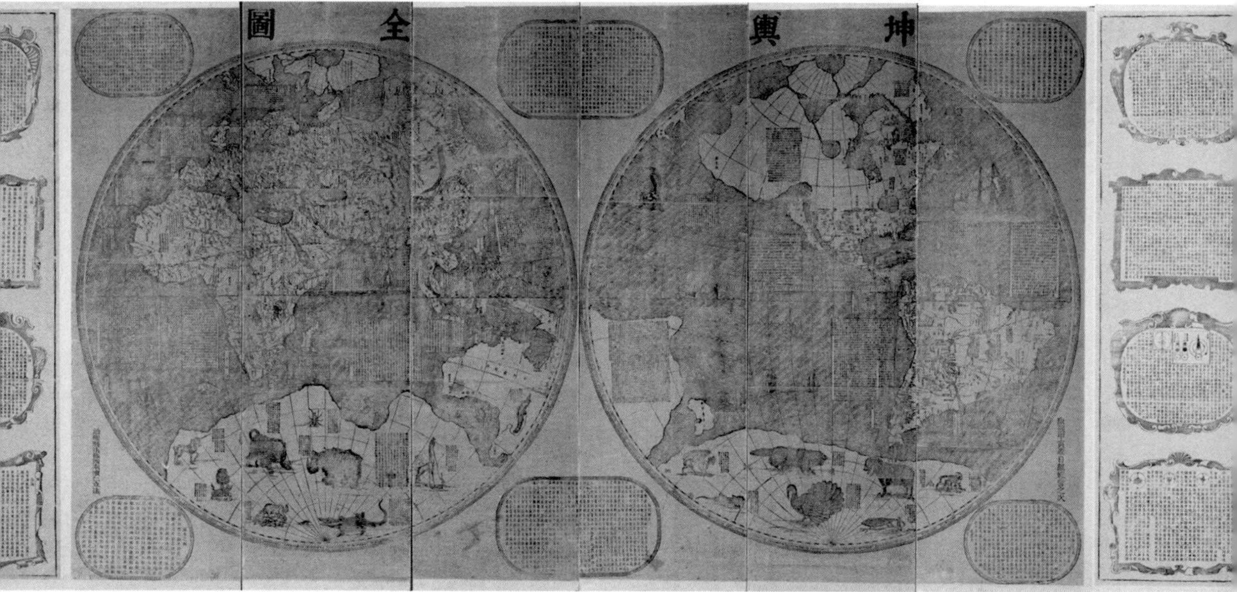

图 4–15　《坤舆全图》，纸本墨印，康熙甲寅年，台北“故宫博物院”藏

地图的成果，堪称中国古代世界地图之集大成者，[①]初刻于康熙甲寅年（公元 1674 年），为八幅挂屏式拼接。木版刊印，后有设色。球形图四周释文、图说，多为介绍地理知识与地形特点、珍稀土产，兼述海中奇兽、陆地飞禽等。地图南极洲处，绘刻独角兽、蜘蛛、长颈鹿、犀牛、狼、犬、蜥蜴、山羊等各国奇兽特产，图绘旁文字表述详细清晰。如图 4–15 所示。

《坤舆全图》刊印后，为配合解释图像，阐述自身学说，南怀仁将图中文字汇集并加以发明，集合为两卷本《坤舆图说》。如图 4–16 所示。该书收录于《四库全书》史部地理类，是清代收录的唯一西方人士著作。

所谓的堪舆图包括天文地理，属于我们上文分析的广义界画传统，在中国古代历史悠久，无论是皇舆图、天下图，还是地方图志与职贡图，均蕴含着浓郁的皇权与“夷夏”等观念。明清时期西方地舆图与天文图的传入，在维护传统堪舆图的皇权与“夷夏”观念的同时，当然还表现出更多异质的观念与些许的奇幻色彩，无疑

① 邹振环：《〈坤舆图说〉及其〈七奇图说〉与清人视野中的“天下七奇”》，中国社会科学院近代史研究所、比利时鲁汶大学南怀仁研究中心编：《基督宗教与近代中国》，北京：社会科学文献出版社，2011 年。

图 4-16 《坤舆图说》之《把勒亚鱼图》，康熙十三年刻本

是西学东渐的重要传播内容。堪舆图本质上是视觉的，将广大的天文与地理描绘到尺寸纸素之中，将其形象化与可视化。从明代《坤舆万国全图》到清初《坤舆全图》，均采用图绘与文说相结合的方法，甚至绘入表现西方之奇的各种"神兽"，这不仅迎合了传统语图互文的文本形式，还强调了图可看可读的特征。

除了天文地理图对明清时代宫廷的影响之外，西方绘画的影响无疑更为直观深入。西方绘画对明代宫廷的影响似乎并不十分突出。到了清代，马国贤、郎世宁、王致诚、艾启蒙等为宫廷带来写实画风，影响到西洋铜版画技巧在中国的使用。同时，在清代宫廷画院中，焦秉贞、冷枚、班达里沙、孙威凤、永泰、张为邦、丁观鹏等画家开始受到西洋绘画艺术的影响，其画法融合了中国传统绘画尤其是院体画的技巧，突出运用西画的透视法和明暗技法。[①] 康熙、雍正和乾隆三位清代皇帝十分赞

① [法] 伯德莱：《清宫洋画家》，耿昇译，济南：山东画报出版社，2002 年，第十四章。

赏西洋画风，除了命令传教士画家和本朝画家多次制印军功图、巡视图等大型铜版画之外，还令他们为自己和皇后画了不少“御容像”。[①] 更令人称奇的是，三人皆喜爱“易容图”和“行乐图”，尤其是雍正和乾隆命画家图绘众多自己各种化身的图像，有的甚至头戴假发，身着洋服，化身为“洋人贵族”。如图 4–17 所示。可见，西方图像文化既可以成为帝王宣扬文功武治与天下一统的工具，也可以成为他们猎奇的“玩物”。“西洋艺术与技巧在宫廷的流传，为在北京保留基督教的残余势力，缓解其在地方上遭受的镇压，起到了不可替代的作用，也使得清朝统治者对西学的兴趣呈现出一种从科技兴趣向逸乐性质的‘精致文化’蜕变的趋向。其结果是不仅助长了帝王和贵族阶层的奢靡与腐败，亦扭曲了最初中国士大夫热心西学改革弊政的初衷。”[②] 从这一角度分析，西方图像文化对于宫廷的影响是基于帝王而展开的，关注的是帝王观看的方式与反应，至于图像制作技巧则是第二位的问题了。

图 4–17　《雍正半身西服像》，郎世宁作，北京故宫博物院藏

① 曾佳：《中西合璧下的产物——清代帝王肖像画研究》，《荣宝斋》2012 年第 3 期。

② 杨念群：《反思西学东渐史的若干议题——从“单向文化传播论”到知识类型转变的现代性分析》，《华东师范大学学报（哲学社会科学版）》2019 年第 3 期。

二、西方制图与大众传播

明清时期，西方视觉文化传播是随着西方传教士执着的宗教信仰与传教活动而展开的。这一时期流传的西方视觉文化是个广义的范畴，大致包括西方各类图像制品、西方视觉文化知识、西方各种视觉器具与西方机械化图像制印技术等，其中西方宗教的图像制品带来视觉新视域，中国人对于西方视觉之奇的追求带动了各种视觉器具的引进，而西方机械化图像制印技术的传入，则促进了中国近代图像制印技术的转变与视觉文化大众传播的商业格局的形成。

1. 宗教图像的视觉新视域

西方传教士除了与宫廷关系紧密之外，[①] 历来与官员文人往来甚密，并在来华之初以上层士人为交往重点。在这一过程中，“画像虽为教会仪式之要具，而宣传之力尤宏，故明清之际来华教士携画颇多”[②]。明清时期官员文人不仅接触到西方图像制品，感触很深，而且有些人还热心学习与传播，在一定程度上改变了明末清初的图像制作与传播的格局。

1582 年，耶稣会传教士罗明坚前往广东肇庆传教时，携带了“一些笔致精细的彩绘圣像画”，这应该视为最早传入中国的西方绘画。从 1595 年起，耶稣会士利玛窦等人在广东韶州、江西的南昌、江南的南京等地传教，与当时的徐光启、顾起元等官宦名绅多有接触，传入带有铜版画插图的书籍与西洋绘画艺术品。顾起元在其著述的《客座赘语》中谈道：“所画天主，乃一小儿；一妇人抱之，曰天母。画以铜板为帧，而涂五采于上，其貌如生。身与臂手，俨然隐起上，脸之凹凸处正视与生人不殊。人问画何以致此？答曰‘中国画但画阳不画阴，故看之人面躯正平，无凹凸相。吾国画兼阴与阳写之，故面有高下，而手臂皆轮国耳。凡人之面正迎阳，则皆明而白；若侧立则向明一边者白，其不向明一边者眼耳鼻口凹处，皆有暗相。吾国之写像解此法用之，故能使画像与生人亡异也。’”[③] 根据徐光启的自述，他在 1595 年客居岭南时曾经瞻仰天主圣像，后来又看到了当时流传的利玛窦所绘舆

① 胡国祥：《近代传教士出版研究》，武汉：华中师范大学出版社，2013 年，第四章。

② 方豪：《中西交通史》，上海：上海人民出版社，2008 年，第 632 页。

③［明］顾起元：《客座赘语》，北京：中华书局，1987 年，第 194 页。

图的刻本。由此促使他接受西学和皈依基督教。[①]崇祯十五年（公元 1642 年）曾为南京工部郎的姜绍书《无声诗史》云："利玛窦，携来西域《天主像》，乃女人抱一婴儿，眉目衣纹，如明镜涵影，踽踽欲动，其端严娟秀，中国画家，无由措手。"[②]利玛窦还与著名制墨家程大约交往，并送与他四幅连同拉丁拼音注释的圣经西画。利玛窦认为，当图注与插图吻合之后，就会被程大约制成售价昂贵的水墨画，卖给有钱的文人、墨客，或被印在其他书籍中。从某种意义上说，这本书的使用价值远比圣经还大，在交谈中就让中国人直观地看到事物，远比单纯的语言有说服力。[③]在程大约于万历三十三年（公元 1605 年）出版的著名画谱《程氏墨苑》中，就收录了这四幅作品。如图 4–18 所示。序跋中可见当时诸多社会名流、各部官员、文人墨客和耶稣会士的品评。如吏部右侍郎兼东阁大学士申时行、累官至南京礼部尚

图 4–18　《信而步海，疑而即沉》，选自《程氏墨苑》，程氏滋兰堂彩印本

① 张中鹏、汤开建：《徐光启与利玛窦之交游及影响》，《华南师范大学学报》2011 年第 5 期。
② [明] 姜绍书：《无声诗史 韵石斋笔谈》，上海：华东师范大学出版社，2009 年，第二卷。
③ [美] 史景迁：《利玛窦的记忆之宫：当西方遇到东方》，陈恒、梅义征译，上海：上海远东出版社，2005 年，第 91—92 页。

书的画家董其昌、中书舍人潘纬、礼部左侍郎翁正春、礼部侍郎郭正域、书法家薛明益、大中丞涂宗睿、翰林院修撰兼学者和藏书家焦竑、书法家兼少詹事兼侍读学士黄辉、学者兼按察使曹学佺等等。[①]

16 世纪欧洲出版《圣经故事图像》和《福音史事图解》，《圣经故事图像》中有 20 余幅铜版画和木版画，《福音史事图解》则以铜版画的形式将圣经的内容连续描绘出来，插图多达 153 页。这两本书籍出版不久即通过传教士流传到中国，其插图开始影响其后的图像绘制与传播。如罗儒望 1619 年出版《诵念珠规程》，其中的 15 张图片来自《圣经故事图像》。仔细观察，会发现这些图片相对原来的图片有不少的改变。比如说，祥云、高几案子等都变成了中国的式样。[②]《圣经故事图像》中“IN DIE VISITATIONIS”一图，描绘的是圣母告知依撒伯尔受孕消息的场景。图像近景是圣母和依撒伯尔，中景还有两位人物，远景人物众多，关系复杂，同时描绘了建筑之中悬挂的两幅图画。《诵念珠规程》之中的该图则只选取四位人物，完全置换了原图中场景。如图 4–19 所示。

1637 年左右，传教士艾儒略（Juliano Aleni）在福建出版《天主降生出像经解》，这是第一部根据圣经四福音书撰写的中文耶稣传记，插图 56 张，图片选自《福音史事图解》。[③] 此图相比其他类似的图像更接近原本。1887 年，土山湾出版刘必振作画的木刻本《道原精萃·天主降生言行纪略》，插图 240 幅，其中包括来自艾儒略的《天主降生出像经解》中的图，只不过二者图像是左右相反的，如图 4–20 所示。此书其后又出现不少版本，一直延续到民国期间。在这一长达 300 多年的流传中，其人物形象、景物样式等方面发生了一些富有意味的改变，体现了当时西方宗教视觉文化在中国传播的状况。[④]

光绪十八年（公元 1892 年），土山湾印书馆出版《古史像解》启蒙读物，即《旧约全书》的图解。图像彩色石印，文字活字铅版。文字为通俗的问答体，希望“广布村塾，使童子观像聆解，寓目会心”，成为“言行之南针”。该书卷首的第

① 郭亮:《科学、舆图与文人印像——万历二十八年后的耶稣会士图像及其影响》,《美术学报》2013 年第 2 期。
② 钟鸣旦:《中欧“之间”和移位——欧洲和中国之间的图片传播》,《东方早报·上海书评》2010 年 7 月 4 日。
③ 伯希和：《利玛窦时代传入中国的欧洲绘画与版刻》，《中华读书报》2002 年 11 月 6 日。
④ 何俊、罗群：《〈出像经解〉与晚明天主教的传播特征》，《现代哲学》2008 年第 4 期。

图 4–19　《圣经故事图像》（左）、《诵念珠规程》（右）

图 4–20　《天主降生出像经解》（左）、《道原精萃・天主降生言行纪略》（右）

一幅图题为《训蒙图》，描绘出一幅“私塾”授课的情景，一位老先生端坐八仙桌案旁，摊着书卷，面前一位学童似乎在背书，其他五个儿童，或站或坐。在老先生身后的书架上方，摆挂着一个十字架，而在山水画屏的上方，耶稣驾祥云正俯身观看。由此改变了私塾图原有场景的古代意义。如图 4–21 所示。图像背面的《训蒙图赞》歌颂道：“作之师傅，功绩殊隆。耶稣默鉴，降福靡终。”由此，否定了现实生活，强调天主教功德的启蒙修炼，老先生实际上是信教“师傅”，私塾课书图转化为耶稣降福的“启蒙图”。“中国的教书先生、中国的儿童与耶稣出现在同一幅图画中，成为一个整体，这本身就说明天主教文化与中国文化的结合已成一件十分自然的事情。”[①] 此图不仅是天主教“启蒙”的图像表征，也成为近代图像现代性的一个复杂修辞。

图 4–21 《古史像解》之《训蒙图》，上海土山湾印书馆出版

至于西画对明清时期非宫廷画家和民间绘画的影响，学界已有充分的研究。[②] 以曾鲸为代表的波臣派借鉴西方人物画明暗画法，自明末以来在士大夫文人之中影响颇大。自 17 世纪中叶以来，江南尤其是南京地区的士大夫文人与传教士多有往来，由此影响到金陵画派的风格。而在明末士人尚奇的风尚中，高居翰认为其中的代表人物吴彬“是受西洋画风影响特深且早的画家之一”，其画作的奇观风格与西方传教士展示的图像文化有关：“在吴彬的绘画之中，以气势撼人的意象来营创出并不实际存在的世界，这种创作基调的灵感源泉，恐怕是得自他的视觉经验所接触到欧

① 吴洪亮：《从〈道原精萃〉到〈古史像解〉》，《文艺研究》1997 年第 2 期。
② 莫小也：《十七—十八世纪传教士与西画东渐》，杭州：中国美术学院出版社，2001 年，第九章。

洲宗教绘画的启发，在这些西洋作品中，艺术家为虚幻的事物赋予了实在的形体。”[①] 另一方面，西方图像制品如壁画、油画等通过教堂等场所向大众展示，其影响蔓延到一般民众。

出于商业因素，西方绘画技巧对民间图像制作的影响似乎更为明显。如自17世纪开始，广东地区的画工就模仿西画创作“外销画”，以供出口，同时制作了大量西方油画与西画风格的陶瓷画；康熙末年以降，年画中心的苏州桃花坞流行“仿泰西画法”的“姑苏版”木版年画，呈现出鲜明独特的风格。[②] 乾隆时，一度盛行“西洋画”，年画因受其影响，在描绘一些城市和市俗生活的新样中，吸取了西方铜版画的透视、明暗画法与交叉排线等技法，形式上起了新变化。既有《姑苏万年桥图》（如图4–22所示）、《金陵胜景图》《雷峰夕照图》《西湖十景》《莲池亭游乐图》《三百六十行》《姑苏阊门外》《泰西五马图》等创新题材，也有《瑶池献寿图》《童子游戏》《全本西厢记》《雷神洞》《琵琶记》等传统画题，大都参用西方明暗透视画法。有的作品画面还刻印“仿泰西笔意”“法泰西画意”“仿大西洋笔法”字样。[③]

由此看来，明代吴彬也许是一位受到西画（技法）特殊影响的个案，更多的画家开始接受与学习西画的风格与技巧。西画（技法）虽然不入画品，但是至清代，从宫廷画至文人画坛，西画（技法）逐渐加大对清代图像制作技巧与绘画内容的影响，一些传统画家开始或多或少地接受西画技法，一些年轻人通过特殊的方式接受西画或制像技巧（技术）的教育，一些传统画家则在上海、北京、天津、广州等都市进行画报、广告画等新型图像的绘制，“写实样式随着视觉传媒的扩大，进一步进入到社会阶层的方方面面”[④]。总的分析，以西方宗教图像为先导的西方图像制品带来了视觉启蒙，其中既包括新内容与新题材的引入以及对于图像功能的重新认

①［美］高居翰：《气势撼人：十七世纪中国绘画中的自然与风格》，李佩桦译，上海：上海书画出版社，2003年，第212页。

② 莫小也：《乾隆年间姑苏版所见西画之影响》，黄时鉴主编：《东西交流论谭》第一集，上海：上海文艺出版社，1998年。

③ 王树村主编：《中国美术全集·绘画编21·民间年画》，北京：人民美术出版社，2006年；安滨：《晚明清初西方铜版画的引入及其对中国木版画的影响》，安滨主编：《观宏探微：中国美术学院继续教育学院教师论文集》，杭州：中国美术学院出版社，2016年。

④ 李超：《论中国近代新兴视觉样式的兴起》，《中国美术馆》2011年第2期。

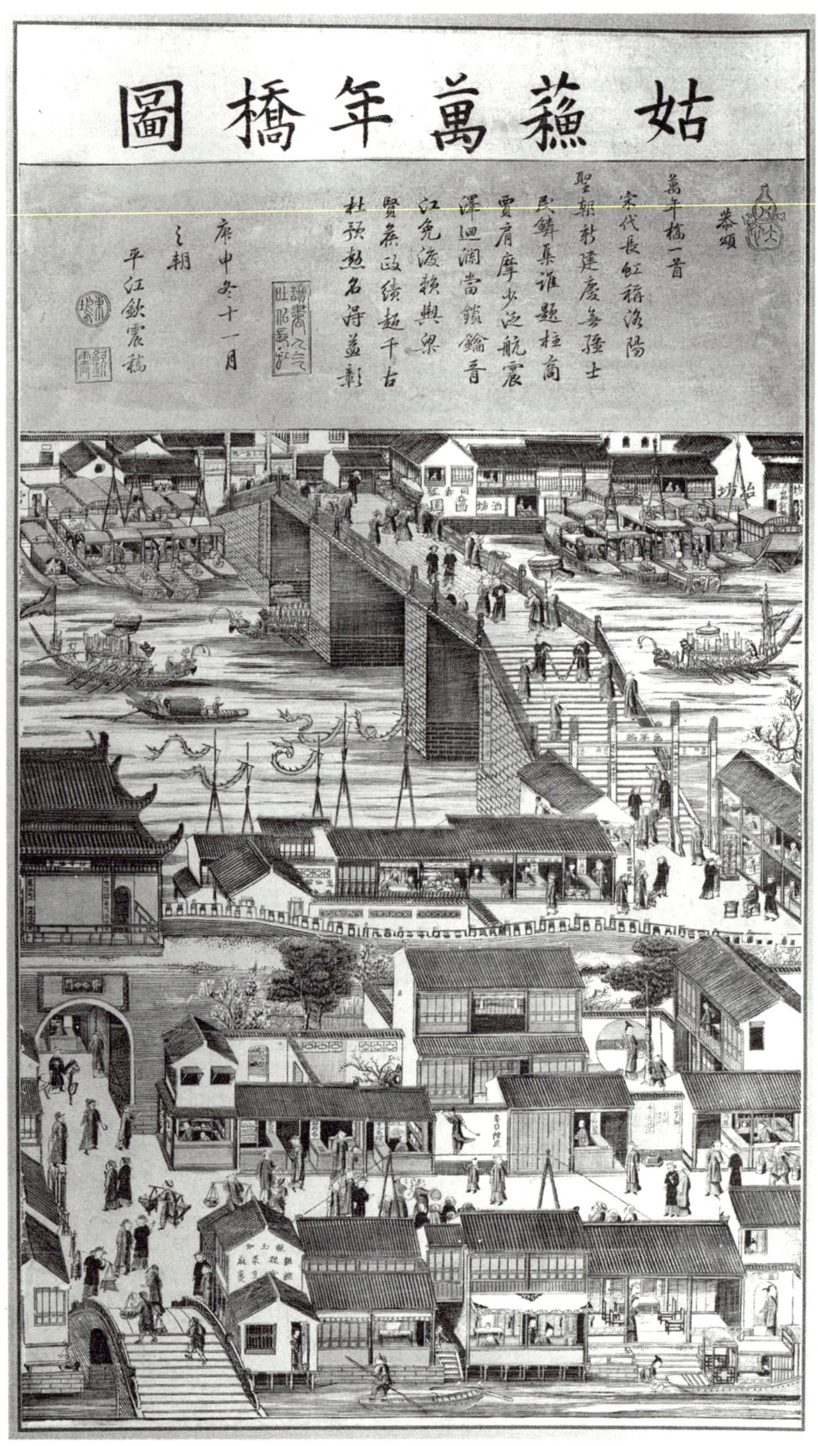

图 4–22 《姑苏万年桥图》，乾隆五年，神户市立博物馆藏

识，也包括对西方绘图知识、图像样式与绘画技巧的借鉴与融合，其影响虽然是渐进的，但是其打开的视觉新视域无疑是巨大的。[①]

2. 视觉之奇的追求

中国的舆图绘制历史悠久，具有自己特征。[②]16 世纪中期以来，西方传教士虽然在绘制舆图时有所改变，[③] 但是在受宗教图像影响同时，明末清初西方传教士绘制的各种地图激起士大夫更大的兴趣。像利玛窦所绘世界地图自 1584 年至 1600 年约有四种版本，都是官员的刻印本，这些刻印本在达官贵人、文人士子的私相授受中流转，甚至有更为广泛的传播。[④] 即使是利玛窦为宫廷而做的《坤舆万国全图》，其中众多士大夫的序跋，也可以大致表明当时士人对此的热情。明万历三十七年（公元 1609 年）出版的大型类书《三才图会》中，录有《山海舆地全图》，可能就是受到西方舆图的影响。

天启三年（公元 1623 年），艾儒略根据庞迪我和熊三拔所著的底本编译而成《职方外纪》。“艾儒略在编纂《职方外纪》的过程中，精心编织了绘制世界图像和展示海外奇观两条线索，借助了晚明尚奇的习俗，以‘奇人’、‘奇地’、‘奇事’的雅俗共赏的描述，给明清中国人介绍了大量闻所未闻的海外奇事奇人。这些图像在东西文化初次接触的过程中开阔了中国人的视野，形象化地为国人展示了世界的自然图景和海外的人文奇观，帮助国人在猎奇意识的支援下能够初步认识和理解一种异域的文化，一定程度上打破了天朝中心主义的陈旧观念，建立起最初的世界意识。”[⑤]1627 年，王徵偶读艾儒略《职方外纪》一书所载的“奇人奇事奇器”，“种种妙用，令人心花开爽”，在向龙华民、邓玉函、汤若望等传教士面询请教后，由德国传教士邓玉函（Johann Terrenz）口译，自己笔述绘图，编译成《远西奇器图说录最》。如图 4-23 所示。其中介绍的西方机械虽然没有涉及印刷器具，但是已论及“视觉”“坤舆图说”和“望远镜说”，卷三收录的 54 幅机械图也展示了西方

①［英］迈克尔·苏立文：《东西方美术的交流》，陈瑞林译，南京：江苏美术出版社，1998 年，第 2 章。
②［美］余定国：《中国地图学史》，北京：北京大学出版社，2006 年，第 30 页。
③［美］洪业：《洪业论学集》，北京：中华书局，1981 年，第 168 页。
④ 张中鹏、汤开建：《徐光启与利玛窦之交游及影响》，《华南师范大学学报（社会科学版）》2011 年第 5 期。
⑤ 邹振环：《〈职方外纪〉：世界图像与海外猎奇》，《复旦学报（社会科学版）》2009 年第 4 期。

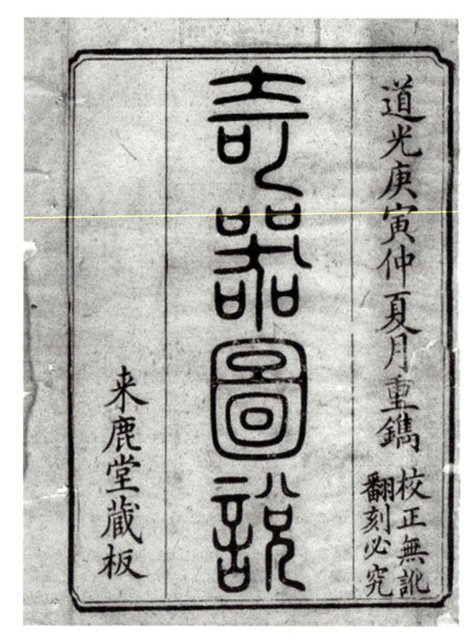

图 4–23 《远西奇器图说录最》，来鹿堂刻本

视觉化的奇器。[①]1629 年，耶稣会传教士毕方济刊印《画答》《睡画二答》，介绍了西方的透视理论。[②]尚奇是晚明士大夫社会的流行风尚，[③]西方“奇人奇事奇器”与视觉制品大抵都可以在这一背景下理解。当然，士大夫善于将西方之奇整合进“有济于世”的传统伦理之中，由此促使此书在明末清初朝野的流行。[④]

也许正是受到西方之奇的影响，清初黄履庄发明了不少自动机械的“奇器”，他著述的《奇器图略》虽已散失，但是在张潮编录的《虞初新志·黄履庄小传》所附录的《奇器目略》中，我们大致可以看出黄履庄的发明中有“真画”“自动戏”“诸镜”“诸画（画法）”“灯衢”等物，涉及视觉制作、展示与欣赏。像“诸画画以饰观，或平面而见为深远，或一面而见为多面，皆画之变也”。其中的“管窥镜画：全不似画，以管窥之，则生动如真。上下画：一画上下观之，则成二画。三面画：一画三面观之，则成三画”，无疑运用了新的画法；而“灯衢：作小屋一间，内悬灯数盏。人入其中，如至通衢大市，人烟稠杂，灯火连绵，一望数里”则是利用人的视错觉的展景设置。张潮认为，当时擅长“奇器”的除了黄履庄，还有梅定九、吴师邵等人，“可见华人之巧，未尝或让于彼；只因不欲以技艺成名，且复竭其心思于富贵利达，不能旁及诸技，是以巧思逊泰西一筹耳”[⑤]。

① 邓玉函口授，王徵译绘：《远西奇器图说录最》，来鹿堂道光十年重刊本，第 2—9 页。
② 伯希和：《利玛窦时代传入中国的欧洲绘画与版刻》，《中华读书报》2002 年 11 月 6 日。
③ [美]白谦慎：《傅山的世界：十七世纪中国书法的嬗变》，北京：生活·读书·新知三联书店，2006 年，第 14—25 页。
④ 邹振环：《晚明尚“奇”求“俗”文化中的〈远西奇器图说录最〉》，《传统中国研究集刊（第六辑）》，上海：上海人民出版社，2009 年。
⑤ 张潮：《虞初新志·黄履庄小传》，上海：上海古籍出版社，2012 年。

1729 年，官员年希尧在郎世宁的帮助下完成《视学》一书，图释西洋透视法绘图的基本原理，此书 1735 年再版。《视学》图文结合，是国人第一次对西方几何画法的全面总结之作。如图 4–24 所示。

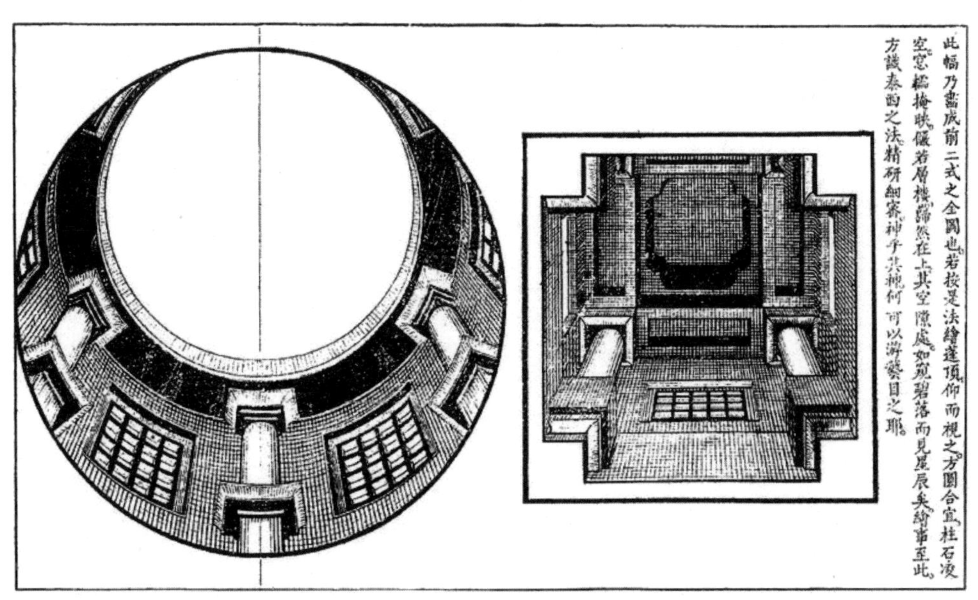

图 4–24　年希尧《视学》插图，雍正刻本

1850 年，在同文馆和京师大学堂任教的丁韪良主持编译《格物入门》，作为同文馆和京师大学堂的教材，这是中国最早介绍数理化学科的大学教科书。此书也是图文并茂，在“火学”部分，图文介绍了各种视像成影的原理、各种视镜和照相之法。如图 4–25 所示。

如果说“晚明知识精英阶层对西方地学的了解、掌握与耶稣会士们的知识储备相比很不对等，学者相互间的理解程度差异也较大”的话，[①] 那么到了晚清时期这些差异在迅速地消减。《格物入门》出版于鸦片战争之后的洋务运动时期，这一时期，晚清宫廷和当时的士大夫文人对传教士、洋人和西学的态度已经发生了根本的转变。魏源在 1842 年写成的《海国图志》中指出：“有用之物，即奇技而非淫巧。”

① 郭亮：《科学、舆图与文人印像——万历二十八年后的耶稣会士图像及其影响》，《美术学报》2013 年第 2 期。

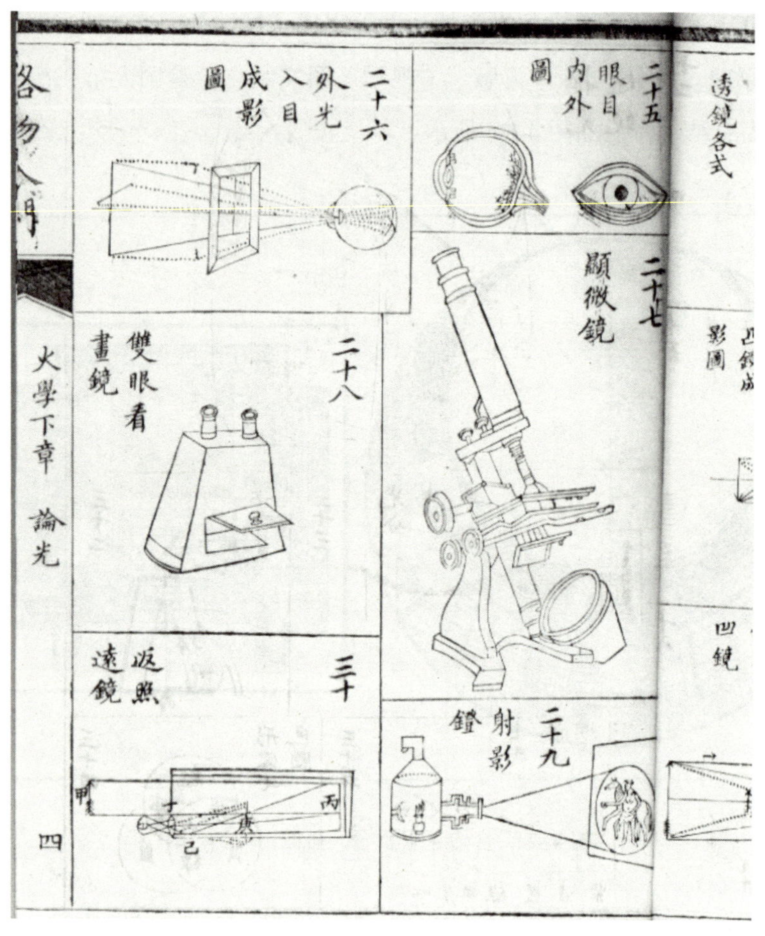

图 4–25 《格物入门》的“火学”，光绪石印本

就颇能够代表当时士人的西学观念。而为《格物入门》书写序跋的有大学士和钦差大臣李鸿章、户部右侍郎和同文馆管理事务大臣徐用仪、总理衙门大臣和同文馆管理事务大臣董恂、徐继畬等名宦重臣。李鸿章在序言中说道：“西人毕生致力于象纬器数之微，志无旁骛。其论形上之理虽与汉宋诸儒不同，若谓其于形下之学，一无当于圣人格物之旨，固不可也。”因此对这本教材也充满了信心。董恂对丁韪良的学识这样评价道：“冠西博闻强记，来中国久，能华言乃者，综所学西学之水学、气学、火学、电学、力学、化学、算学，历著之华文，里质其词构为问答说所未喻。豁之图承，口讲手画，洵明白而易晓学者。余此玩索，而有得焉。亡论示汉宋学何等，其要则内而析理，外而利用，非空言也，乡也。观于洴澼统之事，盖其浅焉者已。”

在这里，晚清的名宦重臣不仅批驳认为西学为“形下之学”的谬误，而且连传统的“洴澼绕”工艺在他们的眼中也浅陋起来。

19 世纪中期，西方摄影术开始传入中国，国人对于这一视觉技术的认识与实践颇为复杂，[①]但是总体将其置于“视觉之奇”的视域之中。1873 年，英国德贞医士编译的《脱影奇观》在国内刊印，这是我国译述出版的第一部有关摄影技术的书籍。图文对照地介绍了各种照相器材与“镜影灯说”（即幻灯机）。刑部尚书完颜崇实阅读后曾经赋成二绝题跋：“光学须从化学详，西人格物有奇方，但持一柄通明镜，大地山河无遁藏。常住光中宝镜台，幻成真境早安排，何生何灭凭君看，都自圆明觉海来。”[②]从对通明镜的赞叹到对佛家幻境的领悟，渗透着士人独特的视觉文化思想。1879 年，徐寿与傅兰雅共同编译的《色相留真》在《格致汇编》中连载。比较而言，各种光学视镜直接作用于人眼，更容易使人产生眼见为实的赞叹。实际上，早在明末时期，望远镜等光学视镜就被当时的传教士带入，开始影响宫廷与官宦阶层。清中期以后，望远镜作为普及性最高的西洋仪器，已经成为进口货物的大宗，得到很多文人官员的青睐与赋诗赞颂，其影响开始波及民间的日常生活。[③]1846 年，进士及第的湖南周寿昌记录下他在广州的见闻：“道光丙午，薄游粤东，淹留三月，耳目所及，间有撰述。日记中存数条，录之：……奇器多，而最奇者有二：一为画小照法。坐人平台上，面东置一镜，术人从日光中取影，和药少许涂四围，用镜嵌之，不令泄气，有顷，须眉、衣服毕见，善画者不如。镜不破，影可长留也。取影必辰巳时，必天晴有日。”[④]1884 年，康有为曾买到一只 300 倍的显微镜，用它来看菊花瓣和蚂蚁，“适适然惊”，写下《显微》杂文抒发感叹。[⑤]比较而言，各种光学视镜直接作用于人眼，更容易使人产生眼见为实的赞叹。康有为对于西方科学的看法虽然不完整准确，但是无疑在当时颇具代表性。康有为的这一观念不仅滋生他“将科学视为宗教偶像的唯科学主义思想”，[⑥]而且还影响至中国近代的图

① 夏羿：《清末民初国人对摄影媒介的认知》，《江苏社会科学》2017 年第 1 期。
② [英] 德贞：《脱影奇观》，清同治癸酉刊本。
③ 余三乐：《望远镜与西风东渐》，北京：社会科学文献出版，2013 年，第 99 页、第 186 页。
④ 王建、田吉校点：《周寿昌集》，长沙：岳麓书社，2011 年，第 374 页。
⑤ [清] 康有为：《康有为全集》，上海：上海古籍出版社，1987 年，第 275 页。
⑥ 段治文：《中国现代科学文化的兴起（1919—1936）》，上海：上海人民出版社，2001 年，第 67—70 页。

像艺术观念。[①] 孙宝瑄在光绪二十三年五月初五（公元 1897 年 6 月 4 日）记载道："五月初五日。晴。夜诣味莼园。览电光影戏，观者蚁集。俄，群灯熄，白布间映车马人物，变动如生，极奇。能作水腾烟起，使人忘其为幻影。"[②] 强调的还是"极奇"的视觉感受。到了 1910 年出版的《图画日报》，"做影戏""卖西洋镜""拍小照"等已经与众多的传统行业一起，成为当时上海常见的营生，其中《图画日报·营业写真·做影戏》配以竹枝词一首：

借间房子做影戏，戏价便宜真无比。
二十文钱便得看，越看越是称奇异。
人物山川景致新，田庐城郭似身亲。
一般更足夸奇妙，水火无情亦像真。

这不仅说明了"影戏"的"奇异"与"奇妙"，而且说明"做影戏"的便利与戏价便宜，表明其流行状况。比较而言，西方宗教视觉文化的传播带来的是中国人对于西方图像内容与形式技巧的惊叹，当时的宫廷与士人虽然对西方绘画技巧有所非议，但是从宫廷、士人到民间场域，西方绘画技巧的影响已经产生；而西方视觉之奇所激发的则是中国人对西方视觉科学（观念）、视觉器具与视觉奇观的兴趣与探讨。

具体到新型图像制印技术而言，19 世纪以降，西方的各种印刷新技术、新设备逐渐传入我国，并随着晚清以来近代化的交通、邮政与报刊体制的发展，促进了传统书业向近代出版业转变。[③] 在这一转变中，报刊与机械印制的出版物作为近代以来知识传播的新型大众传播形式，成为近代出版业转变的典型，并形成"印刷现代性"，促进了当时思想文化的革新。[④] 晚清"书"与"刊"的出现和逐渐流行，"一种新的媒介制度化过程并最终形成'制度性媒介'的新格局，乃是思想知识和社会

① 顾平：《20 世纪中国文化特征与中国画观念的不同选择》，《艺术探索》2005 年第 3 期。
② 孙宝瑄：《忘山庐日记》，上海：上海古籍出版社，1983 年，第 102 页。
③ 邹振环：《戢元丞及其创办的作新社与〈大陆报〉》，《安徽大学学报（哲学社会科学版）》2012 年第 6 期。
④ 雷启立：《晚清民初的印刷技术与文化生产》，《华东师范大学学报（哲学社会科学版）》2008 年第 5 期。

变迁的重要动力”①。可以看出，“印刷现代性”与“制度性媒介”在内容和形式上具有中西杂糅的复杂特征，其崛起有政治权力、社会变迁与印刷技术的影响因素，有文化影响因素，②也有近代崛起的都市商业的强力影响，其中现代西方印刷技术无疑是最为关键的影响因素之一。在西方现代印刷技术尤其是石印技术、珂罗版技术和凹版技术的支撑下，西方制像技术与印刷技术被压抑的活力完全释放出来，图像制印技术逐渐取代我国传统的图像雕版制印技术，促进了我国近代图像新闻传播技术的不断成熟。晚清时期的各类图像制品与画报等新型媒体风行，可谓中国近代新闻出版业发展的一个重要方面。在《图画日报·营业写真》之中描绘了“刻字匠”“排字”“印书”等与印刷有关的营生，其中“印书”描绘了电动石印的场景，其竹枝词更是通俗地赞扬了石印书籍的优点（如图 4-26 所示）：

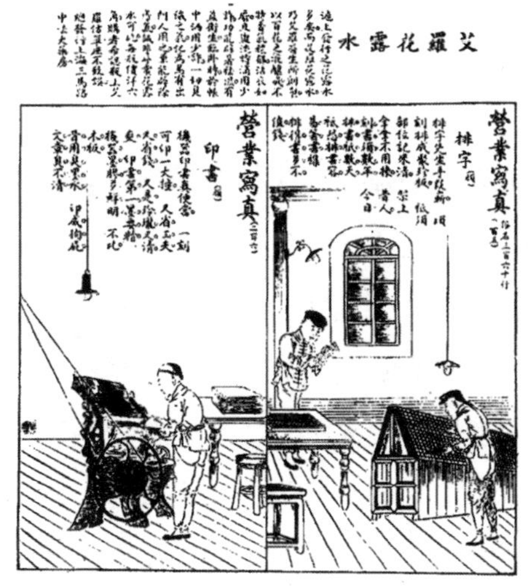

图 4-26　《图画日报·营业写真》之“排字”“印书”，《图画日报》1910 年第 103 号第 8 页

机器印书真便当，一刻可印一大撞。
又省工夫又省钱，又是玲珑又清爽。
印书第一墨要精，机器墨胶多鲜明，
不比木板昔用臭墨水，印成狗屁臭不清。

① 黄旦：《媒介变革视野中的近代中国知识转型》，《中国社会科学》2019 年第 1 期。
② 徐沛：《近代画报研究的文化转向及其价值》，《国际新闻界》2013 年第 3 期。

以《点石斋画报》为代表的早期画报具有鲜明的新旧中西杂糅的特色，“《点石斋画报》开辟了一条观察当下世界及其居民的途径，即在‘奇’的普遍原则下感知事物。这种感知既是全国性的——因为报上的新闻来自中国各地，又是国际性的——因为它广泛报导了西方、日本以及中国境内中国人和西方人的交往。这份画报建构了社会类型以及社会交流与冲突的模式，这些都会进入子孙后代的社会感知和角色认同中。通过对自身以及对吴友如画作的频繁重印，《点石斋画报》还维系住了它在市场和读者心目中的‘在场’状态”。[①] 其作为新型视觉媒介的文化表述记录了一个时代，无疑成为早期中国不断深入的视觉现代性与西学东渐的一个重要表征，带动形成了近代中国视觉文化大众传播的第一个高潮，也预示了近代视觉文化大众传播乃至大众图像政治的繁兴。[②]

小　结

从晚明至清初，其间虽然有基于反思晚明尚奇、奢侈的批判观念，但是士人对西方之奇的认识已经趋于客观心态。乾隆三十八年（公元 1773 年）开始编修的《四库全书总目》在评论《远西奇器图说录最》的“表性言”和“表德言”二篇时认为：“俱极夸其法之神妙，大都荒诞恣肆，不足究诘。然其制器之巧，实为甲于古今。寸有所长，自宜节取。且书中所载皆裨益民生之具，其法至便，而其用至溥。录而存之，故未尝不可备一家之学也。”[③] 似乎最能够说明当时士大夫的态度。再结合晚明以来各种视镜与西画方法的流行——尤其是曾鲸画派中西融合的人物画在士大夫阶层的风行状况，这一状况与宫廷里流行的中西交融的画风相呼应，正体现出二百余年来士大夫对西方视觉制品、视觉观念的不断接受，改变着士大夫阶层看的方式。与此同时，传教士相继建立的教堂无疑是西方图像更为大众化传播的集中场所，各种教会印刷图像（书籍插图）则是更为便捷的传播之途。19 世纪下半叶，摄影术幻灯（影

① 鲁道夫·瓦格纳：《进入全球想象图景：上海的〈点石斋画报〉》，《中国学术》2001 年第 8 辑。

② 许徐：《从“山海经”到“幻灯片”：鲁迅图像观的发生学考察——兼及“左翼图像学”的创构》，《文艺理论研究》2016 年第 2 期。

③ 四库全书研究所整理：《钦定四库全书总目上》，北京：中华书局，1997 年，第 1529 页。

戏）、电影（电光影戏）、西洋镜、哈哈镜、西洋魔术等新的视觉形式传入中国，这种特殊的技术视觉产品“产生了文化与游戏相混杂的理性娱乐空间”，[①]彰显了一种复杂的现代性，[②]同时，“轮船、马车、火车等新的交通工具改变了人们看的惯例，速度更新了人的视觉感受”，形成了现代视觉经验。[③]以上海为代表的城市煤气灯、电气灯等“文明物件”也建构了一个新的都市景观，其“视觉革新”引得当时读书人吟诵与描绘。对西方视觉之奇的追求进一步延伸，从对图像等视觉文化制品的关注延伸到视觉器具与广义的视觉行为本身，延伸到视觉观赏、城市隐喻乃至情欲想象之中。[④]由此，在近代以来不断强化的文化商业化与世俗化发展中，这一方面的西方视觉文化逐渐成为近代都市休闲文化一个时髦新奇的典型，进一步渗透成为日常生活的组成部分，深化了中国人对西方视觉文化的技术、知识与器具因素的认识，为晚清视觉现代性的启蒙打下了坚实的观念与物质基础，[⑤]由此，为晚清图像新闻的出版与传播奠定了坚实的基础。

1902年，作新社创办的刊物《大陆报》有一篇文章谈道：“自欧洲印刷机器之学兴，世界文明生一大变革。由是观之，机器印刷之关系其重大可知矣。中国近时渐有机器印刷者，然简陋者多，精美者少。夫印刷之巧拙，即代表其国文明程度。泰西诸国注意于印刷之改良，倍加着重，故所成之图画书籍精工无匹，而出版愈多，文明之程度愈增，国势亦因之以强。征诸日本，可为殷鉴，以较我国千百年来绝不以此经意者，其优劣悬殊，殆不可道里计矣。”[⑥]比较而言，印刷术虽然不是所谓西学之“显学”，但是作为西学等知识传播的媒介技术基础，反而能够突破科学与人文

① ［日］菅原庆乃著、郑炀译：《“理解”的娱乐——电影说明完成史考》，《当代电影》2018年第1期。

② 彭丽君：《哈哈镜：中国视觉现代性》，张春田、黄芷敏译，上海：上海书店出版社，2013年，第249—258页；邱仲麟：《晚明以来的西洋镜与视觉感官的开发》，邱仲麟主编：《中国史新论·生活与文化分册》，台北：联经出版社，2013年；周蕾：《视觉性，现代性与原始的激情》，罗岗、顾铮主编：《视觉文化读本》，桂林：广西师范大学出版社，2003年。

③ 唐宏峰：《从视觉思考中国：视觉文化与中国电影研究》，北京：中国电影出版社，2016年，第183页。

④ 吕文翠：《“观”“看”新视界：视觉现代性与晚清上海城市叙事》，《“中央大学”人文学报》2008年第36期。

⑤ 周蕾：《视觉性、现代性与原始的激情》，罗岗、顾铮主编：《视觉文化读本》，桂林：广西师范大学出版社，2003年，第258—278页。

⑥ 宋原放、李白坚：《中国出版史》，北京：中国书籍出版社，1991年，第184页。

传统的冲突，[①]“20世纪上海出版业的根本性进步，是将西方印刷技术、中国印刷文化与商业相结合的结果”，[②]由此，印刷术就会得到更为充分的多种因素的支持，不仅成为促进晚清思想文化与知识话语转型的重要因素，[③]也成为现代机械制造与都市商业文化的一个重要组成部分。白吉尔在分析近代中国资本主义的发展时，强调了机械化的重要作用。[④]芮哲非则认为近代以来，中国以上海为代表的大城市发展出了印刷资本主义："印刷资本主义是印刷业与出版业机械化过程中的一种衍生物。印刷业完成商业化、世俗化、民间化并转型为一种非人工的、'由机器带来的产业'之后，印刷资本主义才真正到来。"[⑤]自此，机器印刷关系着国家的文明程度，而中国"千百年来绝不以此经意"正说明了其文明的优劣，这也许是技术至上论吧。[⑥]然而，从这一特殊的角度，我们可以看出当时"知识"与文化传播技术的转型。[⑦]从大约明代中晚期开始，西方视觉文化进行了两百余年的传播，其间欧洲大陆兴起文艺复兴并且不断迸发知识活力，西方国家不断崛起与兴盛；明帝国由盛而亡，清帝国由盛而衰。西方视觉文化作为历史镜像，提供了一个特殊的视觉隐喻。近代以来的"现代性的效应及意义，必得见诸19世纪西方扩张主义后所形成的知识、技术及权力交流的网络中"。[⑧]在这一宏观背景中，作为视觉知识、新的视域与视觉器具、视觉技术的西方视觉文化逐渐嵌入与渗透到中国社会文化之中，最具现代性的杂糅、矛盾与启示特征。在这一过程中，西方视觉文化的传播起起伏伏，除了视

①［美］郭颖颐：《中国现代思想中的唯科学主义（1900—1950）》，雷颐译，南京：江苏人民出版社，1995年，第1页。

②［美］芮哲非：《谷腾堡在上海：中国印刷资本业的发展（1876—1937）》，张志强等译，北京：商务印书馆，2014年，第14页。

③［美］本杰明·艾尔曼：《从理学到朴学——中华帝国晚期思想与社会变化面面观》，赵刚译，南京：江苏人民出版社，1997年，第27页。

④［美］白吉尔：《中国资产阶级的黄金时代（1911—1937）》，张富强、许世芬译，上海：上海人民出版社，1994年。

⑤［美］芮哲非：《谷腾堡在上海：中国印刷资本业的发展（1876—1937）》，张志强等译，北京：商务印书馆，2014年，第14—15页。

⑥张仲民：《种瓜得豆：清末民初的阅读文化与接受政治》，北京：社会科学文献出版社，2016年，第四章。

⑦董丽敏、周敏：《危机语境中的知识、媒介与文化转型——对晚清中国知识生产的一种考察》，《上海大学学报（社会科学版）》2013年第4期。

⑧［美］王德威：《想象中国的方法：历史·小说·叙事》，北京：生活·读书·新知三联书店，1998年，第7页。

觉内容与视觉制品的制作技巧易于引发社会赞叹或者恐慌等情感之外，视觉技术与视觉器具等方面往往被当作工具，在条件成熟时更容易被引入新的社会之中，发挥其组织化与城市化、商业化的威力。美国学者列文森认为：“只要一个社会在根本上没有被另一个社会所改变，那么，外国思想就会作为附加的词汇，在国内思想的背景下被利用。但是，当由外国势力的侵入而引起的社会瓦解开始后（这种情况在中国，而不是在西方发生过，而且在中国也只发生在十九世纪和十九世纪之后），外国思想便开始取代本国思想。一个社会的语言变化，从客观方面看，它是在外国全面入侵，而不仅仅是纯粹的思想渗透的背景下作出的新的选择。”[①] 的确，在晚清之前，宫廷乃至士人们都可以“游刃有余”地应对西方视觉文化，而在 19 世纪中期之后，西方视觉文化在社会层面产生越来越大的影响，尤其当其成为商业化的大众文化时，这种自下而上的影响已经超出了宫廷乃至士人的控制范围。列文森的“词汇”与“语言”主要还是比喻的用法，然而我们重点分析的视觉文化却是一种实实在在的符号。作为符号表达的一种直观形式，视觉文化更为直接地改变了近代以来中国的视觉知识、视觉观念、看的方式、视觉文化制品的制作方式与视觉传播的效果。从图像制品、视觉文化知识与视觉器具、视觉制品的制印新型技术等“西学东渐”的几个方面，展现出中华帝国晚期视觉现代性几个主要的复杂相面，尚需展开现代性本身蕴含的反思精神。[②] 从晚明到民国，这一话语与文明的转型已经水到渠成。[③]

①[美]列文森:《儒教中国及其现代命运》，郑大华、任菁译，北京：中国社会科学出版社，2000 年，第 141 页。
② 周宪：《审美现代性批判》，北京：商务印书馆，2005 年，第 3 页。
③ 叶晓青：《近代西方科技的引进及其影响》，《历史研究》1982 年第 1 期。

第五章 金属凹版图像制印技术的引用

Chapter 5 Adoption of Metal Gravure Image Printing Techniques

西方图像的金属版（铜版、钢版、锌版等）制印技术随着西方版画技术而发展，自 16 世纪开始，融合文艺复兴的几何学、光学、化学等技术而发展迅速，不仅逐渐取代图像木版制印技术，而且自工业革命以来，开始与大机械系统和电力系统结合在一起，成为西方图像制印技术的典型。

第一节 西方金属凹版图像技术的传入与使用

我们知道，西方现代媒介技术随着传教士渐递传入中国，[①] 其中西方传教士使用的铜版画（钢版画）是最能够代表西方近代图像制印技术的图像制品，属于凹版印刷的范畴，因其体现了西方科技精细逼真的实用特征，这一制图技术最早被引入中国并产生影响。

一、雕刻铜凹版技术的使用

明清时期两朝宫廷所制作的铜版画大部分是在欧洲制版印刷的。康熙四十七年

① Xiantao Zhang. *The Origins of the Modern Chinese Press: the Influence of the Protestant Missionary Press in late Qing China*, London: Routledge, 2007, chapter 6.

（公元 1708 年），康熙帝传旨传教士用西学量法，分赴各省绘画地图。该地图以天文观测与星象三角测量方式进行，采用梯形投影法绘制，比例为四十万分之一。地图描绘范围东北至库页岛，东南至台湾，西至伊犁河，北至北海（今贝加尔湖），南至崖州（今海南岛）。该地图经过十年的实地测绘，绘图人士有耶稣会的欧洲人士雷孝思、马国贤、白晋、杜德美及中国学者何国栋、索柱、白映棠、贡额、明安图以及钦天监的喇嘛楚儿沁藏布兰木占巴、理藩院主事胜住等十余人，于 1718 年初步完成《皇舆全览图》。如图 5-1 所示。康熙五十八年（公元 1719 年）印行铜版图，第一次以经纬度分幅的方法，以纬差 8 度为 1 排，共分 8 排，41 幅。文字记注方面在内地各省注汉字，东北和蒙藏地区注满文。《皇舆全览图》绘图由“图画处”负责，形成绘制原则和递送方法。[①] 值得注意的是，意大利传教士、画家兼雕刻师马国贤（Matteo Ripa）在制印《皇舆全览图》时，自己制作了铜版、硝酸、防腐剂、油墨、印刷机等材料与设备。[②]

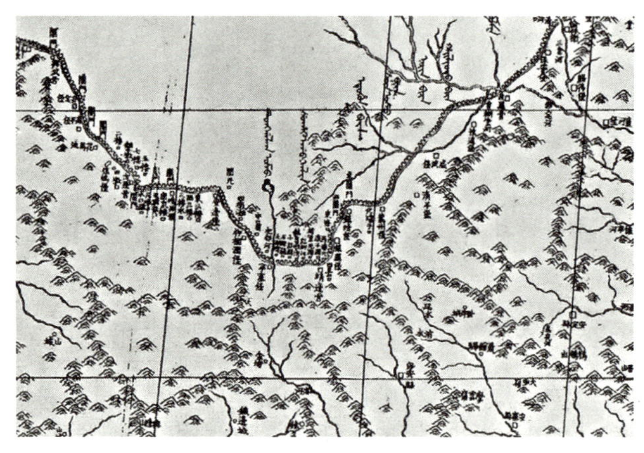

图 5-1 《皇舆全览图》局部，中国国家图书馆藏

康熙五十二年（公元 1713 年），马国贤运用雕刻铜版技术，成功地将中国宫廷画师所绘《避暑山庄三十六景诗图》转刻为铜版画《热河三十六景图》，深得康熙皇帝赞赏。《避暑山庄三十六景诗图》本来由奉赐御制内府武英殿总监造，康熙

① 李孝聪、白鸿叶：《康熙朝〈皇舆全览图〉》，北京：国家图书馆出版社，2014 年。

② ［意］马国贤：《清廷十三年：马国贤在华回忆录》，李天纲译，上海：上海古籍出版社，2013 年，第 63 页。

题诗，名臣王曾期书写，画家沈嵛绘图，版刻名工圣手朱圭、梅裕凤雕刻，相继刊印绢本和纸本，其风格都是中国古代木版画作为平面白描式线刻所无法表现的。[①]如图 5–2 所示。

图 5–2　《避暑山庄三十六景诗图》之“芳渚临流”局部，康熙年间内府刊本

雍正元年（公元 1723 年）《黄道总星图》印行，由戴进贤立法，意大利耶稣会士利白明（F. B. Moggi）镌为铜版。该图参考了南怀仁的《灵台仪象志》，以黄极为中心，以外圈大圆为黄道的二幅南北恒星图，以直线分为十二宫，边列宫名，节气随之，星分六等。其后，郎世宁、王致诚、艾启蒙、安德义、潘廷璋、贺清泰

① 莫小也：《马国贤与〈避暑山庄三十六景图〉》，《新美术》1997 年第 3 期。

等一批西洋传教士画家相继东入华域，铜版画的制印达到高峰，代表作是《平定准部回部得胜图》。《平定准部回部得胜图》又名《乾隆御笔平定西域战图十六咏并图》，是中国历史上最早的大型战争组画，表现乾隆二十年至二十四年清军平定西域准噶尔部叛乱和回部叛乱的战争铜版画，乾隆帝于乾隆二十九年（公元1764年）传旨刊刻，由郎世宁、王致诚、艾启蒙、安得义四人起稿绘图，第二年又命丁观鹏等人用宣纸依原稿作着色画，乾隆御题诗文，此稿完成后另镌同型木版刷印。郎世宁等人的原图稿完成后送至法国雕刻铜版，郎世宁将此事委托绘画和雕刻科学院的科欣（C. N. Cochin）主持，参与铜版雕刻者波勒（B. L. Preot）、罗巴（J. P. Le Bas）、阿里阿梅（J. Aliamet）等为当时雕版名匠。为适应雕版的大小，令人制造了一种叫作“大卢瓦”的特殊纸张，并选中印刷专家博韦（Beauvais）负责印制。历时13年完成。作品为纯西洋画风，画面采用全景式构图，场面宽广辽阔，结构复杂，人物情节繁多，但又能刻画入微，无论是构图方法、人物造型、景色描写以及明暗凹凸、投景透视、散点透视法等技法都反映出当时欧洲铜版画制作的最高水平，是中西文化融汇交流的杰作。[①] 如图5-3所示。《平定准部回部得胜图》实际上是战

图5-3 《平定准部回部得胜图：凯宴成功诸将》，清乾隆年间内府铜版印本

① 韩琦：《铜版印刷术的传入及其影响》，上海新四军历史研究会印刷印钞分会编：《装订源流和补遗》，北京：中国书籍出版社，1993年，第388—400页。

事结束 5 年后的记事庆功之作，在乾隆二十七年（1762 年），郎世宁等人曾向随征将士详细调查了战争过程，由此绘制宣纸草图，可见此组图具备了较强的“新闻纪实”特点。

在西方传教士马国贤、郎世宁、蒋友仁等在清廷镌刻铜版之时，均有中国人参与和学习，只不过影响仅在清廷内部而已。大约乾隆三十七年（公元 1772 年），法国耶稣会士蒋友仁在清宫匠人的帮助下，镌刻铜版《乾隆内府舆图》（即《乾隆十三排地图》）104 幅（如图 5-4 所示），并使用了铜凹版印刷机等设备。①1925 年 5 月，北京故宫博物院查收故宫造办处的存物时，发现了该舆图的 104 块铜版实物，可能就是蒋友仁制作的舆图原版。② 可见，18 世纪下半叶，西方近代图像雕刻铜版制版技术与凹版印刷机已经进入中国。

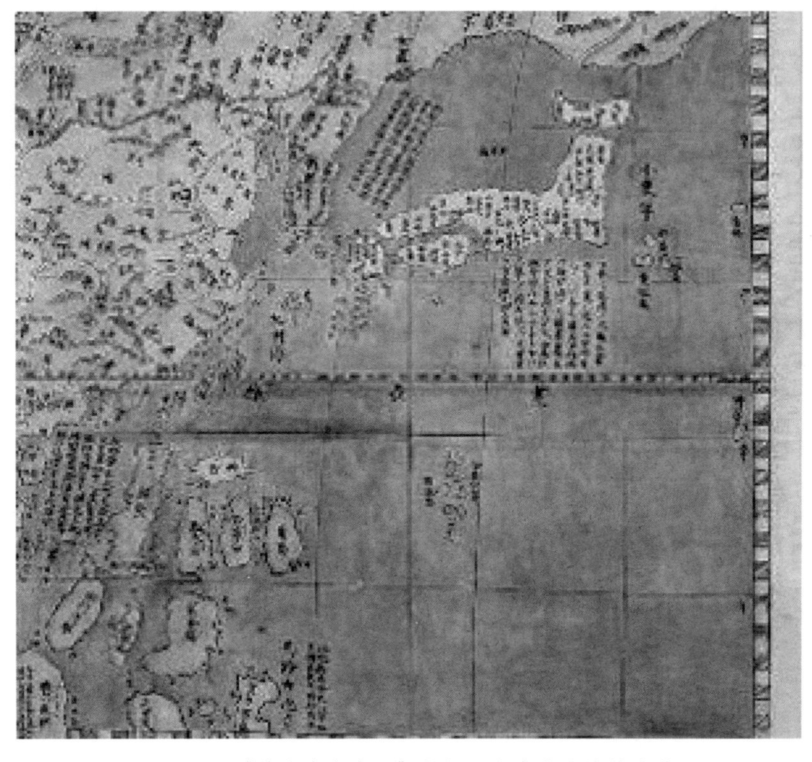

图 5-4　《乾隆内府舆图》局部，北京故宫博物院藏

① [法] 杜赫德编：《耶稣会士中国书简集：中国回忆录》，郑德弟、朱静译，郑州：大象出版社，2005 年，第 56—57 页；葛剑雄：《中国古代的地图测绘》，北京：商务印书馆，1998 年，第五章。

② 冯宝琳：《〈皇舆全图〉的乾隆年印本及其装帧》，《故宫博物院院刊》1990 年第 2 期。

1751年，有两个曾跟随蒋友仁学习的北京人、耶稣会士，被送到法国继续深造，学习法文、拉丁文和神学。这两个人一个叫高类思，一个叫杨德望。他们在法国学习长达14年之久。在学习法文、拉丁文、神学、物理学、化学及应用之后，在回国之前又学习了绘画和印刷术，学会了用强水腐蚀法制作铜凹版的技术和实践。回国时，他们还带回了一台法国王室赠送的"手提印刷机"。[①]这台印刷机可能被蒋友仁在1773年至1774年间用来印刷在法国制版的《平定准部回部得胜图》。[②]

1783年，中国人第一次自己制作的铜版画《圆明园20幅西洋建筑图》问世。这是历史上最早在中国本土由中国人自己制作成功的铜版画。如图5–5所示。圆明园图铜版画出版以后，清代进入了铜版画制作出版的"繁荣"时期，铜版画《两金川战图》《台湾战图》《安南战图》《苗疆战图》《狞苗战图》等战功图相继出版和问世。[③]

19世纪80年代，江南制造局曾经用铜版印刷地图27种，售出4700余张。[④]19世纪末至20世纪初，铜版雕刻凹版印刷地图也有发展，出现了20余种地图，表现出书册化和商业化特点。如1878年杨守敬编著的《历代舆地沿革图》（34册）。同时，这一时期的铜版雕刻凹版印刷地图由单色印刷发展成彩色印刷。承印材料用平版纸和铜版纸，装帧由线装发展为蝴蝶装订法，使成品质量更加精细美观。光绪二十九年（公元1903年）出版的《大清邮政公署备用舆图》，采用红黑双色铜版印刷。光绪三十一年（公元1905年）商务印书馆编辑发行的《大清帝国全图》，全书是我国公开发行的最早的彩印版本，用红、绿、蓝、棕、黑五色铜版印刷。整套为两册分装，一为《大清帝国全图》，一为《大清帝国分省图》，共24张地图，均为8开本，蝴蝶装订。如图5–6所示。

① [法]费赖之：《在华耶稣会士列传及书目》，冯承钧译，北京：中华书局，1995年，第971页。

② 伍玉西：《清前中期西洋铜雕版印刷术的两度传入》，《兰台世界》2010年第3期。

③ 张秀民：《中国印刷史》，杭州：浙江古籍出版社，2006年，第578页；马雅贞：《刻画战勋：清朝帝国武功的文化建构》，北京：社会科学文献出版社，2016年，第五章。

④ 傅兰雅：《江南制造总局翻译西书事略》，张静庐辑注：《中国近现代出版史料·近代初编》，上海：上海书店出版社，2003年，第23页。

二、蚀刻铜凹版技术在中国的介绍

1765年，赵学敏刊印《本草纲目拾遗》，记载了一些西医知识与药物，其中卷一“水部强水”条讲到了用强水（硝酸）制作铜版画：

西人凡画洋画必须镂版于铜上者，先以笔画铜，或山水人物，以此水渍其间一昼夜，其渍处铜自烂，胜于雕刻，高低隐显，无不各有其妙。铜上有不欲烂处，先用黄蜡护之，然后再渍。俟一周时，看铜有烂痕，则以水洗去强水拭净蜡迹。其铜版上画已成，绝胜镌镂，且易而速云。①

傅兰雅的《格致汇编》在1877年12月刊登的《石版印图法》一文中有“铜版印图法”一节，论及“印铜版器具，所用墨料与寻常不同，惟皮辊墨与石墨可通用”。其后该刊还介绍了手工铜版和照相铜版印刷术，并在刊物中采用铜版插图。②

1. 王肇鋐的《铜刻小记》

光绪年间，王肇鋐“思为有用之学，以继先志，遂东游日本”。攻习“舆地”之学，为了方便自己印制地舆图，学习铜刻法，“研精而习之，尽得其方”。光绪己丑（公元1889年）十月写成《铜刻小记》。在总论中，他认为：“刻铜版之法，创自泰西，行诸日本。镌刻极精图式，宜取诸此。虽细如毫发之纹，亦异常清楚。其免燥湿伸缩之虞也，胜乎木刻；其无印刷模糊之病也，超乎石印。惟刊刻之法固难于木刻，亦迟乎石印。非心粗气浮者所能从事也。”③详细记述了雕刻铜凹版的工艺过程：

磨版→上蜡→“钩图”（勾图）→上版→刻蜡→烂铜→修版

磨版：以红铜打成薄版，其厚薄视乎大小，厚者不过一分；用坚木炭磨之，使

---

① 赵学敏：《本草纲目拾遗》卷一，北京：商务印书馆，1955年。

② 谢欣、程美宝：《画外有音：近代中国石印技术的本土化（1876—1945）》，《近代史研究》2018年第4期。

③ 王肇鋐：《铜刻小记》，张静庐辑注：《中国近现代出版史料·近代初编》，上海：上海书店出版社，2003年，第298—308页。

图 5–5 《圆明园 20 幅西洋建筑图》之“海晏堂”，乾隆年间内府铜版印本

海晏堂西面十

图 5-6 《大清帝国全图》封面，上海商务印书馆清光绪三十一年刊本

其极光净为度。磨时不可：第一磨横磨，第二磨直磨。须俟满版磨到，始可转手。则版上之光归一律。乱磨则光必错落，刻时耀目也。粗磨则以水，细磨则以油，或更以毡卷一圆式帚蘸油加擦之。

上蜡：以铜版就炭火（文火）炉上烘热，将蜡擦之。版热则蜡烊下，用软板刷（式如糊刷，帚毛长半寸，木柄上圆而下扁阔），将蜡刷匀。刷法同磨法，勿横直错杂。蜡须极薄而匀，刷时有灰沙粘入必起粒，此处易脱，烂铜后即成深孔。上蜡后须阴凉若干时刻，使其蜡老结。

钩图：用玻璃纸罩于图面，四角用盖钉钉牢。钉后，手握针刀，目视显微镜细细钩画，将纸画破半层；此纸一旦遇到口中热气即不平正，须留意之。宜将近身处的纸遮住。至钩时应用之器，平行直线则用三边版，曲线则用曲线规，圈线则用活股规，与画图无异，不过彼用铅笔墨笔，此用铁笔；彼则一笔可到，此则须双钩耳。玻璃纸西洋者白且厚，日本者稍黄而薄，其价仅十倍之一，然已尽可应用。盖钉铜面铁脚，面径四五分，脚长二三分。针刀长约四寸，圆木柄，头镶铜套，中插一针，套内面有螺丝纹转紧，不致摇动。显微镜分三节，下础极重，中节上下曲尺式，下插孔中，上套显微镜，转动灵活，伸缩远近如意，以省屡移下础。三边版以坚木为之，大小不等，厚约一分，上有圆孔，便于以指移动，弦合弦安放，按住下版，而移动上版，平行线用之最见均匀。曲线规式样极多随图配用，质系明角等类之物最佳，明若玻璃可透见下图。活股规两股可开可合，一股半截活动，有螺丝转紧。

上版：玻璃纸钩好图式后，用棉花粘红粉擦之，则粉入纸纹中，鲜明可观，如有脱漏，甚易见出。将此纸覆于版蜡面，用光洁圆头物擦纸背，则粉落蜡上。然粉易揩落，须将版再就火上微烘，蜡热则粉俱粘住。惟擦摩纸背时不可移动，否则起双线而花样不清。

刻蜡：上版后须待蜡老透，始可动刀。刻时版上放一有脚搁手版，始中间空虚，不着蜡面。搁版之长短，视乎铜版，其脚须在铜版外。手握针刀，照显微镜，将红纹处缓缓划去其蜡，不必用大力，铜版上仅针头带过耳。其握刀之法，将大食中三指捧住刀柄，柄尾适搁在食指下节上，无名指小指适托住中指，再将左手中指捺刀头处，其食指则骈于中指也。不可性急，否则针头一快必逾闲，蜡面即带伤。有不顺手处勿勉强刻划，宜将铜版倒转或横转为妥，否恐犯屈曲之病。总之，刻之工夫较迟钩之工夫三五倍，盖遇粗纹，钩时总归双钩，刻则费三刀五刀不等。如遇一分粗者，先双钩复画布纹，且不能一气成之；先烂双钩，后再划布纹再烂，两番之工必不能省作一番也。不然，铜烂后粗纹之表里皆毛矣。其刻平行线，亦可用三边版；曲线不必定用曲线规，圈线亦可用活股规。其刻断续线处，则用轮刀。线之疏密，依轮齿之多少；线之粗细，依齿轮之厚薄。倘地图中须铺满细点者，用针刀恐不匀而费工，则另有机器也。

烂铜：刻去蜡后，用有嘴瓷钵盛烂铜药水灌于版面。其腐烂之时刻，视乎药力之强弱。见水面浮沫，则吹开沫，照以显微镜，如尚未深，则再待片时，视深浅适度，即将药水仍泻入钵，下次尚可用也。其药水涂迹，先用纸或布轻轻揩抹，后用醋少许灌上（无醋时以食盐少许擦上代之），冷水净洗，然后在炭火上抹去其蜡，始能刷印样张。

修版：印出样张后，见有未刻到处，另用锓刀硬刻之。刀长四寸许，四方形，刀尾装短木柄，形如半萑。装刀入柄，须一棱向下，一棱向上，将刀头磨斜，故斜面成斜长方形（亦有长木柄者柄下面起三角槽将刀镶入槽内外用铁圈套紧之）。握刀之法，手心抵住木柄，无名指小指钩转木柄，下面中大二指捧刀两旁棱上，食指捺住上棱，将下棱锓入铜版，缓缓推去，其左手中指仍须捺于刀头，庶不致锓出界限也。如有小孔细纹须磨去之，则用磨刀用力磨平之。刀长五寸，其头如鞋钉形，其握刀之法，将刀尾夹入无名指小指指缝中，食中二指搭于刀头外，大指抵于内，磨时甚着力也。如因有改正处，磨去之地步不少，则用弯头斜铲刀铲平，再将炭蘸油加磨之。如有许多细纹欲磨净之，则用枪头形大刮刀刮之。

烂铜药水：此药水盛于玻璃瓶中，用时倒入瓷钵内，由钵嘴灌于版，版烂成后，仍倒入钵内，由钵入瓶，水色初如淡湖，随用随深，烂铜之力则逐缓。然新者烂铜纹必阔而浅，旧者则细而深；盖新者力强，易于横走，旧者不过时刻久耳。其药水之名，西人名阿斯哈鲁托。舶来者药力太强，不过数分时版即烂深；日本自合者，用盐酸一磅，盐酸加里（加里者倭语也，系盐酸之干块，其色白而如冰一般）七钱，清水五合，用瓦罐在火上配合。

融蜡：合蜡之法，以松脂黄蜡等分用瓦罐在文火上煮七日，趁热用绢筛过于别器，稍停即结牢器中；再于火上旋转微烘，蜡即脱然而出，然后卷条切断听用。

惟并合之分量，四时变迁，寒则松脂多而黄蜡少，暑则反之。

留药：以松脂及挨鲁壳鲁（西洋药水名）各等分，安放玻璃中，隔数日即化合，用时将毛笔蘸点伤蜡处，见风即凝。烂铜时药水被其留住，而不入矣。

藏版：用木箱上下做槽，将版背对背，两枚放一槽内，恐版面碰伤也。藏时须揩净墨迹，揩法以毡卷作圆帚，蘸油擦之至亮，再用软布揩净，以免起锈。

薄纸上版：不用玻璃纸者，用洁薄之纸，描出图样后，将纸稍着湿，反贴于蜡面，衬纸数层，徐徐摩之，墨即印于蜡面。其纸名雁皮纸，又名转写纸，滑而结，练画时墨水不化也。

缩刻：缩刻之法有二：一须缩绘后付刻；一用照相法，照小再钩出付刻，故能与原样相肖。[①]

王肇鋐的《铜刻小记》还配有 13 种工具插图（如图 5–7 所示），他在“自叙”中认为：“天下事有一技一物，虽至纤至微，用之得当，因小以成大，足以立功而显名。”实际上，他所介绍的铜刻之法并没有引起时人的关注与使用，也没有因此“立功而显名”，但是他的首次系统介绍之功却载入了史册。

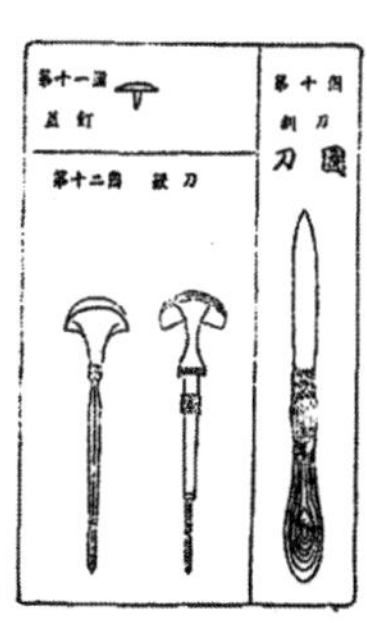

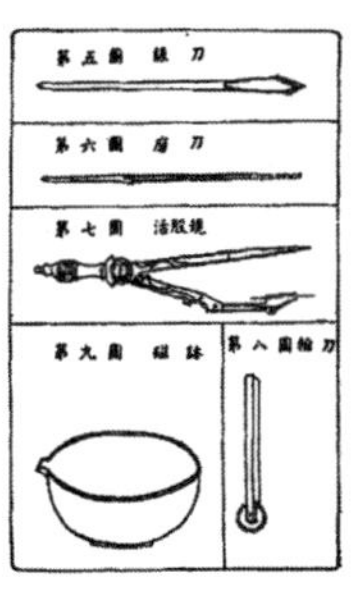

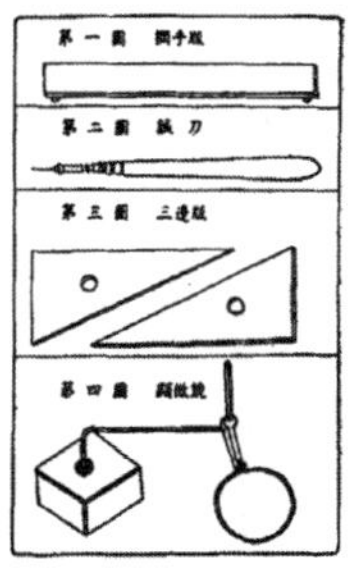

图 5–7　《铜刻小记》中所附各种工具插图，图片来源：张静庐辑注：《中国近现代出版史料·近代初编》，上海：上海书店出版社，2003 年，第 308 页。

① 王肇鋐：《铜刻小记》，张静庐辑注：《中国近现代出版史料·近代初编》，上海：上海书店出版社，2003 年，第 298—308 页。

2. 邹代钧介绍的蚀刻方法

在 1903 年出版的《中外舆地全图》的初版序言中，邹代钧讲明其中的舆图采用了“烂铜法”（即蚀刻铜版）。据说“烂铜法”曾经是邹代钧遣其族弟邹继笃东渡日本学来的。① 其制版与石印工艺流程如下：

磨版→上蜡→摹图、反贴于版面、画上痕迹→雕刻→腐蚀→移印于粉浆纸、转印石版→改版→落石制版、上机印刷。

各工序的操作简要说明如下：

磨版：购进的铜版版材，为四开大小，厚约 2 毫米。铜版雕刻面必须磨平、打光。进行磨版，则选用细泥浆过滤沉淀、晾干，做成粉末，撒于雕刻面，以布卷沾油手工研磨。宜磨去一切痕迹，使其平滑光亮，像玻璃平面一样，然后用酒精洗净备用。雕刻过的废版，可磨去原来的痕迹，反复使用。

上蜡：蜡以黄蜡、白蜡加少量松香粉（松脂）混合熬制。熬蜡，用木炭文火煎煮 20 小时左右，让配料熔化充分混合，水分全部蒸发。再过滤盛于小瓷杯内，冷却后结为蜡块，取出应用。上蜡时，将磨好的铜片置于烤版架上，雕刻面朝上，用酒精炉烘烤版的背面，升温至蜡熔点即最佳热度，将蜡块涂布于雕刻面（涂蜡不宜多，要求蜡层平薄），再用小辊子来回滚动，使蜡层薄而均匀。趁铜片还热时翻过来，让版面朝下，再用煤油灯来回熏烟一遍，使蜡层吸入黑烟变得漆黑光亮，然后将其取下，等冷却后用于雕刻。如图 5–8 所示。

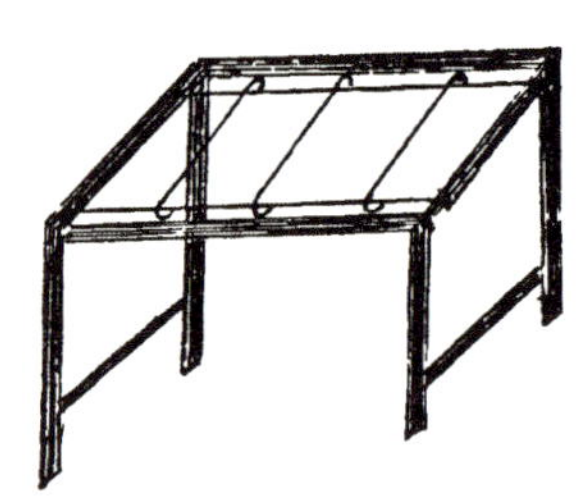
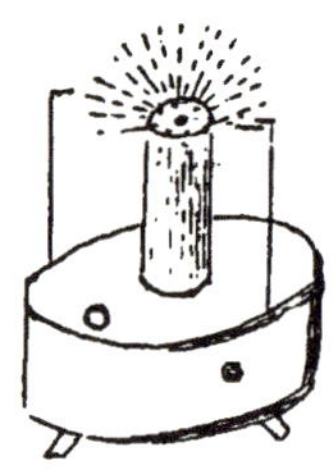
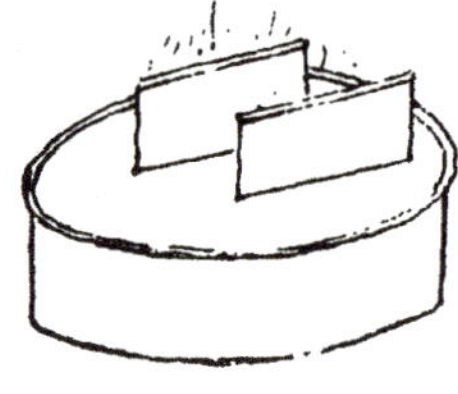

图 5–8 烤版架（械）、烤版酒精炉（中）、排笔式煤油灯（右），图片来源：邹义和：《我国近代民间地图制印技术——记亚新地学社雕刻地图铜版与石印工艺》，中国印刷史学术研讨会，1997 年。

① 邹义和：《我国近代民间地图制印技术——记亚新地学社雕刻地图铜版与石印工艺》，中国印刷史学术研讨会，1997 年。

摹绘图形：以透明薄纸覆盖在编稿上，勾绘所有线划、符号，文字注记画上方格。继之，将勾绘的图纸反贴于版面，以硬铅笔对勾绘的一切内容再画一遍，使蜡层具有痕迹。然后揭去图纸，进行雕刻。

雕刻：雕刻时，使用刻针在放大镜下作业，出手要轻，只是刻去蜡层，不深入铜片。循覆下的痕迹，先刻线划符号，后刻文字注记。线符粗细严格地照清绘要求进行。所有文字按要求的各种字体，以反字、直接刻在方格内。粗的线划，刻一笔不够时，可加刻二笔三笔，或者换一支粗刻针。圆圈用小分规（将双针磨尖）直接在版上刻画。文字横画，使用小三角板靠刻。正在雕刻中的铜版，以白绒布包裹，只露出作业部分，防止擦伤与汗迹、油污。

腐蚀：腐蚀液采用氯酸钾和盐酸混合液。新配制的腐蚀剂，需试验取得最佳腐蚀时间。欲腐蚀的铜版，背面涂上耐酸抗腐剂（松香粉加少量红粉以酒精拌和），然后浸泡于腐蚀槽，一般腐蚀时间为15分钟左右，每隔3~5分钟，将腐蚀槽晃动几下，够时间了，取出铜版以清水冲净版上酸液，晾干，用酒精清除图版正面蜡层及反面抗酸层就成为反像铜凹版。

移印于粉浆纸，转印石版：先满版涂布油墨于铜凹版，使凹陷图文填满油墨，再用布卷擦除版面非图文区域的油墨，而保留图文凹陷内的墨量，铺放粉浆纸，通过手摇落石机施压，移印于粉浆纸上，再转印石版，经过整修上机印刷。

经过改版后进入落石制版：第一，对于册图或某些挂图，需拼版、拼接的，用厚纸画好规格（时称台纸），把粉浆纸图戳于规格上，进行拼版或拼接。第二，制地图普染色：用全要素石版，上墨印刷数张，在图纸上撒布红粉，图文油墨未干则粘上红粉，通过落石机施压让红粉图文落于石版，经过整修，上机印刷。第三，铜版网线：有65线/1英寸、70线/1英寸、85线/1英寸3种，比例都是50%，70线/1英寸的为1/8开，其余皆为1/16开。第四，红粉台纸：用厚纸自全要素石版以油墨印一张，撒上红粉，画上规格线。对于分版、分色的线划（如公路红版）、注记等，就能在此台纸上进行拼贴。

其他：有些线划注记较粗的地图，可以用药水纸（转写纸）覆盖于编稿，以汽水墨（转写墨）直接清绘书写。完成后，将绘画的转写纸地图落石制版。

在蚀刻铜版、石印地图的年代，蚀刻铜版和转写墨绘图结合互相补充，是常用的方法。这一制图技术延续到 1953 年才最终被废弃。[①]

三、蚀刻铜凹版的使用

王肇鋐《铜刻小记》和邹代钧《中外舆地全图》所介绍的方法是蚀刻铜版的制版方法，有研究证明是可行的。[②] 实际上，在他们介绍之后的几年，上海江海关印务处用雕刻凹版印制印花税票。[③] 部分印刷公司也从日本引进了铜凹版雕刻技术，用于印制有价证券和书籍，如上海商务印书馆、天津北洋官报局等。光绪三十一年（公元 1905 年），商务印书馆聘请日本雕刻铜版技师和田满太郎、三品福三郎和角田秋成来华，传授雕刻凹版印刷术，雕刻凹版印刷在中国才得以发展。1912 年，该馆开始使用发电机镀铜制版。商务印书馆采用这一技术印刷过图片和画册，如《小说月报》第 12 卷第 1 号上以精制铜版印刷的德加的《浴妇》《洗衣人》两幅油画，将原作的神韵传达得惟妙惟肖。[④]

中国的早期画报多集中在广州、上海、天津、北京等地，大多为传教士所办的外文刊物。清同治十三年（公元 1874 年），福建创办的《小孩月报》月刊是我国最早出版的画报，其中插图采用铜版制印。创刊于 1877 年 6 月 6 日的《寰瀛画报》，是在中国最早以"画报"命名的不定期连续出版物。图画由英国画师绘制，在英国印制后申报馆馆主美查再以散页邮回上海，复由申报馆蔡尔康编辑补序和图注后，与图合订成册发行，主要反映外国事件与人物，亦有诸如"印度所造火车"和"火车行山洞"等个别科技图画，于 1880 年 6 月停刊。[⑤]《花图新报》创刊于清光绪六年（公元 1880 年），上海青心书馆印行。该报用上等连史纸精印，

① 以上内容参见邹义和：《我国近代民间地图制印技术——记亚新地学社雕刻地图铜版与石印工艺》，中国印刷史学术研讨会，1997 年。

② 汪海霞：《石版和铜版印刷术的传入与影响及模拟实验研究》，中国科学技术大学硕士学位论文，2004 年。

③ 贺圣鼐：《三十五年来中国之印刷术》，张静庐辑注：《中国近现代出版史料·近代初编》，上海：上海书店出版社，2003 年，第 274 页。

④ 纪晓平：《近代中国的铜版印刷术》，《大学图书馆学报》2002 年第 3 期。

⑤ 彭永祥编著：《中国画报画刊（1872—1949）》，北京：中国摄影出版社，2015 年，第 9-10 页。葛伯熙：《〈小孩月报〉的姐妹刊〈花图新报〉》，《新闻研究资料》1985 年第 3 期；萨空了：《五十年来中国画报之三个时期》，张静庐辑注：《中国现代出版史料·乙编》，北京：中华书局，1955 年，第 408—414 页。

配以美妙的绘画。[1] 同年，上海圣教书会所创办《图画新报》月刊，采用连史纸雕刻铜版精印。[2]1874 年，傅兰雅与徐寿等人创建格致书院，清光绪二年（1876 年）书院落成。书院是专门研习“格致”之学的教育机构，同时翻译、编印与发售各种格致书刊。[3]1877 年，傅兰雅应邀参加基督教新教在华传教士组织的学校教科书委员会——益智书会。1879 年，他被推举为该会总编辑。在他主持之下，该会编译了 50 余种科学教科书和数十种教学挂图，其中他编译的《格物图说》10 种，自编的《格致须知》27 种科学入门书最为著名。《格致须知》《格物图说》和江南制造局编译的类似图书皆附有大量插图，文字部分为木刻，插图部分为铜版，江南制造局出版的地图也是铜凹版印制，[4] 为国人了解和学习西方科学知识起到了极大的推动作用。如图 5-9 所示。

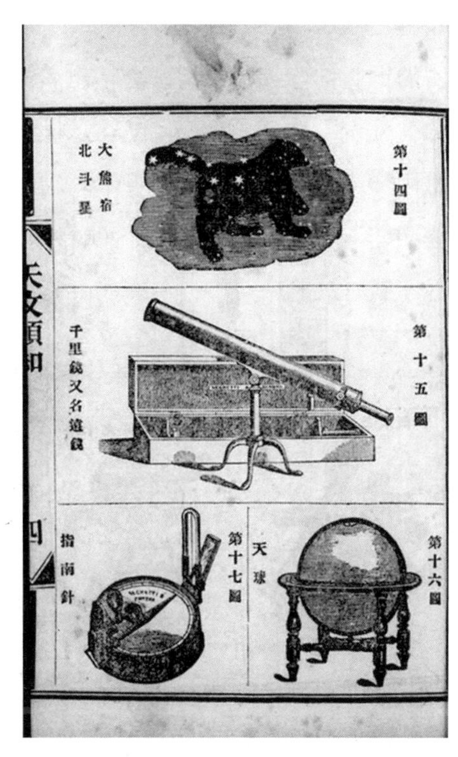

图 5-9　《格致须知》之《天文须知》，光绪十五年江南制造总局初印本

此外，傅兰雅的《格致汇编》（The Chinese Scientific Magazine）创刊于光绪二年正月（公元 1876 年 2 月），至光绪十八年（公元 1892 年）停刊，陆续出版了 7 卷 60 期。《格致汇编》采用了在上海刚刚兴起不久的铅字排印技术，插图则采用了铜版制印与石印的方法。如 1881 年 5 月《格致汇编》卷首告白载：“汇编内所列图幅，多办自西国，俱为铜板镂镌，精细无论，器具、花草、山水、人物一见如真，以便阅者观图易明其理，不必凭虚想象焉。”如图 5-10 所示。

① 葛伯熙：《〈小孩月报〉的姐妹刊〈花图新报〉》，《新闻研究资料》1985 年第 3 期。
② 戈公振：《外资经营的中文报刊》，张静庐辑注：《中国近现代出版史料·近代初编》，上海：上海书店出版社，2003 年，第 71 页。
③ 王尔敏：《上海格致书院志略》，香港：香港中文大学出版社，1980 年。
④ 张静庐辑注：《中国近现代出版史料·近代初编》，上海：上海书店出版社，2003 年，第 18 页。

1881 年，日本人岸田吟香在上海开设乐善堂书房，引进日本先进的印刷技术，相继出版了 300 余种书籍和月历牌、广告、地图等印刷品，其中尤以蚀刻铜版印刷的铜版袖珍书、画谱、法帖出名。[①] 如图 5–11 所示。在 1885 年《乐善堂书目》的“凡例”中，自诩“铜版精刻珍帙缩本，创自本堂。新出初印，尤更明晰。且悉用佳纸香墨，较之西法照印，油墨绝无臭气晕退诸弊，实尽善美”。[②] 所谓的“西法照印”，指的是当时流行的石印印刷。乐善堂敢于如此自诩，原因在铜版精美的印刷质量上。

務必另紫新法而得極快之印書器具始可
西歷一千八百十四年十一月二十八日始用新法所造之機器在英國倫敦印新聞紙此機器以汽機之力
運動當日所印之新聞紙係新法之第一次也其機器有大棍輪將鉛字擺於活板上令活板由棍輪之下往

第六圖

來不停其紙亦有自行之法能環繞棍輪之上以二幼童專司其事一童添未印之紙入內一童收取印成之紙其輪上之油墨亦有自行之法能敷之自設此法以來印書之工更加便捷以一具棍輪之器每點鐘能印新聞紙九百至一千二百張因活板往來一次而印一張也有此器之後復又造雙滾輪器其活板來時可印一張往時又印一張比前造之機器又可多得一倍而以四幼童司理之即兩童添紙入內兩童專收印成之紙西國之紙兩面皆印而印成一面之紙先在機器之側疊成一堆俟一面之印工已完再易鉛字而印紙背面然而尚有人嫌此工課太繁所以另設一器一動即能印出兩面其機器大而印工更快兩有能並用兩色墨而印出兩種顏色之字此器雖可印成兩面然尚不足日報所需出之數是以一千八百四十八年有人在倫敦造新機器印倫敦極大之新聞紙其法將鉛字排在大輪之上輪以生鐵爲之徑五尺六寸以法將連鉛字於輪面不使墜落其輪爲直安者又有繞紙之棍輪八個圍附大輪之面則大輪每轉一周能印紙八大張近來英國有新設立之新聞紙館以此新法造印書機器
其價銀略一萬五千兩有連鉛字之一大輪又有棍輪六個每輪須用添紙者一人其大輪轉一周可印紙六
大張每點鐘時能印一萬二千二百四十張可知添紙者每人每分時必添三十四張每分時共印二百零四

格致彙編　印書機器圖說　四

图 5–10　《格致汇编》介绍的印书机器，《格致汇编》1876 年春季

图 5–11　《吟香阁丛画》，乐善堂书房 1886 年出版，图片选自张静庐辑注：《中国现代出版史料 · 乙编》，北京：中华书局，1955 年

① 赖毓芝：《乐善堂之铜版印刷事业》，“全球视野下的中国近代史研究”国际学术研讨会，2014 年。
② 陈捷：《岸田吟香的乐善堂在中国的图书出版和贩卖活动》，《中国典籍与文化》2005 年第 3 期。

光绪二十四年（公元 1898 年），清代地图学家邹代钧创建的武昌舆地学会（后更名为亚新地学社），采用雕刻铜版与石印的工艺制印地图。光绪二十九年（公元 1903 年），邹代钧编绘出版《中外舆地全图》，是我国最早的第一本地理教学用图，用黑、黄、淡红、淡蓝四色套印。如图 5-12 所示。20 世纪 20 年代至抗日战争前夕，是亚新的黄金时代，出版地图上百种，册图、挂图形成系列。除武昌本部外，同时在上海、南京、广州、成都、长沙等地设发行所或分销处。

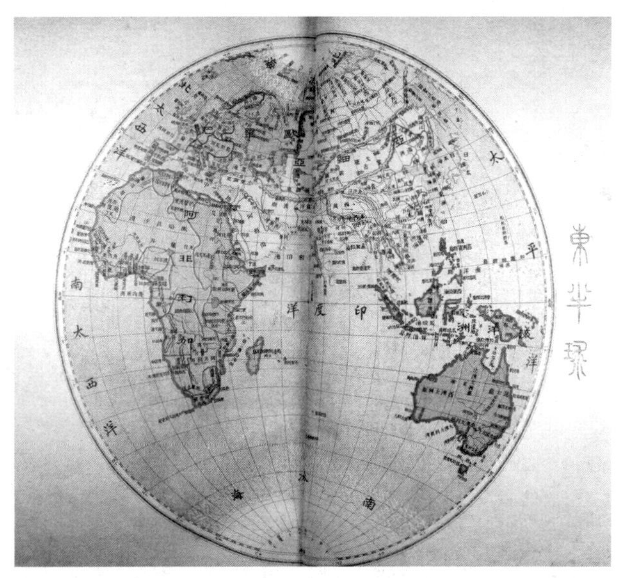

图 5-12　《中外舆地全图》之“东半球”，光绪年间刊本

1902 年创办的《北洋官报》专设绘画处，以雕刻铜版印制风景与时事等图像。1904 年，商务印书馆月刊《东方杂志》在上海创刊。《东方杂志》创刊时，与日本金港堂合资，使用当时最新式的印刷机器印刷。《东方杂志》每期附有 10 幅左右的精美图画，设有图画专栏，[①]《东方杂志》每一期封面为铜版彩印。[②] 如图 5-13 所示。1910 年，《东方杂志》的每期销量已经达到 1.5 万份，采用当时先进的铜版三色版印刷技术，1925 年开设漫画专栏。

①《新出东方杂志简要章程》，《东方杂志》1904 年第 1 期。

② 谢慧:《张元济与<东方杂志>》,《中国近代史史料学国际学术研讨会论文集》, 北京: 新华出版社, 2004 年, 第 269—278 页；丁文：《“选报”时期〈东方杂志〉研究》，北京：商务印书馆，2010 年，第 32—34 页。

1918 年创刊的上海漫画杂志《上海泼克》（又名《泊尘滑稽画报》）也采用铜凹版技术。如图 5–14 所示。1920 年《时报》的附刊《图画周刊》（后更名为《图画时报》）使用铜版技术，这一时期，上海、北京、天津、沈阳等地出现了《上海画报》《摄影画报》《星期画报》《北京画报》《霞光画报》《北洋画报》《大亚画报》等，画报进入所谓的“铜版时代”。[①]

图 5–13 《东方杂志》创刊号封面，1904 年

图 5–14 《上海泼克》第一期封面，1918 年

四、照相（电镀）金属凹版的使用

1916 年英国人在上海出版发行中文铅印报，附有在欧洲用影写版印刷的画报。1917 年，英美烟草公司在上海用照相凹版印刷欧战画报。[②]

① 萨空了：《五十年来中国画报之三个时期》，张静庐辑注：《中国现代出版史料 · 乙编》，北京：中华书局，1955 年，第 408—414 页；方汉奇主编：《中国新闻事业通史》（第二卷），北京：中国人民大学出版社，1996 年，第 246 页。

② 伏合平：《中国印刷博物馆近代馆“中国近代印刷术的传入和发展”布展的研讨》，《第三届中国印刷史学术研讨会论文集》，1997 年。

1923年，商务印书馆还聘请在日本的德国技师海尼格（Heinicker）传授照相凹版法（影写版），并购轮转凹印机。同时聘请美国技师福考司特（Frost）来华指导新型印刷技术，“以钢制圆辊为之，手续既省，版又耐用。……上墨印刷，相继不断。每小时可印五百张，较诸旧式手扳凹印架，出数增加五倍。印刷纸币尤为适宜”。[①] 这一时期的《东方杂志》的封面与内页插图开始使用这一技术进行制印。后来，海尼格又在上海与华人合资开办了中国照相版公司，用照相凹版技术印刷了《申报图画周刊》等刊物和印刷品。[②]1924年，上海英美烟草公司印刷厂又派人到荷兰学习彩色影写版印刷，并于次年购得照相凹版设备来华，拟开设照相凹版印刷业务。后因故未曾实施，其设备转售给商务印书馆。[③]1926年，商务印书馆用铜版技术印刷《天籁阁旧藏宋人画册》（如图5-15所示）。1930年3月，《良友》画报从第45期开始，使用影写凹版印刷。带动了10余种使用同样印刷技术的画报出现。同时，《申报》《新闻报》《华北日报》《时事新报》《大公报》《武汉日报》等报纸也使用同样技术出版摄影副刊，进入了所谓“影写凹版时代”。直至此时，曾在民国前风行一时的石印图画日趋衰落，逐渐被铜版图片所代替。[④]

图5-15　《天籁阁旧藏宋人画册》，1926年，上海商务印书馆

1930年6月，《上海漫画》并入《时代画报》，从上海德商泰来洋行订购了德国郁海纳堡制造的最新式影写版印刷机（属于金属凹版制印技术），印制质量更为提高。[⑤]20世纪30年代初，商务印书馆再增添欧美广泛使用的德国制照片印刷机

① 张静庐辑注：《中国近现代出版史料·近代初编》，上海：上海书店出版社，2003年，第275页。

② 贺圣鼐：《三十五年来中国之印刷术》，张静庐辑注：《中国近现代出版史料·近代初编》，上海：上海书店出版社，2003年，第276页。

③ 邹毓俊编著：《印刷概论》，北京：测绘出版社，1993年。

④ 萨空了：《五十年来中国画报之三个时期》，张静庐辑注：《中国现代出版史料·乙编》，北京：中华书局，1955年，第408—414页；纪晓平：《近代中国的铜版印刷术》，《大学图书馆学报》2002年第3期；方汉奇主编：《中国新闻事业通史》（第二卷），北京：中国人民大学出版社，1996年，第514—515页。

⑤ 王欣：《从〈上海漫画〉到〈时代漫画〉》，《东方早报》2014年8月6日。

Kaeruy Barve，先进的印刷技术促使《东方画报》于 1932 年面世。[①]

总的分析，用金属凹版印制的图像精美，主要用于照片、古籍、舆图、书画与书刊封面的印刷。[②] 戈公振认为：“自照相铜版出，于图画以一大革新。光复之际，民军与官军激战，照片时见于报端。图画在报纸上地位之重要，至此始露其端。近则规模较大之报馆，均已设有铜版部，图画常能与有关之新闻同时披露，已于时间上争先后，乃可喜之现象也。”[③] 戈公振的这一论述说明在 20 世纪 20 年代，随着铜版照相制版技术的发展，铜凹版图像尤其是摄影照片开始较为普遍地运用到当时的新闻传播之中，促进了中国摄影画报的流行与照片在报刊之中的运用。

第二节　钞券、商标的钢凹版制印技术

钢版雕刻是由铜版雕刻演变发展而来的，其图像制印技术主要为手工雕刻。西方的钢版雕刻有 100 多年的历史，我国的钢版雕刻也有近百年的历史。钢版凹印技术是印制钞票、邮票及有价证券的重要手段，延续至今。

一、度支部印刷局的钞券钢凹版制印

清朝末年，货币流通十分混乱。清政府为“统一圜法，挽回利权”，准备统一印制和发行钞票，以求控制财政，于光绪三十二年（公元 1906 年）一月派度支部（原户部）郎中萨荫图和主事曾习经赴日本考查纸币印刷；光绪三十四年（公元 1908 年），度支部官员、曾任大清银行监察的陈锦涛赴欧洲考察币制，其间他详尽了解了欧洲及美国的钞券印刷技术，回国后提出新的印制技术思路。陈锦涛认为，要建成先进的印钞企业，必须引进世界一流的印制技术和设备。而从当时来看，美国的钞票公司规模宏大、技艺精良，尤以钢凹版雕刻技术驰名世界。与铜凹版相比，新兴的钢

① 萨空了：《五十年来中国画报之三个时期》，张静庐辑注：《中国现代出版史料·乙编》，北京：中华书局，1955 年，第 408—414 页。
② 骆伟：《近代西方印刷品及其版本特征》，《图书馆论坛》2009 年第 1 期。
③ 戈公振：《中国报学史》，上海：上海书店出版社，2013 年，第 263 页。

凹版质地坚硬、细密耐印，且所印钞券精美清晰，层次分明，不易造假，较之欧洲和日本等国使用的铜版工艺，更为先进，最适合大批量的钞票印制。清光绪三十四年（1908 年）成立度支部印刷局（如图 5-16 所示）。[①]

图 5-16　《财政部北平印刷局（前度支部印刷局）》，吴锦棠作，图片来源：刘尔嘉旧藏《钢版雕刻图》，1915 年

度支部印刷局用重金从美国聘来著名雕刻技师海趣（L. J. Hatch）（如图 5-17 所示）。与海趣同行的还有手工雕刻技师格兰特、机器雕刻技师基理弗爱、花纹机器雕刻技师狄克生、过版技师司脱克。1909 至 1911 年，印刷局先后在北京周边地区的河北、天津等地开始招募艺徒和工匠，具有中等专业学历的毕辰年、李浦、阎锡麟、吴锦棠等人应聘来局，以后又招聘了刘尔嘉、刘观润、李坤普等人，他们成为我国第一代手工钢凹版雕刻技师。[②]

随后，度支部印刷局从美国购进当时最为先进的设备。第一批从美国购置的机器设备包括——万能雕刻机，价格 12500 美元（约合银元 30000 元）；过版机，价格 8000 美金（约合银元 19200 元）等。此外，度支部印刷局还相继从国内外购置了手扳凹印机、平台凹印机、铅印机、地纹缩刻机、车床、压力机等。其中，万能雕刻机在世界上仅有几台，价格十分昂贵。如图 5-18 所示。

① 梁建：《手工钢凹版雕刻在中国》，《中国金融》2015 年第 10 期。
② 梁建：《北钞博物馆》，北京：北京日报出版社，2015 年。

图 5–17 美国著名钢版雕刻专家海趣，吴锦棠作，图片来源：刘尔嘉旧藏《钢版雕刻图》，1915 年

图 5–18 万能雕刻机，中国印钞造币博物馆藏

美国雕刻技师海趣来局后，任职技师长，主管产品设计、雕刻钢凹版和教授艺徒。海趣在教授艺徒方面，为我国钢版雕刻凹印培养了第一代华人钢版雕刻技师 20 多人。其中有闫锡麟、李浦、毕辰年、吴锦棠等手工钢版雕刻人才，还有贾志谦、刘观润等机器雕刻人才。1910 年 8 月，海趣设计制作了度支部印刷局开局后的第一套大清银行钞票的钢凹版。这套大清银行钞券，分一元、五元、十元、百元四种。四种面值的票面均以摄政王载沣胸像和龙海图为主景，下侧辅景分别是：一元券为大海帆船、五元券为八骏骑士、十元券为宏伟长城、百元券为农夫耕地（如图 5–19 所示）。[①]

海趣还曾应用钢版雕刻技术，设计制作了多种邮票凹印版。1909 年 9 月 8 日清廷邮传部发行之“宣统纪念邮票”，其钢凹母版即为海趣雕刻。因当时度支部印刷局尚未投产，而交英国华路德公司印制。1912 年后，海趣、格兰特二人曾雕刻设计了普通邮票、纪念邮票、航空邮票、欠资邮票等几十种钢版雕刻凹印原版。该局又陆续添置了切纸、铅印、石印、打孔，以及电动凹印等设备。印刷邮票、印花票、车票、各项公债票、官照、文凭、契约、粮串、盐茶引、牙帖及各项官用证券等。度支部印刷局规模建制、技术设备，均居亚洲领先地位，成为第一家采用雕刻钢凹

① 庞雪蓉：《中国印刷史上钢版雕刻凹印技术的引进与发展》，第六届中国印刷史学术研讨会，2006 年。

图 5-19　大清银行钞券百元币种，图片来源：刘尔嘉旧藏《钢版雕刻图》，1915 年

版工艺印钞企业和中国现代化的印钞基地之一。[①]1920 年，印刷技师沈永斌，根据复色印钞技术原理，研制成功了复色印刷机（如图 5-20 所示）。新研制成功的复色印刷机，采用多色胶辊集合传墨于一块凸版技术，能印出多色接线花纹图案，在提高钞票图案刻印水平和增强钞票的防伪性能方面具有重要意义。同时也为专用印钞机械，尤其是双面接线印钞机的研制提供了重要参考依据。1921 年，用这台复色印刷机成功地印刷了大中银行和劝业银行的钞票。[②]

① 万启盈编：《中国近代印刷工业史》，上海：上海人民出版社，2012 年，第 708–712 页。
② 张树栋、庞多益、郑如斯等：《中华印刷通史》，台北：财团法人印刷传播兴才文教基金会出版，1998 年，第十七章，第三节。

图 5-20　沈永斌研制的复色机，图片来源：张树栋、庞多益、郑如斯等：《中华印刷通史》

度支部印刷局当时使用的工艺过程是：

1. 雕刻凹版原版的制作工艺。

（1）准备光面钢版坯（钢版材料自 1909 年至 20 世纪 70 年代均由外国进口）；（2）刮版；（3）雕刻采用手工雕刻和机器雕刻两种工艺，刻制人像、风景装饰、花纹文字等，并于分部雕刻原版完成后，过制分部钢轴；（4）凹版分部打样；（5）拼接全色样；（6）按全色样过版小原版；（7）小原版打样后报批，批准后，凹印原版制作完成。

2. 钢凹版印版的制作工艺。

（1）准备好钢凹原版；（2）钢凹原版淬火，即用氰化钾溶液煮约十分钟，使钢凹原版的硬度达到洛氏 70 度；（3）过钢轴，由钢凹原版将图案过版到钢轴之上，钢轴上的图案与钢凹版相反，呈凸版纹；（4）钢轴淬火；（5）用过版机上的钢轴，过制印刷用多开数大钢版，大钢版上的版纹为凹型；（6）大钢版镀铬；（7）对镀铬后的大钢版进行检查、整修，印版制作完成，打印。

通过上述工艺制作的钢凹版，其版纹呈凹线型，转印到纸上为凸线条。从引进这一技术到 20 世纪 50 年代，半个世纪我国以来一直采用这一技术。①

除了度支部印刷局的钞券印刷之外，近代以来各地的钞券印刷也较为兴盛。1912 年，商务印书馆选派专攻铜版雕刻的沈逢吉赴日本，进入凸版印刷株式会社，跟随日本名雕刻家细贝为次郎学习凹印钢版雕刻技术。1918 年学成回国，在北京

① 张树栋、庞多益、郑如斯等：《中华印刷通史》，台北：财团法人印刷传播兴才文教基金会出版，1998 年，第十七章，第三节。

财政部印刷局任职四年。1922 年中华书局聘沈逢吉为雕刻科主任。1931 年沈与其他同仁创设中国凹版公司，印制浙江地方银行钞券及印花税票等几十件钢凹版印品。1935 年，中华书局从德国购买轮转凹印机，从事钞券印制。[①]

20 世纪 30 年代，上海迎来商标装潢铜版制印的黄金时代。包括上海凹版印刷公司（1933 年开业）、福兴泰纸盒厂（1930 年开业）、金锦记纸盒厂（1933 年开业）、精美凹凸彩印厂（1935 年开业）、美生凹凸彩印厂（1935 年开业）、明明印刷所（1935 年开业）、中兴纸盒厂（1935 年开业）和良友印刷厂（1936 年创办）等印刷企业都在这一时期成立，发展出铜版凹凸彩印技术，印制了大量包括商标、火花、烟盒、月历牌、广告等在内的各类包装装潢产品，这些产品渗透到当时人们的日常生活之中，由此创造出近代以来通俗图像的大量印制与广泛传播。1956 年，在政府“公私合营”思路的主导下，上海 21 家彩印印刷厂合并，两年之后更名为上海凹凸彩印厂。[②]

二、钢凹版印刷技术工艺

凹版印刷分为两步。第一步，制作印分版，工艺流程为：以镌刻完成的凹版原版为母模，淬火加硬，用过版机过制钢轴，钢轴呈凸起纹路。对钢轴亦进行淬火加硬后，再用过版机过制套印用的各钢凹印版（即分版）。[③] 经检查修整后，印版表面加镀铬层，即可用于印刷。第二步，凹版印刷及完成：采用圆压平方式进行印刷，印钞纸先经水布润湿备用。将钢凹印版平放在版台上用墨辊涂墨，使油墨入版纹，再用棉布擦去钢凹印版表面油墨。将湿润后的钞纸对准印版规矩线放平，扳动手轮，使压印辊（表面置棉绒垫层）滚压印版，凹版上的图案便转移到钞纸上，成印品。为防止印品蹭脏，每印完一张要夹一衬纸，然后送入 85℃的烘房烘干。由于纸张施胶的影响，钞券在烘干后变形。因此，在去掉衬纸以后，还要将印品每五张夹入两绝缘纸板中间，上轧光机往复轧三次，使钞券平整。最后，由人工用小刀划去票

① 罗福林、李兴才：《印刷工业概论》，台北：中国文化大学出版部，1987 年。
②《上海出版志》编纂委员会编：《上海出版志》，上海：上海社会科学出版社，2000 年，第 2 章。
③ 胡更生、张正修等编著：《凹版印刷原理与工艺》，北京：国防科技大学出版社，2002 年，第七章。

面纸边，按规矩线分类，加印冠字号码，再经初检、复检，封包装箱完成。全部生产约 120 道工序之多。这是自清末至中华人民共和国成立一直沿用的工艺。[①]

20 世纪 50 年代在采用轮转凹印机圆压圆印刷以后，制版工艺改用电铸方法，以钢凹版原版压出聚乙烯凸版，再翻铸成铁凹版。铁凹版经整修、检验，表面镀铬制成印刷用版。铁凹版印刷面积较大，一般为 28 小张至 40 小张钞票大小。最后装到轮转凹印机的版滚筒上印刷。60 年代改造为一版多色接纹凹印机。[②]

小　结

西方的铜版（钢版）制印技术发展历史悠久，传入中国的时间最早，也见证了我国近代图像制印技术与传统政治相结合的发展历程。[③]比较而言，图像铜版（钢版）制印技术要求高，制印成本高昂，因此主要用于特殊制品的印刷。加之西方石印和珂罗版技术的传入与广泛使用，图像铜版（钢版）制印技术在中国近代图像新闻制印与传播中所起的作用较为有限。在 1912 年创办的《真相画报》中开始使用铜版印刷照片，到 1926 年《良友》则大量使用铜版印刷照片，运用铜锌版或者凹版进行制印，由此促进了中国画报进入摄影画报时期。20 世纪 50 年代初期，为了提高《人民画报》的印刷品质，出版总署决定把上海商务印刷厂的部分凹版制版、印刷设备及技术人员调到北京美术印刷厂（后又合并到北京新华印刷厂）。当时，北京新华印刷厂、一二零一工厂，以及北京邮票厂等工厂，相继建立了照相凹版制版、印刷车间。60 年代以后，北京的外文印刷厂也开始筹建凹印车间。其他省、自治区如安徽、广西、山东 、四川、辽宁、湖北、陕西等承担彩色印刷任务的工厂，也先后安装凹版制版、印刷设备。这一时期的《人民画报》《解放军画报》及一些省、自治区的地方画报大多采用照相凹版印刷，印制出不少精美的画面，照相凹版印刷发展到

① 张忠、蔡秀园：《钢版雕刻凹印技术在我国的演进》，《中国印刷》1994 年第 6 期。
② 张忠、蔡秀园：《钢版雕刻凹印技术在我国的演进》，《中国印刷》1994 年第 6 期。
③ 马雅贞：《刻画战勋：清朝帝国武功的文化建构》，北京：社会科学文献出版社，2016 年，第一章。

它的鼎盛时期。[①]由于论题的限制，本书对此类摄影画报不做具体分析。铜版（钢版）制印技术促使当时国人认识到了西方机械化的图像制印技术的魅力与使用价值，丰富了我国近代以来图像制印的种类、风格，促进了国内制图人才的培养、组织的形成与某些种类图像（尤其钞券图像与地图）的大众传播。[②]

① 张树栋、庞多益、郑如斯等：《中华印刷通史》，台北：财团法人印刷传播兴才文教基金会，1998 年，第二十三章，第六节。

② 余勇编：《凹版印刷》，北京：化学工业出版社，2007 年，第一章。

第六章 石印技术与晚清图像出版

Chapter 6 Lithographic Techniques and Image Publication in Late Qing

铅印和石印是近代以来最早传入中国的两种西方印刷技术，“就华人对西方印刷技术的仿效而言，在近代出版业的前期，作为主流的并不是铅印技术，而是在当时比铅印技术更具使用价值的另一种印刷技术——石印技术”[①]。比较而言，石版制印技术最为适合用于图像的制印，这一技术逐渐替代传统雕版图像的制印方式，在晚清时期风行中国。各类图像被大量印刷，通过图书、地图、年画、广告招贴画、钞券乃至明信片、扇面等媒介形式大规模传播，[②]改变了当时图像出版与传播格局。[③]

第一节 图像石版制印技术的引进

1797 年塞尼菲尔德发明石版印刷术，石印技术作为一种典型的西方印刷技术，被誉为“继谷腾堡之后第一种真正意义上创新的印刷技术”，很快成为西方主流的

① 陈昌文：《都市化进程中的上海出版业：1843—1949》，上海：上海人民出版社，2012 年，第 82 页。

② 陈贵选、陈代：《民国石印扇面鉴赏与收藏》，天津：天津人民美术出版社，2007 年。

③ 韩琦、王扬宗：《石印术的传入与兴衰》，上海新四军历史研究会印刷印钞分会编：《装订源流和补遗》，北京：中国书籍出版社，1993 年，第 360 页；苏精：《马礼逊与中文印刷出版》，台北：学生书局，2000 年，第 171—189 页。

印刷技术之一，带动了整个欧洲印刷产业的发展。[①] 这种技术很快就传入中国，在各种因素的影响下，大致在19世纪80年代大规模崛起，完全影响与改变了当时的印刷格局，也极大地更新了当时图像印制技术。

一、早期石印技术的介绍与认识

1870年毛祥麟《墨余录》称石印技术为"吃墨石"法："泰西有吃墨石，以水墨书字于纸，贴石上。少顷，墨字即透入石中，复以水墨刷之，则有字处沾墨，无字处不沾，印之与刊板无异也。又西人能为极细字，在分寸间，可写千百言，以显微镜窥之，笔笔精到，宛如大字。其法，初亦用显微镜，扩小为大，写成底本。又用照画法，缩大为小，影而下之，故能穷尽毫发。"[②]1876年，江南制造局刊印的《测地绘图》一书的卷八附录了英国浙密斯的《照印法》，详细介绍了照相锌版印刷术。[③]1883年黄式权《淞南梦影录》记载："石印书籍，用西国石板，磨平如镜，以电镜映像之法，摄字迹于石上，然后傅以胶水，刷以油墨，千百万页之书不难竟日而就，细若牛毛，明如犀角。"[④] 王韬于同治初年所撰《瀛壖杂志》中所记："西人照相之法，盖即光学之一端，而亦参以化学……精于术者，不独眉目清晰，即纤悉之处，无不毕现，更能仿照书画，字迹逼真，宛成缩本。近时能于玻璃移于纸上，印千百幅悉从此取给，新法又能以玻璃作印版，用墨拓出，无殊印书，其便捷之法，殊无以复加。"[⑤] 西方石印技术在当时已经受到出使官员和士人的关注，[⑥] 并对这种新技术表现出了惊叹和赞赏。

1877年12月，傅兰雅在《格致汇编》上刊有"石板印图法"，详细介绍了"石板印图"源流、"应用墨料"、"各种石材并解石板法"、印书图纸料、"脱墨纸

① 芮哲非：《谷腾堡在上海：中国印刷资本业的发展（1876—1937）》，张志强等译，北京：商务印书馆，2014年，第76—77页。
② 毛祥麟：《墨余录》，上海：上海古籍出版社，1985年，第254页。
③ 吕道恩：《照相锌版印刷术和照相石印术的发明及传华时间新考》，《中国科技史杂志》2013年第1期。
④ 葛元煦、黄式权、池志澂：《沪游杂记 淞南梦影录 沪游梦影》，上海：上海古籍出版社，1989年。
⑤ 王韬：《瀛壖杂志》，上海：上海古籍出版社，1989年。
⑥ 杨丽莹：《清末民初的石印术与石印本研究——以上海地区为中心》，上海：上海古籍出版社，2018年，第29页。

过石板法”、石面绘法、石面刻图法、印图法等内容。徐寿与傅兰雅协作，编译《色相留真》一书，此书后来改称《照像略法》，在《格致汇编》第九卷至十二卷中连载，其中讲到石印技术：“可将毛笔绘像等照而印于石板上，再依常石板印法印成多张，凡大图画或书籍可任照缩小而印之。”又“可将图像照在黄杨等木板上，以免刻者自绘之工”。①1892 年《格致汇编》刊登傅兰雅的《石印新法》一文，详细介绍了照相石印的工艺方法：

现今石印之法，皆以照像为首工。照像之画，虽有数种，然所论者不过照人物山水之事，与石印照像之工不相同，因必用特设之照相器材与照法也。

凡石版所能印之画图，不能用平常所照之像落于石面印之，须有浓墨画成之样，或木板、铜板印出之稿，画之工全用大小点法，或粗细线法为之。画成之稿连于平板，以常法照成玻璃片，为原稿之反形，即玻璃面之明处，为原稿之黑处；玻璃面之暗而不通光处，为原稿之白处。此片置晒框内，胶面向上，覆以药料纸，照常法晒之。晒毕，置暗处，辊以脱墨，入水洗之。未见光处洗之墨去，见光处墨粘不脱，洗净则花样清晰与原稿无异。将此纸样覆于石板或锌板面，压之，则墨迹脱下，此谓之落石。照常法置石于印架，辊墨印之。②

可见，傅兰雅在此文中重点介绍的是单色照相石印的制版方法。其后，《益闻录》《知新报》《集成报》等多有石印方面的介绍或者报道，表现出晚清以来社会对于石印技术的关注。1918 年第 3 期《家庭知识》刊登栩园居士《照相石印法》一文，细致介绍了“湿片照相法、书底之注意、冲湿片之注意、晒胶纸法、拖胶法、晒纸法、圈墨法、落石法、汽水纸落石法、上墨法、上黄粉法、修石法”等内容。③

在我国石印技术的使用过程中，还出现过半手工制版，借助一部分工具对全手工进行改进。比如利用轧成有网点凹凸状的透明膜片，四周围以木框（时称胶版），

①《格致汇编》第 3 卷第 12 期。

②上海新四军历史研究会印刷印钞分会编：《装订源流和补遗》，北京：中国书籍出版社，1993 年，第 362 页。

③许静波：《石头记：上海近代石印书业研究（1843—1956）》，苏州：苏州大学出版社，2014 年，第 91 页、第 274—280 页。

用小墨辊滚墨于上后，在印石上对大、中面积处作揿压转移，使之替代用手工大面积点点子的繁复劳动，相同于照相制版网屏作用。但在画面小面积处，如人物的眉、眼、嘴、鼻孔、头发丝缕等部位，仍用手工点绘。其优点则是各色版即使反复使用，都不会出现龟纹。除此之外，还出现毛石制版：将印石研磨成粗糙的砂目状，压印轮廓红粉线后，用蜡笔状的油墨条，在每块色版上，根据色量要求作涂布描绘，借助版面砂目，能反映出浓淡层次，起到替代网目的作用。胶印机传入后改进为在毛锌皮（时称铅皮）上进行。绘石也改在锌皮上进行。版面图像改为正像，其制作对象一般为对开教育挂图之类。整个应用时间不长。①

二、石印技术的使用

石版印刷技术由传教士传入中国，时间大约在19世纪20年代。早在1826年5月1日，马礼逊（Robert Morrison）从英国返回广州时带来了一部石印机，进行绘画的复制实验。② 19世纪30年代初，英国传教士麦都思（W. H. Medhurst）相继在巴塔维亚（今印度尼西亚雅加达）、澳门和广州等地用石印术印刷中文书籍，当时，广州出现了两个石印所，出版了一些小册子。③

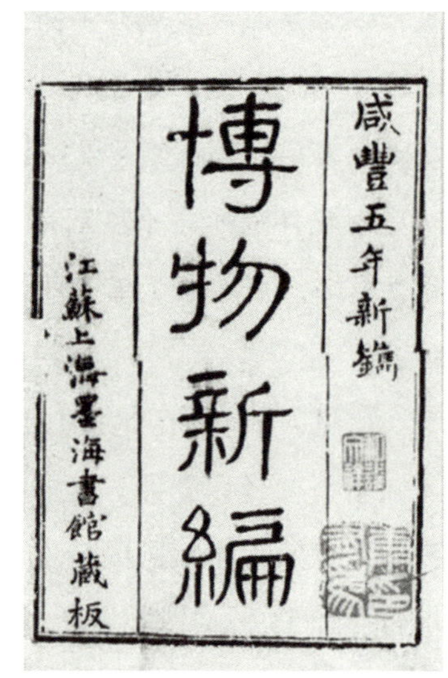

图 6–1 《博物新编》，墨海书馆咸丰五年刻本

麦都思于1843年在上海开办墨海书馆，这是上海开埠初期创办最早、影响最大的出版机构。从现存墨海书馆所出书（如图6–1所示）来看，木版雕印、铅印和石印都有，但主要是前两者，石印基本上还

① 徐志放：《漫议近代彩色平印制版的历程（上），《出版与印刷》1996年第3期。

② 参见未亡人编：《马礼逊回想录——他的生平与事工》，香港：基督教文艺出版社，2008年，第471页；苏精：《马礼逊与中文印刷出版》，台北：台湾学生书局，2000年，第174页。

③ 韩琦、王扬宗：《石印术的传入与兴衰》，上海新四军历史研究会印刷印钞分会编：《装订源流和补遗》，北京：中国书籍出版社，1993年，第359页；张铁弦：《略谈晚清时期的石印画报》，《文物》1959年第3期。

只是作为一种辅助手段。这是因为当时上海难以寻觅到合适的石印版材，墨海书馆使用的石印设备仍是比较原始的木质手摇机，形如旧式凹版印刷机，靠人力扳转，劳动强度大，速度慢，印刷效果也不佳，相比雕印和铅印没什么优势。由于墨海书馆当时印刷设备有限，因而还出现了一种铅印和石印混合印刷的出版物。①

上海创办土山湾印书馆的历史渊源可以追溯到1850年夏显德神父在蔡家湾孤儿院创办的“印刷工场”。后来，修士娄良才制作了石印架和印石，奠定了土山湾印书馆石印的基础。土山湾印书馆成为上海较早使用石印技术的印刷机构。根据文献记载，在土山湾前，徐家汇的修士使用小型木质的石印机印过一些宗教读物，这些印刷设备后来搬往土山湾，归土山湾印书馆使用。从石印机的发展角度分析，土山湾印刷厂等早期使用的是木质石印机。随后又出现了铁制手摇石印机。1874年，教区设立石印部，1876年，负责印书馆业务的法国人翁寿祺修士向法国订购了大型石印车，石印业务在土山湾开始有了较大发展。1894年，土山湾印书馆成立照相制版部。1914年，土山湾印书馆有110名工人、40名学徒；有当时处于世界先进水平的马里诺尼（Marinoni）彩色石印机二台、大型凸版印刷机四台，以及照相制版、珂罗版等相应设备。②如图6–2所示。

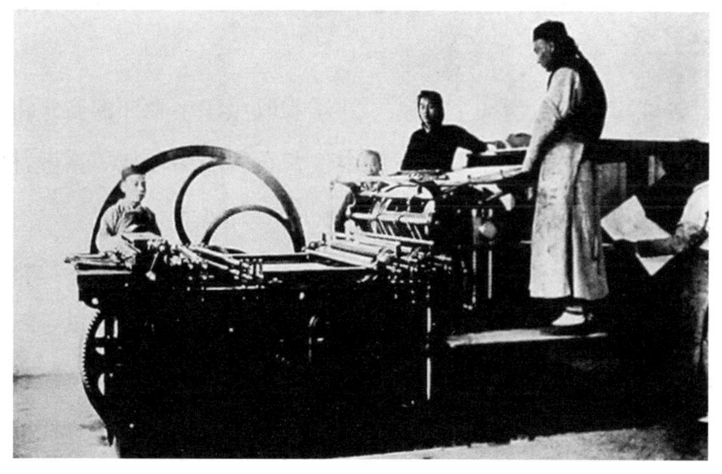

图6–2　20世纪初土山湾印书馆的石印机，图片来源：土山湾博物馆

① 张伟：《石头谱写的文明》，《新民晚报》2014年5月4日。
② 张伟、张晓依：《遥望土山湾——追寻消逝的文脉》，上海：同济大学出版社，2012年，第28—31页。

1877 年 3 月傅兰雅主编的《格致汇编》在卷首告白中称："本馆已购觅印图之版三百余块，俱为西国新式之物，而刻工亦极细致，拟于本年印入编中"。[①]《格致汇编》的第二、五、九卷采用"石印新法"印制了李鸿章、李善兰、徐寿的画像，都是在国内照相，然后运到伦敦刻制钢版印图，再翻成石印墨稿印制而成。[②]

英国商人美查（E. Major）于同治十一年（公元 1872 年）联合他人合资创办了上海申报馆。光绪四年（公元 1878 年）秋，老板美查从国外购得石印机器一台，聘请原土山湾印刷所的邱子昂为石印技师。同年年底美查成立点石斋印书局，并印成楹联、金笺、碑帖画谱、中外舆图等数种出售。自 1879 年初《申报》连续两期刊登《楹联出售》的广告：

本馆近从外洋购取照印字画新式机器一付，因特创点石斋精室，延请名师监印，凡字之波折、画之皴染，皆与原本不爽毫厘。兹先取古今名家法书楹联琴条等，用照相法照于石上，然后以墨水印入各笺，视之与濡毫染翰者无二。夫中国之字画皆以手摹者为贵，而刻板者不尚，然古人之名迹有限，斯世之珍度无多，欲购一真迹，非数十金数百金不办，然犹有赝鼎之虞也。兹无论年代之久远，但将原本一照于石，数千百本咄嗟立办，而浓淡深浅着手成春，此固中华开辟以来第一巧法也。[③]

从上述广告可知，点石斋印书局从"外洋购取照印字画"的新式机器采用的是单色照相石印技术。点石斋石印业务发展很快，石印的品种从零星散件扩展到书籍字典等正规品种。石印也就此成为申报馆营利的一大热点。

印刷机器方面，点石斋印书局使用的是轮转石印机。轮转石印机仍用人力手工摇动，劳动强度大，需每机 8 人，分作两班，轮流摇机。一人续纸，二人接纸，效率很低，每小时只能印数百张。光绪中叶，开始用"自来火引擎以代人力"的石印机，印刷速度稍有增加。[④] 光绪十年（公元 1884 年），著名画家吴友如绘制《申江胜景

①《格致汇编》光绪三年正月。

②《格致汇编》光绪三年七月。

③《楹联出售》，《申报》1879 年 1 月 1 日。

④ 贺圣鼐：《三十五年来中国之印刷术》，张静庐辑注：《中国近现代出版史料·近代初编》，上海：上海书店出版社，2003 年，第 272 页。

图》，其中绘有点石斋石印工场实景，并配诗赞颂："古时经文皆勒石，孟蜀始以木板易；兹乃翻新更出奇，又从石上创新格：不用切磋与琢磨，不用雕镂与刻画，赤文青简顷刻成，神工鬼斧泯无迹。机轧轧，石鄰鄰，搜罗简策付贞珉。点石成金何足算，将以嘉惠百千万亿之后人。"[①] 反映出当时石印之盛和人们对石印的赞美。如图 6–3 所示。从图上看，工场里的石印机有两种，其中大者为圆压平式轮转平台石印机，小者为平压平式。二者皆由人力摇动。自 1880 年开始使用内燃机之后，点石斋就逐渐将所有的工艺机械化。[②]

图 6–3　点石斋石印工场图，吴友如绘，光绪十年上海点石斋石印

点石斋印书局的成功带动了石印技术的商业应用，1887 年 2 月 5 日《申报》上刊有署名"委宛书佣"的《秘探石室》一文，述及点石斋印书局对于晚清出版

① 吴友如绘：《申江胜景图》，南京：江苏古籍出版社，2003 年。
②［美］芮哲非：《谷腾堡在上海：中国印刷资本业的发展（1876—1937）》，张志强等译，北京：商务印书馆，2014 年，第 105 页。

业的贡献：

> 石印书籍肇自泰西，自英商美查就沪上开点石斋，见者悉惊奇赞叹。既而宁、粤各商仿效其法，争相开设。而所印各书，无不钩心斗角，各炫所长，大都字迹虽细若蚕丝，无不明同犀理。其装潢之古雅，校对之精良，更不待言。诚书城之奇观，文林之盛事也。[①]

这里的“宁、粤各商”，分别指的是拜石山房和同文书局。徐润在《徐愚斋自叙年谱》中记述：“查石印书籍，始于英商点石斋，用机器将原书摄影上石，字迹清晰，与原书无毫发爽，缩小放大，悉如人意。心窃慕之，乃集股创办同文书局，建厂购机，搜罗书籍，以为样本。”于是，他在1882年与从弟徐宏普等创建同文书局，地址在当时上海熙华德路（今长治路），时有石印机12架，雇工500人。[②]1887年李盛铎在上海开设石印书局蜚英馆，规模很大，内部分工较细，备有当时先进的石印蒸汽机10余部，馆内分设总账房、总校处、绘图处、裱书处、抄书处、照相房、印机房、校书房、积书处等。[③]由此，晚清出版业进入“三家鼎立”的时代。19世纪80年代末，“上海石印中国书籍正在很快地发展成为一种重要的企业。石印中使用蒸汽机，已能使四五部印刷机同时开印，并且每部机器能够印出更多的页数”。[④]上海之外，“武昌、苏州、宁波、杭州、广东等处亦相继开设石印书局”，[⑤]造就了石印技术的黄金时代。

相比之下，比较先进的石版印刷机是用电力驱动的圆压平式电动石版印刷机。圆压平式电动石版印刷机，用电力带动版台做平面运动，在圆筒形压印滚筒下通过，完成印刷过程，印速可达1000张/小时。19世纪晚期，国内出现的多家印刷机械厂开始生产石印机以及相关设备。1915年，商务印书馆购进用于间接印刷的海立司胶印机，并聘请美国技师魏拔（George Weber）指导技术。1922年，商务印书馆

① 委宛书佣：《秘探石室》，《申报》1887年2月5日。
② 贺圣鼐：《三十五年来中国之印刷术》，张静庐辑注：《中国近现代出版史料·近代初编》，上海：上海书店出版社，2003年，第270页。
③ 李瑞良编著：《中国出版编年史》，福州：福建人民出版社，2004年，第730—731页。
④ 张静庐辑注：《中国近现代出版史料·近代初编》，上海：上海书店出版社，2003年，第88—89页。
⑤ 孙毓棠：《中国近代工业史资料（第一辑）》，北京：科学出版社，1957年，第1011页。

引进英国乔治门双色胶印机。[①]

19 世纪 80 年代初期，彩色石印技术传入国内。1904 年至 1905 年，文明书局和商务印书馆相继雇用日本技师，采用彩色石印技术进行图画印刷。[②] 1920 年，商务印书馆采用直接照相石印技术，重组石印部门，“不用胶纸，直接以阴文落样于亚铅版，出品既精而速”。次年又采用彩色照相石印技术（又称影印版），彩色照相石印技术采用彩色照相分色制版，原理与三色照相网目版相似。以亚铅制成平版，通过胶版机印刷，能够以少数印版，印成多色图画。[③] 厦门鸿文堂五彩书局、上海的中西五彩书局、五彩画印有限公司、藻文书局、宏文书局、彩文五彩书局、湖北崇文书局等开始进行彩石印刷。[④] 从印刷史的角度而言，五彩石印术充当了传统木版套色印刷与现代彩色胶印之间的过渡桥梁。[⑤]

有关石印技术的发展，贺圣鼐在《三十五年来中国之印刷术》一文中叙述道：

至光绪三十四年，商务印书馆乃有铅版印刷机，并聘日人木村今朝南指导之。此机以轻薄之铅版，代替重厚之石版，用轮转之理，增加速率，每小时能印一千五百张。民国以来，上海浦东英美烟公司印刷厂乃购多色铅版印刷机，同时套印四色，印数更加见多，印刷纸烟广告品，尤为适用。

这表明早在民国前后，石版印刷开始被金属版直接彩色印刷技术和彩色间接印刷技术替代。直至此时，曾在民国前风行一时的石印图画日趋衰落，逐渐被铜版图片所代替，[⑥] 失去了其图像制印的主流地位。当然，由于中国的特殊情况，图像的石版印刷技术其后还曾经被长期使用，例如在苏区和抗战时期，石印技术仍然用于

① 贺圣鼐：《三十五年来中国之印刷术》，张静庐辑注：《中国近现代出版史料·近代初编》，上海：上海书店出版社，2003 年，第 273 页。

② 贺圣鼐：《三十五年来中国之印刷术》，张静庐辑注：《中国近现代出版史料·近代初编》，上海：上海书店出版社，2003 年，第 271 页。

③ 贺圣鼐：《三十五年来中国之印刷术》，张静庐辑注：《中国近现代出版史料·近代初编》，上海：上海书店出版社，2003 年，第 272 页。

④ 杨小军：《彩色记忆——彩色石印与早期摄影彩色影像》，《中国摄影家》2010 年第 8 期。

⑤ 潘建国：《晚清上海五彩石印考》，《上海师范大学学报（哲学社会科学版）》2001 年第 1 期。

⑥ 纪晓平：《近代中国的铜版印刷术》，《大学图书馆学报》2002 年第 3 期。

人物图像、插图和宣传画、地图、钞券的印制，在当时的革命宣传活动中发挥了巨大的作用。[①] 石印技术在各个抗日根据地的革命宣传中都占据重要地位。[②] 在抗战迁渝时期，由于印刷设备的限制，商务印书馆在重庆和成都再次使用石印技术进行书籍印刷。[③] 晋冀鲁豫解放区的《农村生活》《冀鲁豫画报》《农村画报》等画报采用石版印刷。[④]

20世纪50年代以前，在北京、上海、天津等大城市的印刷厂里，平印机并不多，平版印刷还是以石印为主。例如：北京市在1949年，有大小印刷企业280家，各种型号的铅印机149台，平印机仅有7台，大小石印机却有136台。大石印机用电力拖动，小石印机则完全靠人力摇动。印刷时先用毛巾沾水润湿石版表面，再用墨辊人工上墨，铺好纸后合上承压板，用力摇动大圆轮上的手柄，带动石印版在压力作用下平移，使油墨转印到纸上，最后揭开承压板，揭纸完成印刷。这些都靠手工作业，体力消耗大，生产效率低，每台石印机日产大约500印。即使这种落后的石印机，也不是很多，例如当时青海省西宁市也只有几台，仅承印一些布告之类的印品。石印之所以在相当长时间内不被淘汰，是因为胶印机价格既高，橡皮布、锌皮等制版材料又依赖进口，高昂的制版成本导致了昂贵的胶印价格，当时一般要求不高的彩印品仍以石印为合算，不同的产品用不同的印刷方法矛盾并不突出。在全国出版和印刷中心上海，部分石印厂改以胶印为主后，石印设备和业务仍保留了若干年。而全国其他中小城市，在20世纪50年代前仍以石印支撑局面。[⑤] 一直到20世纪50年代，我国不少印刷厂才逐步改用锌皮版代替石版。印版本身轻便多了，不过制版原理与制石版相同，也有称这种印版为粉浆版。粉浆转写墨转印时在压力作用下，要向外扩展，使图文变粗，因此，这种版只适合用在一些较粗的线条、文字的印刷。50年代前后，上海安利机器厂（后改称中国扬子机器厂）先后制造了200多台对开手给纸平印机，从而使国产手给纸平印机在印刷厂里逐渐取代石印机。后

① 周岩：《抗日根据地印刷工作者的历史性创造》，《中国印刷》2001年第9期。

② 张树栋、庞多益、郑如斯等：《中华印刷通史》，台北：财团法人印刷传播兴才文教基金会出版，1998年，第十五章，第三节。

③ 许静波：《石头记：上海近代石印书业研究（1843—1956）》，苏州：苏州大学出版社，2014年，第230页。

④ 彭永祥编著：《中国画报画刊（1872—1949）》，北京：中国摄影出版社，2015年，第300页。

⑤ 吴永贵：《中国出版史》（下册），长沙：湖南大学出版社，2008年，第7页。

来人们说的“安利机”和“扬子机”指的就是50年代国产的这一批平印机器。平印机完全甩掉了笨重的石版，使用既薄又轻的锌皮作印版，印版装置和压印装置都是滚筒式，大大提高了印刷速度；采用橡皮滚筒间接印刷，有利于提高印版的耐印力和印刷品质。用手给纸平印机取代笨重的石印机，无疑是平版印刷的一大进步。在20世纪50年代后期，用国产手给纸平印机，印出了不少精美的画册，像大型画册《中国》《印度尼西亚共和国总统苏加诺工学士、博士藏画集》等，可以说是这一时期平印技术的杰出代表作。[①] 而彩色石印技术直到20世纪70年代还在使用，[②] 显示出顽强的生命力。

第二节 石印技术与晚清图像出版

石印技术自晚清时期传入我国，不断演进，在19世纪中后期成为主流制印技术之一，以其特殊的制图技术优势促进了晚清以来图像的大量制印与传播，本节从插图本（全像本）、地图与钞券、年画与广告等几个方面简介当时石印图像出版状况。

一、石印插图本（全像本）与画谱

由于媒介新技术的支持，晚清图书出版呈现出产品数量多、印刷质量高、流通范围广、出版速度快、发行周期短、销售利润高等鲜明特征。[③] 比较而言，石印技术方便快捷、投资小见效快。尤其是石印照相制版技术可以照排古籍、绘画、图形，大小缩放自如，且书价“大致是木版书的三分之一”，在这一过程中，石印技术图像制印的优势得到充分发挥，促进了当时各类书籍石印图像的大规模印制与传播，极大地改变了当时图像制印与传播的格局。

① 张树栋、庞多益、郑如斯等：《中华印刷通史》，台北：财团法人印刷传播兴才文教基金会出版，1998年，第二十三章，第五节、第三节。

② 杨小军：《彩色记忆——彩色石印与早期摄影彩色影像》，《中国摄影家》2010年第8期。

③ 孙健、陈钢：《媒介新技术与晚清出版新格局》，《中国出版》2014年第18期。

1. 图书石印插图

土山湾印书馆早期石印出版物中较有代表性的是1878年出版的法国传教士柏立德（Gabriel Palatre）的《中国溺婴记》。这本书附有大量插图，是反映出中国早期石印生产能力的一本经典之作。其后，土山湾印书馆印制了有关气象、地质、地震、水文等方面的书籍。1892年，土山湾印书馆出版彩色《古史像解》，用图像与问答文字相结合的形式来解释《旧约全书》中所叙述的事件。卷首有沈则宽书写的序言一篇，希望此书出版之后将产生良好的作用，如“广布村塾，使童子观像聆解，寓目会心”，成为“言行之南针”。该书图像单套色就有绿、褐、红、淡红、蓝、黄、肉色七种色彩之多。加上黑色的墨线，印刷时要印制八次，可见用心之苦。不仅于此，制作者还把两种颜色重复印刷，以产生新的色彩。而且为了更为准确地表现草地、天空、云朵中色彩的变化，土山湾印书馆的工匠用石版套色，其独有的颗粒感，以及色彩的特质，使这些作品具有西方油画的效果。① 同时，土山湾印书馆还大量印制发行地图、挂图、圣像和宗教画片等制品。土山湾印书馆印刷发行的石印出版物时间早、数量大、范围广，绵延数十年，品种千百计，影响遍及沪上同业，事实上成为上海石印业的开创者，② 在近代中西出版文化与印刷技术交流的格局中，创造了自己特殊的价值和意义。③

石印技术是在大规模“复印”古籍，印刷“格致类（医学类）”和教育书籍中崛起的。④ 晚清以来的石印黄金期，各种“具有销量”的古籍都被石印出版，其中的插图无疑是最受青睐的亮点。如《钦定书经图说》《列女传》《绘图监本易经》《尔雅图》《绘图增注千字文》《五彩绘图千家诗注释》《绘图增注历史三字经》《新式标点四书白话解说》《绘图增注百家姓》《山海经图说》《唐诗三百首注释》《诗经读本》等石印版本特别突出了“绘图”。

“格致类（医学类）”是当时石印技术促生出的另一种新型图书，多是西方自然科学、医学类图书，大多附有原书插图。目前尚能看到的石印出版物《天文略论》

① 吴洪亮：《从〈道原精萃〉到〈古史像解〉》，《文艺研究》1997年第2期。
② 张伟：《石头谱写的文明》，《新民晚报》2014年5月4日。
③ 邹振环：《土山湾印书馆与上海印刷出版文化的发展》，《安徽大学学报（哲学社会科学版）》2010年第3期。
④ 苏铁戈：《漫话中国的石印本书籍》，《图书馆学研究》1987第2期；周振鹤编：《晚清营业书目》，上海：上海书店出版社，2005年。

和《全体新论》均由传教士合信所在的广州惠爱医馆出版，是近代最早系统介绍西方天文知识和人体解剖知识的科学著作，刊有大量天象图和人体解剖图（如图 6–4 所示），在当时影响很大。带动了其后《中西汇通医书五种》等包括传统中医书在内的石印书籍的出版。[①]

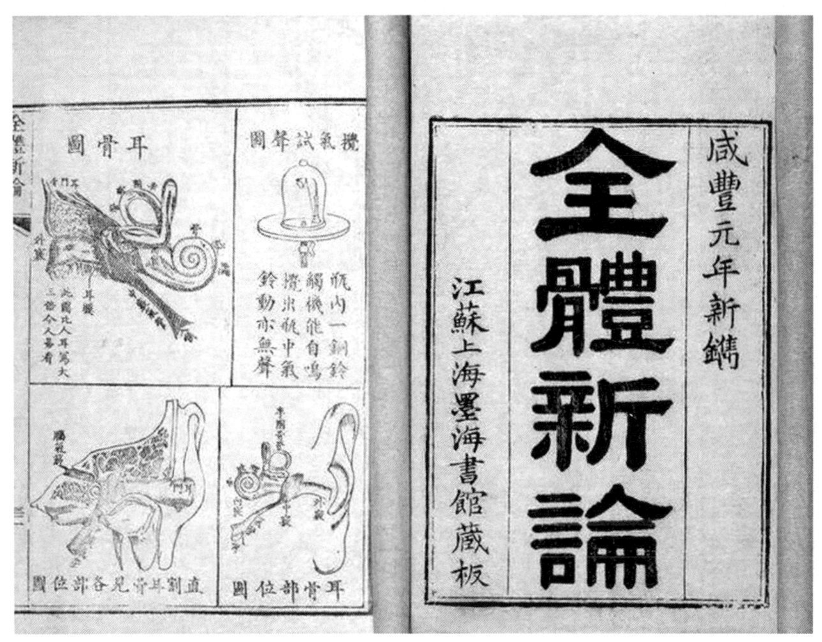

图 6–4　《全体新论》，墨海书局，咸丰元年版

石印技术还带动晚清以来各种插图教材的出版，像《澄衷蒙学堂字课图说》（如图 6–5 所示）、《童子必需图注尺牍初步》《缝法教科书》等儿童、新学与通俗类教材，皆有石印插图。施崇恩的彪蒙书室更是相继石印出版了《绘图蒙学识字实在易》《绘图蒙学造句实在易》《绘图蒙学速通虚字法》《绘图中国白话史》《绘图外国白话史》《绘图四书速成新体白话读本》等白话绘图教材，风靡一时。[②] 1905 年，商务印书馆运用彩色石印三色版技术，印制《最新小学教科书》之中的彩页插图。同时，《中华民国五年阴阳合历通书》《三元甲子万年书》等历书，《万法秘传》《真本绘像相术讲义》《精绘图果报录》《地理五诀》等相术、堪舆类书籍乃至石印家谱、

① 张伟：《晚清上海石印业的发端与拓展》，《历史文献》2014 年第 1 期。
② 王星：《清末彪蒙书室与“实在易”白话文教科书初试》，《中华读书报》2016 年 11 月 30 日。

地方志等等，大多附有石印插图。如果说晚清新式报刊媒体显示了“西学”的“新闻化”面向的话，[①] 那么这些当时的格致图像无疑是这些东渐西学的“亮点”。

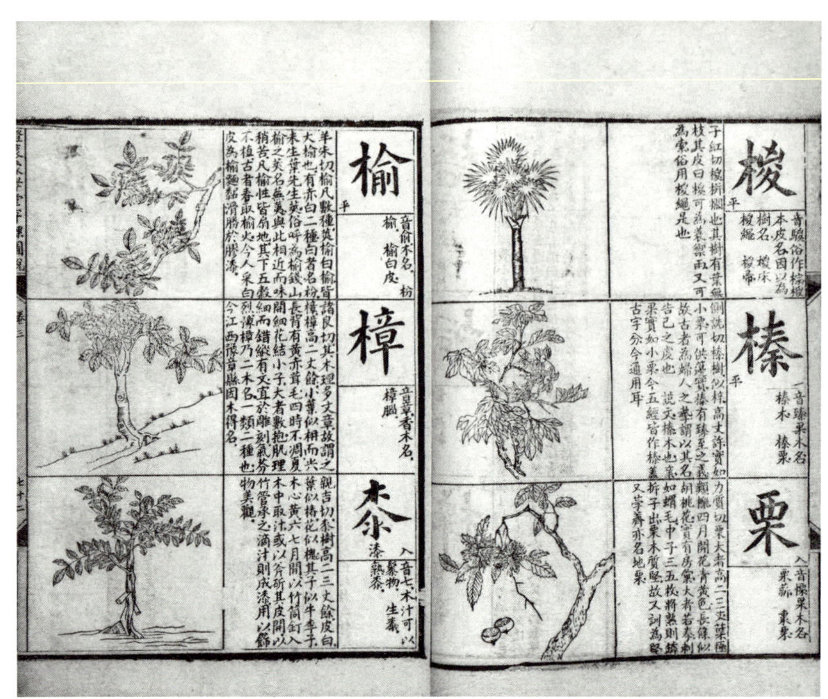

图 6-5　《澄衷蒙学堂字课图说》，澄衷蒙学堂印书处刊本

2. 图像插图小说（戏剧）的出版

明清时期的绣像小说（戏剧）得到了重新整理，大量石印出版，插图成为当时石印小说广告宣传点。[②] “从《三国演义》等经典作品的绣像加工出版热，蔓延到各地地方戏的剧本和各种通俗小说、各类弹词、滩簧等民间唱本。”[③] 从 1888 年到 1910 年，各个石印书局出版了大量的插图小说，点石斋书局利用石印技术印刷出《西湖拾遗》《三国志全图演义》《绘图东周列国志》《绘图镜花缘》《淞隐漫录图说》《淞

① 潘光哲：《晚清士人的西学阅读史（一八三三～一八九八）》，南京：凤凰出版社，2019 年，第 387 页。

② 刘颖慧：《插图与晚清小说的传播——以晚清〈申报〉小说广告为例》，《理论导刊》2006 年 11 期；阿英：《清末石印精图小说戏曲目》，《小说三谈》，上海：上海古籍出版社，1979 年。

③ 苏铁戈：《漫话中国的石印本书籍》，《图书馆学研究》1987 第 2 期；李豫主编：《清末上海石印说唱鼓词小说集成（全十册）》，上海：上海人民出版社，2013 年；杨丽莹：《清末民初的石印术与石印本研究——以上海地区为中心》，上海：上海古籍出版社，2018 年，第 105—114 页。

隐续录》《增刻红楼梦图咏》《新说西游记图像》《风筝误》等小说插图本或画谱出售。同文书局石印《增评补图石头记》《增像三国全图演义》《评注图像水浒传》《详注聊斋志异图咏》；蜚英馆石印《绘图评点儿女英雄传》《详注聊斋志异图咏》；鸿文书局石印《增像全图三国演义》及《新说西游记图像》；大同书局石印《图绘五才子奇书》《增补齐省堂儒林外史》；修斋堂石印《绣像杨家将全传》（如图 6–6 所示）；文盛书局石印本《图像镜花缘》；上海书局石印《闺阁才子奇书》；上海锦章图书局石印《绘图三下南唐全传》《绣像金镯玉环记》；上海铸记书局石印《新编韩湘子九度文公道情全本》以及清末民初石印本《图像新撰五剑十八义》《绘图剑侠飞仙传》《绘图红情快史》《绘图花月因缘》《麒麟牌》《最新绘图梁山伯祝英台夫妇攻书还魂团圆记》等小说宝卷。①

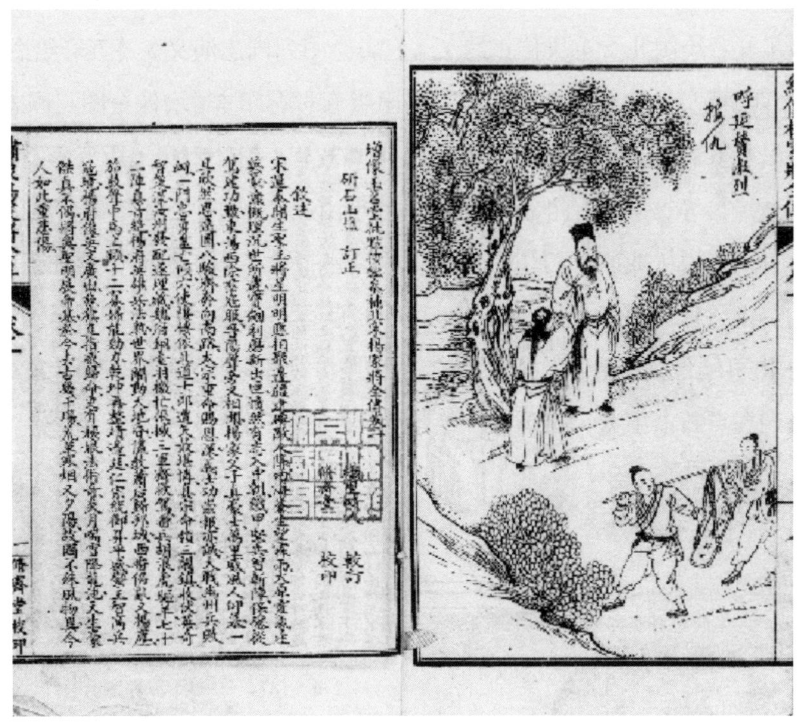

图 6–6　《绣像杨家将全传》，光绪十八年上海修斋堂石印本

① 潘建国：《西洋照相石印术与中国古典小说图像本的近代复兴》，《学术研究》2013 年第 6 期；沈津：《韩南教授及其所藏清末民初小说宝卷》，《书城风弦录：沈津学术笔记》，桂林：广西师范大学出版社，2006 年；赖毓芝：《清末石印的兴起与上海日本画谱类书籍的流通：以〈点石斋丛画〉为中心》，《“中研院”近代史研究所集刊》2014 年第 85 期。

鉴于图像本良好的销售前景及“聊借画图怡倦眼”的附加性能，各书局不断加大插图的份额，“回回图”、连环画、画册的竞相迭出，将晚明以来“无书不插图”的情况推向极致，[①]还催生了晚清画报小说的兴起和盛行，诸如《图画日报》《舆论时事报》《神州日报》等附送的白话小说，大多采用一图一文的形式，图像已经成为小说文本的有机组成部分。[②]在这一风气的影响下，当时还出现了插图本的翻译小说和时事演义小说，如《绘图偶像奇闻》《绘图啼猩泪》《绣像康梁演义》《绘图义和团演义》等。[③]在这股图像出版的热潮中，图像彩色石印也颇为引人注目。光绪十七年（公元1891年），上海文玉山房委托五彩画印有限公司“用西法五彩石印”出版《绘图山海经》《五彩增图东周列国志》；光绪三十年（公元1904年）文宝书局出版《五彩绘图廿四史演义》，光绪三十一年（公元1905年）章福记书局出版五彩石印本《绘图东周列国志》，光绪三十二年（公元1906年）上海焕文书局出版《五彩绘图儿女英雄传正续》《五彩绘图列国志演义》《五彩绘图荡寇志》《五彩绘图西游记》，清末民初简青斋书局出版五彩石印本《增像全图三国志演义》，天宝书局出版五彩石印本《增像全图东周列国志》，扫叶山房出版五彩石印本《绘图彭公案全传》等等，[④]由此带动了晚清时期小说（戏剧）石印图像出版的兴盛。

晚清时期小说（戏剧）石印图像出版的兴盛带动了叙事类图像的加工与重新绘制创作的热潮，像光绪八年（公元1882年）点石斋石印《三国演义全图》，将购得善本的40页绣像列于卷端，另绘240幅插图“分列于每回之首”。1884年6月7日，《申报》刊登点石斋主人《招请名手绘图启》：

① 傅湘龙：《晚明、晚清商业运作与小说刊印形态之变迁——以晚明建阳书坊和晚清上海书局为中心》，《中国文学研究》2009年第4期。

② 潘建国：《铅石印刷术与明清通俗小说的近代传播——以上海（1874—1911）为考察中心》，《文学遗产》2006年第6期。

③ 杨丽莹：《清末民初的石印术与石印本研究——以上海地区为中心》，上海：上海古籍出版社，2018年，第119—120页。

④ 潘建国：《西洋照相石印术与中国古典小说图像本的近代复兴》，《学术研究》2013年第6期；潘建国：《晚清上海五彩石印考》，《上海师范大学学报》2001年第1期；顾廷龙、冀淑英：《套印和彩色印刷的发明与发展》，上海新四军历史研究会印刷印钞分会编：《装订源流和补遗》，北京：中国书籍出版社，1993年。

本斋新得奇书数种，均属未刊行世者。其事可惊可喜，而笔墨之精妙，真所谓翩若惊鸿，矫若游龙，要非寻行数墨家所能望其项背。惟有说无图，似欠全美。故特招请精于绘事者，照说绘图，襄成是事。如有丹青妙手，愿与此书并传者，即照前报所登画幅尺寸，绘成样张，寄至上海点石斋账房。一经合用，当即函请至本斋而议一切。此布。[①]

各个书局也"荟萃近时名手"如陈作梅、杨文楼、吴友如、陆鹏、周慕桥、钱慧安、何元俊等人，创作传统小说（戏剧）和晚清新小说的插图，[②]极大地提升了晚清图像的艺术水平。这股插图本的传播热潮也影响到当时名家的图书出版。清光绪二十二年（公元 1896 年），上海积山书局出版王韬的《后聊斋志异图说》十二卷。清光绪二十三年（公元1897年），点石斋书局将其易名为《淞隐漫录》出版，由吴友如和田子琳配图。王韬的《淞隐续录》由张志瀛绘图，《点石斋画报》印行附赠，后来增补后改题《淞滨琐话》，于光绪癸巳（公元1893）秋九月由淞隐庐出版。[③]光绪十六年（公元 1890 年），点石斋书局石印出版王韬的《漫游随录图记》三卷，并随《点石斋画报》附赠出版。《漫游随录图记》本是王韬记录西欧、日本及国内的游历之作，共 50 则，图由田英、张志瀛绘制，一图一文，形成 50 则图文形式。如图 6-7 所示。

图 6-7　《漫游随录图记》，光绪十六年点石斋书局石印

---

① 点石斋主人：《招请名手绘图启》，《申报》1884 年 6 月 7 日。

② 潘建国：《近代海上画家与通俗小说图像的绘制》，《荣宝斋》2007 年第 3 期；杨丽莹：《清末民初的石印术与石印本研究——以上海地区为中心》，上海：上海古籍出版社，2018 年，第 128 页。

③ 张振国：《王韬小说集中部分作品著作权质疑》，《南京师范大学文学院学报》2009 年第 4 期。

3. 画谱（画作）出版

在画谱石印出版方面，当时各出版机构除了出版《芥子园画谱》《凌烟阁功臣图像》《圣谕像解》《帝鉴图说》《万寿盛典》《诗画舫》《历代名媛图说》《唐六如画谱》《晚笑堂画传》《御制耕织图》《名状元图考》《佩文斋书画谱》《于越先贤传图像》《古今名人画谱》《任渭长先生画传四种》等原有木刻画谱（画作）之外，还出版了《碧血录》（同文书局）、《纫斋画胜》（点石斋）、《闺媛丛录》（点石斋）等新的画谱。光绪五年（公元 1879 年）5 月 12 日，点石斋书局在《申报》登载广告，发售《鸿雪因缘图记》石印本：

> 本馆自创设点石斋仿泰西照相石印之法以来，特不惜重资，购求原本，勒诸贞珉；又嫌原本之过大，而翻阅之累赘也，缩存四分之一，细于牛毛，密于茧丝，而深浅远近，仍复一一分明，与元本后先辉映。若此细图，即付手民雕刻，恐离娄复生，亦当望而却步矣。昔人以诗书画为三绝，今《鸿雪因缘图记》，图则擅写生之妙手，记则具赋物之清才，而点石斋之印工，又为开天辟地以来夺造化、转鸿钧之奇术，称为三绝，允当无愧。[①]

《鸿雪因缘图记》为清完颜麟庆所撰游记集，其子后聘请画工依记绘图，出版木刻本，该本共三集 240 则，每集 80 则，每则配以插图一幅。点石斋出版的石印本《鸿雪因缘图记》分订为 6 本，外用夹板，售价一元。初版 5000 部，“不一年而售罄”，至 1886 年，点石斋出版过该书的四个版本。除此之外，当时画家的作品（画集）也被石印出版。光绪十一年（公元 1885 年）石印本《杨忠武侯宣勤积庆图》，描绘蜀中名将杨遇春历经三朝的一生事迹。以图为主，以文为辅，由画家胡雪渔等绘制，图文共 89 幅，是现存中国早期最大的石印连环画。[②]

1884 年，在出版《点石斋画报》的同年，申报馆申昌书画室发售由点石斋印行的图画集《申江胜景图》，尊文阁主人（美查）“延画师吴君友如，博观约取绘图

① 点石斋主人：《鸿雪因缘图记跋》，《鸿雪因缘图记》，上海：点石斋照相石印，光绪五年闰三月。
② 王平贞：《杨遇春及〈杨忠武侯宣勤积庆图〉》，《四川文物》1987 年第 3 期。

若干幅，图缀以诗，成卷帙，以供好奇者卧游之具，图成而申江之胜已集”，《申江胜景图》绘图62幅，描绘了清末上海十里洋场的黄埔滩、豫园、静安寺、龙华寺、招商总局、上海制造局、申报馆、英公馆、法租界、火车、教堂弥撒、台球室、自来水公司、缫丝局、巡捕房、消防队等建筑与社会生活场景。同时，点石斋书局还相继出版过吴友如的石印画册《平定粤匪功臣战迹图》（光绪二十年石印本）、《紫光阁功臣小像》等，其中的《吴友如功臣图》内收清军剿灭太平天国名将人物肖像图42幅（如图6-8所示）、《克复安庆省城图》《克复金陵第一图》等作战图13幅。这些画册以石印为底本，再行设色。

图6-8　《吴友如功臣图》，光绪点石斋石印本

1884 年《点石斋画报》自第七号开始，就以“增附图说，概不加价”的方式赠送当时画家张子祥、任伯年、任阜长、沙山春、管劬安等人的插页石印作品，这些作品后来大多收录在 1886 年版的《点石斋丛画》之中。1885 年，杭州梦槐书屋“不惜重资，特求胡公寿、张子祥、邓铁仙、杨伯润、周云峰、任阜长、徐小仓、沈心海八大名家，专为石印精绘各种人物山水，画钩翎毛、草虫、竹石、花卉册页，一百数十幅”，编著《海上名人画稿》，并委托上海同文书局印制出版。[①] 晚清时期兴起的石印图像的热潮在民国时期达到高峰。民国期间，上海世界书局石印出版《马骀画宝》24 册画谱，包括《人物画范》2 册、《古今人物画谱》1 册、《仙佛图像画谱》2 册、《美人百态画谱》2 册、《历代名将画谱》2 册、《花卉草虫画法》1 册、《百花写生画谱》2 册、《花鸟画谱》2 册、《兰竹博古画谱》1 册、《鱼虫瓜果画谱》1 册、《鸟兽画法》1 册、《中外百兽画谱》2 册、《山水画诀》2 册、《名胜山水画谱》1 册、《诗情画意画谱》2 册，可谓当时石印画谱的集大成者。出版的当代画家的石印画集有，1925 年上海文瑞楼的石印本《吴友如画宝》13 集共 26 册。民国期间还有画家石印画集出版，如上海画家胡郯卿的《醉墨轩画稿》就在民国期间多次石印出版；同时，《帝鉴图说》《圣迹图》《御制耕织图》《推背图》等附有大量插图的书籍也得以石印出版。而像历代法帖、碑帖、楹联其实也是一种“视觉艺术”，例如《金石萃编》等在这一时期也大规模石印出版。石印技术的热潮还带动民国时期连环画的出版。当时上海朱芸轩出版戏剧题材的“图画书”，每册 5 页，有光纸（油光纸）十开出版。有多家书局模仿。后来槐荫山房改为上层说明、下层绘图的格式；世界书局的沈芸芳“改为石印八开本，名曰连环画”。[②] 如《狸猫换太子》《薛仁贵东征》《连环图画三国志》《连环图画水浒》《连环图画岳传》《连环图画封神榜》《连环图画西游记》《红楼梦》《呼延庆》《荡寇志》《杨家将》《白蛇传》《一枝梅》等，促进了传统图像题材的大众传播。当时流行的连环画中，甚至还出现了现实题材的作品。如上海战事写真馆民国十三年石印出版《江浙直奉

① 谢圣明：《清末石印与海派绘画的传播与新变——以点石斋为中心的考察》，《南京艺术学院学报（美术与设计）》2016 年第 6 期。

② 叶九如记录：《书业历史》，见许静波：《石头记：上海近代石印书业研究（1843—1956）》，苏州：苏州大学出版社，2014 年，第 286 页。

血战画宝大全》一种，24 开本 4 集，由胡亚光、孙步月、胡小萼、金少梅合作编绘。采用西画素描手法，描绘江浙两省直奉派系军阀混战中各个战役的情况。如图 6–9 所示。

图 6–9　《江浙直奉血战画宝大全》，上海战事写真馆石印

另一方面，自 17 世纪末以来，在引进中国画谱的影响下，日本所生产的绘画教科书和画谱发展迅速，“中国画谱在日本不断被重刻和修订出版，使得日本产生了新的印刷品种，它在 18 世纪及 19 世纪上半叶获得极大发展，在品种和数量上远远超过中国本土。……这些各式各样及功用各异的画谱的刊行，实际上反映出当时日本印刷技术的提高、书籍市场的扩大、绘画在文人圈里的发展或者只是作为商人阶层的消遣艺术等几方面的情况”。[①] 大约从 1880 年开始，不少日本画谱在国内大量石印出版，成为一个值得关注的现象。光绪辛巳（1881 年）夏五月，点石斋书

① 马尔凯：《十七世纪中国画谱在日本被接受的经过》，韩琦、米盖拉编：《中国和欧洲——印刷术与书籍史》，北京：商务印书馆，2008 年，第 113 页。

局出版《点石斋丛画》，卷首有美查所作自序：

……仆素喜绘事，而不能染墨，遇有名人画籍，悉购而藏之。去秋至东瀛，出坊间见有零金碎玉，虽非完璧，却具名人手笔，悉购之归。与数年所藏者，汇孜成轶，又后添入近时有名墨本若干页。分为十有二卷，即名之曰《点石斋丛画》。以泰西照相石印法缩成袖珍优于用车携带。其笔意之精工，神情之流露，仍复丝毫不爽。披阅一过，令人意在笔先，神游法外。其有益于艺林之揣摩也。岂浅鲜哉！印既成，爰赘数语，以公诸同好云尔。光绪辛巳年夏五月点石斋主人志。①

《点石斋丛画》在1886年再版，有较大修订。有研究发现，这两版《点石斋丛画》除了收录当时国内画家任薰（任阜长）、任伯年、胡公寿、舒萍桥等人的作品之外，还收录了大量江户时期的日本画谱，如《名数画谱》《海仙十八描法》《画图醉芙蓉》《分类二十四孝图》《唐诗选画本》《日本名山图会》《熊野名胜图画》等。从19世纪80年代到19世纪90年代，大约有9个书店，包括扫叶山房、传是楼、上海万卷楼、读未楼、醉六堂、文瑞楼、福瀛书局、东壁山房、纬文阁等，在《申报》上广告贩卖日本书籍其中包括日本石印画谱；②其间乐善堂书局也销售过多种日本进口的石印画谱。③

与此同时，石印技术还被广泛应用于古代绘画的复制方面。1905年，商务印书馆运用彩色石印三色版技术，印制了山水人物花鸟等古画，达到“其设色能与原底无异”的效果。④1916年，商务印书馆发行了一批石印三色版美女画片及石印三色版美女明信片。1920年，该馆开始出版彩色照相石版印刷物。⑤

① 点石斋主人：《点石斋丛画》，上海：点石斋照相石印，光绪辛巳年。

② 赖毓芝：《清末石印的兴起与上海日本画谱类书籍的流通：以〈点石斋丛画〉为中心》，《“中研院”近代史研究所集刊》2014年第85期；向迪琮：《上海点石斋石印书报及其继起者》，上海市文史馆、上海市人民政府参事室文史资料工作委员会编：《上海地方史资料（四）》，上海：上海社会科学院出版社，1986年，第248页。

③ 陈捷：《岸田吟香的乐善堂在中国的图书出版和贩卖活动》，《中国典籍与文化》2005年第3期。

④ 贺圣鼐：《三十五年来中国之印刷术》，张静庐辑注：《中国近现代出版史料·近代初编》，上海：上海书店出版社，2003年，第271页。

⑤ 黄一迁：《近代商务印书馆的美术传播研究（1897—1937）》，上海大学博士学位论文，第87页。

二、石印地图与钞券

除了绣像小说和画谱的图像石版印制，石印技术自晚清以来开始用于地图印制。清代地图《清内府一统舆地秘图》即为石印出版；刊于清光绪三十年（公元1904年）的《皇朝直省地舆全图》，用黑、红、黄、蓝四色彩色石印，由上海徐家汇土山湾印书馆出版，鸿宝斋代印。[①] 光绪二十二年（公元1896年）武昌舆地学会邹代钧应用彩色石印法印制地图。光绪二十四年（公元1898年）武昌舆地学会使用两台四开石印机印刷地图，成为中国第一家采用石印技术出版小比例尺地图的专业出版社。1902年上海徐家汇土山湾印书馆出版的《五洲图考》，各章节均附有较精确的地图。其后，中华书局、商务印书馆也钻研地图制版印刷技术。

地图石印制版工艺有：转写制版法和直画制版法。转写制版法中，对一些要求不高的地图，采用直接用透明的浆糊纸覆于编绘原图上，用油性很强的汽水墨清绘，注记也用汽水墨书写，清绘完成后，将清绘好的浆糊纸经手摇石印机把图文转印到经过研磨的石印版面上，经处理即可印刷；另一种是与铜版雕刻凹版相结合，将雕刻完成的反阴凹版，经上墨刮墨，把凹版上的油墨图文压印到浆糊纸上，再将浆糊纸上的图文转印到石印版面上，该方法制成的印版图文精细。直画制版法用于制作地图上的普染色版，如地图上水部的蓝色，及政区地图上的政区色块，其制版方法是将图形的轮廓范围线印于纸上，撒上红粉，将红粉压到石版上，在不需普染的部分，涂以树胶液，需要普染的部分，则涂以汽水墨，印成实地普染色版，若需用网线，则用铜版网线印于浆糊纸上，用该浆糊纸转印到石版上，便成网线普染色版，一色制成一印版。因此，地图的普染彩图始于石印。[②]

照相制版设备出现之后，用碘化棉胶湿版照相法获取地图底版，以手工分涂分色做线划底版，晒制蛋白版，与石印制版以红粉描胶方法制实地普染色版和网线普染色版方法相同。印刷由圆压平式印刷机逐步改为轮转间接平印机。1908年商

① 李强：《略论石印本光绪朝八省沿海全图》，《收藏家》2007年第2期。
② 张树栋、庞多益、郑如斯等：《中华印刷通史》，台北：财团法人印刷传播兴才文教基金会出版，1998年，第十七章，第四节。

务印书馆首先有了锌版印刷机，就以轻薄能曲的锌版代替了厚重不能弯的石版，进入平版轮转间接印刷的新阶段。1913 年，北平中央制图局也开始采用直接照相平版法印刷地图 。1918 年中华书局购入全张胶印机，印刷出中国第一批全张拼幅的全国地形图。1922 年，上海创办的世界舆地学社，于 1929 年购置平印设备，建立地图印刷厂。1938 年，上海又创办了亚光舆地学社，建立了地图照相制版部门，还创设了专门印制地图的虹光彩印厂。①

除了石印地图的印制，晚清至 20 世纪中期，钱票、铜元票、辅币券、军用票等钞券的石印制品在当时也十分流行。1898 年《点石斋画报》停刊后，点石斋和它的画家们积极寻找新的业务，其中就曾为各地钱庄印刷过多种纸币。这些纸币均为竖式，正面边框印制著名古文、图案与场景（故事）图画，著名古文包括陶潜《归去来兮辞》、魏徵《谏太宗十思疏》、韩愈《师说》、苏轼《前赤壁赋》等，大多选自《古文观止》。背面则大多是故事性的图画。例如“庆泰隆”钱号（票样），石版印制，红、蓝、绿三色套印。正面外边框内蝇头小字为归有光《吴山图记》，最外层大框内为二十四孝图情节。背面绘有魏晋时的“竹林七贤”图，题款为“光绪甲辰仲夏六月为庆泰隆主人雅属左吴梅庆氏写于沪上”。② 如图 6-10 所示。由此可见，当时的石印钞券在注重“防伪”的基础上，突出了传统故事（图像）的视觉表达，本身也成为当时流行的语图互文的图像作品。

光绪年间石印技术的发展使纸币印刷出现了新的飞跃，民间纸币由单色或双色转向多色，由原本比较单调的传统竖式转向横式、竖式兼用。票面图案由比较简单的雕刻线条构图转向比较丰富的多品种图稿，而且逐步采用底纹图案。石印技术印钞与印刷书籍的过程基本一致。只是在落石前多一个拼大版程序。一般而论，纸币面积较书页、图画、报纸小得多，每一个印版可多张印刷，因此印刷纸币的印稿在落石前先要进行拼版。拼版是将多张纸币的样稿拼成大版稿，再将大版稿过渡到脱墨纸上，然后进行落石。当时北京有北洋石印局、北洋官报局、北京林屋洋行印制局、

① 张树栋、庞多益、郑如斯等：《中华印刷通史》，台北：财团法人印刷传播兴才文教基金会出版，1998 年，第十七章，第四节。

② 傅为群：《“点石成金”——晚清上海点石斋石印纸币》，《档案与史学》1998 年第 4 期；汪海岚、姚朔民：《点石斋晚清纸币和 1905—1912 年间的上海印刷厂》，《中国钱币》1997 年第 3 期。

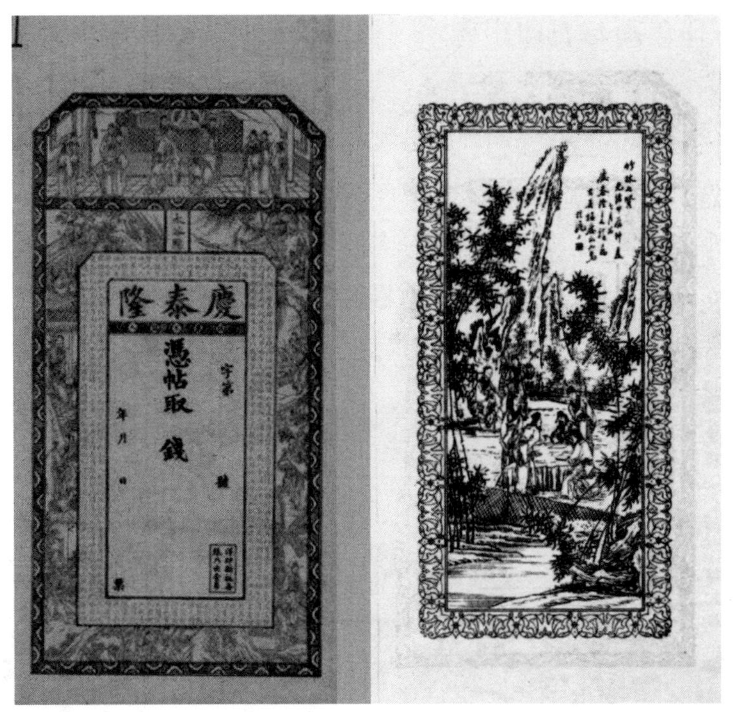

图 6–10　“庆泰隆”钱号（票样），北京中汉公司 2010 秋季拍卖会拍品

北京悦华石印局、琉璃厂工艺局等印刷局、印刷所、印书馆，为社会印刷各种票、券。与此同时，在上海、汉口、天津等较发达城市都出现了采用石印技术印刷的纸币。[①]

我们在第五章分析过的度支部印刷局，在钢凹版印刷钞券之外，还利用石印技术进行急用的邮票和票据印制。由于石印纸币所需设备比较简单，民国时期除了财政部印制局外，各省、市许多印书局、印刷所、石印局都为各地的商业银行、地方银行、官银钱局石印纸币。中国共产党领导的新民主主义革命根据地所发行的纸币大多是采用石印技术印刷的。如 1933 年湘赣革命根据地在极困难的条件下，土法上马，用精面粉、蛋白、白蜜糖调配涂于拷贝纸，以代替脱墨纸；砍松木、取松膏、烧松烟灰，加入桐油熬成土油墨，完成了石印“中华苏维埃共和国国家银行湘赣省分行纸币”的任务。[②]

① 杨宏伟编著：《货币历程：历代货币与钱币形式》，北京：现代出版社，2014 年，第五部分。
② 吴满平：《湘赣省分行纸币的印制工艺》，《中国钱币》1996 年第 3 期。

三、石印年画与石印广告

20 世纪 20 年代，石印年画开始出现。清末民初上海地区小校场石印年画以其色彩艳丽、物美价廉而盛极一时，在题材上有些作品表现了重大历史事件、上海都市生活与都市新奇景观，如《海上第一名园》《上海四马路洋场胜景图》《上海新造铁路火轮车开往吴淞》《刘军克复宣泰大获全胜图》《上海通商庆贺总统万岁》等等。如图 6–11 所示。

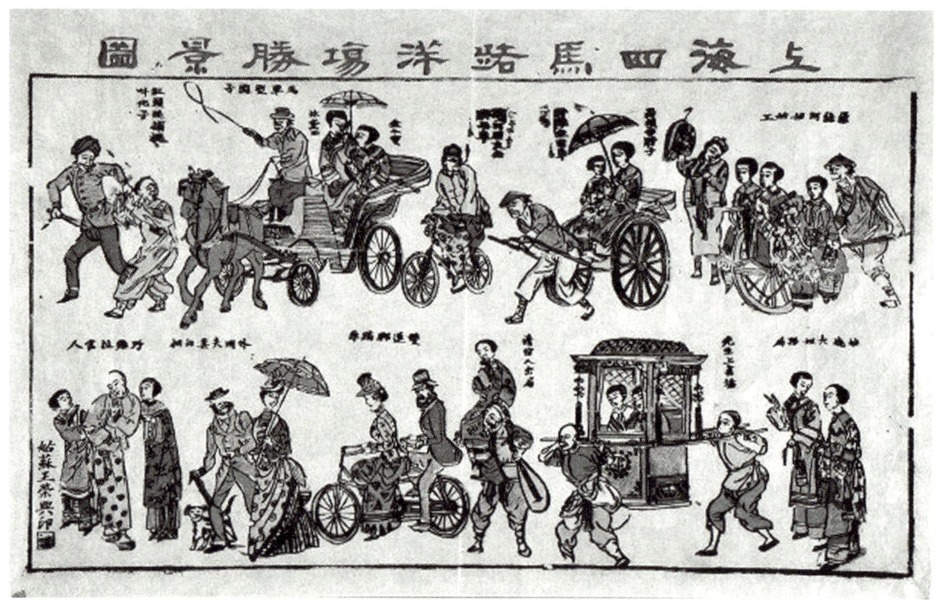

图 6–11 《上海四马路洋场胜景图》，小校场石印年画，上海市历史博物馆藏

目前，学界研究已经关注这一对象，对小校场年画的创作团体、版本变化、店坊分布、制作和销售特点及作品在世界范围内的存世量等问题进行了初步考察，将相关研究向前推进了一步；还对小校场年画从崛起、发展到繁盛、衰落的演变轨迹作了比较详尽的考证和论述，这也是以往所缺乏的。在诸如年画与语言流变、年画与公众活动、年画与外来事物、年画与民众心理等方面都作了探讨。[①]

① 段炼：《追寻逝去的年俗记忆——上海小校场年画述略》，《东南文化》2009 年第 3 期；冯骥才主编：《中国木版年画集成——上海小校场卷》，北京：中华书局，2011 年；张伟、严洁琼：《晚清都市的风情画卷——上海小校场年画从崛起到式微》，上海：学林出版社，2016 年。

天津地区最早引进石印设备从事年画生产的，是成立于1924年的天津富华印刷局，后来又相继涌现出四五家石印画庄，除天津市以外，杨柳青本地的一些年画庄和年画作坊也纷纷改为石印。石印年画在题材上，继承了木版年画的传统，包括戏剧故事、神话人物、文学典故、花鸟虫鱼、仕女儿童、民间风俗、实事新闻等；在形式上，则保留了木版年画构图饱满、色调清晰、线条流畅、人物逼真等特点。加之石印较雕版印刷，具有制版迅速、修正方便、价格低廉等特点，石印年画很快风靡市场，并一度取代了杨柳青木版年画的垄断地位，成为流行于北方的主要年画品种。[①]如图6–12所示。据记载，在1937年抗战以前，富华印刷局年生产石印年画3000万张，加上其他年画庄所生产的年画，每年可生产7000万张，其销往地点几乎覆盖了华北、东北和西北所有省区，直到20世纪40年代完成历史使命，并从此走向消亡。[②]

图6–12 《绕口令》石版年画，天津毓顺成芳记出品

① 薄松年：《中国年画艺术史》，长沙：湖南美术出版社，2008年，第四章。
② 王树村：《中国年画发展史》，天津：天津人民美术出版社，2005年，第二章。

除了上述几种石印图像之外，石印广告招贴画也是晚清以来图像生产与传播的主流代表。广义的广告招贴画大致包括当时流行的月历牌、商标、招贴画、香烟与火柴包装等等，其中以月历牌最具有代表性，形式与绘画题材上与传统年画相关联，延及都市摩登女郎、建筑与时尚生活等新题材，涉及诸如香烟、火油、肥皂、蚊香、布料、化妆品、酒类、药品、商场等商品（商业）广告。如图 6–13 所示。这些广告招贴画的图像在当时大规模的生产与传播，与 19 世纪中叶照相石印技术在中国的传播与发展有密切关系，[①] 显示了众多城市现代商业的崛起与繁荣，促生了商业化的视觉文化的发展与大众传播。

同时，随着石印技术在晚清时期的流行，上海各类图像“花谱”的写作与刊行盛极一时，兼具品鉴与广告之用。如《淞滨花影》《上海品艳百花图》《海上繁华名妓图》《新集海上青楼图记》《上海花影大观》《海上名花四季大观》《新新百美图》《新新百美图续集》《新新百美图外集》《最新时装百美图咏》《上海时装百美图咏》《世界百美图》《杜宇百美图》《杜宇百美图正集》《杜宇百美图续集》《百样姿态美人活动写真》《千娇百媚时髦百美图》《映霞新装百美图》《香艳百美图》《鸳鸯百美图》等等，影响延及民国中期，体现出在都市娱乐消费和大众传媒发展的影响下，传统青楼文化与仕女文化的视觉发展。[②] 例如花影楼主人编辑的《淞滨花影》，先请名妓“摄其影于尺幅中”，再请名画家“勾而摹之”，“凡有名当时者，共搜而得之计百人”“人绘一图，图系一赞”。[③] 其构图方式影响到其后的“花谱”构图与编著方式。这些图像“花谱”与流行于年画、月历牌、新小说封面、期刊封面与插图、日用瓷器、明信片中的名媛仕女图像一起，构成都市大众视觉文化，聚集了当时吴友如、周慕桥、费丹旭、改琦、任伯年、钱慧安、郑曼陀、杭穉英等仕女画画家群体，影响了那个时代的都市女性形象的构建、视觉认识与传播。

① 郑立君：《月份牌最早印刷发行的时间分析》，《东南文化》2006 年第 3 期。

② 何宏玲：《“花谱”与晚清上海的都市文化》，中国近代文学研究三十年回顾与前瞻学术研讨会暨中国近代文学学会年会，2012 年；刘秋兰：《制造时尚：清末民初新兴百美图的流行（下）》，《收藏与投资》2016 年第 2 期。

③ 花影楼主人编辑：《淞滨花影》自序，清代光绪石印本。

图 6-13　广生行有限公司月份牌，郑曼陀绘，1928 年，上海华宁拍卖有限公司拍品

小 结

晚清以来图像石印出版与传播的繁盛受到各种因素的影响，其中西方印刷技术的引进与革新无疑是最为基础而重要的影响因素。照相石印术在晚清时期的传入，恰好填补了因木刻版画衰落而造成的技术空缺，[①] 从另外一个角度来看，我们也可以认为正是图像制印新技术促使了原有雕刻图像制印技术与出版物的衰落，并引领了那个时代图像出版与传播的新格局。[②] 这一图像传播新格局体现在图像出版的数量和种类方面，由一种商业化、大众化、通俗化特征明显的大众文化组成，[③] 正好迎合了近代以来大众的图像阅读兴趣，培育了通俗视觉文化的大众传播的格局。更为引人注目的是，晚清以来石印技术的大规模使用，不仅带动了书籍、钞券、年画、广告招贴画等媒介的图像印制与传播，还带动了报刊等新型媒介形式的图像印制，图像新闻得以形成。

① 潘建国：《西洋照相石印术与中国古典小说图像本的近代复兴》，《学术研究》2013 年第 6 期；马孟晶：《文人雅趣与商业书坊——十竹斋书画谱和笺谱的刊印与胡正言的出版事业》，《新史学》1999 年第 3 期。

② 韩琦：《晚清西方印刷术在中国的早期传播——以石印术的传入为例》，韩琦、米盖拉编：《中国和欧洲——印刷术与书籍史》，北京：商务印书馆，2008 年，第 21 页。

③ 忻平：《从上海发现历史：现代化进程中的上海人及其社会生活（1927—1937）》，上海：上海大学出版社，2009 年，第 433 页。

第七章
石印技术与晚清图像新闻

Chapter 7
Lithographic Techniques and Pictorial Journalism in Late Qing

对于清末民初的图像信息研究，尤其是图像信息新闻研究而言，其生产场域的物质技术尤其值得关注。画报时代的开始是以石印法的采用为标志的，没有印刷技术的进步就不可能有图像信息新闻广泛传播形态的出现。[①] 石印技术的成熟带动图像大规模地机械制印，促进图像通过各种媒介形式传播，由此终于形成图像报刊的传播形式，并促使图像期刊的形成，图像新闻得以出现。

第一节　石印技术与晚清报刊图像

我们知道，晚清以来近代化的交通、邮政与报刊体制促进了传统书业向近代出版业转变。[②] 报刊是近代以来知识传播的新的大众传播形式，这一形式的出现无疑是近代出版业转变的典型，而其中的图像印制乃至画报的出现可谓中国近代新闻业发展的一个重要方面，最具近代出版文化的现代性特质，其中有政治权力、社会变迁与印刷技术的影响因素，有文化的影响因素，[③] 也受近代崛起的都市商业的强力影响。

---

① 韩丛耀：《中国近代图像新闻传播的兴起与发展》，《江海学刊》2010 年第 3 期。
② 邹振环：《戢元丞及其创办的作新社与〈大陆报〉》，《安徽大学学报（哲学社会科学版）》2012 年第 6 期。
③ 徐沛：《近代画报研究的文化转向及其价值》，《国际新闻界》2013 年第 3 期。

一、晚清报刊的石版插图

晚清以来，我国报刊的插图曾经使用过多种制印方式，如传统木刻、铜版制印等等，其装帧也大多采用传统书籍的装订方法。这些报刊大多采用木版印刷。1833 年 8 月 1 日，美国传教士郭士立等在广州出版了石印中文月刊《东西洋考每月统记传》，用连史纸石版印刷，字用楷书体，线装。每期 14 页左右，每页沿中缝对折为两面。[①] 如图 7–1 所示。

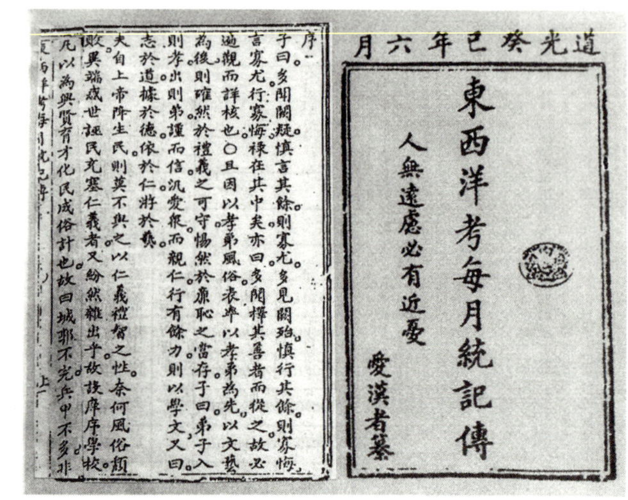

道光癸巳年六月

東西洋考每月統記傳

人無遠慮必有近憂

愛漢者纂

序

子曰。多聞闕疑。慎言其餘。則寡尤。多見闕殆。慎行其餘。則寡悔。言寡尤。行寡悔。祿在其中矣。亦曰。多聞擇其善者而從之。故必遍觀而詳核也。〇且国以孝弟風俗。表率以孝弟為先。以文藝為後。則確然於禮義之可守。惕然於廉恥之當存。子曰。弟子入則孝。出則弟。謹而信。汎愛衆。而親仁。行有餘力。則以學文。又曰。志於道。據於德。依於仁。游於藝。

夫自上帝降生民。則莫不與之以仁義禮智之性。奈何風俗頹敗。異端惑世誣民充塞仁義者。又紛然雜出乎。故設庠序學校。凡以為興賢育才化民成俗計也。故曰城郭不完。兵甲不多。非

图 7–1　《东西洋考每月统记传》，道光癸巳年六月

1838 年，英国传教士麦都思、奚礼尔等人在广州创办《各国消息》，仿照《东西洋考每月统记传》的格式，也是采用连史纸石版印刷。1858 年美国浸礼会在宁波创办《中外新报》，半月刊，石版印刷。[②] 维新变法时期，出现了大量石印报纸。如《时务报》《集成报》《经世报》《实学报》《蒙学报》《农学报》《萃报》《格致新闻》《工商学报》等等。《时务报》系维新派的机关报，旬刊，创刊于 1896 年。该报以刊登宣传变法的政论文章为主，初创时月销量 4000 份，一年后增至 13000 份，是一份当时全国销量最多、影响最大的报纸。报馆在上海四马路建有印刷工厂，用连史纸石印，印刷品质精美。[③] 这些石印报虽然名为“报”，但实际上多为期刊，几乎没有插图。

随着石印制像技术尤其是照相石印技术的成熟与引进使用，报刊的石印插图与封面图像的数量开始增加。1879 年担任过美国总统的格兰特访问上海，《申报》于

① 张树栋、庞多益、郑如斯等：《中华印刷通史》，台北：财团法人印刷传播兴才文教基金会出版，1998 年，第十七章，第二节。

② 张树栋、张耀昆：《中国近代的报纸印刷（一）》，《中国印刷》2003 年第 7 期。

③ 张树栋、庞多益、郑如斯等：《中华印刷通史》，台北：财团法人印刷传播兴才文教基金会出版，1998 年，第 715 页。

5 月 24 日石印了 10000 份格兰特半身单张画像随报附送读者，为报纸刊载新闻人物画像之始。[①]19 世纪 80 年代后石印流行，画师根据照片绘制单线条的图画，供报刊采用。《述报》是我国最早出版的石印日报，1884 年 4 月 18 日在广州出版，1885 年 4 月 3 日停刊，由广州多宝大街海墨楼石印书局印行。除了时事新闻图像与社会新闻画之外，该报还刊登西方国家教堂、博物院、山川、铁路、城堡、桥梁、戏院、铁路等方面的图画，以大量篇幅介绍异域风情和西方科技的新成就。[②] 如图 7–2 所示。

土路火車圖

图 7–2 《土路火车图》，《述报》光绪甲申年四月二十三日

1898 年 7 月香港《辅仁文社社刊》刊登谢缵泰所作的《时局全图》，作品以漫画的比喻和象征手法，形象地反映了当时中国处于世界列强瓜分的岌岌可危的局势，大约属于政治地图的类别。1903 年 12 月 25 日由蔡元培等人主编的《俄事警闻》在上海创刊，这一作品被改绘为《瓜分中国图》发表在创刊号中。其后，《俄事警闻》改名为《警钟日报》，多次刊登时事漫画，并设立“时事漫画”栏目，时事漫画逐渐发展成为报刊插图的一种主要类型。[③] 其后，这一著名漫画被其他报刊多次刊登，影响巨大。如图 7–3 所示。

《绣像小说》创刊于光绪二十九年（公元 1903 年）五月，上海商务印书馆出版。为中国近代小说期刊，半月刊，内容多反映腐朽世象。作为晚清四大小说期刊之一，《绣像小说》是有别于传统小说书籍的一种现代报刊形式。主编李伯元为了发挥小说的“化民”功能，便于群众阅读理解，努力使小说通俗化，在所载小说每回正文之前，增以绣像，配合小说故事内容。其中的“绣像”插图尤其是封面都是采用石

① 《总统小像分赠》，《申报》1879 年 5 月 24 日。

② 吴跃龙：《中文报纸版面编排流变述略》，《新闻记者》2008 年第 5 期；蒋建国：《〈述报〉所记述的晚清广州社会》，《羊城晚报》2012 年 8 月 11 日；李磊：《〈述报〉研究》，兰州：兰州大学出版社，2002 年，第四章。

③ 刘一丁：《中国新闻漫画究竟始于何时》，《新闻实践》2002 年第 3 期；郭传芹主编：《视觉启蒙——国家图书馆藏清末民初报刊漫画集成》，杭州：浙江人民美术出版社，2015 年。

版印制。如图 7–4 所示。

同时，民国初期，像上海当时的《申报》《时报》《大世界》《小说时报》等报刊皆有插图尤其是仕女画的插图，不少报刊设置图像副刊或者图像专栏。其中的“美人百面相（百美图）”绘美人刺绣、垂钓、读报、试衣、骑马等生活百态；“上海妇女百怪”，以漫画手法讽刺妇女抽烟、奇装异服等现象，是一类奇特的“时装仕女画”。还有一种形式就是刊头画。《时报》副刊《余兴》和《申报》副刊《自由谈》都曾用时装仕女画作刊头。[①] 如图 7–5 所示。

石印技术还带来期刊彩色封面画的流行。1909 年，《小说时报》封面就是时装仕女水彩画。自《小说时报》开创以时装仕女做封面画这一体例之后，后继通俗文学期刊和妇女期刊多以彩色时装仕女画作封面。如《小说新报》（如图 7–6 所示）、《小说丛报》《中华小说界》《民权素》《繁华杂志》《香艳杂志》《游戏杂志》《妇女时报》《女子世界》《妇女杂志》《礼拜六》《眉语》《双星》《春声》《心声》《紫兰花片》《游戏世界》《快活》《社会之花》《红玫瑰》《半月》《紫罗兰》等，无不以时装仕女画装饰其封面。[②]

早期《良友》画报封面也曾经采用过绘画图像，一些月份牌画家直接参与《良友》画报封面的绘制，与当时上海流行的月份牌画具有相通之处。1928 年第 25 期《良友》（如图 7–7 所示）和第 28 期封面女郎画为上海著名的月份牌画家谢之光绘制，石版印刷。此后《良友》画报封面女郎越来越多采用摄影图像，摄影图像取代绘画图像成为画报的主要图像复制方式。

二、晚清石印画报（画刊）的发展

晚清以来，除了报刊的石印插图之外，石印画报也开始出现。“我国报纸之有图画，其初纯为历象、生物、汽机、风景之类，镂以铜版，其费至巨。石印既行，始有绘画时事者，如《点石斋画报》《飞影阁画报》等是。”[③] 由此促进了近代石

① 刘秋兰：《制造时尚：清末民初新兴百美图的流行（上）》，《收藏与投资》2016 年第 1 期。
② 刘秋兰：《制造时尚：清末民初新兴百美图的流行（上）》，《收藏与投资》2016 年第 1 期。
③ 戈公振：《中国报学史》，北京：中国新闻出版社，1985 年，第 202 页。

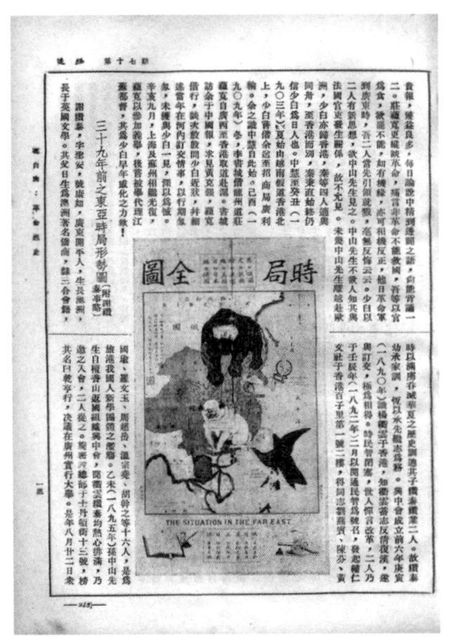

图 7–3　《时局全图》，《逸经》1936 年第 17 期

图 7–4　《绣像小说》第 17 期封面，上海商务印书馆

图 7–5　《自由谈女子新装图》，《申报》1927 年 10 月 2 日

图 7-6 《小说新报》封面，1916 年第 4 期

图 7-7 《良友》封面，1928 年第 25 期

印画报（画刊）的出现，成为中国近代报刊史的新创。[①]

《寰瀛画报》是我国最早以“画报”冠名的不定期刊，由申报馆印制发行，共出 5 卷。[②] 有学者考证认为：“当申报馆发行《寰瀛画报》一年多以后，上海确实出现过一种《瀛寰画报》，以同样的方式委托申报馆代售”，[③] 说明在《寰瀛画报》之后还出现过名为《瀛寰画报》的画报，只是我们现在无从得知二者的关系。光绪十年（公元 1884 年），申报馆创办旬刊石印画报《点石斋画报》，这不是中国最早的石印画报，但绝对是中国近代以来最成功的石印画报。[④] 继《点石斋画报》之后，上海、北京、天津、广州、汕头等地相继出现了一大批石印画报，影响较大的石印

① 王尔敏：《中国近代知识普及化传播之图说形式——点石斋画报例》，《“中研院”近代史研究所集刊》1990 年第 19 期。

② 葛伯熙：《〈寰瀛画报〉考》，《新闻研究资料》，1988 年第 1 期。

③ 黄志伟：《我国最早的画报——〈寰瀛画报〉》，《图书馆杂志》1986 年第 3 期。

④ 姚远、李楠：《〈点石斋画报〉及其编辑传播策略研究》，《山东理工大学学报（社会科学版）》2011 年第 4 期；吴果中：《中国近代画报的历史考略——以上海为中心》，《新闻与传播研究》2007 年第 2 期；阿英：《中国画报发展之经过》，《晚清文艺报刊述略》，上海：古典文学出版社，1958 年。

画报有《飞影阁画报》《浅说日日新闻画报》《新铭画报》《白话图画画报》《飞云阁画报》《时事画报》《赏奇画报》《开通画报》《北京画报》《当日画报》《醒世画报》《醒俗画报》《人镜画报》《天津画报》《双日画报》《图画新闻》《时谐画报》《舆论日报图画》《图画日报》《大共和星期画报》《民呼日报・图画》《民吁日报・图画》《神州画报》《民权画报》《新闻画报》《小说画报》《之江画报》《浙江民报画报》《菊侪画报》等。[①] 这些画报刊载“新闻画”“讽世画”“寄托画”“政治画”“滑稽画”“风俗画”“家庭画”“画谜”、名人肖像、仕女画、小说（戏剧）插图、风景画等等，兼具启蒙群智、商业射利与时世报道等多种目的。这些画报刊期有日刊、三日刊、旬刊等，以石印技术为主，也有少量利用铜版凹印技术进行照片的印制。装帧样式方面，这些画报大多为册页式，有的为单张四开样式，还有的是单张折子式。采用连史纸或者有光纸（油光纸）石印。

图 7–8 《王先生（1）》，《上海漫画》1928 年第 1 期

值得注意的是，在 19 世纪 30 年代的所谓“漫画时代”，上海几乎所有有影响的报章杂志都经常刊登漫画作品，有的还专门附有漫画副刊或辟有漫画专栏。[②] 在这股新闻漫画热的同时，上海出现了 17 种漫画杂志，[③] 其中有些为石版印刷。《上海漫画》创立于 1928 年，内容以漫画为主，融合摄影和文学，其中漫画占据 4 个版面，采用彩色石版技术印制（如图 7–8 所示）。[④]

① 王鸿莉：《李菊侪及其画报事业考述》，《汉语言文学研究》2012 年第 2 期；全国图书馆缩微中心：《清代报刊图画集成》，北京：全国图书馆缩微中心，2001 年。

② 徐兰君：《儿童与战争：国族、教育及大众文化》，北京：北京大学出版社，2015 年，第 124 页。

③ 毕克官、黄远林：《中国漫画史》，北京：文化艺术出版社，2006 年，第 91—97 页。

④ 王欣：《从〈上海漫画〉到〈时代漫画〉》，《东方早报》，2014 年 9 月 30 日。

第二节 《点石斋画报》的石印图像

我们上文所述的各类画报，有些以文为主，插图很少，还称不上严格意义上的画报。《点石斋画报》是晚清持续时间最长（1884—1898 年）、发行最广、影响最大的新闻画报，发刊 15 年，共刊出画作 4666 幅。作为中国近代最为成功的画报，《点石斋画报》开创了图像新闻的典范，[①] 值得我们从印制技术与图像新闻编辑的角度进行重点研究。

一、《点石斋画报》的石版技术使用

清末印刷技术的改良，促使画报得以大量印制及传播。[②] 据不完全统计，1872 年到 1899 年，中国出版的带有时事性质的画刊有 30 多种。1910 年至 1919 年出版的画刊有 160 种。清末的“印刷技术的改良”与石印技术的使用有直接关系，因为其中的大多画刊都为石印出版。[③]

1878 年，美查的申报馆在上海开设点石斋书画室，后在此基础上创办点石斋书局，[④] 聘用王菊人为买办，聘请土山湾印书馆邱子昂为技师。购置石印全张机 3 部，采用照相石印方法印制了大量中国传统文化经典书籍、西文科技书籍以及名人碑帖、画谱、楹联、中外舆图等。其中《鸿雪因缘图记》十分畅销，连印 5 版；加之申报馆出版《寰瀛画报》与《申江胜景图》的经验，[⑤] 这些实践为《点石斋画报》的创办打下了良好的基础。

我们应该注意的是，《点石斋画报》实际上是《申报》的附赠品，大多随报赠阅，

① Ye，Xiaoqing（2003）. *The Dianshizhai Pictorial: Shanghai urban life (1884-1898)*. Ann Arbor: Center for Chinese Studies of The University of Michigan；彭永祥：《旧中国画报见闻录》，《新闻研究资料（第四辑）》，北京：中国社会科学出版社，1980 年；萨空了：《五十年来中国画报之三个时期》，张静庐辑注：《中国现代出版史料·乙编》，北京：中华书局，1954 年，第 408—414 页；张铁铉：《略谈晚清时期的石印画报》，载龚书铎主编：《近代中国与近代文化》，长沙：湖南人民出版社，1988 年。

② 康无为：《读史偶得：学术演讲三篇》，台北：“中研院”近代史所，1993 年，第 94—97 页。

③ 彭永祥编著：《中国画报画刊（1872—1949）》，北京：中国摄影出版社，2015 年，第 7—8 页。

④ 蔡盛琦：《清末点石斋石印书局的兴衰》，《国史馆学术集刊》2001 第 1 期。

⑤ 俞月亭：《我国画报的始祖——〈点石斋画报〉初探》，《新闻研究资料》1981 年第 5 辑。

目的是增加《申报》的竞争力和影响力。从印制技术的角度分析，这种方式使二者可以成为独立的媒体，在制版、印刷方面互不影响。如《申报》以文字为主，采用铅活字的制印方式，《点石斋画报》则以图像为主，其中文字也是毛笔抄录而成，采用照相石印的制印方式。这一制印技术的因素影响了晚清至民国初十年间画报的宏观格局，[①]左右了当时画报的文本风貌。

《点石斋画报》以天干（“甲乙丙丁戊己庚辛壬癸”）、地支（“子丑寅卯辰巳午未申酉戌亥”）、八音（“金石丝竹匏土革木”）、六艺（“礼乐射御书数”），再到文人的四德（“文行忠信”）以及周易“元亨利贞”进行序列编号，读者每集齐一集，便可装订成书籍样。《点石斋画报》常规每号 9 幅画：7 幅整页，2 幅半页。画题以四字居多，亦有二三字或六七字。说明文字一般二三百字，多位于左上方。在配文之后印上一方刻有箴言或俗语的小章，是关于所画故事的评论或从中得到的教训。画师名与章一般位于图下角落。封面采用彩色纯纸，内芯则大多选用连史纸石印而成，每十日出版一期，每期 8 页。遇到突发重大事件，还会专门增出特刊，如《朝鲜乱略》《缅乱述略》等等。[②]《点石斋画报》随《申报》附送，也有零售，每册 5 分。《点石斋画报》还会赠送广告或者插图书籍（《淞隐漫录》《淞隐续录》《漫游随录》《风筝误》《闺媛丛录》《蔼园谜胜》《乘龙佳话》《点石斋丛钞》）、地图（《皇朝直省地舆全图》）和插页折叠画，图画数量多达 2200 多幅。

《点石斋画报》的发行主要在上海，随《申报》发送与零售为主，其次画报馆还在上海以外的如苏州、杭州、汉口、重庆、北京等 20 多个城市设立点石斋分局，负责画报的推广发行、新闻采集与图幅征稿等事宜。[③]创办初期发行量约为每期三四千，至 1890 年，增加至七千册左右。个别几期因供不应求而屡屡重印。1892 年和 1895 年，分别重印了 300 号全集和 400 号全集。以后，历年都有合订本出版。1910 年，上海集成图书公司印行出版《点石斋画报大全》，内收全部 528 期画报，是为“点石斋全集”的第一个印本。[④]

---

① 冯金牛：《〈图画日报〉——清末石印画报的重要品种》，《图书馆杂志》1999 年第 10 期。

② 沈宽：《〈点石斋画报〉与高祖沈拱之为例》，《东方早报·艺术评论》特刊 2014 年 9 月 24 日。

③ 沈宽：《〈点石斋画报〉与高祖沈拱之为例》，《东方早报·艺术评论》特刊 2014 年 9 月 24 日。

④ 张伟：《绘时事与新知 开一代之风气》，《新民晚报》2014 年 12 月 7 日。

1890年11月，吴友如离开点石斋，相继创办《飞影阁画报》和《飞影阁画册》。《飞影阁画报》“每月三期，每册十页，仿折叠式装成册……逢三出报。并附册页三种……特托鸿宝斋精工石印，墨色鲜明，丝毫毕肖，无复贻憾矣”。几乎完全放弃新闻题材的绘制。[①]在《飞影阁画报》第六号“跋语”中，吴友如言明：“赏鉴家佥以余所绘诸图为不谬，而又惜夫余所绘者，每册中不过什之二三也”；在《飞影阁画册》“卷首小启”中，吴友如宣称：“蒙阅报诸君惠函，以谓画新闻，如应试诗文，虽极端揣摩，终嫌时尚，似难流传”；若能抛弃时事，改为绘制册页，则“如名家著作，别开生面，独运精思，可资启迪”。由此可以看出，在吴友如眼中，画报图像新闻因为追逐时尚，难以流传，似不入流，这种心态实际上表现当时画家图绘新型大众图像包括新闻图像时的矛盾心理。[②]这种矛盾心理看似只是勾连个体，实质上却是关乎近代艺术图像与新闻图像、精英与大众、传统绘画形式与大众传媒乃至想象与客观、中西视觉现代性之间的矛盾。可见，片面地夸大《点石斋画报》尤其是吴友如图像的“新闻性”是不合适的，但是，《点石斋画报》所开创的图绘新闻与事件的方式却影响深远。一直到1933年至1934年间，天津《大公报》刊载画家赵望云的“农村写生”和“塞上写生”，用绘画方式来报道北方农村和长城一带的见闻，除了受到新闻摄影的影响之外，[③]不能说没有《点石斋画报》的影响，只不过赵望云更多地以“写生”的方式，体现出制版方式和印刷方式不同而已。

二、《点石斋画报》图像新闻的采集与编辑

中国的通俗叙事插图与画谱发展历史悠久，这对晚清画报的产生当然会产生影响。萨空了认为：“中国之有画报，半系受外国画报之影响，半系受传奇小说前插

① 阿英：《中国画报发展之经过》，《晚清文艺报刊述略》，上海：古典文学出版社，1958年；方汉奇主编：《民国时期新闻史料汇编（全16册）》，北京：国家图书馆出版社，2011年。

② 潘耀昌：《从苏州到上海，从“点石斋”到“飞影阁”——晚清画家心态管窥》，《新美术》1994年第2期。

③ 曾蓝莹：《图像再现与历史书写：赵望云连载于〈大公报〉的农村写生通信》，黄克武主编：《画中有话：近代中国的视觉表述与文化构图》，台北：“中研院”近代史研究所，2003年。

图之影响，此应为一般人之所公认。杂糅外国画报之内容，与中国传奇小说之插图画法与内容，而成点石斋式之画报。”[①] 当然，从媒体的角度，以《点石斋画报》为代表的画报与传统通俗叙事插图乃至画谱的差异就突显出来，“用图像的方式连续报道新闻，以‘能肖为上’的西画标准改造中画，借传播新知与表现时事介入当下的文化创造，三者共同构成了《点石斋画报》在晚清的特殊意义”[②]。作为定期出版的期刊，《点石斋画报》的新型媒体特性尤其值得特别关注。

1.《点石斋画报》图像制作者及其绘图技艺

作为近代中国新闻画报的代表，《点石斋画报》以图为主，图文结合。除了画报的文字主笔之外，[③] 其图像制造者最受关注。1884 年 6 月，美查在《申报》数次刊载《请各处名手专画新闻启》，启事称：

> 本斋印售画报月凡数次，业已盛行。惟各外埠所有奇奇怪怪之事，除已登申报外，能绘入画图者，尚复指不胜屈。故本斋特请海内大画家，如遇本处有可惊可喜之事，以洁白纸新鲜浓墨绘成画幅，另纸书明事之原委，函寄本斋。如果惟妙惟肖，足以列入画报者，每幅酬笔资洋两圆。其原稿无论用与不用，概不寄还。画幅直里须中尺一尺三寸四分，横里须中尺一尺六寸，除题头应空少许外，必须尽行画足，里居姓氏亦须示知。其画收到后当付收条一张，一俟印入画报，即凭本斋原条取洋。如不入报，收条作为废纸，以免两误。[④]

这段启事说明在《点石斋画报》创办之初，美查对画报图像制作者的重视，他希望通过“招聘”的方式为画报组建一支新闻图像的绘制队伍。这段文字中美查虽然赋予来稿者很大的自由权，但是定期出版的《点石斋画报》无疑无法仅仅依靠自由来稿，因此，组成一个相对稳定的绘图团队就是《点石斋画报》的重要任务。通

---

① 萨空了：《五十年来中国画报之三个时期》，张静庐辑注：《中国现代出版史料・乙编》，北京：中华书局，1955 年，第 408—414 页。

② 陈平原：《晚清人眼中的西学东渐——以〈点石斋画报〉为中心》，陈平原编：《点石斋画报选》，贵阳：贵州教育出版社，2000 年。

③ 裴丹青：《〈点石斋画报〉主笔考》，《图书情报论坛》2015 年第 2 期。

④ 点石斋主人：《请各处名手专画新闻启》，《申报》1884 年 6 月 7 日。

过考察《点石斋画报》可知，不算个别未署名的画作，《点石斋画报》上的署名画师共有23人之多。其中在《点石斋画报》上所绘作品超过100幅的有吴友如、金蟾香、张志瀛、田子琳、周慕桥、何明甫、符艮心7人，他们的画作占画报全部画作的约88%。[①]这些“中国人执笔者和画家大多数是一群流寓上海谋生者、下级文人及来自有名官绅家庭者，其成为上海外国企业的雇员，仰赖报社糊口为生，可说不再隶属于中国传统社会领导阶层，失去传统社会地位和经济收入”。[②]吴友如即其中的典型代表。

吴友如（约1840—约1893年），名嘉猷，字友如，江苏元和（今属苏州）人。自学钱杜、改琦、任熊等人画法。19世纪60年代初移居上海，他自述：“弱冠后遭赭寇之乱，避难来沪，始习丹青。每观名家真迹，辄为目热心存。至废寝食，探索久之，似有会悟，于是出而问世，借以资生。”[③]擅人物、仕女、山水、花鸟等题材画，曾为多种出版物作插图，号称“海上画派”的代表画家之一。《点石斋画报》出刊伊始，吴友如就被聘任为主编。[④]吴友如为《点石斋画报》绘图，除了创造人物画与场景画之外，还绘制了大量的战争画。有学者统计，1885年6月《中法新约》签订前吴友如在《点石斋画报》上发表的138幅画作中，至少有42幅描绘的是战斗（24幅）或者高级将领及其庆功场面（18幅）。[⑤]吴友如主要运用了中国传统绘画的线条技巧，人物多白描，采用题跋式图文构图方式。但是对西方绘画技巧借鉴颇多，比如人物描绘具有速写特点，人物衣物、建筑、物件等描绘借鉴版画的细密线条，透视构图，表现光影，描绘细腻，群体人物与复杂场景多，由此加强绘画的纪实效果。如图7-9所示。

那么，吴友如的西画技巧是从何而来的呢？有学者认为：“明清以来传教士活跃在江南地区布道，需要大量传教用的宣传画片，传教士们就因地制宜，在苏

① 龚产兴：《〈点石斋画报〉与吴友如画室》，龚产兴：《美术史话》，北京：社会科学文献出版社，2012年。

② Ye Xiaoqing, *The Dianshizhai Pictorial:Shanghai Urban Life, 1884-1898*, Ann Arbor: Center of Chinese Studies, the University of Michigan, 2003。

③ 吴友如：《飞影阁画册小启》，吴友如：《飞影阁画册》，北京：连环画出版社，2014年。

④ 邬国义：《近代海派新闻画家吴友如史事考》，《安徽大学学报（哲学社会科学版）》2013年第1期；潘耀昌：《从苏州到上海，从“点石斋”到“飞影阁”——晚清画家心态管窥》，《新美术》1994年第2期；李仁渊：《晚清的新式传播媒体与知识分子：以报刊出版为中心的讨论》，台北：稻乡出版社，2005年。

⑤ ［德］鲁道夫·瓦格纳：《进入全球想象图景：上海的〈点石斋画报〉》，《中国学术》2001年第8辑。

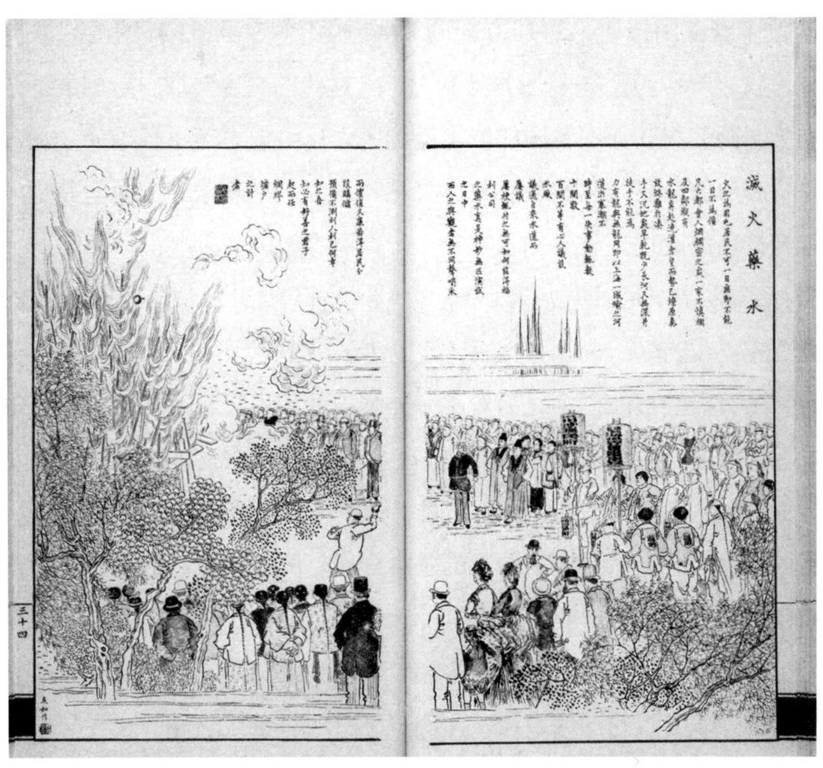

图 7–9　《灭火药水》，《点石斋画报》，1886 年第 77 号

州等地区委托善刻书之匠和年画的刻印工，按照西方带来的传教的宣传画片和艺术作品临摹刻印，久而久之，许多年画的刻印工就专门承接此类业务，并成批量生产，由此，把学习借鉴到的西方的透视学、艺用人体比例、色彩学以及西洋套色版画等表现方法，融入苏州桃花坞年画中，使苏州桃花坞木版年画发生了转折性的变革。在这一深刻的变革过程中，西方宗教故事的图式、意大利文艺复兴的理念、西方传教士和商人的生活方式，以及西洋艺术的表现力等强有力的基因，融合孕育了‘姑苏版’的文化底色。”[①] 吴友如成长于桃花坞，颇受其影响。我们迄今没有发现吴友如有向西方画家学习的经历。实际上，创办《申报》《点石斋画报》的美查与西方当时的一些报刊关系紧密。1876 年 5 月曾出版销售英国名画师绘制的《中外名景致图画》；1877 年 6 月至 1880 年 6 月，编译出版了 5 卷

① 张晴：《明清的摩登——世界艺术史中的阊门版画》，《美术研究》2019 年第 2 期。

不定期画报《寰瀛画报》，每期有图画8~12幅不等，共53幅图画。涉及中外著名建筑、人物、异国习俗、新器物等题材。[①]这些图画主要取自英国的《伦敦新闻画报》和《图画》周刊，在英国印制，运到国内后由点石斋书局编译，加工成册后出售。这些海外的图册与画刊虽然只是昙花一现，但是刺激了国内尤其是上海地区的通俗绘画技巧的改进。吴友如曾在《飞影阁画报》的“发刊辞”中言及：“画报仿自泰西，领异标新，足以广见闻，资惩劝。余见而善之，每拟仿印行世，志焉未逮。适点石斋首先创印，倩余图绘，赏鉴家佥以余所绘诸图为不谬。”由此我们可以推测，吴友如在《点石斋画报》创办之前对于海外画报的认识极有可能就是来自申报馆与点石斋书局出版的这些海外图像，而在筹办《点石斋画报》的过程中，吴友如有可能集中地临摹过这批海外图像，由此掌握了西方一些版画技巧，也熟悉了西方建筑、海外人士的样貌与服饰、某些新器物的基本样式。吴友如绘制的《申江胜景图》描绘了宁波会馆、静安寺、龙华寺、教场、制造局、英公馆、法租界、外滩、巡捕房、申报馆、点石斋、戏院、火车、教堂弥撒、台球室等上海风土名胜，可谓对新上海“风流之薮泽”的一次宏观的图像表达，体现了吴友如对于新上海的观察与把握能力，与早期《点石斋画报》交相生辉，成为吴友如“民俗新闻画”的代表作品。吴友如“民俗新闻画”的技巧与风格就此成熟，除了为《点石斋画报》定下图画基调之外，也延续到他晚年创办的《飞影阁画报》和《飞影阁画册》之中。

对比发现，《点石斋画报》的图画对照片的摹写也不少。《点石斋画报》创办之时，正是西方摄影术在中国逐渐流行的时候，周寿昌在1883年记载“今照相法中国人皆能之，各省皆有”。[②]当时的画家尤其是通俗画的画家不可能对此无动于衷。实际上，当时的照相馆由于受放大技术的限制，常常是由画工依据照片进行放大描绘，制作出大幅的人物肖像画。自明代“波臣画派”融合中西肖像画技巧之后，此时摄影照片对中国绘画的影响也突出地显现出来，并将影响拓展到风景画、风俗画与城市街景与事件描绘等方面。对于《点石斋画报》而言，以吴友如为代表的画师对照片进行摹写，恐怕更会加深他们对西方版画绘画技巧的认识，对于中国传统绘画的

① 徐载平、徐瑞芳：《清末四十年申报史料》，北京：新华出版社，1988年，第319页。
② 周寿昌撰、许逸民点校：《思益堂日札》卷九，北京：中华书局，1987年。

颠覆也会加强。而从石印出版技术的角度分析，单色石版印刷技术实际上非常适合中国传统白描画与木版版画的印刷，但是，《点石斋画报》最终形成了中西杂糅的图画技艺与风格，这恐怕与美查的要求有关，比如除了美查多次强调的图像之“肖”外，在他的《点石斋画报》约稿启事中，他要求“本斋特请海内大画家，如遇本处有可惊可喜之事，以洁白纸新鲜浓墨绘成画幅，另纸书明事之原委，函寄本斋。……画幅直里须中尺一尺三寸四分，横里须中尺一尺六寸，除题头应空少许外，必须尽行画足”。[①] 这一要求显然与单色石版印刷特点、石印版材与照排版面的大小等因素有关，通过对比原稿，《点石斋画报》图像是缩小原稿至 42% 后制版印刷的。[②] 画报时代的开始是以石印法的采用为标志的，没有印刷技术的进步就不可能有图像信息新闻广泛传播形态的出现。[③] 石印技术的成熟带动图像大规模地机械制印，促进图像通过各种媒介形式传播，由此终于形成图像报刊的传播形式，并促使图像期刊的形成，图像新闻得以出现，由此体现出石印画报的媒介技术特征。除此之外，《点石斋画报》中西杂糅的图画技艺也与吴友如的绘画修养与对石印技术优点的认可有关。宏观上分析，则与晚明以来“尚奇”的社会风尚有关，《点石斋画报》面对的则是一个更大更新的都市视觉文化市场。新技巧与新技术一方面可以保证新的媒体样式的定期出版发行，另一方面又可以制造一种基于媒体的通俗阅读文化，带来新奇与“真实”的阅读感受。这一方面可以视为摄影影响下中西杂糅所形成的新型绘画技巧与视觉样式，另一方面也是基于（照相）石印技术、媒介手段而形成的新的印刷质量与视觉经验。[④]“这种彼此影响的核心作用正在于强化了西画的样式因素，无论是构图方法，还是风格语言，都使得传统写真观念与西方写实传统产生了更为隐秘而微妙的契合，其展示的方式，并不是少数人所持有的技法和材料，而成为多数人所接近的样式和时尚。其展示的空间，不只是在艺术家的雅集场所内，而更多的出现在市民的世俗氛围中。”[⑤] 从这一背景分析可知，即使放在当时及其后的海

① 点石斋主人：《请各处名手专画新闻启》，《申报》1884 年 6 月 7 日。

② ［德］鲁道夫·瓦格纳：《进入全球想象图景：上海的〈点石斋画报〉》，《中国学术》2001 年第 8 辑。

③ 韩丛耀：《中国近代图像新闻传播的兴起与发展》，《江海学刊》2010 年第 3 期。

④ 唐宏峰：《“点石斋”的遗产——以初刊本、原始画稿与视觉性研究为中心》，《文学与文化》2014 年第 4 期。

⑤ 李超：《论中国近代新兴视觉样式的兴起》，《中国美术馆》2011 年第 2 期。

派文化之中，《点石斋画报》基于媒体所特有的图画技艺乃至模式化特征都十分突出地显现出来。

比较而言，吴友如并不是《点石斋画报》图像制作者之中创作数量最多的，但是《点石斋画报》的前几期几乎全部为吴友如的作品，由此奠定了吴友如画风在《点石斋画报》图像绘制中的权威地位，并对年画、连环画、版画和文学插图产生了深远影响，[①]影响了其后乃至整个近代画报的图绘风格。如1909年创办的《图画日报》，是清末著名的时事画报日刊，上海环球社出版，12对开一小册，每册12页，油光纸石印，彩色封面。设有“外埠新闻画”“本埠新闻画”“新智识之杂货店”“大陆之景物”“世界名人历史画”“世界新剧”“社会小说”“当代名人纪略”等数十个栏目。画师有孙兰荪、张树培（松云）、刘纯、泳霓、朱承魁、童爱楼、伯良、秉锋、韫方女史等，主要撰稿人李涵秋、李伯元、孙玉声、蒋景缄都是当时颇具名气的文人，是一群活跃在文艺报刊上的“快枪手”。[②]其插图的题材与画风与《点石斋画报》非常相似，但是也有创新，如图7-10所示。

民国前期，有很多活跃的插图画家和漫画画家，比如丁悚、沈泊尘、吴仲熊、陈映霞、钱病鹤、陈柏、丁讷、杨清磐、马瘦红、克钧、小飞、守愚、张云鹏、朱少、子谦、杨术初、吉厂、颀尚虞、徐进、寄淞、巨川、虞世侯、慕周、沈琪女士、敬予、吟笙、胡亚光、咏莲、柏润、曹涵美、一琴、梅子褒、徐咏青、周柏生、胡伯翔、但杜宇、郑曼陀、汪逸仙、张公威、俞镜人、谢之光、世亨、麟心、仰止、向亚民、如英、世福、庞亦鹏、翊生、张光宇、何逸梅、宋叔达、永森、吉孚、子镂、朱凤竹、杭稚英等。[③]这些人是当时新闻图像的主要制作者。《图画日报》曾经刊发《上海社会之现象——报馆记者之夜来忙》图文，可见是将“夜来忙”的记者当作可堪惊叹的“社会现象”，图画中灯光明亮，主要描绘了三组人物，一组是两位戴眼镜的先生，或拈笔构思，或奋笔疾书，无疑是记者的代表；另一组是5人排队，向坐着的一人汇报着什么；还有一组是两人展卷阅读，旁有三人持卷等待。图画之上有

① 郑星球：《〈点石斋画报〉图式流传与衍化》，《美术学报》2006年第3期。
② 冯金牛：《〈图画日报〉——清末石印画报的重要品种》，《图书馆杂志》1999年第10期。
③ 可能有同一位画家不同笔名的情况。参见刘秋兰：《制造时尚：清末民初新兴百美图的流行（上）》，《收藏与投资》2016年第1期。

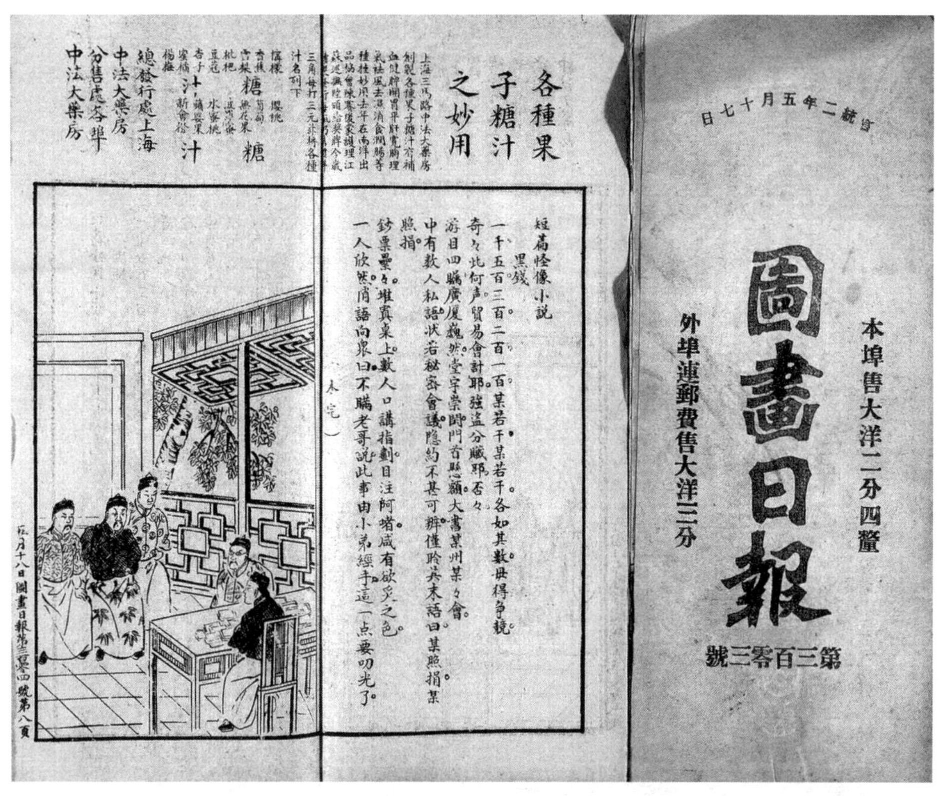
宣統二年五月十七日

圖畫日報

本埠售大洋二分四釐

外埠連郵費售大洋三分

第三百零三號

各種果子糖汁之妙用

糖

汁

總發行處上海中法大藥房

分售處各埠中法大藥房

短篇怪像小說

黑錢

一千。五百。三百。二百。一百。某若干。某若干。各如其數。毋得爭競。奇々怪々。此何聲。貿易會計耶。強盜分贓耶。否々。游目四矚。廣廈巍然。堂宇崇閎。門首懸額。大書某州某々會。中有數人私語。狀若秘密會議。隱約不甚可辨。僅聆其末語曰。某照捐。某照捐。鈔票壘々。堆賓桌上。數人口講指劃。目注阿堵。咸有欲炙之色。一人欣然。悄語向衆曰。不瞞老哥說。此事由小弟經手。這一点要叨光了。

（本完）

图 7-10　《图画日报》，宣统二年五月十七日

上海报业发展与记者“夜来忙”的状况小序，接着是模仿《五柳先生传》的《报馆记者传》：“记者不知何许人，亦不详其姓氏，馆中掌记述部，因以为号焉。率直敢言，不避权贵。好磨夜，不求甚早，每有所闻，便欣然序稿。性嗜爽言，事不稍曲讳。政府知其如此，乃定律以限之。展阅辄骇，期在必守。既守而噤，其余任情阿谀，终岁棼然，无间寒暑。灯前桌上稿件盈尺，纷如也。常著论说自娱，颇适己志，开通社会以此自期。”还有四言“赞”。语图互文可以生动地表现出当时记者（编辑部）工作的情形。如图 7-11 所示。用这一图文来形容当时画报（画刊）的“图像记者”大概也是可以的吧！

书籍作为文人的文化资本，是其身份的象征。晚明江南，失意的落第举子以编辑、作者、评论者、批评家等身份卷入商业性出版事业之中，带动了出版业的发展。这种情况在两宋与元代大概也不同程度地出现过。鸦片战争之后，随着印刷出版中心转移到江南地区，很大一部分因为科举覆没而需要寻找新的生存之道的传统士人

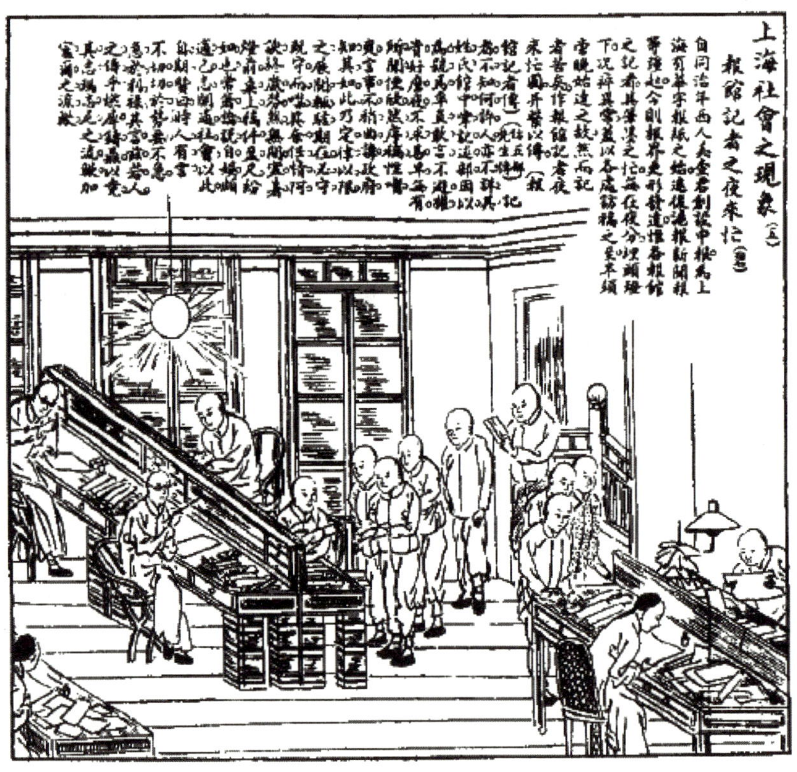

图 7-11　《上海社会之现象——报馆记者之夜来忙》，《图画日报》第 23 号第 7 页

逐渐加入这一行业中来，[①] 带动了当时出版文化与印刷媒介的高度发展。[②] “这批书馆报界精英，尽管游离于传统士绅谋生轨道之外，但又深受儒家思想熏陶，具有传统绅士的情结与社会关怀。这种双重角色使他们在看待事物时，有着更为客观的视

① 李仁渊：《晚清的新式传播媒介与知识分子：以报刊出版为中心的讨论》，台北：稻香出版社，1994 年，第 39 页。

② 季家珍：《印刷与政治：〈时报〉与晚清中国的改革文化》，王樊一婧译，桂林：广西师范大学出版社，2015 年，第一章。

角和相对公允的评价。他们发众人所欲发，言前人所未言，从而引导着晚清社会的舆论导向。”[①] 类似中国传统文人向新型文化人群体及现代职业报人的转变，[②] 以吴友如为代表的海派画家投入都市商业文化之中，似乎在传承某种传统，也就显得自然而然。他们创作各种商业化的大众图像，尤其在书籍插图、画谱和画报等现代媒介形式之中找到适合自己的职业路径。

2.《点石斋画报》的办刊宗旨与图像编辑

美查创办画报之初，曾化名“尊闻阁主人”发表《点石斋画报缘启》：[③]

画报盛行泰西，盖取各馆新闻事迹之颖异者，或新出一器，乍见一物，皆为绘图缀说，以征阅者之信，而中国则未之前闻。同治初，上海始有华字新闻纸，厥后《申报》继之，周谘博采，赏奇析疑，其体例乃渐备，而记载事实，必精必详。十余年来，海内知名，日售万纸，犹不暇给，而画独阙如，旁询粤港各报馆亦然。于此见华人之好尚，皆喜因文见事，不必拘形迹以求之也。仆尝揣知其故。大抵泰西之画，不与中国同。盖西法娴绘事者，务使逼肖，且十九以药水照成，毫发之细，层叠之多，不少缺漏。以镜显微，能得远近深浅之致。其傅色之妙，虽云影水痕，烛光月魄，晴雨昼夜之殊，无不显豁呈露。故平视则模糊不可辨，窥以仪器，如身入其境中。而人物之生动，犹觉栩栩叫欲活。中国画家拘于成法，有一定之格局，先事布置，然后穿插以取势，而结构之疏密，气韵之厚薄，则视其人学力之高下，与胸次之宽狭，以判等差。要之，西画以能肖为上，中画以能工为贵，肖者真，工者不必真也，既不皆真，则记其事又胡取其有形乎哉？然而如《图书集成》《三才图会》，与夫器用之制，名物之繁，凡诸书之以图传者，征之古今，不胜枚举。顾其用意所在，容虑夫见闻混淆，名称参错，抑仅以文字传之而不能曲达其委折纤悉之致，则有不得已于画者，而皆非可以例新闻也。虽然，世运所至，风会渐开，乃者泰西文

① 裴丹青：《媒介话语下晚清士绅转型——以〈点石斋画报〉为中心》，《中国人民大学清史研究所第七届青年学者论坛论文集》，2011 年。

② 黄旦：《报刊的历史与历史的报刊》，《新闻大学》2007 年第 1 期；熊月之：《略论晚清上海新型文化人的产生与汇聚》，《近代史研究》1997 年第 4 期。

③ 尊闻阁主人：《点石斋画报缘启》，《点石斋画报》第 1 号，1884 年 5 月 8 日。

字，中土人士颇有识其体例者，习处既久，好尚亦移。近以法越构仇，中朝决意用兵，敌忾之忱，薄海同具。其好事者绘为战捷之图，市井购观，恣为谈助，于以知风气使然，不仅新闻，即画报亦从此可类推矣。爰倩精于绘事者，择新奇可喜之事，摹而为图，月出三次，次凡八帧，俾乐观新闻者有以考证其事。而茗余酒后，展卷玩赏，亦足以增色舞眉飞之乐。倘为本馆利市计，必谓斯图一出，定将不翼而飞，不胫而走，则余岂敢。

光绪十年暮春之月尊闻阁主人识

这一“发刊词”比较了中西画法，认为“泰西之画”具有“逼肖”的优点，可以更好地描绘与传播“新奇可喜之事”，从而可以使观者在“茗余酒后，展卷玩赏，亦足以增色舞眉飞之乐”。不久，“所见斋主人”在1884年9月19日《申报》上发表《阅画报书后》文章，则在“展卷玩赏”的娱乐功能之外，强调了画报的劝诫与广识的功能：[①]

所以须图画者，圣贤诱人为善，无间贤愚，文字所不达者，以象示之而已。……方今欧洲诸国，共敦辑睦，中国有志富强，师其所长。凡夫制度之新奇器械之精利者，莫不推诚相示，资我效法，每出一器，悉绘为图。顾当事者得见之，而民间则未知也。今此报既行，俾天下皆恍然于国家之取法西人者，固自有急其当务者在也。如第一卷美国潜行冰洋之船，与夫法人在越南所用气球，其他又若水电激力之高，巨炮攻城之利，岂非民间未有之观，乍见之而可惊可喜哉！则又不徒以劝诫为事，而欲扩天下人之识见，将遍乎穷乡僻壤而无乎不知也。然则是书之用意，不更深且远耶！

画报这种“劝诫开愚”的教化宗旨，在“申报馆主”的《第六号画报出售》启事中得到进一步强调：[②]

① 所见斋主人：《阅画报书后》，《申报》1884年9月19日。
② 申报馆主：《第六号画报出售》，《申报》1884年6月26日。

> 书画，韵事也；果报，天理也；劝惩，人力也。本馆印行画报，非徒以笔墨供人玩好。盖寓果报于书画，借书画为劝惩。其事信而有征，其文浅而易晓，故士夫可读也，下而贩夫牧竖，亦可助科头跣足之倾谈。男子可观也，内而蓁首娥眉，自必添妆罢针余之雅谑。可以陶情淑性，可以触目惊心，事必新奇，意归忠厚。而且外洋新出一器，乍创一物，凡有利于国计民生者，立即绘图译说，以备官商采用。既扩见闻，亦资利益，故自开印以至今日，销售日盛一日。

这种强调图像“劝诫”功能的做法自有中国古代传统，但是时过境迁，美查申报馆、点石斋书局出版的书籍、印刷品、报刊之间存在紧密的相互影响与共生关系，其出版实践本质上还是以商业营利为目的。[①]而要达到这一目的，就是要争取广泛的读者群，这一读者群既包括“士夫”，也包括“贩夫牧竖”。[②]前者的大义凛然，与后者之“色舞眉飞”，二者合而为一，方才构成《点石斋画报》的基本面貌。这也可以理解为，没有惩恶扬善的旗帜，不可能得到传统士大夫的认同；而没有“展卷玩赏”的乐趣，又不可能吸引广大读者。[③]早在1872年4月30日，美查就在《申报》创刊号上表明：“求其纪述当今时事，文则质而不俚，事则简而能详。上而学士大夫，下及农工商贾，即能通晓。”这是一种大众化的追求，如果说《申报》集中于语言叙事的通俗性的话，那么，《点石斋画报》则是图像或者语图结合的通俗化实践。这就进而影响与决定了叙事形式、叙事内容、叙事风格与编辑方针、媒介样式。

《点石斋画报》的办报宗旨是“仿照西人成式，一切新闻采皆自中外各报”。当然，《点石斋画报》聘任的主笔皆为中国人，它所采取的“新闻”并非我们现在所谓的新闻，而是包含了上到朝政大事、中外战局，下至三教九流、市井百态、奇闻逸事，以及中外风俗、科学知识等驳杂内容，它的“新与快”是相对的，更突出了内容的“奇”。《点石斋画报》既有关于中法战争、甲午中日战争等重大战事的“专号”，也有对

① 项玫：《新闻、文化的交叉——作为一种新闻形态和图象文化的〈点石斋画报〉》，复旦大学硕士论文，2004。
② 姚远，李楠：《〈点石斋画报〉及其编辑传播策略研究》，《山东理工大学学报（社会科学版）》2011年第4期。
③ 陈平原：《晚清人眼中的西学东渐——以〈点石斋画报〉为中心》，陈平原编：《点石斋画报选》，贵阳：贵州教育出版社，2000年。

于神异故事、市井传言、荒诞不经之事的图绘。[①]因此，单纯说《点石斋画报》的“新”或“旧”似乎并不是我们全面认识其内容特点的重点，[②]重点在于充分认识其新旧杂糅的特点。[③]从这一角度分析，《点石斋画报》就呈现出奇特的“现实主义风格”：图像与事实（传闻）之间存在张力。例如，《点石斋画报》图绘有神异故事、市井传言、荒诞不经之事，无疑完全出于画家的想象。《点石斋画报》既表现了世界格局之中的社会变迁与重大事件、重要人物，其中如中法战争、甲午中日战争等重大战事与中外政要人物最具有“新闻性”，但还是多少上承勒石记功、新小说革命、文人议政乃至海外奇谈、文人志怪的叙事传统，又大规模表现神异故事、市井传言、荒诞不经之事，[④]这则与宗教故事、孝经故事与节庆习俗等民间图像叙事传统相贯通。《点石斋画报》呈现出奇特的“新闻观”，表现出图像与语言、新闻与传闻、域内与域外之间的矛盾张力。有研究者发现，《点石斋画报》图像的视觉中心不是依靠中心透视的西方写实绘画的方式来实现的，而是通过一种戏剧式的舞台视线来完成的。这些图画大多在画中图绘“围观者”，他们的视线组成了一个视觉中心的视觉结构，通过人物之间视线的集中来引导观众视线，这些观众其实就是当时都市之中的画报读者。[⑤]从这一角度分析，《点石斋画报》图绘了一个中西与新旧杂糅的内容与文本的“召唤结构”，塑造着晚清大众读者的视觉经验与读图体验，参与培养了近代最早的新闻大众读者群体。这一中西杂糅的视觉文本的“召唤结构”也许正是美查所希望的，也决定了其画师的选择、图画技艺的形成与图像的生产。《点石斋画报》形成了自己的图像传统、视觉表达的惯例，其传播的内容与传播这一内容

① 郑建丽：《晚清画报的图像新闻学研究（1884—1912）——以〈点石斋画报〉为中心》，桂林：广西师范大学出版社，2015 年。

② 鲁道夫·瓦格纳：《进入全球想象图景：上海的〈点石斋画报〉》，《中国学术》2001 年第 8 辑；李孝悌，《走向世界，还是拥抱乡野——观看〈点石斋画报〉的不同视野》，《中国学术》2002 年第 11 期；余芳珍：《阅书消永日：良友图书与近代中国的消闲阅读习惯》，《思与言》2005 年第 3 期；王尔敏：《中国近代知识普及化传播之图说形式——点石斋画报例》，《“中研院”近代史研究所集刊》1990 第 19 期。

③ 唐宏峰：《原初的丰富与视觉的杂糅——〈点石斋画报〉的创造》，《美术》2015 年第 2 期。

④ 郑建丽：《晚清画报的图像新闻学研究（1884—1912）——以〈点石斋画报〉为中心》，桂林：广西师范大学出版社，2015 年。

⑤ 张慧瑜：《作为中介者的看客与摄影师的位置——以〈点石斋画报〉和〈真相画报〉为中心》，张慧瑜：《主体魅影：中国大众文化研究》，北京：时代华文书局，2017 年。

的媒介方式和图像编辑惯例，一起参与塑造着晚清中国读者的视觉经验。[①]

落实到具体的图像绘制、编辑与印制方面，《点石斋画报》图像文本生产涉及图像生产主体、画题选择、文本样式、图画来源等方面，我们可以强调以下三点：

第一，主笔与画师的关系。有研究者认为，经常在《点石斋画报》图画“事略”（解说词）中以“仆”自称的主笔是江苏吴县人沈锦垣，他早年参加乡试，具有“茂才”功名。中年而后，佣书沪上，“素工小篆，名重一时”。他在1884年5月至1887年3月间主持《画报》报务与笔政。[②]沈锦垣当时还是点石斋画室的主事，筹划书籍出版事宜，多种书籍名称包括《点石斋画报》的报名皆由他题签。由此可以推断，沈锦垣除了编撰与题写画报的“事略”（解说词）之外，极有可能还负责每期画报画题的选择与确定事务，由此可能进而影响图画的绘画重点与形象等方面。而从这一时期画报的众多“事略”中可以看出，其叙事者除了是一位针砭时弊的自信文士形象之外，[③]还负责图画的选择与画师工作的分派。由此，画报的文字叙事看似服从图画，但是实际上却除了“解说”之外，还起到了为图画“定性”的决定作用。[④]由此我们甚至可以进一步推断，文字主笔虽然在画报之中是“隐姓埋名”的，但是在画报整个编辑流程中，他们的权力与作用要大于图画主笔。

第二，传统画谱的文本样式。《点石斋画报》自言其“仿照西人成式，一切新闻采皆自中外各报”。这一“西人成式”可能受到当时欧美尤其是美查故乡英国石印出版物的影响。[⑤]当时欧美的出版物有英国的《笨拙》漫画周刊（*Punch*，1841年）、《伦敦新闻画报》周刊（*The Illustrated London News*，1842年）、《图画》（*The Graphic*）；法国的《小巴黎人报》（*Le Petit Parisien*，1876年）、《小日报》（*Le Petit Journal*，1863年）、《图画世界》（*Le Monde Illustré*）和《环游世界》（*Le Tour Du Monde*）；德国的《莱比锡大众画报》（*Leipziger Illustrirte Volkszeitung*）和《乐园》（*Die Gartenlaube*）；美国创办的《黄蜂》画报、《哈泼斯》（*Harper's*）和《弗

① 唐宏峰：《照相“点石斋”——〈点石斋画报〉中的再媒介问题》，《美术研究》2016年第1期。
② 裴丹青：《〈点石斋画报〉主笔考》，《图书情报论坛》2015年第2期。
③ 李艳平：《晚清文化消费下的潜在启蒙——以〈点石斋画报〉为例》，《探索与争鸣》2014年11期。
④ 陈平原：《导读：晚清人眼中的西学东渐》，《点石斋画报选》，贵阳：贵州教育出版社，2000年，第57页。
⑤ ［美］芮哲非：《谷腾堡在上海：中国印刷资本业的发展（1876—1937）》，张志强等译，北京：商务印书馆，2014年，第117页。

兰克·莱斯利画报》(*Frank Leslie's Illustrated Newspaper*)，等等。相比较而言，《点石斋画报》受到《伦敦新闻画报》的影响最大。[①]《伦敦新闻画报》是世界上第一份以图画为内容主体的周刊，也是伦敦第一家采用插图的刊物。早在19世纪中期，《伦敦新闻画报》就向中国派驻大量画家兼记者，创作了大量的相关图画，以密线木刻版画和石印画的方式进行印刷出版。[②]在版式方面，《伦敦新闻画报》的版式为报纸版式，不装订，图文样式多样灵活。这种版式实际上与《点石斋画报》是不同的。

《点石斋画报》的版式则采取传统的文、书、画、印相结合的样式。总的来看，《点石斋画报》的画幅接近正方形，采用传统文人画图文一体的文本样式，重要事件的图像画幅多为双页跨栏。绘制图像时，图画主笔绘制出人物或者事件图像，必须在画幅的上部留出题记与文字叙事的位置，文字主笔则根据每一幅图像所留位置，撰写题目与文字稿，其题目多为4字，文字稿多在二三百字。文字主笔要尽量处理好语言叙事与图像叙事的关系，图画主笔则有可能根据文字稿的字数安排留白的大小。文字誊写一般由文字主笔完成，大多用毛笔正楷书写，在画幅的左上部分、右上部分或者通栏书写，注意一定的书法形式美感。文与图并不以直线分栏，而是采用绘画自然留白的形式，这其实是古代文人画长篇题跋采用的一种形式。《点石斋画报》的一些图像由于取中近景，画幅上方无法自然留白，但也会对其进行“云气”等方式处理，用以增强其画面的美感。可见，《点石斋画报》的文本制式更多地借鉴了中国传统绘画的形式，主要仿照的还是中国传统图谱尤其是当时流行的《芥子园画谱》样式。如图7-12所示。

画报时代的开始是以石印法的采用为标志的，没有印刷技术的进步就不可能有图像信息新闻广泛传播形态的出现。[③]石印技术的成熟带动图像大规模地机械制印，促进图像通过各种媒介形式传播，由此终于形成图像报纸的传播形式，并促使图像期刊的形成，图像新闻得以出现，由此体现出石印画报的媒介技术特征。

第三，《点石斋画报》的图像采制。《点石斋画报》的图像采制涉及图像来源，

① 鲁道夫·瓦格纳：《进入全球想象图景：上海的〈点石斋画报〉》，《中国学术》2001年第8辑。
② 沈弘：《遗失在西方的中国史：〈伦敦新闻画报〉记录的晚清1842—1873》，北京：时代华文书局，2014年。
③ 韩丛耀：《中国近代图像新闻传播的兴起与发展》，《江海学刊》2010年第3期。

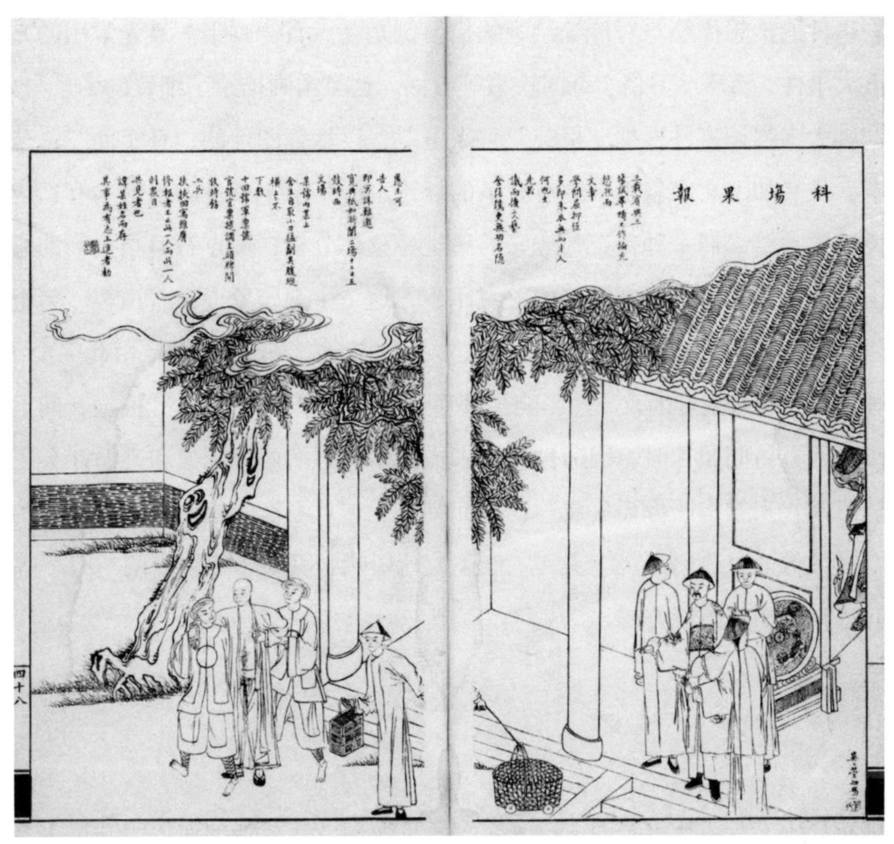

图 7–12　《科场果报》，《点石斋画报》1885 年第 54 期

表现在四个方面：一是对照片、西方图像的摹写；二是遣派画师现场采写；三是对人物事件的推想描绘；四是对传统绘画的借鉴。在《点石斋画报》的图像绘制中，涉及一些著名人物、西方风土人情介绍、新发明等方面的题材，画师大多是根据西方相关的照片或者版画图像进行摹写的，也有极少数是对西方图像的直接复制，这类图像所占比例并不大；画师直接被派遣到现场进行采写的情况很少，涉及马戏、赛马等图像。比较而言，这两类图像采制方式无疑最能够体现画报的新闻性与真实性，所以常常被画报的“事略”强调，如《点石斋画报》第三号依据“李傅相与法钦差福尼儿与税务司德璀璘之真相”，绘成李鸿章与法使福尼儿议立中法和约图之外，① 还将李鸿章等人照片绘成单页随刊赠送，由此增强图像的“真实感”。至于

① 申报馆主：《第二号画报出售》，《申报》1984 年 5 月 17 日。

对人物事件的推想描绘与对传统绘画的借鉴倒是《点石斋画报》最为常用的方法，涉及重大事件、节庆、习俗、奇闻轶事等方面，这类图画描绘了细致的场景与人物，解说词则大多强调事件根据“报载”“来电”，以增强图像的“真实性”；至于奇闻轶事，虽然加上文字叙事与煞有介事的评论，但是由于事件的子虚乌有，或者道听途说，常常给人们一种传奇与夸张的感觉。整体分析，《点石斋画报》的绘制与文本编辑打上了主笔与画师深深的主观印象，这一主观印象混杂着说教、猎奇、窥探等因素，而四种图像采写方式实际上大多也是混合在一起使用的，由此突出了《点石斋画报》的商业主导因素，这影响了其对于照片的摹写风格，[①]“根据新闻报道，甚至改画西方新闻照片时，因通过想象来描画不熟悉的西方图像和遵循社会主流的政治话语模式来架构图像而失真”，由此突出了《点石斋画报》图像“转译的真实性”及其图像的文化与象征含义，[②]也极大地影响了其对于社会新闻与战争等重大事件的选择标准与图绘方式。[③]

小　结

总的分析，石印技术是晚清以来影响最大、商业化最强的西传印刷技术之一。“由于特殊的文化背景和经济因素，上海的中国印刷商一致看好石印。十分显著地削弱了中国的雕版刻书业，并为印刷资本主义的发展奠定了基础。”[④]安德森曾分析过印刷在 18 世纪欧美资本主义确立“想象的共同体”的重要作用，印刷机器形成了市场化的印刷语言，“在积极的意义上促使新的共同体成为可想象的，是生产体系和生产关系（资本主义）、传播科技（印刷品）和人类语言宿命多样性这三个

① 唐宏峰：《照相“点石斋”——〈点石斋画报〉中的再媒介问题》，《美术研究》2016 年第 1 期。

② 吴方正：《晚清四十年上海视觉文化的几个面向——以〈申报〉数据为主看图像的机械复制》，《人文学报》2002 年第 26 期。

③ 徐沛、周丹：《清末民国画报上的战争叙事与国家神话——以中日军事冲突的图像表征为例》，《新闻与传播研究》2016 年第 10 期。

④［美］芮哲非：《谷腾堡在上海：中国印刷资本业的发展（1876—1937）》，张志强等译，北京：商务印书馆，2014 年，第 32 页。

因素之间半偶然的，但又富有爆炸性的相互作用”[①]。近一个世纪之后，晚清的印刷文化也确立了一个“想象的共同体”，但是这一“想象的共同体”所彰显的现代性无疑迥异于西方。

晚清直至20世纪20年代，是中国图像叙事一个新的高峰期，也是继明末中西图像叙事观念、技法与印制技术融合冲突的第二个“启蒙期”，[②]与各种传播新技术相呼应，带动了当时新闻传播业的高速发展。[③]各类图像通过书籍、报刊、广告画等媒介形式大规模传播，传播数量、传播范围与传播影响远远超越明代。同时，最值得关注的是，此时图像出现新闻图像类型，并通过新型固定媒体——报刊进行传播，其中画报以新的媒介形式与图像内容极大地丰富了新型印刷文化的表现形式和内容，成为图像媒体的典型。例如《点石斋画报》，它“代表了一种新兴的影像及物质形式，与石印技术结合，反映塑造了现代性体验的一个重要的转型”[④]。

所谓画报所塑造的现代性体验，在内容上是新的图像内容与视觉样式所形成的视觉现代性以及视觉体验，在形式上则是画报作为图像媒体方式给予读者的阅读体验。晚清以来画报的视觉现代性既有对传统图像的玩味体认，更有观看新事物图像时感到的“震惊、刺激和威胁”。[⑤]李仁渊认为，晚清士人以报纸、出版机构等新式媒体为场域，逐渐建立一种不同于传统阶层关系或私人关系的“新关系”，“这种关系以报刊为核心，人与人之间跳脱纵向阶序，以一种平等的、非个人的交往模式，公开而理性地讨论公共事务”。[⑥]这种士人交往方式——类似于有关晚清媒介公共领域的讨论——如果其存在的话，最理想的大概表现在“政党报”之中。[⑦]然而在晚清以来激烈竞争的媒介市场之中，更为大量的报刊针对的是城市居民，这就涉及士人与普通市民（读者）之间的关系。有论者认为：“从‘图说’故事到‘绣

① [美]本尼迪克特·安德森：《想象的共同体：民族主义的起源与散布》，吴叡人译，上海：上海世纪出版集团，2005年，第42—44页。
② 孔令伟：《近代中国的视觉启蒙》，《文艺研究》2009年第8期。
③ 王润泽、余玉：《技术与观念的互动：民初传播技术进步与新闻业务发展》，《国际新闻界》2016年第3期。
④ 包卫红、李迟：《全景世界观：探求〈点石斋画报〉的视觉性》，《文学与文化》2014第4期。
⑤ 彭丽君：《哈哈镜：中国视觉现代性》，张春田、黄芷敏译，上海：上海书店出版社，2013年，第47页。
⑥ 李仁渊：《晚清的新式传播媒介与知识分子：以报刊出版为中心的讨论》，台北：稻乡出版社，2005年，第369页。
⑦ 潘光哲：《〈时务报〉和它的读者》，《历史研究》2005年第5期。

像'，再到'漫画'日常生活的这一世俗化过程，不仅展现了具体图像本身的意义，更体现了图像制作者的心态变化。"[①] 记者们可以"开通社会"为自期，进行教化与启蒙，但是又不得不迎合读者的娱乐、休闲、猎奇等阅读心理。从这一角度分析，石印画报无疑是这类报刊的代表。画报在出版者、编者、绘者和观者之间，构造了一个分享社会消息的"公众"范畴。[②] 在这里，重要的不是讨论，而是告知与分享，由此形成一种新的读者主体性："在之下，个体身上所发生的过程，其实便是一个'我'的形成以及认同、内射而改变自己的过程。"[③] 比较而言，图像的现代性体验是更为视觉化的镜像，不易言说而内化，读者更易逃避"国家或是绝对主体的召唤与规训机制的监视"，在个体化的观看行为中，形成自我视觉经验与自我认同。如果这种新型的读者主体性被奉为办刊宗旨，并通过图像叙事与阅读传播而被不断强化时，所谓的"公开而理性地讨论公共事务"就会大打折扣，士人的挫折感也许就会油然而生。

《飞影阁画报》开始偏离《点石斋画报》以新闻图像为主的办刊宗旨，到了《飞影阁画册》，则几乎完全放弃了新闻图像。由此，吴友如摆脱了《点石斋画报》的约束，他的画报只关注"人物、仕女、山水、鸟兽、花卉"等传统绘画题材，[④] 意欲回归文人画的传统，圆满自己文人画家的认同与地位。[⑤] 可以看出，在吴友如眼中，画报图像新闻因为追逐时尚，难以流传，似不入流，这种心态实际上表现画家在当时中西杂糅的视觉文化传播语境中，图绘新型大众图像包括新闻图像时的矛盾心理。[⑥] 对于吴友如而言，他在图绘《点石斋画报》时，对"新事物图像的震惊、刺激和威胁"的体验肯定更为深入，他的挫折感还包含着对自我价值认同与其职业价值认同的怀疑。吴友如选择了"逃离"，然而吊诡的是，从《飞影阁画报》到《飞影阁画册》，吴友如还是选择创办新的画报作为自己的新出路，这种画报淡化新闻性而强调艺术

① 陈平原：《晚清教会读物的图像叙事》，《学术研究》2003 年第 11 期。

② 柯惠铃：《隳礼之教：清末画报的妇女图像——以 1900 年后出版的画报为主的讨论》，《南开学报（哲学社会科学版）》2013 年第 3 期。

③ 王尔敏：《中国近代知识普及化传播之图说形式——点石斋画报例》，《"中研院"近代史研究所集刊》1990 年第 19 期。

④ 吴友如：《新创飞影阁第一号画册》，《申报》1893 年 9 月 8 日。

⑤ 吴雪杉：《终嫌时尚：吴友如的"名家"理想》，《文学与文化》2014 年第 4 期。

⑥ 潘耀昌：《从苏州到上海，从"点石斋"到"飞影阁"——晚清画家心态管窥》，《新美术》1994 年第 2 期。

性，由此能否以机械复制的媒介形式负载他的艺术追求？能否满足不断变化的都市读者的阅读兴趣？吴友如是否深刻认识到了石印技术与画报的媒介特征？答案似乎是否定的。具有个性追求的吴友如可以“离开”，但是一批批新型报人（包括图像新闻的绘制者）还是应运而生，不断壮大成长，吴友如所开创的画报风格也被其后继者继承，并对年画、连环画、版画和文学插图产生深远影响，中国近代新闻业的发展已经不可阻挡。

第八章 珂罗版、誊写版、金属凸版的图像制印技术

Chapter 8 Image Printing Techniques of Collotype, Transcription, and Metal Letterpress

珂罗版是最早的照相平版印刷技术之一。比较而言，珂罗版制印技术是一种更适合图像印制的技术，这种技术自晚清引进中国以来，虽然没有石印技术影响大，但是作为一种更为精致的图像制印技术，晚清以来还是被用于较大规模的图像制印，从而丰富了当时的图像信息乃至图像新闻的制印与传播；西方孔版制印技术虽然发展历史较短，但是因其简便，尤其是誊写版在传入中国后，结合中国近代以来的复杂时局，曾经发挥过极其重要的作用；金属凸版制印技术在早期主要用于铅活字的排版印刷，其后由于照相凸版技术的发展，金属凸版成为主流的图像制印技术之一。

第一节 珂罗版技术的引进与图像印制

珂罗版制印技术是一种典型的照相制版技术，在西方成熟较早。相较石印、铜版印刷等图像制印技术，珂罗版更为精细，层次分明，它的最大特点是不用加网点就可以复制出与原稿非常接近的有晕染效果的画面，“浓淡层次不是靠网点或者墨层的深浅，而是靠版面胶膜的曝光硬化程度来表现的，油墨附着程度与之成正比，

类似胶片银盐曝光机理，这样原书画作品的精髓之处可完整地再现出来”[①]。因此，这种技术更适合传统字画的制印。[②]珂罗版制印技术在近代传入中国以来，结合中国的社会发展环境，体现出独特的图像新闻的制印特点。

一、珂罗版技术的引进

珂罗版印刷技术首先由上海土山湾印书馆于1875年引入，[③]土山湾印书馆购买了圆盘机等印刷机械，用来印制耶稣、圣母像等图像作品。如图8-1所示。

图8-1　土山湾印书馆使用过的珂罗版机，土山湾博物馆藏

1880年北京延光室引进珂罗版技术，用于印制书画。1902年文明书局的赵雪鸿也实验珂罗版获得成功。1904年，上海有正书局聘用日人龙田来华举办珂罗版印刷活动，教授华人学习。[④]商务印书馆1907年始有珂罗版，1908年，黄子秀被派赴日本，学习彩色珂罗版技术。1919年，终于成功地印出宣纸15色套印，“其彩色珂罗版印刷，尤为精美”。如图8-2所示。20世纪50年代上海印刷业公私合营后，将珂罗版印刷厂一部分迁往北京，上海保留一部分划归上海印刷公司试验室。从上海迁京的珂罗版工厂，被安排在西琉璃厂荣宝斋木版水印车间后院，有照相、晒版、印刷车间。1959年4月，珂罗版印刷厂搬到西城区承恩寺7号成为人民美术出版社建立的印刷厂。当时印刷厂设有胶印、铅印、三色铜版、珂罗版，

① 钱银超、黄少云、徐宏伟、冯汉禄：《提高珂罗版印刷工艺措施的探讨》，《广东印刷》2011年第1期。
② 吉少甫主编：《中国出版简史》，上海：学林出版社，1991年，第263—264页。
③ 贺圣鼐：《三十五年来中国之印刷术》，张静庐辑注：《中国近现代出版史料·近代初编》，上海：上海书店出版社，2003年，第273页。另有一种观点认为土山湾印书馆使用珂罗版的时间大致在1890年，参见张伟、张晓依：《遥望土山湾：追寻消逝的文脉》，上海：同济大学出版社，2012年，第143页。
④ 向敏：《中国近代珂罗版印刷业之兴衰——以上海有正书局为中心》，《编辑之友》2013年第3期。

图 8–2　商务印书馆照相制版部工作情景，上海市历史博物馆藏

工种齐全，厂名为“人民美术出版社印刷厂”。既增加人员，又增添设备，珂罗版印刷机由手摇改为马达驱动，减轻了印刷人员的劳动强度。1961 年人民美术出版社印刷厂奉命和工人日报印刷厂、印刷技术研究所合并，搬至北新桥板桥南巷 7 号。这时珂罗版又增设了大机器印刷，除单色外，试做了高质量的彩色印件：有唐韩滉《五牛图》等故宫藏画、永乐宫壁画等。“文革”时，人民美术出版社印刷厂珂罗版工作人员、机器设备，被合并到文物印刷厂。[①]

几十年以来，珂罗版技术基本上没有多大变化，规模也没有发展，但以它独特的连续色调的复制效果，证明了它的生存价值。

二、珂罗版的图像印制

狄葆贤（1872—1941），江苏溧阳人，他于 1904 年在上海福州路山东路口创办有正书局，为《时报》的附属机构。有正书局是我国近代最早采用珂罗版印刷技术的书局，以用珂罗版印刷技术精印画谱、名家书画碑帖与对联等而闻名一时。据台湾学者统计，有正书局存世期间共影印古今画家对联、字轴、画轴、画屏不下

① 贺圣鼐：《三十五年来中国之印刷术》，张静庐辑注：《中国近现代出版史料·近代初编》，上海：上海书店出版社，2003 年，第 274 页；胡永秀：《回忆新中国珂罗版印刷的前前后后》，《出版史料》2009 年第 4 期。

600 种，而画册方面，单就《中国名画》就印了 38 辑，还出版了《中国名画外集》，其他各种名人画册约 300 种，珍本碑帖约 200 种。[①] 如图 8–3 所示。

图 8–3 《鲁石珍藏名画》，有正书局珂罗版，1933 年，北京富古台 2014 夏季拍卖会拍品

文明书局运用珂罗版技术印制了一大批名人书画碑帖，总数达 570 多种。如《百花图长卷》《潇湘八景图》《黄山胜迹图册》《兰亭序十二种》《黄庭经五种》等。文明书局出版董康编辑的《千秋绝艳图》，选取明刻《西厢记》插图七种，用珂罗版精印，图版精美。[②] 当时上海开明书局印制了不少全像小说，文字采用铅版，图像则采用珂罗版印制。1908 年春，黄宾虹、邓实等人在上海编辑出版金石书画《神州国光集》双月刊。1912 年后易名为《神州大观》。以“发扬国光，提倡美术”为宗旨，连载历代金石书画及题跋。第一集“凡例”中述：中国“自唐宋迄今，文人墨妙，凡书画及金石题跋之属，代有流传，久为收藏家所珍秘，不轻示人。故虽有名迹在世，而人多未见。本报为访求各收藏家秘本，用日本最新电气铜版、玻璃版法精摄缩印，务在丝毫逼真，以供海内共赏”。第一至第三集采用日本最新电气铜版，

① 向敏：《中国近代珂罗版印刷业之兴衰——以上海有正书局为中心》，《编辑之友》2013 年第 3 期。
② 骆伟：《近代西方印刷品及其版本特征》，《图书馆论坛》2009 年第 1 期。

从第四集（1908 年 8 月）开始采用玻璃版（珂罗版）印刷。八开书大小，线装，宣纸单面珂罗版黑白影印，每册十数页不等。《神州国光集》的画刊形制、排版体例等都有些类似于日本明治、大正时期印行的中国金石书画图像类刊物。[1] 如图 8–4 所示。可见，珂罗版的图像制印可谓石印图像的一个更为精致的延续，并被赋予了保护“国粹”的目的，从而使这一技术体现出“小众”的特点。

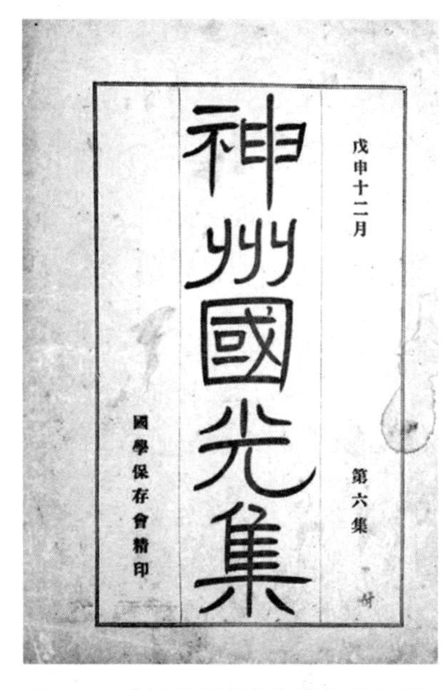

图 8–4　《神州国光集》第六集封面，1914 年

1907 年，商务印书馆购置珂罗版设备，正式建立了珂罗版车间，复制中国传统水墨画和书法真迹，效果特别出众，因而非常被重视。特别是吴待秋进馆之后，大力发展了珂罗版技术，印制了一批精品书画。商务版清代刘墉的《刘石庵墨迹》、陈洪绶的《陈老莲归去来图卷》、明代《四王吴恽画册》，均以版面胶层极纤细的皱纹比例表现画面层次，不但能把画家的长卷大轴缩印得精妙入微，而且深淡层次分明，几乎能以假乱真。1914 年，商务印书馆进一步改良珂罗版印刷，出版精品画册。珂罗版宣纸本《白龙山人（王一亭）精品画册》《西山逸士画集》《剑父画集》《吴昌硕先生花卉画册》《石渠宝笈》《爨龙颜碑》《吴待秋画稿》《天籁阁旧藏宋人画册》《名人书画》、刘海粟编选的《中国现代名画》等均是其中的精品画册。1919 年，其成功试制了宣纸十五色版，推出小林荣居所编《八大山人书画真迹》两集。1926 年出版《天籁阁旧藏宋人画册》，此书收入宋人画《明妃出塞》《文姬归汉》《滕王阁》《高僧观棋》等，另有元、明人之作，是 20 世纪初的第一本豪华画册。1929 年出版《石涛纪游图咏》。1936 年，其发行名人画册数十种，其中有《宋人画册》《罗两峰兰竹》《八大山人山水册》《石涛山水精品》等。此外，历代名人书画之碑帖卷册屏联堂幅，尤不胜屈数。这段时期，商务印书馆出版

① 刘宇珍：《照相复制年代里的中国美术：〈神州国光集〉的复制态度与文化表述》，《台湾大学美术史研究集刊》，2013 年。

珂罗版线装宣纸画集计一百余种，不仅颇受大众欢迎，也受到了专业人士的肯定。特别是其彩色珂罗版印刷，被赞尤为精美。20 世纪 30 年代中后期，其他书局相继停办珂罗版，仅存商务印书馆仍继续使用珂罗版精印书画，持续至 40 年代末。[①]

《真相画报》旬刊 1912 年 6 月 5 日在上海创刊，1913 年 3 月出版第 17 期后停刊。该刊得到广东省政府资助，由同盟会会员高剑父、高奇峰兄弟编辑，印刷人应枬，真相画报社出版，引进日本最新珂罗版印刷技术。该画报发起人与执笔人不仅仅是画家，更是革命者和成功的报人。[②]谢英伯撰写的《真相画报发刊词》宣告，《真相画报》以“监督共和政府、调查民生状态、奖进社会主义、输入世界知识为宗旨，非洞明政府之真相，则监督亦无从措手，此本报之设所以真相名也”。体现了高氏兄弟“美术救世”的理想。在其创刊号上发表的《本报图画之特色》一文中，将拟发表的美术作品分为历史画、美术画、地势写真画、滑稽画、时事写真画、名胜写真画、时事画等七类，而对于七类美术作品的定义中，表现出了明确的革新思想。其要义是以图像的方式针砭时事，例如马星驰的漫画《民国借债之痛史》《国民之真相》《人心与世界之关系》《中国不振之由来》《社会寄生虫之种种》等，郑苌的漫画《守财奴之真相》《恶果寓言》《社会状态之种种》《不倒翁》《打软不打硬》等作品，涉及对政局与社会世态的尖锐讽刺，由此《真相画报》成为颇具特色的美术政论类杂志。如图 8–5 所示。

图 8–5 《真相画报》第四期封面，1912 年

① 黄一迁：《商务印书馆对图像复制的推动》，《艺术科技》2016 年第 1 期；卢仁龙：《商务印书馆前五十年艺术类出版史述》，《中华读书报》2013 年 3 月 21 日。

② 徐立：《辛亥时期的先锋画报：〈真相画报〉》，《出版史料》2011 年第 4 期。

第二节　誊写版技术的引进与图像印制

孔版制印技术在我国的发展历史久远，西方近代的孔版制印技术也以简便实用著称，但是同样体现出机械化与化学技术等现代技术特征。

一、誊写版制印技术的引进

孔版印刷又称滤过版印刷，包括誊写版印刷（俗称油印）、网版印刷以及镂空版印刷。[①]我国古代纺织的镂空版印刷方法是一种典型的孔版印刷技术，但是在制版、印刷材料与印刷机器等方面却与西方有本质的不同。

有关西方誊写版印刷技术传入中国的时间历来有多种说法。光绪六年（公元1880年）竹香馆油印本《勇庐闲诘》（清赵之谦撰）就应用了油印技术。光绪十八年（公元1892年）傅兰雅在编辑的《格致汇编》“第七年秋”这一集里刊登了《印字便法》一文，详细地介绍了油印材料与方法。[②]一般认为，我国孔版制印技术传自日本，在当时被称为油印誊写版、钢版（真笔版）等，[③]20世纪初，我国开始仿造油印机。民国初，商务印书馆生产誊写版纸。20世纪30年代，我国已能成批生产油印机。[④]如民国期间上海生产的“21型大明速印机”，为手摇式，号称“快速无比！清晰异常！”，如图8-6所示。

1930年，上海勤业文具公司在浙江省桐庐县的桐君山麓建立了我国第一家生产誊写蜡纸的手工纸厂，用国产雁皮生产出抄造技术难度大的薄型皮纸——誊写蜡纸，弥补了国内手工纸产品的空白。[⑤]20世纪50年代以后，全国各地出现了众多油印设备生产厂，生产出长城牌、西湖牌、文化牌等油印机，各种油印耗材大量生产（如图8-7所示），以满足社会各界的需要。

① 张树栋、庞多益、郑如斯等：《中华印刷通史》，台北：财团法人印刷传播兴才文教基金会出版，第831页。
② 郑晓霞：《油印技术在中国出版印刷史上的应用》，《出版与印刷》2010年第3期。
③ 王汉章：《刊印总述》，张静庐辑注：《中国近现代出版史料：近代二编》，上海：上海书店出版社，2003年，第369—370页。
④ 伏合平：《中国印刷博物馆近代馆》，中国近代印刷术的传入和发展布展的研讨会，1997年。
⑤ 白寿彝主编：《中国通史》，上海：上海人民出版社，1999年。

图 8-6　21 型大明速印机广告，《大公报》1947 年 9 月 9 日

图 8-7　“文革”时期的油印机，图片来源：7788 收藏网拍品

二、誊写版的图像印制

誊写版印刷方法简便且价格低廉，在我国风行百余年。在苏维埃革命、抗日战争和解放战争的艰苦年代，以誊写版印刷的书籍、报纸、讲义、传单、招贴等印刷品不计其数，在苏区、敌后抗日根据地和解放区的新闻、出版工作中发挥了巨大的作用，如图 8-8 所示。① 例如，晋察冀抗日根据地的宣传工作者在印刷器具和材料被敌人禁运的艰苦环境下，自力更生，对油印器具和材料都做了改造与土法生产。当时制印的各类书籍和报刊之中，油印印刷品占有较大的比例。② 1947 年解放区的《摄影纲通讯》《新郓北画报》《战线画片》等画报采用的就是誊写版油印方法。③

1949 年共和国成立以后，誊写版印刷的影响力不减，尤其是“文革”时期，各地油印小报、传单、小册子、内部资料等印刷品数量庞大，成为那个时代出版与宣传的一个独特现象。

从誊写版印刷的制版工具来看，这一印制方法最适合制印文字内容，然而在实际应用中，不少油印印刷品需要图案、漫画、标识等图像内容，由此需要油印制版的绘图方法的改进。例如抗战时期，敌后根据地的工作者就摸索出一套用不同网纹

① 周岩：《抗日根据地印刷工作者的历史性创造》，《中国印刷》2001 年第 9 期；郑晓霞：《油印技术在中国出版印刷史上的应用》，《出版与印刷》2010 年第 3 期。

② 田建平、张金凤：《晋察冀抗日根据地书报传播史略（1938—1945）》，石家庄：河北大学出版社，2010 年，第 251—315 页。

③ 彭永祥编著：《中国画报画刊（1872—1949）》，北京：中国摄影出版社，2015 年，第 300—302 页。

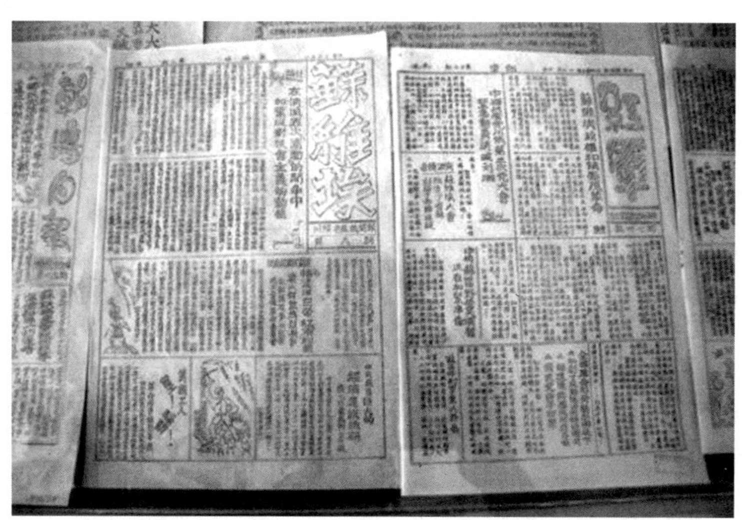

图 8-8　1933 年川陕苏区的油印小报，川陕革命根据地博物馆藏

的钢版、粗细不同的铁笔、刻写各种字体、花边和图画的方法和窍门。如把蜡纸表面上的一层蜡抹掉，用以刻写实体标题字、插图作画、人物头像、地图、专刊标题的细纹衬底等。[①]1945 年，有人甚至用油印机套印成功彩色连环画。[②] 20 世纪 50 年代，国内出版了众多采用誊写版制印技术的书籍，例如 1951 年由孙潄铨主编的油印本《誊写印刷工作法》一书，彩色油印，是一本全面介绍蜡纸誊写与油印技术的工具书。该书主编孙潄铨先生，当时任无锡乡间玉祁小学校长，辛亥革命时即从事刻写印刷的初试与推广。参加该书各章编写的有大连五四誊写社的蔡吉田先生、青岛的单德忱先生、上海徐六开快干油墨行、旅大检定所、天津文荟社的李绍甲和刘治生先生、北京市第一女子中学、秦伯文献馆的樊明五先生、重庆允利公司薛禹全先生、上海牛津打字社、无锡的薛禹文和范鼎仁先生，还有范公桥、傅仲凯先生等单位与个人。编写者都是刻写油印的能手，还担负着刻写油印学术研究及推广应用工作。该书的第三章技术篇是该书主篇，分十三小节，详述各种字体、加绘花边、刻画表格、磨深浅色、印照相法、磨阻文法、五色套印法等，第六章还论述了彩色印刷。该书附有孙中山、毛泽东和斯大林等人的彩色油印画像以及篆刻印章、名人书法、彩色

① 周岩：《抗日根据地印刷工作者的历史性创造》，《中国印刷》2001 年第 9 期。

② 阿英：《从清末到解放的连环图画》，《中国现代出版史料・丁编（下）》，北京：中华书局，1959 年，第 406 页。

花卉的图像，制印效果令人叹服。如第35页是一幅孙中山肖像，绿色，边框黄色，上部红五星，下部墨文：“劝业誊写服务社：这图乍看好像照相铜版所印，实际是誊写油印的，采用明暗色调表现出来。”刻印者孙巘铨三个网状红字印在肖像的右下角。如图8-9所示。

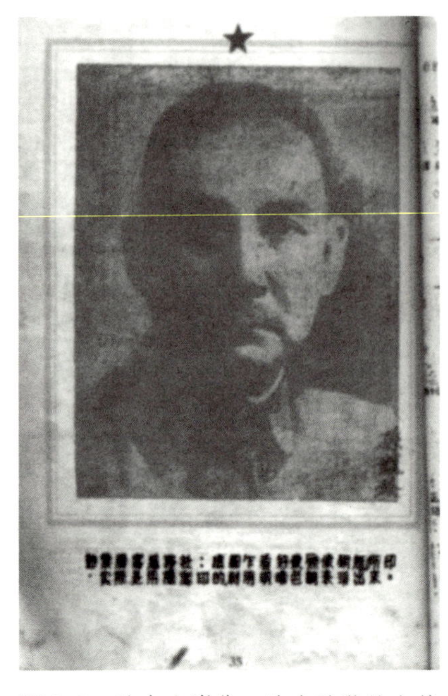

图8-9　孙中山肖像，选自孙巘铨主编的油印本《誊写印刷工作法》，1951年

该书插印了多张大连五四誊写社的彩色广告，宣传誊写版印刷的三大特点：出版迅速、印刷精美、价格低廉。书籍的最后一页为誊写印刷品展览会简则，为展示油印杰作，由7家印刷所发起向全国征稿，计划年内除了在上海首展之外，还将在全国47座大中城市展出。主编孙巘铨在该书的编者小言中，希望该书能够“在本年内能继续发行至十版，达到全国的誊写同志均能人手一册”，[①]我们不知道这本油印书籍究竟印刷发行了多少册，但是由此大致可以想象当时誊写版印刷之盛。

“文革”期间，有关厂家为了适应油印读物的巨大需求，还专门设计生产了专供绘图的“绘画版”“美术版”等誊写钢版，极大地方便了油印图像的印制。如图8-10所示。

20世纪70年代，全国商业年销售油印机10万架，钢版50万块上下。自1985年下半年特别是1986年以来，相关产品销售大幅度下降，工业和各级商业部门库存直线上升。[②]直到20世纪90年代中后期，这种制印方法才逐渐被电脑文字处理系统与打印机、复印机等办公轻印刷设备取代。

誊写版图像的另一个发展路径是誊写版版画。从20世纪20年代开始，日本一

① 胡存珠：《应当保护“油印书”》，《旧书信息报》2003年总第137期。
② 王国俊：《油印机、誊写钢版为何由畅转滞》，《商场现代化》1987年第2期。

图 8-10　专供绘图的誊写钢版，图片来源：7788 收藏网拍品

些画家开始对誊写版版画进行探索与创作，发展出直接打孔法、描画制版法、摹拓肌理法、点阵明暗调子、线阵明暗调子、砂纸肌理、水磨肌理等绘图（制版）技巧，将誊写版图像发展成一种颇具特色的艺术形式。[①]

第三节　金属凸版技术的引进与图像印制

从西方现代印刷史的角度分析，金属凸版作为最早的典型制印技术之一，主要是为了印制活字（文字）而发展起来的，这在一定程度上限制了金属凸版的图像印制。然而，作为现代新闻媒介（报刊）最主要的印制方法，金属凸版的图像制印技术在西方发展迅速，例如，1880 年以后，锌版和网线凸版的使用加速了图版的复制，同年年底，普利策在《圣路易斯快邮报》启用漫画，这使其发行量增加了三倍。19 世纪 90 年代，多色轮转印刷机问世。到 1900 年，美国的一切日报几乎都用图片了。[②]金属凸版印制技术在相当程度上左右着图像新闻的制作与传播，成为图像新闻制印技术革新的重点。

① 李蕴平：《孔版画教学与研究》，北京：中央广播电视大学出版社，2005 年，第二章。

②［加］哈罗德·伊尼斯：《变化中的时间观念》，何道宽译，北京：中国传媒大学出版社，2013 年，第 134 页。

一、金属凸版的印制技术引进

从 1845 年开始，西方的凸版制印技术曾经进行过泥版、石膏版、电镀铜版、黄杨版等制版方式的尝试。1870 年，美国长老会传教士范约翰将石膏版引入上海，采用这一技术首先要在一块石膏板上雕刻字符或者插图，然后这种反体的凹版模具被用来制作可以在标准印刷机上使用的正面凸版。清心堂和江南制造局曾用这种方法印制插图。① 黄杨版是用一种药水或者用照相的方法将原图移于黄杨木上，然后再按影雕刻。上海商务印书馆在 20 世纪初聘请日本人柴田雕刻黄杨版，② 进行黄杨版的制印，如图 8-11 所示。③

图 8-11 《天地奇异志》插图，黄杨版，1901 年，商务印书馆印制

① [美] 芮哲非：《谷腾堡在上海：中国印刷资本业的发展（1876—1937）》，张志强等译，北京：商务印书馆，2014 年，第 53 页。

② [美] 芮哲非：《谷腾堡在上海：中国印刷资本业的发展（1876—1937）》，张志强等译，北京：商务印书馆，2014 年，第 33 页；贺圣鼐：《三十五年来中国之印刷术》，张静庐辑注：《中国近现代出版史料·近代初编》，上海：上海书店出版社，2003 年，第 267—268 页。

③ 贺圣鼐：《三十五年来中国之印刷术》，张静庐辑注：《中国近现代出版史料·近代初编》，上海：上海书店出版社，2003 年，第 271 页。

照相铜锌版属于凸版技术，主要包括照相铜版和照相锌版，习惯上合称铜锌版。我国最早应用照相制版技术的是上海江南制造局。该局印书处刘某曾于19世纪末试制照相铜锌版，用以印刷广方言馆出版的图书。上海土山湾印书馆的蔡相公、范神父和安相公继夏相公之后试制照相铜锌版成功，并传授给华人顾掌全、许康德，之后采用照相铜锌版的书局多少都与土山湾有着千丝万缕的联系，使照相铜锌版技术日臻完善。[①] 1896年法国传教士夏维爱来到上海土山湾印书馆，引进照相制版设备（如图8–12所示），创立了照相制版部，进行照相制印技术的试验，到1901年获得成功。

图8–12　土山湾印书馆的照相设备和照相铜版，土山湾博物馆藏

此后，照相铜锌版技术日趋成熟，单色加网以至彩色网目铜版也随之研制成功并迅即推广应用。1904年，商务印书馆聘请日本技师前田乙吉和大野茂雄来华指导，改进照相铜锌版技术。同年该馆创办的《东方杂志》中就开始使用这一技术印制图像。1905年，商务印书馆开始运用照相铜版五彩技术印制地图、钱银票、月历牌等。1909年至1913年间，美国摄影师施塔福受聘于商务印书馆，担任摄影和照相制版的主管。1910年左右，施塔福改良了照相铜锌版，将当时先进的三色铜版胶印技

① 贺圣鼐：《三十五年来中国之印刷术》，张静庐辑注：《中国近现代出版史料·近代初编》，上海：上海书店出版社，2003年，第267—268页；洪荣华、张子谦主编：《装订源流和补遗》，北京：中国书籍出版社，1993年，第376页。

术首次引进中国，收到很好效果。[①] 1908 年，商务印书馆曾采用以金属薄版代替石版进行直接印刷的轮转铅版印刷机。此机印速每小时可达 1500 张。民国之后，上海英美烟草公司印刷厂购进多色铅版印刷机，可同时套印四色，印速也有所增加。1920 年，商务印书馆开始用直接照相石印法，将阴像底片直接“复制”在锌版上，生产快，产品好。1920 年开始采用三色照相加网屏的原理，晒版到锌皮上，使用胶版印刷机，能用少数几块印版印出多色彩图，它比彩色石印快而精细。[②]

19 世纪 90 年代，上海开始使用纸型版，商务印书馆于 1920 年购买的新式制型机，既可与铅活字组成活字版打制纸型，浇铸铅版，又可在小型印刷机上印制图画、书籍封面、插图及商标。比旧制纸型法手续简便、缩短工时，使用于报纸印刷更为优越。1935 年，黄怀英发明了“念四版”，在铜版制作中不用酸类侵蚀即制成可印刷的版。这种版和铜版的制法前一部分相同，也经过晒版、转纸等手续，而在冲洗完了以后，不经过氧化铁的浸蚀，镀上一层水银即可印刷。[③]

在凸版印刷机器方面，我国最早的凸版印刷机是由西方传教士带入中国的手扳架印刷机，效率极低，每天只能印刷数百张。[④] 如图 8–13 所示。

图 8–13　手扳式凸版印刷机，中国印刷博物馆藏

① 邹毓俊编著：《印刷概论》，北京：测绘出版社，1993 年；贺圣鼐：《三十五年来中国之印刷术》，张静庐辑注：《中国近现代出版史料·近代初编》，上海：上海书店出版社，2003 年，第 268 页。

② 张树栋、庞多益、郑如斯等：《中华印刷通史》，台北：财团法人印刷传播兴才文教基金会出版，1998 年，第 772 页。

③ 李国绥：《印刷用铜版的一种“念四版”》，《化学》1951 年第 1 期。

④ 齐福斌：《中国印刷设备的发展与变迁》，《今日印刷》2013 年第 11 期。

1843 年，上海的墨海书馆开始使用手摇轮转机印刷，据清人王韬记述，这种印刷机“车床以牛曳之，车轴旋转如飞，云一日可印数千番，诚巧而捷也”。[①] 这部滚筒印刷机的意义，不仅是墨海书馆增加了一种生产力强大的新技术，事实上也将墨海书馆的经营以及对中国人心理上的冲击和影响力，带上了一个新的时代。[②] 1872 年，《申报》也使用手摇轮转机印刷，每小时可印数百张报纸。后来又出现牛拉、蒸汽动力、自来火动力的轮转印刷机，效率又有所提高。[③] 如图 8–14 所示。

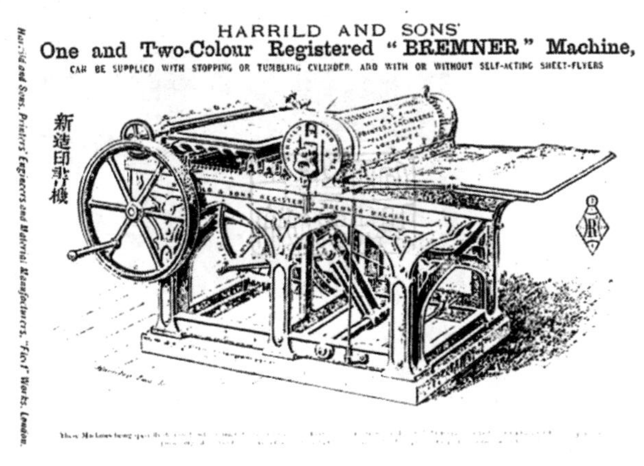

图 8–14　《新造印书机》，《中西闻见录》1873 年第 17 期

1898 年，上海从日本购进一批日本仿制的欧式一回转印刷机。1906 年，从英国购进以电气马达为动力的单滚筒印刷机，习称“大英机”，印速达到一小时出千张。1908 年商务印书馆引进铅印印刷机。1909 年我国从日本引进一回转印刷机。1912 年我国引进双轮转印刷机，速度达 2000 张 / 时。同年，申报馆引进亚尔化公司的二回转印刷机。[④] 1916 年，申报馆引进日本制造的法式滚筒印刷机，每小时可以印刷 8000 张。

1919 年，商务印书馆购进了美国人米利（Robert Miehle）发明于 1889 年的二回转平台印刷机。该机开动后滚筒轮转不停，印刷效率大大提高，且印刷质量高，

① 王韬：《漫游随录 · 扶桑游记》，长沙：湖南人民出版社，1982 年，第 51 页。
② 苏精：《铸以代刻：十九世纪中文印刷变局》，北京：中华书局，2018 年，第 183 页。
③ 齐福斌：《中国印刷设备的发展与变迁》，《今日印刷》2013 年第 11 期。
④ 齐福斌：《中国印刷设备的发展与变迁》，《今日印刷》2013 年第 11 期。

尤其是印刷图片，图文清晰、质量甚佳。这就是通常所说的“米利机”。米利机有单色米利机、双色米利机 、双面米利机等多种。其中双面米利机用于印刷双面图文的书刊，颇为便利（如图 8–15、图 8–16 所示）。[①]

图 8–15　麦纳牌印刷机广告,《艺文印刷月刊》1940 年第 7 期

图 8–16　商务印书馆总厂铅印部使用的米利机，1929 年摄，上海市历史博物馆藏

在此期间，主要依赖进口各种印刷机，满足印刷的需要。[②] 此后更有带折页设备的滚筒纸、双面轮转印刷机和彩色滚筒纸轮转印刷机的引进，这些印刷机的速度之快、质量之佳，更非以往印刷机可比。1922 年，商务印书馆引进德国爱尔白脱公司滚筒印刷机，每小时可以印刷双面 8000 张；1925 年，上海时报馆引进德国冯曼格彩色滚筒印刷机，能够同时印刷数色，独步东亚。[③]

同时，随着中国近代印刷工业的崛起，国人自办的由维修、仿制到自行设计和制造近代印刷机械设备的机器制造厂和造纸、制墨等相关企业应运而生并得到初步的发展。正如贺圣鼐先生在《近代中国印刷术》一书的“结论”中所说的：“综观此过去数十年吾国印刷术，诚不可谓之无进步。历年派人至东西各国学习考察，同时不惜巨金，延选高等印刷技师，教授艺徒，故数十年间，印刷人才辈出，凡外国

① 齐福斌：《中国印刷设备的发展与变迁》，《今日印刷》2013 年第 11 期。
② 邹毓俊编著：《印刷概论》，北京：测绘出版社，1993 年。
③ 贺圣鼐：《三十五年来中国之印刷术》，张静庐辑注：《中国近现代出版史料·近代初编》，上海：上海书店出版社，2003 年，第 269 页。

印刷之能事，国人今皆能自任之而有余，其技术之精者，直可与外来技师抗衡。”[①]1895年，中国第一家印刷机械厂——李涌昌机器厂在上海创立。随后，公义昌机器厂、贻来牟铁工厂等七家印刷机器厂相继建立。这八家印刷机器厂建厂初期均以印刷机修理为主要业务。辛亥革命后，上海、北京、青岛、广州、长沙、长春等地纷纷建立印刷机器厂。这些印刷机器厂除修配印刷机外，开始生产石印机、铅印机、圆盘机、切纸机、照相机等当时急需的印刷机械设备，为中国印刷机器制造业之先驱。此后，除魏聚成、顺昌、姚公记、明精等一些规模较大的印刷机器厂陆续创建外，商务印书馆等大型出版印刷企业也自建印刷机械修配和生产机构。其中商务印书馆自 1903 年起即开始生产石印机、铅印机、铸字机等多种印刷机械设备，到 1926 年，已扩建成有相当规模的华东机器制造厂。[②]

二、金属凸版的图像印制

凸版制印技术是近代传入我国的制印技术之一，用此方法制成黄杨版、铜版、锌版等凸版进行图像印制。19 世纪 70 年代以来，江南制造局翻译馆曾经用此法印制过地图、航海图。[③] 1875 年创刊的《小孩月报》插图为黄杨雕刻版印制，如图 8–17 所示。[④]

图 8–17　《小孩月报》封面，1887 年

1880 年上海圣教书会的《书画新报》《花图新报》（后更名为《画图新报》）也采用黄杨雕刻插图，连史纸铅印线装本。如图 8–18 所示。

1904 年，商务印书馆开设雕刻黄杨木版部，

① 贺圣鼐、赖彦予编著：《近代中国印刷术》，上海：商务印书馆，1934 年，第 36 页。
② 齐福斌：《中国印刷设备的发展与变迁》，《今日印刷》2013 年第 11 期。
③ 傅兰雅：《江南制造总局翻译西书事略》，张静庐辑注：《中国近现代出版史料 · 近代初编》，上海：上海书店出版社，2003 年，第 21—25 页。
④《清末民初京沪画刊录——一八七五至一九一八年》，张静庐辑注：《中国近现代出版史料 · 近代二编》，上海：上海书店出版社，2003 年，第 297 页。

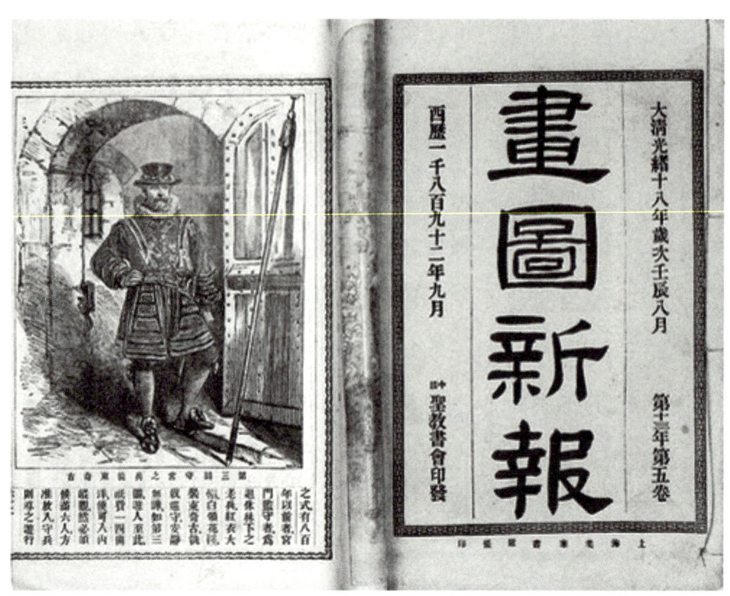
大清光緒十八年歲次壬辰八月

畫圖新報

第十三年第五卷

西歷一千八百九十二年九月

中國聖教書會印發

图 8-18 《画图新报》，光绪十八年，第十三年第五卷

聘用日本技师指导雕刻技术，其后，商务印书馆印制了不少黄杨木雕版的作品，如图 8-19 所示。①

图 8-19 商务印书馆汪元之的黄杨木雕版作品，图片来源：张静庐辑注：《中国现代出版史料·乙编》，北京：中华书局，1955 年

① 张静庐辑注：《中国现代出版史料·乙编》，北京：中华书局，1955 年，第 32 页。

1907 年 5 月出版的第 29 期《国粹学报》上刊登了这样一则“特别广告”：

本报今年添入博物、美术二门，其中插入图画，皆是精细美丽之品，古色幽光，至可宝贵。所镂电气铜版，惟妙惟肖，纤毫毕现，更加以顶上蜡白光纸，印刷精美。明知所费甚重，并不加价，惟期报之内容，常有异彩特色，以贡献读者诸君，庶使吾神州光烈永永不坠，则本报之私愿耳。从今年起，每期插入画像图画，必在四张以上，待经费充足，再为增广，伏希鉴察焉。[①]

《国粹学报》广告中所谓的“所镂电气铜版”即是电镀铜凸版。从第 30 期（1907 年 6 月）开始，到第 82 期（1911 年 9 月）为止，《国粹学报》总共刊登了 128 幅博物图画。大多是运用石版转印铜版的办法进行制图和印制的（如图 8–20 所示）。[②]

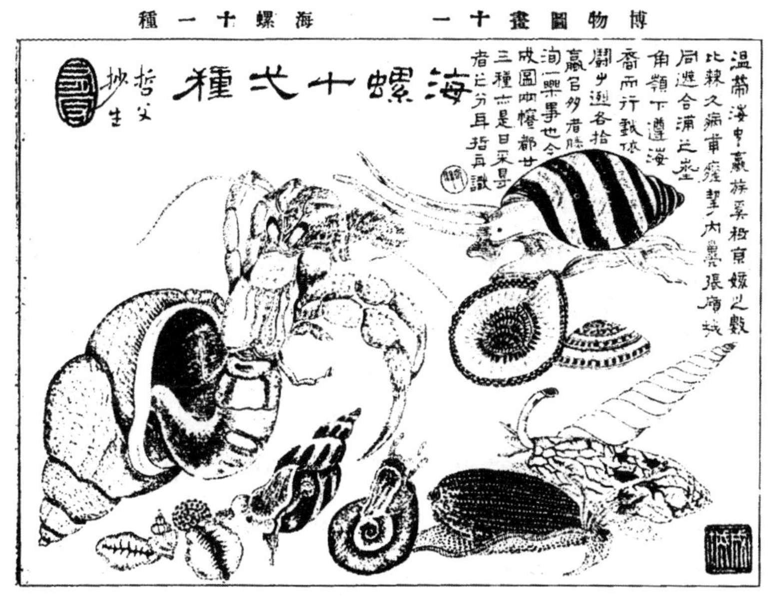

图 8–20 《博物图画十一 · 海螺十一种》，《国粹学报》1907 年第 35 期

①《国粹学报》，1907 年第 29 期。

② 程美宝：《晚清国学大潮中的博物学知识——论〈国粹学报〉中的博物学图画》，《社会科学》2006 年第 8 期；程美宝：《复制知识——〈国粹学报〉博物图画的资料来源及其采用之印刷技术》，《中山大学学报（社会科学版）》2009 年第 3 期。

总的分析，铅印凸版技术因为排字迅速方便，一直是我国近代以来报纸制印技术的主流。而黄杨版、铜版与锌版的金属凸版图像制印技术耗时费工，二者的矛盾只有通过分别印刷或者拼版后制作复印版等方式解决，由此也影响到图像新闻的时效性与数量等方面。为了解决这一问题，当时的报纸除了引进图像制印技术之外，最直接的还是出版附报发行的画报。整体来看，由于受到技术与社会、经济等方面的影响，我国近代以来的报纸刊载的图像新闻（图像信息）总量并不大，即使是上文我们所分析的画报，实际上不少是以文字为主的。20 世纪 30 年代的赵君豪认为，穿插于新闻中的“图影之区别，仅为照片与绘图二者”，他将当时报纸中出现的新闻图像归纳为三类：地图绘制、新闻照片和讽刺图画。[①] 从这一角度分析，近代报纸刊载的摄影图像数量也不是十分可观，而新闻漫画、新闻“速写”、地图、图表、广告画、美术作品等非等比图像一直是报纸图像信息的重要内容。如著名的上海《申报》创办于 1872 年 4 月 30 日，停刊于 1949 年 5 月 27 日。有研究者统计发现，《申报》早期（从创刊至 1911 年底）刊登的各类图像不多，共 774 幅，尤其是 1906 年之前，《申报》刊登的图像极少，有些年份甚至整年没有刊登一幅图像。1907 年之后出版的《申报》刊登图像开始增多，这些图像除去摄影图像和附送的画张《申报图画》之外，手绘图像主要是每年农历新年第一期的“贺岁图”和《画史》系列，其中《画史》系列自 1907 年 4 月 2 日到 1908 年 5 月 3 日，几乎每日一图，共刊出 236 幅时事讽刺画，“以手绘漫画的方式，对时局、社会、官场百态今昔描述，手法风趣夸张”。[②] 比较而言，照片及其照相制版技术与设备要求高，因此，新闻照片在我国近代报刊之中的使用一直十分有限。实际上，辛亥革命前后，一些国内外的摄影师曾经拍摄了大量新闻事件和人物、社会场景的照片，例如 1909 年美国人施塔福出任商务印书馆摄影师和照相制版师。凭此身份，他得以拍摄与搜集整理反映当时众多重大事件的照片。1913 年，施塔福离开商务印书馆，以后的两年时间里，他在中国各地旅行，为两家英语杂志提供摄影报道，在此期间他拍摄了大量中国题材的照片。施塔福到过杭州、苏州、南京、北京、承德、芝罘（烟台），并沿长江上溯，历三峡至山城

① 赵君豪：《中国近代之报业》，上海：申报馆，1938 年，第 47 页。
② 韩丛耀等：《中国近代图像信息新闻史：1840—1919》，南京：南京大学出版社，2011 年，第 138 页。

重庆。沿途拍摄了大量的民俗、商旅、农业、手工业等照片，展现了丰富多彩的民国初年社会风貌。[①] 这些照片绝大部分并没有被当时的各种报刊采用，可能有多种原因，但是技术因素无疑是一个重要原因。[②]《新闻报》《大公报》刊载的图像新闻（图像信息）很少，《大公报》从 1926 年续刊至 1946 年 20 年间，没有自己的专职摄影机构和摄影记者，只有少数文字记者兼摄新闻照片。[③] 1933 年至 1936 年间，《大公报》聘请画家赵望云、沈逸千担任“特约旅行写生记者”，到山东、江苏、浙江、河南、河北等地农村与塞上写生，创造了绘画速写的图像新闻报道形式，这种形式在《大公报》的专栏“写真通信”（后更名为“写生通信”）中连载，取得巨大成功。[④] 由于河北农村写生的成功，以及塞北边疆渐成舆论焦点，赵望云于 1934 年再次受聘于《大公报》，被派往冀北长城沿线、晋北、察哈尔和绥远写生，沈逸千则于 1936 年被派往晋北、察哈尔和绥远旅行写生，再次取得巨大的社会影响，并参与强化了现代民族国家观念的建构。（如图 8–21 所示）。[⑤]

寫生通信（三）由唐山至玉田途中㊂狼烟臺（趙望雲）

說明

狼烟臺是古代的情報利器、牠的警示、多半比國際間諜的報告準確、論傳遞的迅速、牠就不如電話電報了、由豐潤到沙流河、有兩座狼烟臺、道東一座、道西一座、遙遙對峙、這幅狼烟臺的描寫是道西的一座、狼烟臺的西邊、便是由唐山通各縣的電線、這科學的交通利器、與古老殘廢的情報用具並列着、煞是好看、又參加上汽車與老牛車賽跑、更耐人尋味、論無線電的由來、還許是濫觴於狼烟臺呢、誰說中國沒有發明、（象）

图 8–21　《大公报》的专栏“写生通信”，《大公报》1934 年 4 月 27 日第 4 版

① [美] F. E. 施塔福摄影、上海市历史博物馆编:《20 世纪初的中国印象——一位美国摄影师的记录》, 上海: 上海古籍出版社，2001 年。

② 冯天瑜、张笃勤：《辛亥革命影像资料考察》，《武汉文博》2012 年第 2 期；方汉奇主编：《中国新闻事业通史》（第三卷），北京：中国人民大学出版社，1992 年，第 1006 页。

③ 方汉奇主编：《中国新闻事业通史》（第二卷），北京：中国人民大学出版社，1996 年，第 1047 页。

④ 曾蓝莹：《图像再现与历史书写——赵望云连载于〈大公报〉的农村写生通信》，黄宗智主编：《中国乡村研究》（第三辑），北京：社会科学文献出版社，2005 年。

⑤ 盛葳：《去塞求通：民族国家视阈下的〈大公报〉塞北边疆写生》，《文艺理论与批评》2019 年第 2 期。

1935 年秋，鲁西、苏北发生大水灾。《大公报》又随即派出萧乾与赵望云一同前往山东采访水灾。萧乾负责文字采写，赵望云在实地踏访的基础上绘出灾区实况。《大公报》陆续发表了萧乾采写的《鲁西流民图》《宿羊道上》等一系列水灾报道，配发赵望云的灾情速写。[①] 1947 年 6 月 15 日至 1949 年 4 月 4 日，《大公报》连载张乐平的连环漫画《三毛流浪记》，也成为影响重大的新闻事件。[②] 这些图像新闻（图像信息）采用照相制版，然后与铅字版拼版，制成纸型、铅版等印刷版，通过卷筒铅印机进行印刷。

小　结

珂罗版制印技术、孔版制印技术（誊写版）在中国有近百年的“辉煌”发展史，从一个特殊层面说明近代印刷术的技术性以及时代变迁对其的重大影响，值得我们深思与反省。

近代以来，我国的报纸主要是以凸铅版进行制印的，[③] 由于制印技术尤其是图像凸版制作技术的限制，我国报纸的插图较少；刊物插图则经历了石版制印、金属凹版制印的阶段。随着金属凸版与凹版图像制印技术和印刷技术不断革新，图像报刊照片开始较大规模地被运用于新闻传播活动之中，成为图像新闻的主流。这导致了我国图像新闻的两个发展结果，一是非等比图像在新闻传播活动中的相对衰落，以报纸为例，相比各种图像，照片无疑最具“真实性”，因此，如果有条件使用照片，报纸就会大规模地制印新闻照片，非等比的图像如新闻漫画、副刊插图、图表等形式则会逐渐变成图像新闻的边缘角色。而对于刊物，20 世纪 20 年代兴起的摄影画报实际上替代了绘画画报，也从另一个角度说明了我国近代图像新闻发展的这一特点。二是制作等比图像与非等比图像的技术已经大致相同。我们知道，绘画是非等比图像的代表，其中的线条画是非连续调图像，制版是不需要加网，直接照相制版即可，像新闻漫画、晚清《点石斋画报》中的所谓“新闻画”都可以这样制版。

① 盛葳：《去塞求通：民族国家视阈下的〈大公报〉塞北边疆写生》，《文艺理论与批评》2019 年第 2 期。
② 胡正强：《中国近现代漫画新闻史》，北京：人民出版社，2018 年，第 820 页。
③ 本书编委会：《光辉印迹——新中国 60 周年印刷业发展历程》，北京：印刷工业出版社，2009 年。

而像水墨画、油画等则属于连续调图像，各种图像制版方式都需要加网表现，为了表现色彩还需要制版分色。对于照片，则是等比图像的典型，其制版全部需要加网，其中的彩色照片（黑白照片的彩色印刷）也需要制版分色技术。总的分析，图像制印技术尤其是制版技术主要是针对分色技术和加网技术进行革新的，对于报刊媒体来讲，近代以来的图像制印技术的革新主要是围绕照片的制印而展开的，从这一角度分析，图像原稿不同类型的图像制印方式已经趋同。

第九章
图像信息制印技术的发展

Chapter 9
Development of Printing Techniques for Image Information

20 世纪 30、40 年代以来，海外图像信息的各种制印技术革新与发明不断出现，其中胶印与电子制印技术的革新与发展最具代表性。比较而言，中国的图像信息制印技术发展缓慢，直到 20 世纪 80 年代中期以后，才逐渐与海外图像信息制印先进技术的发展接轨，带动中国图像新闻传播的高速发展。

第一节　图像制版技术的发展与引用

从图像制版工艺的角度分析，人类的图像制版经历了雕刻制版（木质、石质、金属质等）、腐蚀制版（石质、金属质）、照相制版等阶段，从纯粹手工、半手工，向机械化与化学制版技术发展。20 世纪 60 年代，电子制印技术出现，由此带动了人类图像制版技术的一次新的飞跃发展。

一、图像分色技术的发展

图像制版分色技术是对彩色连续调原稿进行的制版技术，这一技术将原稿的彩色图像分解成印刷基本色——黄、洋红、青、黑 4 个单色图像，进行照相分色制版。

有些黑白连续调原稿如果需要印制彩色图像制品，也涉及制版分色技术。19 世纪 50、60 年代以前，照相制版技术还不十分普及，那时彩色摄影也很少。遇到黑白照片原稿，又想把它印刷成彩色画面，就得用人工分色与人工上色的办法。分色者以娴熟的手工修版技艺，凭借丰富的生活经验和色彩想象力，把原稿分解成印刷的黄、洋红、青三基色，并做成分色版，经印刷叠印以后，印刷品就呈现出景物色彩的自然面貌。20 世纪 50 年代的《人民画报》《大众电影》等不少彩色图面，原稿本来是黑白照片，就是用这种分色方法，印刷成彩色画面的。但这种工艺技术，制版周期长，操作难度大，不仅要求分色人员有高超的修版技能，而且还要具备一定的绘画及色彩艺术修养。20 世纪 60 年代以后，随着彩色摄影的普及，彩色原稿占的比重越来越大，黑白照片人工上色、分色才逐渐减少，而彩色原稿的照相分色成为分色技术的主流。①

1. 照相分色

照相分色是应用色光的三基色原理、互补色原理巧妙地选用不同色光的滤色片，照相分色时，只让画面上一种色光通过，其余色光被滤色片吸收（滤去），在感光材料上则形成一种印刷基本色图像的分色阴片。彩色原稿、滤色片及分色阴片的关系是这样的：

红滤色片→青分色阴片
彩色原稿→　绿滤色片→品红分色阴片
蓝滤色片→黄分色阴片

根据互补色原理，红与青是一对互补色，红滤色片把原稿所有青色都吸收掉，在分色后的软片上形成透明的青阴片。绿与洋红是一对互补色，绿滤色片把原稿所有洋红色都吸收掉，在分色后的软片上形成透明的洋红阴片。蓝与黄是一对互补色，蓝滤色片把原稿所有黄色都吸收掉，在分色后的软片上形成透明的黄阴片。阴片上

① 张树栋、庞多益、郑如斯等：《中华印刷通史》，台北：财团法人印刷传播兴才文教基金会出版，1998 年，第二十三章第二节。

透明度的高低与阳片上网点的大小相对应。有时为了弥补三基色油墨的缺陷，更好地再现印刷品上明暗阶调的变化，还要加制一张黑阴片。

在分色技术中，颜色的分解和颜色校正是相辅相成的。20 世纪 50 年代的颜色校正主要靠人工修整，俗称修版。那时候，彩色印刷复制品质的好坏，在很大程度上不是取决于照相分色，而是取决于手工的修版。50 年代，上海徐胜记印刷厂、上海中华书局印刷厂以及北京新华印刷厂， 都有几位技术精湛的修版人员，用他们双手修正的分色版，印刷出了像《中国》《印度尼西亚共和国总统苏加诺工学士、博士藏画集》《永乐宫壁画》以及《上海博物馆藏画》等高级精美画册。后三本画册在 1959 年德意志民主共和国莱比锡国际书籍艺术展览会上展出，荣获书籍装帧金质奖。[①]

2. 蒙版技术

20 世纪 50 年代后期，在照相分色中开始应用蒙版技术。从前，为了校正照相分色中的种种色差，往往是人工对照原稿，修整分色底片上的层次和色彩，以适应印刷要求并求忠实于原稿。这种方法既费时，又不够准确，全凭修版人员的经验判断。蒙版（masking）技术则是利用照相技术对制版分色底片进行修理的一种工艺方法。蒙版按照修正色差和层次的要求，从原稿或分色底片上，通过照相或拷贝制出一张或多张具有适当密度和层次的透明片，称为“蒙片”，如图 9-1 所示。

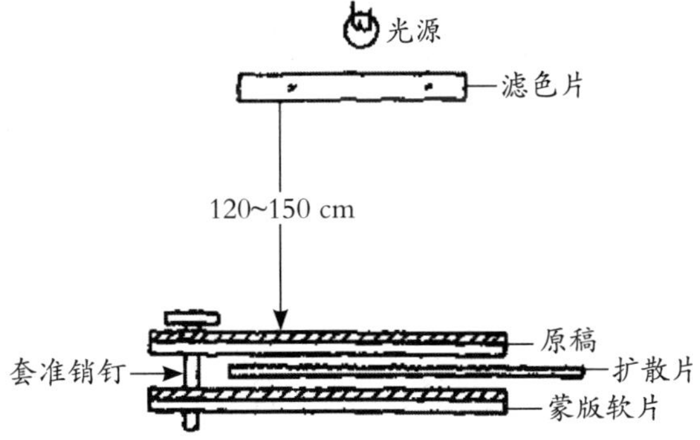

图 9-1　蒙版（蒙片）制作示意图，图片来源：藏广州主编：《最新印刷技术实用手册——凹版印刷技术分册》，合肥：安徽音像出版社，2012 年

① 以上部分参见张树栋、庞多益、郑如斯等：《中华印刷通史》，台北：财团法人印刷传播兴才文教基金会出版，1998 年，第二十三章第二节。

蒙版技术是通过将蒙片与原稿或分色底片蒙合，来校正色差，调整原稿或分色底片的密度反差，保护层次。蒙版的制作分接触曝光、呈色显影、定影、漂白定影、水洗和干燥等几个过程。蒙版提高了复制品的清晰度以及原稿画面的局部色、层次的补偿等效果，减少了手工修工，缩短了制版周期，使彩色照相制版的质量和效果有了很大提高。[①]

不容置疑，蒙版技术的开发使用，对照相制版技术的演进，起了莫大的作用。1954 年北京美术印刷厂首先对彩色反转片（时称天然色片）试制成蒙版校色用于《人民画报》；同年上海徐胜记印刷厂试制成一级蒙版用于反射稿年画的校色，后改进为二级蒙版。[②] 20 世纪 70 年代以前，我国还进行过平版照相的制版分色技术的改进，即在黄、洋红、青三基色版的基础上，再补印一个浅洋红和浅青（俗称小红、小蓝），加上黑版。彩色平印要作六色印刷，有时再加上专色，一个画面要印 7—8 个色版。这样，复制效果虽然好一些，但制版、印刷的周期可就长了，成本也较高。

3. 过网分色技术

长期以来，照相分色、修版技术的传授，靠的是师徒口耳相传，师承面命，看重的是经验的积累，不大注重操作工艺的科学规范化。所以几十年以来技术进步不大，直到 20 世纪 70 年代后期才有所突破。我们知道，线条原稿照相制版比较容易，连续调原稿的制版就必须通过过网，把阶调连续变化的图像分解成许许多多的"像素"（即网点），利用网点大小（凹版是网坑的深浅）来表现原稿阶调的明暗变化。无论是黑白原稿，还是彩色原稿，只要是具有晕染层次变化的，制版之前必须过网。在平、凸、凹、孔 4 种印版制作过程中，平、凸、孔 3 种过网原理基本相同，只是网线粗细，对暗调、高光调网点大小的要求略有不同；照相凹版过网的目的在于形成网墙，把一个一个网坑分隔开来，便于刮墨。所以照相凹版的网线结构与前 3 种不同，过网的对象与前 3 种也不同。平、凸、孔版是在阴图或阳图片上过网，而照相凹版则是制作印版滚筒时在炭素纸或滚筒上过网。

图像制版的过网技术大体经过了玻璃网屏（又称网目版、网线版）过网、接触

① 以上部分参见邹毓俊编著：《印刷概论》，北京：测绘出版社，1993 年，第三章。
② 徐志放：《近代彩色平印制版的发展历程》，中国印刷史学术研讨会，1996 年。

网屏过网、电子激光过网三个阶段的技术创新。

（1）玻璃网屏过网。玻璃网屏是美国人在1886年发明的。在制作玻璃网屏时，选用优质的光学玻璃，表面涂上耐强酸的漆膜，在专门的雕刻线划机上划成等长的平行直线，线条的疏密是根据网屏的线数要求确定的。刻好后在玻璃背面也涂上耐酸保护膜，用氢氟酸腐蚀。在经腐蚀凹下的部分涂上黑色油质，然后洗去耐酸膜层，这样就制成了透明与不透明相间的玻璃线条版。用两块这样的线条版垂直胶合在一起，边上镶好金属框，即制成玻璃网屏。网屏线数是指在每英寸宽度内的透明线数，例如常用的150线网屏，就是1英寸内分成300等分，透明线与不透明线各有150条。玻璃网屏一般有60线、80线、100线、133线、150线、175线数种。玻璃网屏上刻画着不透光的垂直交叉的十字网线，在网屏上分成一个一个小的透光方形网孔。网屏放置在照相机暗箱里的网屏架上，与涂有碘化银的罗甸湿版保持平行，相隔一定距离（网距），过网时，光线通过网屏的网孔投射在感光湿版上。由于光线通过网孔后的衍射作用，就在湿版上产生大小不同的网点。通过网孔的光量强，网点就大；光量弱，网点就小。这样，就把原稿图像的明暗变化，通过感光湿版，转变成网点的大小变化。用网点大小表现明暗深浅的阶调，工艺上称半色调（half tone）。网屏上网线的宽度与透明方格的宽度相同。4条网线才围出一个透光方格。算下来，整个网屏面积中只有四分之一的面积是透光的。为了在感光版上形成足够大小的网点，就必须有足够的感光量。由于湿片感光性能本来就低，再加上玻璃网屏的透光率也低，所以湿片过网必须有功率强大的光源和较长的曝光时间。20世纪70年代以前，照相过网普遍使用玻璃网屏。这种网屏制造工艺非常严格，世界上只有联邦德国、意大利、日本等少数国家能够制造，价格非常昂贵。我国在20世纪70年代以前，大中型印刷厂基本都是用玻璃网屏进行加网制版的。国家每年只能从国外少量进口，由中国印刷物资公司统一分配，因而供需矛盾十分突出。玻璃网屏除有笨重、价昂等缺点外，使用时网屏与感光片之间必须有一定的距离（网距），易损失图像层次，影响画面清晰度，所以逐渐被接触网屏取代。

（2）接触网屏过网。湿片过网时湿片表面上流动着的硝酸银虽能为已感光的乳剂提供银离子，以增加感光密度，但硝酸银溶液又具有腐蚀性，所以湿片是无法使用接触网屏的。20世纪70年代中期以后，随着湿片用量日渐减少，伴随着软片的大量使用，也就为接触网屏过网创造了条件。接触网屏是用感光软片制造，用玻璃网屏作母版、在制版照相机上用硬性感光胶片制成的。它又轻又软，使用方便；它是通过玻璃网屏大量复制的，价格也较便宜。接触网屏为胶片状，用放大镜仔细观察，上面布满了网点，每个圆网点中间有一个很黑的核心，边缘密度递减。从整体上看网点的排列，每四个黑点中间有一个透明孔，或每四个透明孔中间有一个黑点。加网时只要把接触网屏密附在感光软片上，进行曝光，光线通过接触网屏的晕染网点就会在感光软片上形成大小不同的光洁网点，其加网效果同用玻璃网屏基本一样，接触网屏的名称即由此而来。接触网屏过网技术是将原稿与彩色蒙版蒙合后，置于照相机的投射原稿架上，光源前加装滤色片，成像面上装置感光软片和接触网屏，经曝光后，显影、定影加工，即得加网分色阴片。如图 9–2 所示。

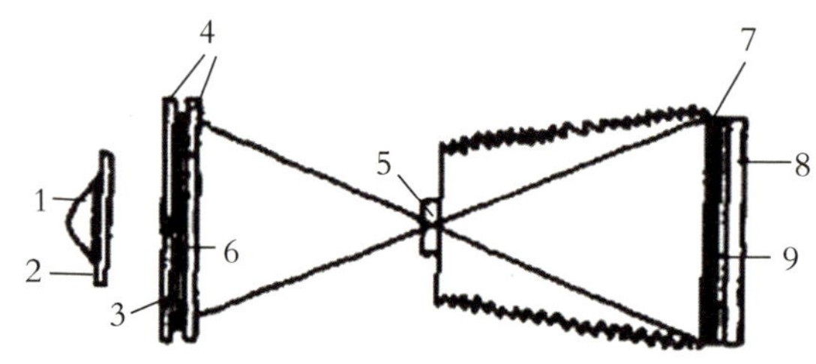

图 9–2　直接加网分色工艺示意图

（1. 氙灯；2. 滤色片；3. 蒙版；4. 玻璃；5. 镜头；6. 天然色片；7. 接触网屏；8. 吸气板；9. 特硬感光片），图片来源：藏广州主编：《最新印刷技术实用手册：凹版印刷技术分册》，合肥：安徽音像出版社，2012 年

接触网屏价廉、体轻，使用时与感光胶片密合接触，减少了翻拍中的层次损失，提高了画面清晰度，很快在我国推广使用。[①] 1975 年，上海印刷研究所和北京印刷研究所（中国印刷科学技术研究所的前身），先后试制成功接触网屏，并批量生产供应全国。从此以后，中国从国外进口玻璃网屏的数量逐年减少。[②] 1977 年 6 月，北京、上海、辽宁、陕西 4 省、直辖市照相制版新工艺经验交流会在西安召开，会议的中心议题是交流平版照相直接过网分色四色制版印刷的先进经验。新工艺的特

① 乃恒：《谈谈印刷网点》，《科技与出版》1997 年第 1 期。
② 邹毓俊编著：《印刷概论》，北京：测绘出版社，1993 年。

点是在照相时，分色过网同时一次完成，制作出分色过网阴片。分色时只做黄、洋红、青、黑四色版。新经验的关键是对工艺中每一个可变因素如原稿颜色、阶调的反差、蒙版密度反差、曝光时间、显影剂配方及显影液温度、显影时间等都要进行严格的定量控制。在严格工艺管理条件下做出的四色分色版，同样能达到从前六色印刷的效果。新工艺强调规范化操作，严格进行数据控制，把照相制版技术由过去主要依靠经验转向更多地依靠科学规律。与过去的间接过网六色制版比较，新工艺照相工作量减少了三分之一，修版工作量减少三分之二。这次会议之后，彩色照相分色普遍采用了直接过网分色四色制版印刷的新工艺，印刷品质有所提高。

（3）电子激光过网。随着电子分色机的应用日益广泛，原来的照相分色、过网，也逐渐被电子激光过网所取代。20 世纪 70 年代的电子分色机过网时仍然使用接触网屏。在输出扫描滚筒的软片外面包裹以接触网屏，扫描光束通过接触网屏使感光软片感光产生网点。80 年代以后，随着电子计算机技术的发展，电子扫描分色机里装上了网点计算机。根据扫描输入光量的强弱，网点计算机立即计算出网点的大小，并由计算机控制网点发生器的激光束，按照网点的大小和形状、排列的方向，在输出滚筒的感光软片上，扫描出一个个网点，虽然仍称“过网”，但已没有网屏了。激光过网的网点反差高，虚边少，传递性更好。进入 90 年代以后，照相过网日益被电子分色激光过网和彩色桌面出版系统过网所取代，接触网屏过网日益减少。①

二、图像制版版材的发展

1. 照相胶片等用材的革新

（1）照相胶片。照相所需材料中，最重要的是感光材料。20 世纪 50 年代以前，照相使用的感光材料是用玻璃作版基，把溶有碘化物的棉胶溶液（习称“照相罗甸”）均匀地涂布到玻璃板上，然后放入盛有硝酸银溶液的盘内。棉胶里的碘化物与硝酸银反应生成具有感光性能的碘化银。然后趁湿把棉胶硝酸银玻璃板装到照相机上，

① 以上部分参见张树栋、庞多益、郑如斯等：《中华印刷通史》，台北：财团法人印刷传播兴才文教基金会出版，1998 年，第二十三章第二节。

立即拍摄曝光。“湿版”的名称即由此而来。湿版也称湿片，属色盲片，感光性和感色性都较差，为了尽量缩短曝光时间，照相机上都装有功率较高的炭精灯作光源。曝光后用硫酸亚铁溶液显影，再用氰化钾溶液定影。湿片照相定影后所得影像密度不够高（黑），还需用硫酸铜、碘化钾、硝酸银等溶液反复“加厚”，以提高影像密度。最后经硫化钠溶液进行黑化处理，方得到黑白分明的阴像底片。在感光药膜上浇一层阿拉伯树胶溶液，以保护版面。至此湿版照相才告完成。上述工艺过程完全是手工操作。过程中化学反应较多，环境温湿度的变化、化学药品的品质性能、工艺配方、操作人员的熟练程度等因素都会对照相结果产生影响。因此湿片照相是一种陈旧、有碍人身健康的落后的工艺技术。然而由于湿片的成本比进口软片便宜，黑白反差较高，可以满足线条图像版的制作要求，出于经济考虑，我国印刷厂一直在沿用。

20 世纪 50 年代后期，国内大搞技术革新，有过“罗甸干版”的尝试，60 年代中期北京、上海等地印刷厂又相继研制成功明胶干版。1965 年北京新华印刷厂试制成功明胶干版，工厂批量生产，除自用外还供应本市及华北地区一些印刷厂使用。1967 年上海市印刷二厂也生产出明胶干版，部分供书刊印刷使用。西安五四四厂于 70 年代也专门建立一个明胶干版车间，生产明胶干版。除此以外，其他城市还有一些印刷厂自制明胶干版大多自用。明胶干版的优点就在于它克服了湿版给操作人员带来的诸多不便。在国产制版软片还不能完全取代湿版之前，采用明胶干版不能不说是一个无奈中的过渡办法。但是，明胶干版、罗甸干版同湿版一样，都是以玻璃作版基，笨重、易碎的玻璃总不如软片好使。[①]

20 世纪 60 年代初，汕头感光化学厂与北京印刷技术研究所协作，生产出“公元”牌系列制版软片，填补了中国制版软片的空白。1964 至 1965 年上海感光胶片厂和汕头感光化学厂相继试制出正色传真软片，供报纸新闻传真、邮电传真用。1965 年汕头厂还试制出 PT 全色传真软片。70 年代以后，又有化学工业部第二胶片厂生产的“华光”牌系列制版软片大量面市，国产的制版软片基本上满足了印刷照相制版的需要。有了国产软片的物资保障，加之 70 年代后期开始推广直接过网照相分

① 张树栋、庞多益、郑如斯等：《中华印刷通史》，台北：财团法人印刷传播兴才文教基金会出版，1998 年，第二十三章第二节。

色工艺，湿片的用量就日渐减少。进入80年代以后，在大型印刷厂中，国产软片完全取代了沿用100多年的罗甸湿版，完成了中国照相制版历史上“以干代湿”“以软代硬”的转变。①

（2）网屏。在传统的照相制版中遇到连续调原稿，势必要用网屏过网。网屏分玻璃网屏和接触网屏。玻璃网屏的制造是一项工艺非常复杂、对制造环境条件要求十分苛刻的精密机械光学加工技术。中国自己不能制造，长期依赖高价进口。对印刷厂来说，像玻璃网屏这种光学器具，使用时必须小心翼翼，爱护备至。为了给中国印刷工业的发展提供物质保障，中国印刷科学技术研究所及上海印刷技术研究所从20世纪70年代中期开始成功试制接触网屏，供应全国印刷业制版使用。国产接触网屏规格有胶印用60线厘米灰色接触网屏和洋红接触网屏；尺寸形状有方形（50×50厘米，4张分90°、75°、45°、15°一套）、圆形（直径48厘米），也有供凸版制版用的40线厘米的灰色接触网屏。照相过网有的是在制作阳片时过网，有的是在制作阴片时过网。为配合过网的需要，接触网屏根据网点密度分布特征，分为阳性和阴性两种。阳性网屏用于平凹版阳片过网，阴性网屏则用于过网照相阴片。使用国产接触网屏，不仅价格便宜，购置方便，更重要的是减轻了印刷工业对进口网屏的依 赖。

（3）分色滤色片。滤色片是印刷、电影洗印业分色必不可少的器材，20世纪50年代以前主要由国外进口。60年代初，北京电影洗印厂试制胶质分色用滤色片，70年代以后由北京市西城区光学仪器厂生产供应 。

① 分色滤色片。规格10×10厘米，每套4张（红1号，绿4号，蓝1号和黄3号），用于一般照相分色。

② 直接过网分色滤色片。规格10×10厘米，每套4张（橙红1号、橙红2号、绿2号、蓝1号）。

③ 校色滤色片。规格10×10厘米，每套2张（洋红1号、橄榄绿1号）。主要用于蒙版颜色校正。②

---

① 邹毓俊编著：《印刷概论》，北京：测绘出版社，1993年，第三章。

② 以上内容参见张树栋、庞多益、郑如斯等：《中华印刷通史》，台北：财团法人印刷传播兴才文教基金会出版，1998年，第二十五章第五节。

2. 制版版材

印刷版材主要是金属版材，除了这一版材技术发展，还出现了感光树脂版。

（1）凸版铜锌版材。20世纪50年代以前，我国还不能生产各种金属版材，1961年中国印刷器材公司组织广州锌片厂、上海东风有色合金厂、上海铝制品厂正式试制锌版和锌皮。60年代中期以前采用撒红粉腐蚀法，出厂版材厚度1.5毫米左右，宽380~510毫米，长600~1200毫米。60年代中期以后广泛采用无粉腐蚀法，一次腐蚀完成。版材用微晶锌版，厚1.2~1.6毫米，宽381~510毫米，长600~1200毫米。除锌版材料外，西北铜加工厂还生产多种规格铜版材。

（2）蛋白版。20世纪50年代我国曾经流行过蛋白版技术。蛋白版的感光胶是用重铬酸铵同蛋白胶配制而成的，故得此名。由于蛋白版制作工艺简单、成本低，又可以上平印机印刷，是50年代较为流行的平印版型。蛋白版的制版工艺是：把蛋白粉溶解在水里（如果买不到蛋白粉，用鸡蛋清也可以），加氨水，加重铬酸铵溶液，配制成蛋白感光液。把蛋白感光液涂布到经研磨粗化的锌皮上，烘干，让感光胶与阴像底片密合，曝光，擦显影墨，在清水下冲洗显影。未感光部位的蛋白胶溶于水被冲走，露出锌皮；感光的图文部位生成固化的蛋白胶膜显出图文，擦阿拉伯树胶溶液后即可上机印刷。蛋白版的制作虽然方便，但也有缺点，一是蛋白版用阴片晒版不便于观察；二是过网阴片阶调损失大；三是蛋白版耐印力低，一般5000印左右，少则一二千印。①

（3）平凹版和多层金属版。印刷专家柳溥庆于20世纪50年代在北京人民印刷厂推广使用平凹版。50年代后期，北京印刷技术研究所推出“一干一湿”两翻阳图平凹版新工艺。与蛋白版相比，照相阶段可少一次阴片。平凹版的感光胶是用重铬酸铵与阿拉伯树胶配制而成。由于阿拉伯树胶需要进口，70年代以后，逐渐改用国产聚乙烯醇代替阿拉伯树胶。工艺过程是：在经粗化的锌皮上涂布感光胶，用阳像底片密合曝光，清水冲洗显影。图文区域未感光，显影时感光胶被水溶解露出金属；空白区域的感光胶由于感光硬化显影后仍留在空白区域形成硬化感光保护

① 以上部分参见张树栋、庞多益、郑如斯等：《中华印刷通史》，台北：财团法人印刷传播兴才文教基金会出版，1998年，第二十三章第三节。

膜。用三氯化铁溶液对露出的图文区域轻微腐蚀一下，使其凹下 5—10 微米，立即冲洗干净，吹干后擦基漆和显影墨，在图文区域稍微凹下的金属面上附着一层牢固的抗水性好的亲墨漆层。最后再除去空白区域硬化的感光胶，擦上阿拉伯树胶，即可上机印刷。与蛋白版相比，平凹版不仅图文区域凹下、墨层厚实、传墨性好，而且耐印力也高，大约是蛋白版的 5—10 倍。在平凹版基础上，北京新华印刷厂、北京人民印刷厂等大型印刷厂还使用多层金属版。就制版工艺来说，这种多层金属版也属平凹版，不同的是多层金属版的版基是由铁、铜、铬，或铜、铬多层金属构成。不管是两层或三层，其表面层是铬，铬层下面是铜。制版工艺是：在铬层表面涂布与平凹版相同的感光胶，阳片曝光、显影，用盐酸溶液腐蚀掉铬层，使图文区域露出铜层。擦上显影墨后，除去空白区域硬化感光胶，擦上阿拉伯树胶，即可上机印刷。多层金属版的特点就在于，图文区域是建立在亲油性好的金属铜上，空白区域建立在亲水性好的铬上。所以多层金属版的图文区域、空白区域水墨平衡性能稳定，耐印力也高，可达 100 万—200 万印，是平凹版的 10 多倍。[①]

（4）平印锌皮。自从平印由石印进步到胶印以后，锌皮就成为平印应用最广泛的一种版材。20 世纪 60 年代以前平印锌皮还依赖进口，自从上海铝制品厂等生产出合格锌皮后，国产平印锌皮才供应市场。平印锌皮厚 0.5—0.55 毫米，全张规格为宽 1144 ± 3 毫米，长 1219 ± 3 毫米；大对开宽 765 ± 3 毫米，长 975 ± 3 毫米；小对开宽 762 ± 3 毫米，长 915 ± 3 毫米。平印版材除锌皮外，还有用铜铬多层金属版的，一般都是由工厂自己电镀制作。[②]

（5）感光树脂版的革新。在印刷版材的革新中还曾经出现过塑料复制版材。以热塑性塑料为主体，经加热使其软化或能流动，再经过一定的压力，经模压成型或注塑成型成为塑料复制印版。具有质量轻、耐磨性好、吸墨和传墨性好等优点。[③]

感光树脂凸版是一种新的凸版制版工艺，由美国杜邦公司于 1957 年研制成功，

① 以上部分参见张树栋、庞多益、郑如斯等：《中华印刷通史》，台北：财团法人印刷传播兴才文教基金会出版，1998 年，第二十三章第三节。
② 以上部分参见张树栋、庞多益、郑如斯等：《中华印刷通史》，台北：财团法人印刷传播兴才文教基金会出版，1998 年，第二十三章第三节。
③ 藏广州主编：《最新印刷技术实用手册——凸版印刷技术分册》，合肥：安徽音像出版社，2012 年，第 436—437 页。

1961 年大量投入生产。感光树脂版材由树脂、交联剂、感光剂、阻聚剂等主要成分组成。这种新的版材是利用光化学的方法，用人工合成的具有感光性能的高分子聚合物制作凸版，与照相排字配合，取代铅活字和铜锌版。[①]

20 世纪 70 年代开始，在北京、广东等地一些印刷厂率先开始试制感光树脂版（包括尼龙版）。使用效果证明，无论在制版工艺上，还是在使用性能上，感光树脂版确实比活字版、浇铅版和铜锌版要好。1974 年 9 月，国家出版局在北京召开了凸印新版材技术革新经验交流会，会议肯定了用感光树脂版代替铅版的方向。这次会议之后，感光树脂版的研制被许多印刷厂列为科研项目。于是 70 年代中期以后，在印刷界又出现了一阵“感光树脂版热”。到 80 代初，这项研究活动的“热劲”才低落下来，到 80 年代末，只有《经济日报》等少数几家报纸印刷厂使用少量感光树脂版材。1993 年，随着报纸印刷完全平印化以后，感光树脂版才随报纸凸版印刷的消失而逐渐减少。20 世纪 90 年代以来，随着柔性版印刷的兴起，感光树脂版在柔性版印刷机上，又找到了自己的位置。

21 世纪初，我国的印刷业还进行过通用型薄凸版的创新，这是一种以活字和软片为原版的、系列化的、规范化的、数据化的复制凸版，是一种可以相互兼容并在所有凸版印刷机上方便互换的薄型凸版，是一种由通用型铅合金薄凸版和通用型感光树脂薄凸版组成的凸版系列。两种材料通用型薄凸版本身也是可以互相容纳的，即可以把两种版材拼在一块版面上，实现一种称为版面拼版的技术。[②]

（6）预涂感光版。预涂感光版又称 PS 版，这是将人工合成的高分子感光聚合物涂布到预先经过表面粗化处理的铝版基上，烘干后包装备用。预涂感光版的感光性能可以经长期贮存不受影响，这样就可以实现在版材工厂预先集中批量生产，随时供应印刷厂使用。

预涂感光版的制版工艺是：把阳像底片同预涂感光版的感光胶面密合，曝光。在光的作用下，版面空白区域的感光树脂发生光分解反应，生成可溶于碱水的有机酸，图文区域没有感光，仍然是亲油的，构成图文基础。显影、冲洗、烘干、擦阿

① 藏广州主编:《最新印刷技术实用手册——凸版印刷技术分册》，合肥：安徽音像出版社，2012 年，第 438 页。
② 藏广州主编:《最新印刷技术实用手册——凸版印刷技术分册》，合肥：安徽音像出版社，2012 年，第 17—18 页。

拉伯树胶，上墨后即可上机印刷。预涂感光版的制版工艺比平凹版简单，使用方便。它的印刷图文是以未感光的高分子树脂为基础，亲墨性好，耐印力比平凹版高。如果还需要进一步提高耐印力，可经 220℃高温烘烤，使图文区域的感光树脂分子进一步发生交联，生成网状结构，彻底失去感光性，以增强成膜性和亲油性。经烘烤过的预涂感光版耐印力可提高到 30 万印以上。

1975 年中国印刷科学技术研究所首先研制成功阳片预涂感光版（PS 版），并与北京市印刷二厂合作，成功地开发出国内第一条手工操作电解铝片单张 PS 版辊式涂布生产线。与此同时，北京、上海、陕西等地也先后有单张 PS 版生产。1977 年北京市印刷二厂应用中国印刷科学技术研究所的科研成果开始批量生产单张涂布的 PS 版，经印刷厂使用，普遍反映较好。80 年代初，上海、陕西、四川、广东等地也开始生产预涂感光版。以后又有中国印刷科学技术研究所、化工部第二胶片厂等几条预涂感光版铝卷连续涂布线投入生产。中国印刷科学技术研究所于 1985 年建成国内第一条 PS 版卷筒连续生产线，并投入生产，年产 PS 版 100 多万对开张。80 年代，由于平印快速发展，PS 版总是供不应求。80 年代中期有北京化工厂、北京新华字模厂、上海字模一厂、湖北文字六〇五厂、山东济南一轻纸张研究所、河北承德印刷厂等 6 家先后从日本富士药品公司引进单张刷磨 PS 版生产线。原来国内手工涂布生产 PS 版的一些厂家，也引进了部分辊式涂布设备。1989 年 5 月，化学工业部第二胶片厂引进美国宝丽光公司卷筒连续涂布生产线正式投产，年产量可达 200 万平方米。到 90 年代中期，国产 PS 版年产量已超过 1000 万平方米，除满足国内印刷需要外，还有部分出口。随着预涂感光版大量供应，沿用了 30 多年的平凹版终于被先进的预涂感光版所取代。[①] 进入 21 世纪，我国有 60 多家卷筒式 PS 版生产线企业，相关产品行销世界 100 多个国家和地区，成为具有国际竞争力的出版器材大国。[②]

① 张树栋、庞多益、郑如斯等：《中华印刷通史》，台北：财团法人印刷传播兴才文教基金会出版，1998 年，第 1076 页。
② 岳德茂：《我国印刷器材 60 年的光辉历程》，《印刷工业》2009 年第 10 期。

三、铜锌版无粉腐蚀制版法

历来的凸版制版分文字排版和图像照相制铜锌版（铜版适宜做过网的连续调原稿，锌版则做一般线条原稿）两条工艺路线。20 世纪 50 年代制作铜锌版，也是先照相制出阴像底片，用阴像底片在涂布了明胶重铬酸铵感光胶的铜或锌板上进行曝光（俗称晒版），然后做腐蚀处理。铜版采用三氯化铁溶液腐蚀，锌版采用硝酸和盐酸溶液腐蚀。为了保护凸出的图文侧面不再被腐蚀，在腐蚀过程中要在版面上滚墨、撒红粉、烘烤再腐蚀，这种操作要反复做三至四遍，才能达到必要的腐蚀深度。这是一种落后的手工操作的制版方法，做出印版的品质也不高。20 世纪 60 年代初，北京印刷研究所从国外引进了不撒红粉的一次腐蚀法，又称无粉腐蚀法。该所还研制出了无粉腐蚀的添加剂。为了推广这项新的工艺技术，中国印刷物资公司分别组织广州锌片厂、上海有色合金厂生产微晶锌版材，由营口机械厂生产无粉腐蚀机。70 年代，无粉腐蚀制铜锌版法很快在印刷厂普遍推广，完全取代了落后的撒红粉腐蚀法。①

四、图像制版设备的发展

图像制版的主要设备是制版照相机、电子分色机、晒版机等。

制版照相机属于精密光学机械。20 世纪 50 年代初上海龚长兴照相机厂只能生产简单木结构手动小型制版照相机。直至 60 年代，印刷厂使用的制版照相机大多数是从德国、日本等进口的。

1962 年，上海龚长兴照相机厂被解体并入他厂，江苏泰兴机器厂抓住时机，聘请了原龚长兴厂 4 名有实践经验的技术工人到泰兴厂工作，并成立了照相制版机械产品小组，当年就生产出了第一代产品——木结构手动对开卧式制版照相机、对开

① 张树栋、庞多益、郑如斯等：《中华印刷通史》，台北：财团法人印刷传播兴才文教基金会出版，1998 年，第二十三章第三节。

烘版机和对开晒版机。1963 年将木结构照相机改为金属结构，1966 年该厂的产品正式被列入国家计划，从此改变了制版照相机完全依赖进口的局面。1969 年照相制版机械车间从泰兴机械厂划出，单独成立泰兴仪器厂，成为生产制版机械的专业厂之一。该厂的主要产品有：对开吊式照相机，对开、四开卧式照相机，全张、对开晒版机，全张、对开烘版机以及 PS 版制版设备。该厂产品在国内印刷厂国产照相制版设备中占有一定比例。上海印刷器材制造厂是由上海新顺泰制版照相机厂、新顺记印刷材料厂、大美煤精灯厂等 9 家小厂于 1960 年合并组成的印刷器材制造专业厂。该厂主要生产两大类产品，即机械类和橡胶化工类。60 年代生产木结构制版照相机和对开手动金属结构制版照相机。70 年代初发展了电器控制加微调结构照相机，80 年代又设计制造出 ZD840 型吊式程控照相机和 ZWZ750 型自动对焦照相机等产品。

在西南重镇重庆市有重庆印刷机械厂，也是照相制版设备制造的专业厂之一。它的前身是重庆印刷机械材料厂，1970 年另建新厂更名为重庆印刷机械厂。20 世纪 70 年代试制成功了 ZX201 型对开卧式照相机，和 QFC 型强光源立式分色放大机。1984 年又试制成功 ZD600 型吊式照相机和 MB S760 型刷子磨版机。此外淄博印刷机械厂也试制成功全张吊式制版照相机。当制版机械制造厂家还在传统观念支配下，考虑研制自动化程度更高的程控自动对焦制版照相机的时候，80 年代中期，一场新的空前的制版工艺技术革命已经向人们走来，这就是电子扫描分色技术和随后的桌面出版系统电脑图像处理技术。①

五、电子雕刻制版与电子分色技术

电子技术与制版技术相结合的成功结果，一个就是电子雕刻机，用于凹印制版；另一个是电子分色机，用于平印制版。

① 张树栋、庞多益、郑如斯等：《中华印刷通史》，台北：财团法人印刷传播兴才文教基金会出版，1998 年，第二十五章第一节。

1. 电子雕刻制版技术

电子雕刻又称光电雕刻，是利用电子雕刻机，按照光电原理，控制雕刻刀，在滚筒表面雕刻出网穴，其面积和深度同时发生变化，从而制作出电子雕刻凹版。机械电磁式的凹版电子雕刻机是德国海尔（Hell Gmbh）公司于 1962 年发明的。早期的电子雕刻技术为机电式雕刻，机电式雕刻技术的图像复制品质优秀，雕刻质量稳定可靠，雕刻效率较高，得到广泛的应用。一般的电子雕刻机由原稿滚筒，雕刻滚筒，扫描、雕刻、传动系统和电器柜等组成。工作时先由扫描头扫描原稿，产生的反射光经过镜头进入光电倍增管，光的强弱转换为电信号的相应强弱，并与点讯号混合，再经过电子计算机控制的电磁机械雕刻系统，将电信号转换成机械动作进行雕刻，雕刻滚筒与原稿滚筒同步运转。同时雕刻系统沿着滚筒轴向移动，通过扫描系统由计算机控制的尖锐的钻石刀，在雕刻滚筒的铜面上按信号强弱雕出深浅不同的锥形点子构成网点图案。电雕头打出的凹坑不仅有深浅的变化，还有面积大小的变化，所以电子雕刻凹版比传统照相凹版在阶调表现力上更胜一筹。按其雕刻刀具的不同可分为：电子机械雕刻法、激光雕刻法和电子束雕刻法。

电子雕刻凹版的制作过程如下：

（1）制作扫描底片。以往的扫描底片，采用的是连续调的乳白片，造价昂贵，底片质量很难控制。80 年代，电子雕刻机加入电子转换组件，按设计好的程序进行胶凹转换，即用胶印用的加网底片雕刻凹版。因此，现在大多使用分色加网的底片制版。

（2）安装印版滚筒。用吊车将印版安装在电子雕刻机上，雕刻前清除版面的油污、灰尘、氧化物。把扫描底片平服地粘贴在原稿滚筒上。粘贴前，用干净的纱布加适量无水酒精将软片与扫描滚筒表面揩干净。粘贴时，软片中线应与扫描移动方向垂直，并与扫描滚筒表面完全贴合紧密，否则会因扫描焦距不准、成像发虚，而影响雕刻的阶调层次和清晰度。

（3）程序编制。是指为控制电雕机工作而给电子计算机输入相应数据和工作指令，程序编制必须熟悉产品规格尺寸、客户要求、版面排版，并根据图案内容、规格尺寸选用网线、网角和层次曲线。版面尺寸较大的层次图案，宜用较粗线数如 60 线 / 厘米，并按黄、品红、青、黑使用相应的网角和层次曲线。若是复制规格尺寸较小、层次又丰富的图案，宜用较细线数如 70 线 / 厘米，才能反映细微层次。而文字线条图案则宜采用较硬的层次曲线。

（4）试刻。通过调节控制箱电流值的大小，得到合适的暗调（全色调）、高光（5%）网点和通沟大小。电子雕刻的网点可分为四种形状，以 0 #、2 #、3 #、1 # 来表示，称为网角形状。不同的网角形状是通过改变电雕刻时转速、进给速度和雕刻频率而获得的。如较高速度时将点形拉长呈◇形，较低速度时将点形压扁呈□形。试刻是一项十分重要的工作，直接关系到印刷品的阶调层次。因此，试刻时应根据不同的网屏线数、网点形状、承印材料，选用相应的暗调、高光网点，可用网点测试仪测定网点的对角线和通沟尺寸来确定。

（5）扫描校准。扫描时，以扫描滚筒的白色表面作为基面，使软片上呈黑色密度的图文与白色基面有明显的反差，为了保证凹印时第一色调的印刷，扫描头设定应有恰当的密度差，将光学头移至 5% 加网密度区域，这个密度的数字输入值校准在 768，第一个着墨孔的对角线试刻高光网点是在这个值，余下的数字输入（768—1023），使白基面与软片空白部分间形成足够的差异，这就保证了雕刻粘贴以及底色部分所形成的边缘，都不会对雕刻或印刷过程产生影响。

（6）雕刻。扫描头对原稿进行扫描，雕刻头与扫描头同步运转，印版滚筒表面被雕刻成深浅不同的网穴。新型的电子雕刻机有三种形状的网点角度，可以在操作时任意选择，以免发生因套印不准而产生的龟文。现在，电子雕刻凹版多采用分体式的电子雕刻系统制版，即扫描仪和电子雕刻机分离，分别和图像工作站的输入、输出接口相连。扫描仪能扫描阳图、阴图底片，能扫描乳白片，还能进行胶凹转换。工作站具有多种图像处理功能，对图像可进行整体、局部的色彩修正，剪切、组合，和缩放、色彩渐变，使黄、品红、青图像与线条图像合二为一等。电子雕刻机的网线范围从 31.5~200 线 / 厘米。①

激光雕刻法。

英国克劳斯菲尔德公司于 1977 年首次展出了激光凹版雕刻机。该公司在经腐蚀后的铜滚筒网格内填注环氧树脂，并使其硬化，然后在磨床上进行研磨，使其表

① 以上部分参见唐万有、苟军平等：《印刷设备与工艺》，北京：印刷工业出版社，2007 年，第四章。

面磨光。在雕刻时采用一束能量可变的二氧化碳激光束照射滚筒，因铜表面能反射激光束，所以原来铜网墙被保留下来，而环氧树脂从网格中被去掉，去除量多少与激光束大小有关。激光雕刻法存在的主要不足之处在于，铜与环氧树脂材料性能差异很大，很难在技术上达到一个光滑的非印刷表面，使非印刷区域有污点，此外制版还需要电镀及腐蚀设备。此后，该公司改用表面喷涂环氧树脂，然后在经处理的滚筒表面进行激光雕刻。印刷区域是由不同深度呈螺旋形排列的细槽纹构成。1982年该公司又将激光雕刻控制系统改型，使以前连续槽纹断开，这样形成了类同网格的凹坑。激光雕刻法工作过程是，通过电子计算机控制调制器和光能量调制器，将从二氧化碳激光器发出的激光束，按照凹版原稿的信息要求，变成一束所需要的激光，再通过反射镜、聚光镜（透镜）照射到凹版铜滚筒表面上，熔化蒸发环氧树脂形成所需要的凹坑，这些凹坑组成与原稿相对应的印版。

（1）腐蚀滚筒。按照传统的腐蚀方法，将经过精细加工的凹版滚筒表面腐蚀成所需要的网格状，供喷涂用。

（2）喷涂环氧树脂。采用静电喷射法喷射特别配制的环氧树脂粉末料，使滚筒表面涂布环氧树脂，再将滚筒移到红外炉中，从 180 ℃起开始熔化并慢慢旋转滚筒，整个过程由微机控制。为使滚筒达到足够的涂层厚度，可进行第二次喷涂。硬化过程结束时温度达 200 ℃。整个过程约需 1.5 小时，最后将滚筒冷却，为使滚筒表面光洁度达到一定要求，必须进行车光、磨光，使滚筒便于激光雕刻。

（3）激光雕刻。采用 CO_2 气体激光器（功率 150 W）发出激光，激光束触及处的环氧树脂表面被蒸发掉。滚筒转速达 1000 转 / 分钟。雕刻速度根据滚筒周长而定，一般每分钟雕刻 75 毫米。激光雕刻滚筒最大尺寸为长 2600 毫米、筒周长 1600 毫米。根据有关资料介绍，激光雕刻机可以采用联机操作和非联机操作两种输入方式。联机操作即激光雕刻机与一台电分机连接。装在电分机上的原稿可以是彩色片，也可以是黑白稿或反射稿。最大尺寸是 580~610 毫米。当联机时，扫描信号直接输入与电分机同步运转的激光雕刻机，使激光束刻出网格中填充树脂的深度与图文对应的部位的调值相适应。不联机操作时，来自电分机的信息储存在磁盘上，随后在需要时再输入激光雕刻机进行雕刻。

（4）镀铬。雕刻好的凹版滚筒进行清洗检查合格后，在传统的镀铬机上镀一层铬以提高耐磨性，保证经久耐用。

印刷完成后，可将滚筒上的镀层剥去，再用环氧树脂填充网格，以备下次雕刻用。一支滚筒可以重复使用十次以上。激光雕刻的优点：质量好，图像清晰，适用 20~70 线 / 厘米；复制准确，不需要修正滚筒，生产能力高 (雕刻长 2600 毫米、筒周长 1200 毫米的滚筒，仅用 35 分钟)；可自动重复连雕，尤其适用包装印刷。

电子束雕刻法。

从事电子束雕刻凹版滚筒生产的只有德国海尔公司一家，第一台电子雕刻机于 1980 年初制成。

（1）电子束雕刻机的基本结构。

电子束雕刻机的机架是一个铸铁床座，它与同长度的真空箱构成一个滚筒加工室。该室中有两个轴承座，它们通过丝杠由步进电机驱动，相互独立地顺着机器的长度方向运动。轴承座有两个辅助装置，在机器装上滚筒后自动夹紧。轴承座上有一台大功率的电机驱动滚筒，滚筒速度根据滚筒直径大小而定，一般在 1200~1800 转 / 分钟。

当滚筒雕刻时，电子束枪固定不动，而滚筒在电子束枪前作左右移动。电子束枪装在机器中间的加工室后部，穿过真空箱罩。电子束枪与滚筒的距离远近是由一只步进电机驱动。电子束雕刻机还有控制电子束枪和机器的电子柜、高压发生器和真空泵等部分。

（2）雕刻过程。

将雕刻的凹版滚筒装到打开盖的定心装置上，将滚筒轴定心到轴承座的轴线上。其他步骤由多个微型计算机控制自动进行，其操作顺序如下。

① 关闭真空室的箱盖。

② 夹紧滚筒。

③ 真空泵抽气使电子束枪加工室内产生真空。

④ 使滚筒转动，在滚筒的起始端进行雕刻的起始定位。

⑤ 接通并调定电子束。

⑥ 开始调刻。

控制和调节过程的大部分时间是并行的，需要 6 分钟。一个长度为 2400 毫米、圆周长为780毫米的滚筒，雕刻时间为15分钟。另一个长度相同而圆周长为1540毫米的滚筒雕刻时间为22分钟。雕刻时只有雕刻滚筒转动及横移，电子束枪固定不动。雕刻完毕，电子束自动切断，滚筒被刹住，加工室充气，最后滚筒被松开。雕刻一只滚筒，整个准备时间不到15分钟，由此可见，每小时大约可雕刻2只滚筒。

在用电子束进行雕刻时，高能量的电子束深入铜层约5微米，并在原子场内被刹住。它把所有的动能传递给了铜，于是产生了过热铜熔液。在电子束中生成的等离子体压力，将铜熔液从侧面挤出熔融区。20~30米/秒的滚筒圆周速度将熔液以滴状的形式沿切线抛出旋转的滚筒。微小的铜滴在真空中飞行，只稍冷却一点，仍以熔融状态碰撞到调换的反射板上，变成了铜渣。电子束冲击后，网穴里的熔化区在熔铜表面张力的作用下再结晶，形成一个光滑面，网穴形状呈半球面形。

（3）电子束雕刻技术的优点。

① 电子束雕刻速度高（10万~15万个网格/秒），易于调制和偏转。

② 电子束在射击间与快速旋转的滚筒同步运动，即在射击网穴时电子束始终在滚筒的同一位置上。

③ 电子束能雕刻任意线数和网线角度。

④ 采用特殊的电子束雕刻网点装置，使轮廓的再现有了明显的改善，这对文字和线条的复制非常重要。

⑤ 电子束雕刻生产效率与电子雕刻相比，提高1~2倍。

⑥ 电子束雕刻所产生的网格形状为半球形，当高热的铜熔化后，汽化筒被等离子压挤出网格，再结晶的表面厚度不到5微米。因此网格内壁光滑，网墙无缺陷，利于在高速印刷情况下，实现非常好的油墨转移。

20世纪70年代末，我国从联邦德国进口了一台电子雕刻机。从此中国的凹版制版开创了电子化的新时代，由传统的照相凹版向电子雕刻凹版转变。自从大量使用电子雕刻凹版以后，照相腐蚀凹版就渐渐退出历史舞台。[①]

① 以上部分参见唐万有、苟军平等：《印刷设备与工艺》，北京：印刷工业出版社，2007年，第四章。

2. 电子分色技术

印刷复制的原稿一般都是平面二维图像。照相就是把图像看作是光量的二维分布，通过镜头把光量二维分布传递到感光材料上，使图像再现的一种技术。然而既可以在二维空间把图像分解成一个一个小的“像素”，也可以把这些像素在时间上按序排列。这就是对图像的电子扫描分解。① 电子分色系统是采用光电扫描技术和电子计算机技术，能将彩色原稿直接制成各分色底片的现代化制版设备，它借助电子计算机进行彩色校正、层次校正等一系列修正，获得图像分色底片。因此它的出现对于彩色原稿复制工艺，是加快了制版速度，提高了彩色复制质量。1949 年，美国 Fairchild 公司发明了电子制版机（Scan-A-Graver）。1954 年，电子制版在欧美付诸实用。② 计算机、激光等新技术的发展和新器件、新材料的不断出现，促进了电子分色机的更新换代，使电子分色机的功能、生产效率、分色质量都有了极大的提高。③ 加网技术历经了长期的巨大的变化和改进。在计算机的帮助下，通过对基本的手动加网工艺予以精确的数学分析，现在已经实现了计算机辅助加网，但将一幅图像最初分解为不同大小的等距离分布的网点的原理依旧不变。电分机输出系统（滚筒式照排机）是第一个电子加网系统，采用精确聚焦的激光束来成像。单个、大小不同的网点由若干激光点（图像元素、像素）组成。事实上，所有的激光照排机都是根据这个工作原理设计出来的。④

第一代机，是半导体式连续调电分机。这类机型有层次再现、校色功能等，与照相制版相比。质量上有很大提高，但分出的底片是连续调的，还需要用修机进行照相加网或拷贝接触加网，称两步法电分机。

第二代机，是接触网屏加网式直接加网电分机。减少了两步法电分机的加网工艺，可以分色和加网同时进行。

---

① 张树栋、庞多益、郑如斯等：《中华印刷通史》，台北：财团法人印刷传播兴才文教基金会出版，1998 年，第二十三章第二节。

② 罗福林、李兴才：《印刷工业概论》，台北：中国文化大学出版部，1987 年。

③ 王强主编：《分色原理与方法》，北京：印刷工业出版社，2007 年。

④［德］赫尔穆特·基普汉：《印刷媒体技术手册》，谢普南、王强主译，北京：世界图书出版公司，2004 年，第 90 页。

第三代机，是电子网点发生器直接加网电分机。用电子网点发生器代替了接触网屏，由激光来控制网点，所以显影处理方式与用接触网屏加网时相同，对显影时的影响不大，稳定了产品质量。

第四代机，是机器人化的电分机。自动化程度更高，能预调各种数据，用数据进行控制，具有拼版功能，并与整页拼版系统有接口，有平网自动发生功能，属高速生产型，可连续扫描、快速处理，操作明室化。第四代电子分色机增加开放式印前处理接口，接入计算机主机系统，引进文字信息，实现图像和文字的页面综合处理，成为彩色桌面排版系统发展的一个分支。

（1）电子分色机的结构与原理。电子分色机由扫描系统（输入部分）、控制系统（演算部分）、记录系统（输出部分）三大部分组成。

扫描系统的作用是用扫描头对原稿（透射原稿或反射原稿）进行光点扫描采样后，将原稿的浓淡色调转变成光量的强弱，经光电转换，把代表原稿图像信息的光信号转换成电信号。 控制系统是运用电子计算机技术对信号进行各种运算，经过调整色差、补偿层次等制版分色工艺中一切必要的工艺处理，使之达到适于印刷的要求。记录系统是将达到印刷要求的电子图像信号转换成光图像信号，通过记录头，以光点扫描曝光记录方式，记录到卷在记录滚筒上的胶片上。

彩色原稿的分色是利用将原稿装在扫描滚筒上，记录胶片装在记录滚筒上，两滚筒作圆周旋转，扫描头和记录头分别作横向进给，以机械逐步扫描、曝光的原理来实现的。通过照明光束对原稿上每一点像素的扫描、分色，光信号经光电转换变成电信号，利用电子计算机对扫描像素的颜色、层次依次进行校正，并进行黑版计算和校正、底色去除、细部层次强调、胶片密度定标等运算，实现制版工序中一切必要的工艺处理，再通过数字计算机完成相对于原稿尺寸缩放的要求，最后再将电信号通过电光转换，变成与原稿扫描点相对应的而又经校正的光信号，在记录胶片上曝光，经冲洗处理形成分色底片。

（2）电子分色机的图像处理功能。色彩校正是电子分色机的色彩补偿功能，从本质上讲，与照相蒙版是一样的。但电子分色机的色彩校正由计算机来承担，可获得非常好的补偿，电子分色机具备比蒙版方式更为高精度的色修正能力，色修正运算电路就是基础蒙版电路，不同的电子分色机有稍微不同的蒙版效果。层次校正涉及彩色印刷品中的层次再现。电子分色机对这种管理能够达到非常微妙的程度，电子分色机设有分别强调各层次的调节旋转，获得程度不同的各层次的强调，其都是通过主层次电路和辅助层次电路来实现的。因此提高了彩色制成的质量。

（3）电子分色机的电子激光过网。随着电子分色机的应用日益广泛，原来的照相分色、过网，逐渐被电子激光过网所取代。20 世纪 70 年代的电子分色机过网时仍然使用接触网屏。在输出扫描滚筒的软片外面用接触网屏包裹着，扫描光束通过接触网屏使感光软片感光产生网点。80 年代以后，随着电子计算机技术的发展，电子扫描分色机里装上了网点计算机。根据扫描输入光量的强弱，网点计算机立即计算出网点的大小，并由计算机控制网点发生器的激光束，按照网点的大小和形状、排列的方向，在输出滚筒的感光软片上，扫描出一个个网点，虽然仍称“过网”，但已没有网屏了。激光过网比网屏过网网点反差高，虚边少，传递性更好。进入 90 年代以后，照相过网日益被电子分色激光过网和彩色桌面出版系统过网所取代。

3. 电子分色机操作过程

（1）标定。标定的作用是鉴定电子分色机与自动胶片显影机的配合是否吻合，如扫描连续调电子梯尺应得到 0.10～1.80 的密度，扫描阳网应得到 7%～98% 的大小网点，如不符合标准，则要调整电压高低或显影时间，使之相符合，显影温度一般控制在显影液推荐温度 28 ℃为好。

（2）测定原稿密度。用彩色密度计测定原稿的反差，测定反差虽然电分机也能测定，但用彩色密度计测定可减少机上的辅助时间。

（3）测定缩放倍率。用放大率测定仪测定原稿的缩放倍率，固定数字后，可将数字设于电分机内。

（4）装稿。将原稿先进行清洁处理，反射原稿上应加上规矩线，然后贴装在扫描滚筒上，并根据倍率决定扫描线数及细微反差的要求，以调节虚光孔的大小。

（5）定标（librate）。先定白场，即原稿中的次高光部位。也可参考中间调，再定黑场。将原稿的最黑片（最暗部分）以青版为标准，如青版定为 95%，黄、品红版就会相应平衡。最后定中间调，然后再检查白场、黑场是否正确。

（6）定起始线。根据规格尺寸定出起始线也即裁切线，主要是扫描阳图。

（7）裁片、装片。裁切感光片应比规格尺寸大，四周有富余，将感光片装入暗盒，如无电子加网装置，扫描网点应将接触网屏覆在感光片上，然后将暗盒挂在电分机上，装片应在有安全灯的暗室进行。

（8）扫描。一次扫描一色时，可按习惯先扫青版，再扫品红、黄版，后扫黑版。

（9）显影。扫描完毕，将感光片仍装入暗盒，然后在暗室取出感光片，输入显影机，经显影等处理即成。

4. 电子分色机的外围设备

各电子分色机制造厂家，为充分发挥电分机的作用、减少在电分机上的作业时间、增加电分机的功能，设计和制造了许多外围设备。

（1）简易拼版系统。可根据版面设计，将几个图像拼在一个版面上，图像可用圆形、矩形、椭圆形等图形框着。它是用简易蒙版功能，把拼图图像和平网同时曝光记录在胶片上，图像则按经过编排的顺序扫描和记录，从而减少了单个图像扫描后再拼版的工作，同时提高了套印精度。图形一般为几何图形，而不能是任意图形。

（2）原稿倍率与角度设定机。根据底稿或设计图案，测量原稿的倍率和角度，在透明薄膜上贴附原稿，而后把所测定的倍率值设定在电分机里，对好原稿滚筒的刻线位置，卷上贴好原稿的薄膜，便能进行电分机分色工作，该机也能起到多图拼版功能。

（3）数据设定器。对具有连续扫描功能的电分机，可用数据设定器以脱机方式对分色条件数据进行设定。操作人员在数据设定器上将光密度、最大和最小网点百分比、修色、层次、倍率、强调细微层次自动底色去除、网线数、分色方式、阴图和阳图的选择等分色数据设定存储在软磁盘中，分色时只要将铺装好的原稿滚筒及数据磁盘装到连续电分机上，便可开始分色。该设备可使电分机的停机时间缩短到最小限度，提高电分机的运转率。

（4）电分机设定模拟装置。在电分机上设定数据后，对原稿进行快速扫描，将图像显示在设定模拟装置的显示屏上，经确认以后，再进行正式分色扫描。该设备的作用是为提高产品质量，勿因设定不妥而浪费时间和材料以及影响后工序的进行，并且能目视成品效果，也便于操作人员的培养。

（5）电子平网发生装置。它能在不规则图形上铺设平网，代替了原有的用蒙版方法铺网。使用电子平网发生装置时，在彩色显示器上调出由电分机输入的图形信息，然后利用数字化仪上的游标指定任意色和网点百分比，并进行输入操作，即可进行铺设网纹作业。彩色显示器以色再现方式显示输入的网点百分比，可确认指定的颜色，也可简单地进行订正，输出时利用同一电分机的记录单元，可得到高质量的黄、品红、青、黑四色铺网底片。该装置特别适合于地图印刷中的加网，可大幅缩短成图周期，提高产品质量。

（6）自动层次变调发生器。自动层次变调发生器与电分机连接使用，可以在印刷品上产生层次修饰模样和平网等特殊效果。在输入图形表中，可以选择各种形状的层次修饰模样，并可任意选择层次的各个变化点，通过数字键可以迅速输入从图形表中选择好的层次形状。可以是层次变调、图像加层次变调、图像加连续调层次和图像加平网。模样有直线、菱形、正方形、矩形、圆角矩形、圆形、椭圆形、长圆形等。①

19 世纪中叶，随着棉胶湿版照相和玻璃网屏的问世，我国的图像制版技术逐步形成了由照相、修版、晒版和印刷等四个主要工序构成的可完成连续调图像复制的图像复制工艺格局。20 世纪 20 年代，我国开始引进并应用平版照相制版工艺。60 年代初，随着对印刷技术研究的不断深入、新设备与新材料的产生与改进，图像平版制版形成了完整的“直挂”工艺，并以蒙版修正为主要手段，取代了长期以来手工修正的主导地位，并迅速在全国推广。②1964 年，北京新华印刷厂和北京外文印刷厂从联邦德国引进 C187 型电子扫描分色机。上海第一台电子分色机是 1974 年由上海市印刷一厂向联邦德国购入的 DC-300A 型。之后，我国相继引进了日本、英国的电分机，成为书刊印刷厂图文制版的重要设备。20 世纪 70 年代中期，上海延安机器厂曾自制成功一台电子分色机，投产后一直在上海美术厂使用。在 70 年代末以前，这种水平的电子扫描分色机还不能加网，在一定程度上，它还不能完全取代制版照相。1978 年 12 月，国家出版局委托中国印刷公司在北京召开电子分色四色制版印刷技术交流会，进一步推广电子分色、四色制版印刷的新工艺。到 1979 年年底为止，已进口电子分色机 38 台。这时的分色机不但能分色、颜色校正、阶调校正，还能用接触网屏进行过网，达到实用化水平。到 1984 年，全国已拥有电

① 以上部分参见邹毓俊编著：《印刷概论》，北京：测绘出版社，1993 年，第三章。
② 王强主编：《分色原理与方法》，北京：印刷工艺出版社，2007 年。

分机208台。到1992年，仅363家全国书刊印刷定点企业就已拥有电子分色机228台，如果把包装印刷企业及其他非书刊印刷企业的电子分色机加起来，全国拥有的电子分色机总台数达500台以上。电子分色制版成了彩色制版的主流，沿用了100多年的照相分色就此淘汰，中国的彩色制版开始步入电子化时代。[①]

第二节　图像胶印技术的发展与引进

从1949年开始，经过30年的努力，中国印刷机械制造工业基本上实现了以铅印为主要特征的近代印刷工业所需机械装备的自己制造。[②]胶版制印技术则是替代金属凸版制印技术的主流制印技术，带动了整个印刷业发展，更是带动了报纸图像新闻的高速传播。

一、胶印技术的发展

胶印技术主要是由石印演变而成。先经胶印印版将原稿图文上的墨转印到橡胶滚筒上，再经橡胶滚筒转印到承印材料上进行印刷。橡皮布是胶印印刷中一种十分重要而又必不可少的印刷器材，在胶印印刷过程中起着中间媒介作用，基于空白部分“亲水疏油”，而图文部分“亲油疏水”的原理，印版上的油墨部分首先被传递到橡皮布上，然后由橡皮布将图文尽可能忠实地转印到承印物上。随着印刷技术的不断发展，对其品种、质量亦不断提出了新的要求。[③]胶印技术属间接印刷。是平版印刷中历史最短，但发展最快、应用最广的一种印刷方法。

1904年美国人鲁贝尔（I. W. Rubel）发明间接印刷的平版橡皮印刷机（Offset press）。1912年，世界上第一台轮转胶印设备Universal面世，速度达到8000印张/小时。20世纪20年代，曼罗兰、高宝、小森等公司都推出了各自的单张纸、卷

① 以上部分参见张树栋、庞多益、郑如斯等：《中华印刷通史》，台北：财团法人印刷传播兴才文教基金会出版，1998年，第二十三章第二节。
② 王德茂：《中国印刷及设备器材工业60年》，《印刷工业》2009年第9期。
③ 王友彭：《胶印橡皮布的现状及发展》，《中国印刷物资商情》2000年第11期。

筒纸胶印设备，并与相关公司，通力合作开发了各种带有递纸单元、制冷单元、折页和滚筒干燥组件等的自动化印刷设备。1932 年，高宝公司推出了世界第一款四色单张纸胶印机——Planeta-Deca，使胶印技术向前迈进了一大步。20 世纪 40 年代，美国报纸的蓬勃兴起和大量发行进一步推动了胶印技术的进步。相比之下，用凸版印刷技术生产四色连续调图像变得昂贵而且耗费时间。随着行业对图像和印刷质量需求的不断提高，胶印技术有了新突破。20 世纪 50 年代，新的印前技术层出不穷，并快速发展，1956 年，预制感光版（PS 版）和制版设备的出现，使胶印技术如鱼得水，同时胶印技术的需要显著增长。20 世纪 50 年代，曼罗兰、高宝、小森、秋山等公司相继开发出自己的双色和四色胶印设备。20 世纪 60 年代，印刷过程中的水墨平衡问题成为影响胶印技术发展的关键。自发明了酒精润版液，1960 年出现达格伦连续润版系统后，胶印开始达到凸版印刷所具有的清晰水平，并与成熟的凸版印刷争夺市场。1962 年，海德堡公司推出一款由凸版印刷机改造的胶印机 KOR，由此挺进胶印市场，KOR 这种小型胶印设备，以及 A. B. Dick350 和 360 系列小胶印机的出现，吸引了大量胶印机用户，并以小型印刷企业居多，从而带动胶印在全球范围内快速发展。在这一阶段各胶印机生产商都不断推出新型胶印机，1965 年，高宝公司在单张纸胶印技术上获得了巨大的突破，生产出世界第一台机组式及双倍径压印和传纸滚筒印刷机，这种设计自从被采用，直到今天仍是单张纸印刷机的主流形式。

20 世纪 70 年代，商业印刷开始大力发展，印前技术（彩色印前系统）向自动高端分色技术和整版排版设计系统发展，逐步告别照相分色法和手工分色法，使彩色图像更易传输且实现“所见即所得”。尽管彩色印前系统的价格昂贵，不能在印刷厂广泛使用，但已是胶印印前技术的发展方向。当时施乐推出的静电印刷在某种意义上也将胶印技术推向了一个新的高度，静电印刷的方便、快捷特别适合短版印刷的需求，迫使印刷机生产商们必须紧跟市场需求，着眼于提高设备的印刷速度和自动化程度。因而这一时期推出的胶印机中机组式印刷机、按键式控制和机械式自动供墨系统都成为标准配置，而且印刷速度也得以提升。此时，各种胶印新秀不断出现，1971 年，秋山公司独创设计开发了 3 倍径压印滚筒与时速为 10000 张的四开四色机 Hi-Ace426；1972 年，曼罗兰公司生产出首台模块化印刷机——Rondoset

胶印机和首台拥有水墨补偿控制系统的 Roland 800 单张纸胶印机，其印刷速度可以达到每小时 10000 张，并推出了当时欧洲最大的转轮印刷机 Colorman；1974 年，海德堡公司推出了新生代印刷机的第一个机型——速霸 72V 四色胶印机；1974 年，高宝公司推出了世界第一台拥有八个机组的单张纸胶印机。20 世纪 80 年代中期，印刷厂已经开始利用计算机控制印刷流程，这个时代的胶印机大都实现了传墨、润版、调整套准和阅读印版自动化等，简化了操作并提高了印刷效率。计算机在胶印中的应用及胶片输出机的问世，大大提高了胶印机工作效率。80 年代推出的胶印机中很多都带油墨遥控系统、由电脑控制的预上墨系统、润湿单元控制、无酒精润版、色彩控制系统、翻转装置等，代表机型有海德堡 GTO52、秋山 HA1P40、Hi-Ace432 和 Bestech32、小森丽色龙 L40 等。值得一提的是 1985 年高宝生产出世界第一台印刷速度达 15000 张 / 时的对开单张胶印机利必达 104。[①]

二、我国图像胶印技术的引进与发展

1908 年，商务印书馆首先采用锌平版轮转橡皮印刷机。1915 年，商务印书馆购进用于间接印刷的海立司平版印刷机，并聘请美国技师魏拔（George Weber）指导技术。1921 年，商务印书馆聘美国人韩林吉 (L. E. Hanlinger) 传授照相三色平版法，并采用双色胶印机。[②]

20 世纪 50 年代，我国开始生产少量的手续纸胶印机，速度为 2500 张 / 时。为减轻手工给纸劳动强度，20 世纪 50 年代末 60 年代初，上海、北京一些印刷厂自己动手，把手工给纸改成自动给纸，时称“土自动”，印刷速度提高到 4000 张 / 时。1956~1966 年，北京人民机器厂试制成功的产品有 J2201（J2108A）型对开双色胶印机。70 年代初，我国引进了胶印轮转机、PS 版、胶印相关纸张和油墨，进行彩报印刷与相关机械耗材的国产化实验。[③]1974 年，第一机械工业部根据加速印刷技术改造

① 以上部分参见禹言：《穿越时空 回味历史——追溯全球胶印技术的发展》，《印刷技术》2005 年第 27 期。

② [美] 芮哲非：《谷腾堡在上海：中国印刷资本业的发展（1876—1937）》，张志强等译，北京：商务印书馆，2014 年，第 33 页。

③ 岳德茂：《我国印刷器材 60 年的光辉历程》，《印刷工业》2009 年第 10 期。

的要求，提出重点发展28种印刷机械新产品，其中有双面四色卷筒纸胶印轮转机、彩色报纸胶印轮转机等。上海人民机器厂试制成功彩色报纸胶印轮转机，北京人民机器厂试制成功双面四色卷筒胶印轮转机及LP1103型薄凸版轮转印刷机，湖南印刷机器厂试制成功TLB2402型立式彩色胶印轮转机；80年代，国内出现众多印刷技术设备新产品，如印书刊及印报纸用的卷筒纸胶印机，单色及多色的各种规格的单张纸胶印机等。[①] 在凸、平、凹、孔4种印刷中，胶印墨层最薄，且版面有水，易引起墨色乳化，影响色彩表现力。所以在20世纪80年代照相排字普遍应用以前，以文字为主的书刊报纸印刷主要采用铅印，高档彩色图画采用照相凹印或三色铜版凸印，胶印只承担一般彩色印刷。1982年印刷界提出"激光照排、电子分色、高速胶印、装订联动"的技术发展方向，加上油墨、纸张、胶印机械、器材等质量的提高，不仅能用胶印印出精美的彩色印刷品，还能用高速轮转胶印机印刷书刊报纸。1986年北京人民机器厂研制成功我国第一台单张纸四色胶印机。1989年上海人民机器厂也开始生产单张纸四色胶印机。1995年，北京人民机器厂首次把中国对开四色胶印机的速度，提升到当时具有世界先进水平的15000张/时。从1981年北京人民机器厂主动停止铅印机生产，专门研发和生产胶印机开始，到单张纸多色胶印机批量提供市场，我国才真正开始大规模生产制造自主品牌的胶印机，完成了我国印刷机从铅印机为主向胶印机为主的转变。[②]

报纸印刷方面，1949年以后，百废待兴，全国报纸大多沿用原有金属凸版制印技术。以《人民日报》为例。1954年1月，人民日报社从德意志民主共和国购置了3组12台高速铅印轮转机，后又从日本购置了照相制版设备和铜模雕刻机。至1957年冬，12台铅印机全部在报社新建和改建厂房投入生产。1973年12月26日，《人民日报》第一张彩色报纸试印成功，1974年1月1日，《人民日报》正式发行部分彩报。南京、南昌建立《人民日报》传真版承印点。截至1982年1月1日，《人民日报》先后在国内21个城市建立传真版承印点。1982年8月1日，人民日报社从日本引进的四台池贝"高斯"高速多色胶印轮转机和连续快速制版机、彩色

① 王德茂：《中国印刷及设备器材工业发展的60年》，《印刷工业》2009年第9期。
② 齐福斌：《中国印刷设备的发展与变迁》，《今日印刷》2013年第11期。

印刷定位打孔系统设备投入使用，同时更换和增加了35种大小设备。[①] 1996年6月3日，人民日报社引进的德国曼罗兰大型高速胶印机正式验收投产。这是国家“八五”计划重大引进项目之一，也是人民日报社历史上最大的引进项目。1997年4月上旬，人民日报社印刷厂1957年投入生产已运转40年的10台铅印机停止使用，其承担的印刷生产任务全部转由胶印机完成。[②] 到20世纪末，昔日凸、平、凹印刷的三分天下，最终变为胶印成了主流。

小　结

1985年以前，我国近千家报社，报纸的出版印刷全部采用极为落后、效率低下、污染严重的铅排、铅印工艺，排字难、出版周期长、印刷质量差，严重制约着改革开放后新闻事业的发展。[③] 20世纪80年代中后期，激光照排、电子分色、胶印印刷技术被大量采用，逐渐取代了铅版和铜锌版凸版印刷，中国的图像制印技术开始与海外先进技术同步发展，图像制印技术开始向数字化方向高速突进。

① 佚名：《在改革中发展壮大人民日报印刷厂》，《印刷技术》1999年第S1期。

② 魏志刚：《新中国胶印技术发展历程回顾与思考》，《印刷技术》2005年第27期；柯成思：《胶印技术和我国报业的发展》，《印刷世界》2004年第9期。

③ 夏天俊：《报纸出版印刷技术现状及发展趋势》，《印刷技术》2000年第1期。

第十章
图像新闻的数字制印技术

Chapter 10
Digital Printing Techniques of Pictorial Journalism

自 20 世纪 90 年代以来，随着新兴的电子技术、激光技术、计算机技术和图像信息处理技术的飞跃发展，各类图像包括图像新闻的数字制印技术不断革新，图像新闻进入了一个质的发展阶段，几乎完全颠覆了图像新闻信息制作与传播的传统格局。

第一节　图像信息数字化

从数字化的角度分析，图像可以分为模拟图像和数字图像两种。一般的实物图像是一种模拟图像，是空间上连续/不分割、信号值不分等级的图像。所谓数字图像，就是模拟图像经过离散化之后用数字表示的图像。这种用数码来表示的图像信息可以存储在磁盘、光盘等存储设备里，也可以不失真地进行通信传输，更有利于计算机进行分析处理。图像数字化是进行数字图像处理的前提。图像数字化必须以图像的电子化作为基础，把模拟图像转变成电子信号，随后才将其转换成数字图像信号。计算机中的图像从处理方式上可以分为矢量图和位图。矢量图是根据几何特性来绘制图形，矢量可以是一个点或一条线，矢量图只能靠软件生成，文件占用内存空间较小，因为这种类型的图像文件包含独立的分离图像，可以自由无限制地重新组合。矢量图也称为面向对象的图像或绘图图像，在数学上被定义为一系列由线连接的点。

矢量文件中的图形元素称为对象。每个对象都是一个自成一体的实体，它具有颜色、形状、轮廓、大小和屏幕位置等属性。矢量图形最大的优点是无论放大、缩小或旋转等不会失真。最大的缺点是难以表现色彩层次丰富的逼真图像效果。矢量图以几何图形居多，图形可以无限放大，不变色、不模糊，常用于图案、标志、VI（视觉识别系统）、文字等设计。位图图像也称为点阵图像或绘制图像，是由称作像素（图片元素）的单个点组成的。这些点可以进行不同的排列和染色以构成图样。当放大位图时，可以看见整个图像赖以构成的无数单个方块。扩大位图尺寸的效果是增多单个像素，从而使线条和形状显得参差不齐。然而，如果从稍远的位置观看它，位图图像的颜色和形状又显得是连续的。大部分位图都是由矢量导出来的，也可以说矢量图就是位图的源码，源码是可以编辑的。[①]

图像信息采集技术运用的主要方法是扫描技术，另外直接运用的方法是数字摄影技术。图像的数字化是通过模拟信号采样、量化、编码三个步骤实现的。

一、图像采样

图像采样是按照某种时间间隔或空间间隔，采集模拟信号的过程（空间离散化）。采样过程中涉及两个重要的参数：分辨率及色彩深度。组成图像的一个个点就是像素。分辨率即在一定的面积里取出多少个色块或者叫多少个像素，分辨率用来说明数字图像信息的数量或密度，定义图片的清晰度，单位面积内取出的色块越多，图像的清晰度就越高。图像的色彩深度也称为颜色深度、图像深度、最大颜色（灰度）数，就是指计算机中记录每个像素点所占的位数，它决定了彩色图像中可出现的最多颜色位数，或者灰度图像中的最大灰度等级数。是图像中可能出现的不同颜色（灰度）的最大数目，它取决于该图像的所有位平面中像素位数之和。例如：一个平面的单色图像，若像素位数为 4，则最大灰度数目为 $2^4=16$；若像素位数为 8，则最大灰度数目为 $2^8=256$。又如由 R、G、B 三个位平面组成的彩色图像，若三个位平面

① 姚冲、綦秋实、黄佳俊主编：《Illustrator CC 中文全彩铂金版案例教程》，北京：中国青年出版社，2018 年，第一章。

中的像素位数分别为 4 位、4 位、2 位，则最大颜色数目为 $2^4 \times 2^4 \times 2^2=2^{10}=1024$，此时该图像的深度为 10。采样的实质就是要用多少点来描述一幅图像，采样结果质量的高低就是用前面所说的图像分辨率来衡量。简单来讲，对二维空间上连续的图像在水平和垂直方向上等间距地分割成矩形网状结构，所形成的微小方格称为像素点。一幅图像就被采样成有限个像素点构成的集合。例如：一幅 640 × 480 分辨率的图像，表示这幅图像是由 640 × 480=307200 个像素点组成。如图 10–1 所示，左图是要采样的物体，右图是采样后的图像，每个小格即为一个像素点。

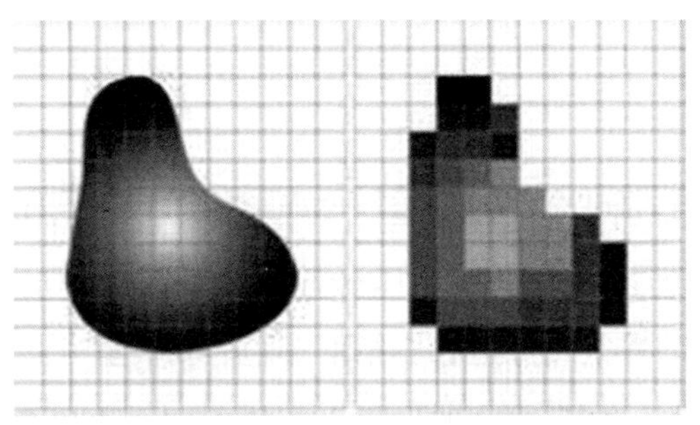

图 10–1　图像采样，图片来源：［美］冈萨雷斯、伍兹：《数字图像处理（第三版）》，北京：电子工业出版社，2011 年。

图像的色彩空间可用多种方式来表示，常用有 RGB 模型以及 CMYK 模型。RGB 模型：它是根据人眼接收光线的方法构造的一个模型，非常适合于使用标准显示器的工作人员，它用三组独立的值来定义色调、饱和度和亮度。由红（Red）、绿（Green）、蓝（Blue）三组颜色光相互叠加可形成众多的丰富色彩，三组颜色中的任意一组颜色均有 256 个等级的属性定义值，因此三组颜色叠加可生成 256 × 256 × 256 = 16777216 种颜色空间模型（也称加法颜色空间模型），能满足视觉彩色世界。CMYK 模型：它使用青（Cyan）、品红（Magenta）、黄（Yellow）、黑（Black）四个色彩信道产生可在一台印刷机上打印的色彩。由于 RGB 模型显示的颜色多，主要是靠色光叠加形成，而印刷或打印图形图像画面时是以青、品红、黄、黑四种颜色（色液或色粉）呈现在介质（纸或其他）表面上的，颜料（矿物或有机物）是吸收或反射色光，颜料本身不发射光线，因此通过四色的组合和描述，产生印刷可见光谱中大多数的颜色空间模型。它是一种减法色彩模型，应用于打印模式。

采样频率是指单位时间或单位长度内的采样次数，它反映了采样点之间的间隔大小。采样频率越高，得到的图像样本越逼真，图像的质量越高，但要求的存储量也越大。在进行采样时，采样点间隔大小的选取很重要，它决定了采样后的图像所能真实地反映原图像的程度。一般来说，原图像中的画面越复杂、色彩越丰富，则采样间隔应越小。由于二维图像的采样是一维的推广，根据信号的采样定理，要从取样样本中精确地复原图像，可得到图像采样的奈奎斯特（Nyquist）定理：图像采样的频率必须大于或等于源图像最高频率分量的两倍。①

二、图像量化

图像量化是将各个像素所含的明暗信息离散化后，用数字来表示。量化位数表示模拟信号值划分的等级数，一般按二进制位数衡量。量化位数决定了图像阶调层次级数的多少。量化结果是图像能够容纳的颜色总数，它反映了采样的质量。量化位数越大，表示图像可以拥有更多的颜色，自然可以产生更为细致的图像效果。样本的量化等级，是指每幅图像样本量化后一共可取多少个像素点（高散的数值）或用多少个二进制数位表示，它反映了采样的质量，若每个样本用 8 位（通道数）二进制数表示，则有 $2^8=256$ 个量级，若采用 16 位（通道数）二进制数表示，则有 $2^{16}=65536$ 个量级，24 位表示 2^{24}=1677 万个量级。同样，量级越大，图像质量就越高，存储空间要求就越大。②

三、编码

编码是将量化的离散信号转换成用二进制数码 0/1 表示的形式。数字化后得到的图像数据量巨大，必须采用编码技术来压缩其信息量。在一定意义上讲，编码压缩技术是实现图像储存与传输的关键。已有许多成熟的编码算法应用于图像压缩。

① 以上部分参见王红伟：《数字图像处理技术浅析》，《广东印刷》2015 年第 1 期。
② 参见朱虹编著：《数字图像处理基础与应用》，北京：清华大学出版社，2012 年，第二章。

常见的有图像的预测编码、变换编码、分形编码、小波变换图像压缩编码等。为了使图像压缩标准化，20世纪90年代后，国际电信联盟（ITU）、国际标准化组织（ISO）和国际电工委员会（IEC）已经制定并继续制定一系列静止和活动图像编码的国际标准，已批准的标准主要有JPEG标准、MPEG标准、H.261等。

JPEG是Joint Photographic Experts Group（联合图像专家组）的缩写，文件后缀名为“. jpg”或“. jpeg”，是最常用的图像文件格式，由一个软件开发联合会组织制定，是一种有损压缩格式，能够将图像压缩在很小的储存空间，图像中重复或不重要的资料会丢失，因此容易造成图像数据的损伤。尤其是使用过高的压缩比例，将使最终解压缩后恢复的图像质量明显降低，如果追求高品质图像，不宜采用过高压缩比例。但是JPEG压缩技术十分先进，它用有损压缩方式去除冗余的图像数据，在获得极高的压缩率的同时能展现十分丰富生动的图像，换句话说，就是可以用最少的磁盘空间得到较好的图像品质。而且JPEG是一种很灵活的格式，具有调节图像质量的功能，允许用不同的压缩比例对文件进行压缩，支持多种压缩级别，压缩比率通常在10∶1到40∶1之间，压缩比越大，品质就越低；相反，压缩比越小，品质就越好。比如可以把1.37Mb的BMP位图文件压缩至20.3KB。当然也可以在图像质量和文件尺寸之间找到平衡点。JPEG格式压缩的主要是高频信息，对色彩的信息保留较好，适合应用于互联网，可减少图像的传输时间，可以支持24位真彩色，也普遍应用于需要连续色调的图像。JPEG格式是目前网络上最流行的图像格式，目前各类浏览器均支持JPEG这种图像格式，因为JPEG格式的文件尺寸较小，下载速度快，使得Web页有可能以较短的下载时间提供大量美观的图像，JPEG也就顺理成章地成为网络上最受欢迎的图像格式。

GIF（Graphics Interchange Format，图形交换格式）是一种基于LZW算法（串表压缩算法）的连续色调的无损压缩格式。其压缩率一般在50%左右，它不属于任何应用程序。目前几乎所有相关软件都支持它，公共领域有大量的软件在使用GIF图像文件。GIF图像文件的数据是经过压缩的，而且是采用了可变长度等压缩算法。GIF格式的另一个特点是在一个GIF文件中可以存多幅彩色图像，如果把存于一个文件中的多幅图像数据逐幅读出并显示到屏幕上，就可构成一种最简单的动画。归根到底GIF仍然是图片文件格式。但GIF只能显示256色。和JPEG格式一样，这是一种在网络上非常流行的图形文件格式。

TIFF（标签图像文件格式，Tagged Image File Format）是一种主要用来存储包括照片和艺术图在内的图像的文件格式。它最初由 Aldus 公司与微软公司一起为 PostScript 程序开发。

PNG（可移植网络图形格式，Portable Network Graphic Format）名称来源于非官方的“PNG's Not GIF”，是一种位图文件存储格式，读成“ping”。PNG 用来存储灰度图像时，灰度图像的深度可多到 16 位，存储彩色图像时，彩色图像的深度可多到 48 位，并且还可存储多到 16 位的 Alpha 通道数据。PNG 使用从 LZ77 算法派生出的无损数据压缩算法，一般应用于 JAVA 程序、网页或 S60 程序中，原因是它压缩比高，生成文件容量小。①

第二节　图像信息的数字制印技术

计算机处理图形信息采用不同的方式，在计算机应用领域发展出三个分支学科，即图像处理、模式识别与图形显示，它们之间既有一定联系，又有不同的研究目标。②图像信息数字化制印技术基于计算机处理图形信息技术，其最大特点是制版与印刷系统全过程数字化、网络化，涵盖了计算机直接制版、数字化工作流程、数码打样、按需、快速印刷等技术，取消了分色、拼版、制版等传统制印必需的步骤。

一、桌面制版系统

传统的彩色制版经历了湿片、干片、间接分色加网、电分直接加网到激光加网整页拼版，进入到彩色印前桌面系统时代。目前桌面电子出版系统已经迅速发展和普及，成为专业化图像印制的主流技术。桌面制版系统是数字印前技术的代表，这一系统将图像处理技术、分色技术、色彩管理技术、图像扫描技术、图像信息交换

① 参见朱虹编著：《数字图像处理基础与应用》，北京：清华大学出版社，2012 年，第十一章。
② 阎保平等编著：《计算机绘图技术》，太原：山西科学技术出版社，2001 年，第一章。

等技术结合在一起，完成原稿输入、图像处理、图像设计与制作、排版、分色、加网、打样、输出等印前工艺。桌面制版系统英文简写为 CTP，在印刷领域中 CTP 包含以下 4 种含义：

第一，Computer to Plate（从计算机直接到印版，也即人们经常说的“脱机直接制版”）。它最早是由照相直接制版发展而来的。是采用由计算机控制的激光扫描成像，然后通过显影、定影等工序制成印版。这一技术使文字、图像转变成数字，免去了胶片这一中间媒介，减少了中间过程的质量损失和材料消耗。

第二，Computer to Press（从计算机直接到印刷机，也即人们经常说的“在机直接制版”）。它是将印版装在数字印刷机的滚筒上，然后通过由计算机控制的激光束，将图文信息直接输出到印版上，即可开机印刷。

第三，Computer to Paper / Print（从计算机直接到纸张或印品）。Computer to Paper 相当于喷墨印刷，即通过计算机控制喷墨头，将极小的墨滴直接喷绘在纸上，形成图文信息。Computer to Print 相当于由计算机控制的激光束将图文信息直接输出到“印版”上，即可开机印刷。

第四，Computer to Proof（从计算机直接得到样张，即数字打样）。数字打样是印前领域在数据化控制过程中的一个重要环节，它的目的是检验印品质量以及得到客户对印刷效果的确认。

一般情况下，CTP 技术更多的是指计算机直接制版（Computer to Plate）技术。整页拼版系统一般由输入部分、拼版处理部分和输出部分三个基本部分组成，但根据作业需要可进行扩展，如增加图形处理部分等。各部分都是通过各自的电子计算机控制的，所以效率极高。

1. 输入部分

输入部分由扫描装置和输入控制装置组成，用与拼版处理系统相匹配的电子分色扫描装置对彩色原稿进行扫描、分色、校色、变换色彩、倍率变换等输入处理，把处理后的图像信号数据化。采用滚筒扫描仪输入的图像质量好、清晰度高，尤其是对原稿的暗调部分层次分辨率较高。平台式扫描机是一种高速平面电子制版机，设备结构比较简单，便于设备小型化。它适用于单色或两色制版，采用卤素灯照明原稿，用电荷耦合器件（CCD）读取方式和氦氖激光输出方式记录在胶片上，由于是使用发白光的卤素灯照射原稿，所以即使是彩色原稿，也能做到符合人们视觉的高复制质量。它可以进行倍率缩放，也可设定纵横方向不同倍率，进行变形复制，加网由电子网点发生器形成，根据需要加网成阴图或阳图。

平面 CCD 扫描仪对原稿图像的分辨率与 CCD 上集成单元数的多少有关。CCD 扫描仪分色可每次加一种滤色片，获得相应的分色信号，亦可将采集的光束分成三路，每路加一种滤色片，一次即可获得三种分色信号。

彩色桌面系统推出了调频加网的新技术。一般把用老工艺加网的网点称为调幅网点（AMS—Amplitude Modulation Screening），把调频加网的网点称为调频网点（FMS—Frequency Modulation Screening）。在 20 世纪 70 年代，国外开始研究一种调频加网方法，它与传统加网不同的是印刷网点是基于对图像中相邻部分的色调与层次的统计而计算出来的，在图像区域内呈不规则的随机分布，而且大小一致（多数为 7~40 微米），用以表现影像的浓淡层次。由于当时技术条件的限制，不能满足大量的计算需要，故推迟至 80 年代以后，随着电子计算机的发展、运算能力的大幅度提高，这一加网方式才得以实现。不过现阶段的调频加网仅为一阶函数随机加网，点子大小相等，点距变化与照片图像是由大小不同、距离不等的卤素颗粒（0.5~5 微米）沉积来形成，阶调或色彩仍然不同。因此，人们又在继续研究，如果用二阶函数随机加网，点子距离与面积均可随机变化，那么，二阶函数加网与原稿照片在表现阶调的机制方面就非常相似，复制品将更加逼真，完全接近于照片图像的效果。[①] 用放大镜观察便可看出，采用老工艺的调幅网点的特点，一是版面图像都是由大大小小的网点组成的；二是无论大网点与大网点，还是小网点与大网点，它们彼此间的中心距都一样。调频网点满版都是同样大的网点，但网点很小；画面上的浓淡层次是用网点的疏密来表现的，浅色调的地方网点稀疏，深色调的地方网点密集。与调幅网点相比，调频网点有如下几大优点：

① 表现层次细腻、逼真。例如画面的高光层次，如果用调幅网点表现，则极高光处只能是无网点（绝网），次高光处布满了细网点，层次如阶梯，看上去分得很清楚；而调频网点是用小网点的疏密来表现，能把画面的高光层次表现得更加

① 吴斅政：《调频网点的印刷适性》，《测绘信息与工程》1997 年第 3 期。

协调、自然。

② 克服了画面龟纹现象。调幅网点各色有各色的角度，几种不同角度的网点叠印在一起，往往会产生龟纹，影响画面的美观；调频网点在版面上的分布既无角度又无规律，所以几个颜色的网点叠印在一起不会产生龟纹，画面看上去平服。

③ 克服了中间调生硬现象。采用调幅网点，45%~60% 的网点在印刷时扩大较多，所以在画面的中间调很容易出现层次并级，致使中间调层次生硬。例如大幅的人像画面，脖颈处的红版网点一般都在 40% 以上，印刷时掌握不好，会使这些网点扩大至 60% 以上，因而出现“血脖子”的难看画面。而调频网点则比较好地解决了中间调生硬的问题。

④ 调频网点与高保真技术结合，能使彩色复制达到逼真效果。老工艺对于原稿上的金色、银色、金属电镀色、珠光色等颜色再现效果很差。而彩色桌面系统采用调频网点、高保真技术，可以把这些颜色再现得惟妙惟肖，达到逼真的效果。①

北京大学计算机研究所于 1991 年初开始研究调频挂网技术，逐步掌握了几个关键技术，于 1993 年 8 月制作了第一批印刷品，随后推出的方正 93 电子出版系统中就包含调频挂网技术。这一技术成果在香港《明报》、广州《现代明报》得到应用，取得了很好的效果。②

2. 拼版处理部分

拼版处理部分由专用电子计算机、磁盘驱动装置、拼版显示器、超差显示器、彩色监控器、图形数字化台等组成。以输入的数据为基础，将其从磁盘存储中调到图像显示屏显示，借助图形数字化台上的数字化仪器，分别转移到按版式所指定的各自位置上，得到完整的版面，再进行必要的电子修正后，存入存储装置，以备随时取用。

拼版处理部分除能进行电子拼版处理以外，还有下列六种功能。

（1）图形的制作处理功能：用电子方法制作和处理圆形、椭圆形、矩形等几何图形，如图像边框、任意图像角等。

① 参见乃恒：《谈谈印刷网点》，《科技与出版》1997 年第 1 期。
② 肖建国：《调频挂网技术介绍》，《电子出版》1995 年第 2 期。

（2）图像的变形处理功能：进行图像的放大、缩小、反镜效果、反转、变形、镶嵌处理。

（3）修整和改变功能：改变图像的色调、层次，消除图像中不必要的部分和原稿上的伤痕，在图像的特定部分进行变亮或变暗的网点腐蚀，对图像上的粗糙颗粒进行平滑柔和处理，制作剪切蒙版，以便图像合成或移植。将两种图像组合后，看上去是透视重叠混合在一起的图像的合成，将合成后的两个图像的边缘融合为一体，使合成图像给人以一种自然融合感。

（4）制图处理功能：进行图形的微放、微缩及点线处理。

（5）版面编排处理功能：图像贴附，加铺平网、连续层次网、线划等。

（6）四色合成图显示功能：能够将黄、品红、青、黑的数据转换为红、绿、蓝的数据并且还可作单色、双色、三色的重叠显示和修版等。

3. 输出部分

输出部分由输出控制装置和电分机的记录装置组成，输出控制装置将已进行的拼版数据，输出到电子分色机的记录装置上，记录装置接受到最终拼版数据、通过网点发生器在胶片上曝光，最终产品主要有：分色胶片、彩色胶片和各类打样成品。分色胶片包括青、品红、黄色、黑四色分色片和专色片，它们用于印刷制版，通常通过照排机或电分机输出。彩色片有连续调正片或负片，输出彩色胶片的设备为胶片记录仪。

4. 图形处理部分

图形处理部分是由自动制图系统完成，它由数字化仪和自动绘图机组成，线划图和版面设计数据从自动制图系统输入，并在显示器上显示出图形，确认无误后将输入的数据分别编排为蒙版数据及线划图输出数据，存储在磁盘各自位置上，也可通过自动绘图仪绘出或刻出蒙片。①

1994年，北京大学方正集团开发出了彩色桌面出版系统。彩色桌面出版系统采用的完全是数字式微型电脑和扫描仪，不但能用来排版，还可对图像进行扫描、分色、校正、过网处理，还能进行图文的剪裁拼版组合。随后CCD计算机数字化分

① 邹毓俊编著：《印刷概论》，北京：测绘出版社，1993年，第三章。

色得到推广应用，实现了图像、文字统一由计算机排版，给出了全数字化的版面文件。这一成功在中国引发了第二次印刷技术革命，实现了排版数字化，为印刷全过程数字化创造了前提条件。电子分色机、程控制版照相机等也很快退出了历史舞台；排版向编辑部转移，印刷厂的排版车间很快业务萎缩、逐渐消失。[①]

二、电子媒体和多媒体的输出设备

在电子媒体信息传输的最后一个环节，经常需要一个适合于显示、并能保证质量和速度的输出设备，这样计算机的多重功能才能得以发挥。用于电子媒体的输出设备可以是显示器、视频投影仪或者直接投影到人眼的设备（如头盔式显示装置）。评价这些输出系统的一个重要标准就是光学和色彩分辨率。

1. 屏幕输出

用于屏幕输出的显示器大致分为基于阴极射线管（CRT）的显示器和基于半导体的液晶显示器（LCD）两类。阴极射线管允许一个更大的显示直径，半导体显示器则比较明亮也无闪烁现象。半导体显示器屏幕尺寸的限制是由于半导体显示器制作过程中的错误刷新率造成的。目前，最重要的液晶显示器技术是以薄膜晶体管（TFT）为基础的。这些显示器属于激活矩阵式显示器，其像素依靠单独的晶体管作用，具有很好的色彩显示度并具有很高的运行速度。

2. 设备

视频投影设备主要有以CRT技术为基础的投影仪、数字化可控制镜头的投影仪、不同类型的液晶投影仪、光阀投影仪和激光投影仪。

3. 立体输出

立体输出是指在普通的显示器和投影仪上进行立体输出。观察者必须佩戴特殊目镜（如根据百叶窗延缓投射原理设计的目镜，或者给每只眼睛投射不同偏振光的目镜），其作用是将分离的立体图像正确聚合到眼睛上。基于虚拟现实系统，追踪用户的位置和视线，再将用户数据通过精确的立体计算提供给观察者。然而，这种

① 王德茂：《中国印刷及设备器材工业60年》，《印刷工业》2009年第9期。

输出方式的缺陷是，只有佩戴了跟踪设备的观察者才能获得校正数据。

三、各种绘图软件

绘图软件是计算机用于绘制各种图形图表与色彩等的软件系统。常用的绘图软件有很多，例如 Photoshop、Adobe Image 、AutoCAD、Solidworks、Inventor、Solid Edge、3Dmax、Painter、优绘、亿图图示等。CorelDRAW 是一个功能强大的综合性软件包，在国内出版物的前期印刷排版中应用十分广泛，具有图形绘制、图像处理、网页制作、印刷排版、卡通动画等多种功能。AutoCAD 主要是专业设计工程软件，可用来制作机械图、建筑施工图，二维 、三维图像甚至动画。[①] Solidworks、Inventor、Solid Edge 等是常用的 3D 设计软件。可用来设计 3Dmax 建筑、景观、动画，主要用来建模，功能强大。Painter 是优秀的仿自然绘画软件，拥有全面和逼真的仿自然画笔。优绘，使用矢量多图层缩放技术，在插画绘制上，其功能与国外同类产品 Photoshop、SAI、Painter 相比更为强大。亿图图示是一款跨平台的全类型图形图表设计软件，使用它可以非常容易地创建有专业水准的流程图、组织结构图、商业展示图、建筑平面图、思维导图、科学插画、程序结构图、网页设计图、电气工程图、方向地图等等。

四、数字印刷

数字印刷（Digital Printing）是利用印前系统将图文信息直接通过网络传输到数字印刷机上印刷的一种新型印刷技术。数字印刷的工作原理是操作者将图像数字信息原稿或数字媒体的数字信息或从网络系统上接收的网络数字文件输入计算机，在计算机上对数字化信息进行修改、编排，经栅格图像处理器（RIP）处理成为相应的单色像素数字信号传至输出激光控制器，发射出相应的激光束，对印刷滚筒进行扫描。由感光材料制成的印刷滚筒（无印版）经感光后表面形成可以吸附油墨或墨

① 管殿柱主编：《计算机绘图（AutoCAD 2014 版）》，北京：机械工业出版社，2015 年，第 1 章。

粉的图文然后转印到纸张等承印物上。

喷墨印刷是采用计算机控制，将细墨流从喷嘴射到承印物上而获得文字和图像的一种无压印刷方式。它集电子、机械、流体、超声、微机等多学科的技术为一体，已成为彩色印刷领域高新技术之一。喷墨印刷系统由系统控制器、喷墨控制器、喷头、承印物驱动机构、承印物等组成。彩色喷墨印刷系统的主机通过多种不同的信息源，如彩色图形终端、彩色扫描器（仪）、数字照相机、彩色文字处理机等各种模拟或数字原稿采集系统，接收彩色信息。信息源将色光的三基色红、绿、蓝信息送至印刷机接口，并将要复制的信息存入主存储器，然后由色彩转换器将红、绿、蓝三色信息转换为青、品红、黄、黑四色油墨的分色、加网信号，再由灰度控制器控制中性灰，将上述四种颜色的油墨信号分别送至相应色别喷头的电极上，控制喷头喷射油墨。

进入 20 世纪 90 年代，桌面制版系统（CTP）的诞生对胶印技术来说是最重要的贡献，使胶印机的工作效率和应用程度达到前所未有的水平，胶印机自动化程度更高，数字技术的应用也更加广泛。CTP 甩掉胶片和晒版，实际是制版数字化，在为胶印全过程数字化创造条件。当实现机上直接制版（或自动上版）、无须人的直接干预、在数字化系统控制下自动完成印刷全过程的时候，我们也可以称胶印为数字印刷。其他方式的印刷也都在向数字化发展。①

第三节　图像新闻的数字化使用与传播

图像信息的数字化带来图像信息制印技术的质的飞跃，也极大地促进了图像新闻信息的专业化与社会化的制作与传播技术，改变了当代图像传播的整体格局。

一、大数据背景下的新闻可视化

新闻可视化表达并非原有的图像或者影像式（电影新闻纪录片、电视新闻乃至

① [德] 赫尔穆特·基普汉：《印刷媒体技术手册》，谢普南译，北京：世界图书出版公司，2004 年。

视频新闻等）表达，而是基于海量的新闻信息而形成的图形、图像、图表等视觉表达方式，这种视觉表达方式体现出一种新型的视觉观念与视觉思维，体现出当前媒介融合语境中图像新闻传播的最新发展。

1. 大数据的可视化

我们知道，图表、地图、漫画等图像在新闻中很早就有所使用，但是由于绘制、制版与印刷等方面的限制，图像在新闻中使用的数量和范围有限。随着计算机技术、互联网技术与图像软件的高速发展，图像在新闻制作与传播活动中越来越方便与普遍。近几年来，所谓的大数据时代逐渐来临，信息的数字化浪潮覆盖了社会生活的方方面面，数据可视化在各行各业得到广泛的应用，得到众多交叉学科的关注。[①] 所谓数据可视化是对大型数据库或数据仓库中的数据的可视化，它是可视化技术在非空间数据领域的应用，使人们不再局限于通过关系数据表来观察和分析数据信息，还能以更直观的方式看到数据及其结构关系与规律。可视化技术的基本思想是将数据库中每一个数据项作为单个图元表示，大量的数据集构成数据图像，同时将数据的各个属性值以多维数据的形式表示，可以从不同的维度观察数据，从而对数据进行更深入的观察和分析。

在这一背景中，数据新闻作为一种新闻形式受到热捧，新闻可视化成为新闻制作与传播的一种流行趋势。数据新闻在大数据背景中，对于各类数据深度挖掘，在某种逻辑下用数据进行叙事。数据新闻可视化看似简单，但同样是各门科学技术的综合，体现了众多学科与复杂叙事方法的整体运用技巧。

目前，各种数据可视化的软件、应用程序，应用平台、网站层出不穷，可以更加便捷地处理各种数字化的数据，进行各种图形的可视化表达。

词云可视化是目前比较流行的文本可视化工具，国外的词云制作工具主要有 Wordle、WordItOut、Tagxedo、Tagul、ToCloud 等。Tagul 云可以自定义字体、词云的形状（有爱心、雪人、人像、UFO 等）、颜色等。

目前，数据可视化的常用设计工具是 Illustrator、Photoshop。Illustrator 设计图表和矢量图形很方便。并且它可以直接导出 SVG 文件，可以很方便地通过 JS 程序

---

① 宋绍成、毕强、杨达：《信息可视化的基本过程与主要研究领域》，《情报科学》2014 年第 19 期。

来访问和控制 AI 创建的 SVG 图表，而无须用程序动态创建。Photoshop 位图处理软件常用在处理可视化作品中的图像素材上，还常用在制作一些需要质感、光影、特效的图像上。数据可视化的编程环境为 HTML5、JavasCript。因为新闻是基于浏览器在互联网上传播的，所以用到的技术也都是网页技术，常用到的 HTML5 技术有 Css3、SVG、Canvas、WebGL。Css3 可以给元素创建变换动画效果，在移动平台上效率也很高，常用于制作手机端一些滑屏产品中的简单动画效果。SVG 是矢量绘图模式，图像的清晰度不会随着图形放大或缩小而改变，并且它包含的图形对象支持交互事件，但是制作太复杂的动画效率不是很高，适用于相对静态的图表类型、交互动画大部分都是过程动画的可视化作品。Canvas 是位图绘图模式，可以对位图进行像素级别的操作，适用于 2D 实时渲染、交互动画很复杂的可视化，它的元素不支持交互事件，所以对于 Canvas 的事件框架需要自己去构建。WebGL 可以做 3D 交互动画的可视化，WebGL 是基于图形硬件加速进行图像渲染，所以效率非常高。[①]

2. 数据新闻的可视化

目前，网络之中有很多数据新闻可视化的软件和应用程序，如 Plotly 软件，可以进行数据分析和绘制图表。在“Workspace(工作区)”绘制自己的图表，点击“import”上传自己的数据文件，或者在添加“new grid（新网格）”后复制粘贴表格。这些数据栏都是自动编码的。在设计图表时，可以在左边栏选择背景和颜色，添加注释、任意移动或伸缩箭头，随之调整文本。当图表完成，Plotly 有多个隐私选项供选择，还能生成嵌入代码，这样就能插入网站。

可以说，数据新闻不仅扩大了新闻的题材、写法，而且改变了图像的编辑方式，成为传统新闻数字化转型的一个典型，受到新闻学界的关注。[②]

海外的《华盛顿邮报》《纽约时报》《卫报》《电讯报》《芝加哥论坛报》、英国广播公司、美国广播公司等著名媒体都开始进行数据新闻可视化的实践。国内的新华社（新华网）、《人民日报》（人民网）、《新京报》（新京报网）等传统媒体也积极推进数据新闻可视化。

① 任远：《业界新宠：数据可视化设计师》，《中国传媒科技》2014 年 Z1 期。

② 杨雅：《大数据分析与可视化技术：新闻传播的新范式——“大数据与新闻传播创新”研讨会综述》，《国际新闻界》2014 年第 3 期。

新媒体更是深入数据新闻可视化实践。新浪《图解天下》、网易《数读》、搜狐的“数字之道”栏目颇能够体现门户网站对数据新闻可视化的重视，澎湃新闻的“美数课”、财新网的“数字说”等栏目最能够体现专业化的优势。

二、数字图像信息的社会化应用与传播

近些年来，除了向专业化发展之外，这些制图技术还重点向设备便捷化、小巧化与应用个人化、智能化等方面高度发展，融入人们的日常生活层面。更为重要的是，数字化影像技术与社会化新媒体应用高度融合在一起，各种图像可以异常方便地迅速制作与传播，由此形成当代视觉传播新的巨型格局，促使所谓的视觉文化时代向更新的层面发展。我们上文分析过的各种制图软件，大多都可以免费从网上下载使用，极大地刺激了图像的制作与传播，形成众多的网络图像趣缘社群，预示着我们的时代不仅是读图时代，也是全民制图与传播时代。总的分析，数字化图像信息的社会化应用与传播体现为以下三个方面，表现出不同的特征。

第一，图像表情符号的使用。图像表情符号原本只是一种网上次文化，但随着互联网和移动电话短信的普及，已经为社会广泛接受。后来许多通信程序（特别是实时通信程序）及论坛开始应用更生动的小图案（icon）来表示心情，因此 20 世纪末在英文中有新的词汇来说明这些表情符号，即将情绪（Emotion）与小图案（icon）两个字巧妙地合并，成为新词“Emoticon”。在日语中，则以汉字“颜文字”称呼表情符号，“颜”字意为脸庞，“颜文字”这个词的意思就是指用文字和符号组成表情或图案来表达撰写者的心情，此词也逐渐为中国的年轻人所采用。目前，各大公司已设计开发出一些流行的图像表情符号系列，成为网络、短信、QQ、微信等输入法应用中的一个组成部分，大多可以免费下载使用。同时，网络之中网民设计的各种图像表情符号系列也层出不穷，其中以名人、卡通人物、动物等为素材出现了众多漫画表情，大多配以简短文字，感情表达强烈，形成众多著名的图像表情符号系列。

第二，图像的个人应用。我们上文所分析的各种图像处理软件除了专业版之外，绝大多数都可以在官网免费下载，这就为图像的个人应用提供了很好的基础。同时，

各种图像发布网站与社会化应用层出不穷，极大地促进了个人的图像制作与传播。百度贴吧之中则有各种各样的漫画吧，为网友提供发布各种漫画作品的平台，博客、微博、微信也有大量相关的用户，催生了大量网络亚文化形态。

第三，图像的恶搞式运用。目前，众多网络社会化应用构成了新媒体民间视觉文化传播的空间，在这一互动空间中，网民参与促成了一种基于民间的图像叙事方式——视像恶搞，其中的图像恶搞数量最为庞大。近几年重大媒介事件与名人都遭到过不同程度的恶搞，其规模与数量十分惊人。网络恶搞表现出反讽、并置、无厘头、拼贴等视觉修辞特征，结合众多热点事件或者人物创造恶搞式图像，短时间大规模传播。

小　结

目前，各种数字化新闻可视化技术仍在日新月异地高速发展之中，媒介融合与新媒体化的趋势越来越突出。在这一背景下，各类图像的制作与传播技术越来越高度融合，一方面，不断促进新闻专业组织图像制作方式与传播渠道的转型，另一方面，也极大地促使了图像社会化制作与传播的兴盛，图像作为一个古老符号形式充分发挥出它的叙事威力，特殊兴趣、情感体验与商业价值成为图像制作与传播的制约因素。

第十一章
传播技术进步与图像新闻的发展

Chapter 11
Progress of Communication Technologies and Development of Pictorial Journalism

传播技术进步不断促进图像新闻的高速发展，是图像新闻发展的最为重要的主导因素之一。在数字化的背景中，媒介融合之中的图像新闻信息呈现多形态、全媒体、数字化、社交化的发展特征，图像呈现为以视频为主的广义图像状态。而随着所谓视觉文化时代的到来，广义图像以其强大的商业特征渗透入社会文化生活的方方面面，图像不仅是当代叙事的主因，左右着当代社会叙事格局，而且可以预示着科技的人类感知、知识传播与叙事的未来结局，由此需要我们基于传播技术的角度，对图像新闻信息、图像文化（视觉文化）进行高屋建瓴的反思。

第一节　科技与图像信息

比较而言，图像信息与图像媒介受科技的影响最大，科技不断塑造着图像信息与图像媒介的基本形态、制式、制像方法乃至存储方式、传播形式，科技与图像信息的关系在当代社会进一步强化，昭示了图像信息制作与传播几乎难以预示的未来。

一、科技与图像信息发展

我们知道，语言、图像、声符是人类最为常用的三种符号形式。从符号的能指与所指层面分析，语言和声符符号的能指层与所指层一般是任意关系，是一种约定俗成的关系；[①]图像（非等比图像）信息符号依据其用途表现为两种类型：一是肖似性图像信息符号，此类肖似性图像信息符号是图像信息符号最为主要的类型，源于人们对物象视觉形式的符号模拟，最能够体现人类运用图像信息符号的基本需求，即以图记事、以图示意与以图叙事的目的。与语言符号不同的是，此类图像信息符号的能指层是对物象的形态模拟，因此这一特征显示了图像信息符号的能指层与所指层之间的关系并非如语言符号那样是“任意的”，而是有或强或弱的“强制性”。二是抽象性图像信息符号。图像信息符号的抽象性特征是在肖似性特征基础上进一步简化与抽象发展的结果，如宗教图腾、青铜图案、阴阳爻、八卦图、星象图、地图、族徽、商标、实用标志等等都可归入此类，体现出图像信息符号的所指层所蕴含的宗教、政治等象征意蕴乃至实用功能。抽象性图像信息符号与语言符号有些相似之处，但是其能指层的视觉意味更强，所指层的象征意蕴也更浓。符号的记录方式涉及媒介层面，语言与图像的媒介层面相同，如石质、纸质、绢帛等，在书画合一的传统中，中国古代的语言与图像的制作工具也大多相同，然而由于图像符号的肖似性特征，一般情况下，图像的制作更为复杂，对于色彩也有所要求。西方绘画基于“模仿观”，不断发明器械强化精准的视觉观察。从 15 世纪到 19 世纪前后，画家们普遍地借助光学仪器（如图 11-1 所示），光学技术一直在或明或暗地影响着绘画实践。[②]

“视觉仪器”不仅是画家的绘画工具，而且还在一定程度上影响了观众的视觉方式，形成了仪器、画家、公众与被看物之间复杂的关系。例如 18 世纪，英国上流社会流行前往欧洲大陆的“大旅行”，这些游客大都随身携带着一块以法国风景画家克劳德·洛兰的名字命名的“克劳德镜”来帮助他们欣赏景色（如图

①［瑞士］费尔迪南·德·索绪尔：《普通语言学教程》，高名凯译，北京：商务印书馆，1980 年，第 67—68 页。

②［美］大卫·霍克尼：《隐秘的知识：重新发现西方绘画大师的失传技艺（增订版）》，万木春、张俊、兰游利等译，杭州：浙江人民美术出版社，2013 年，第 231 页。

图 11-1　画家使用“投影器”绘画，德国丢勒《透视的研究》

11-2 所示）。克劳德镜又称“黑镜”（black mirror），是一种“深色银箔上四英寸直径大小的平凸镜，放进口袋里好比袖珍笔记本”。人们通过克劳德镜对真实风景进行图像化处理，以达到模拟克劳德·洛兰画作的效果。“这表明 18 世纪英国的精英阶层更愿意用画家的方式来观看真实的风景。这种观看方式最为突出的特征便是：观看者并没有把目光直接投向真实的风景本身，而是落在它的映像上面。”①

图 11-2　克劳德镜，1775—1780 年，伦敦 Victoria & Albert 博物馆藏

直至照相机被发明，机制的等比图像才得以更为便捷地复制生产。在机制的等比图像出现以后，这种图像曾经主要以胶片和相纸照片、纸质印刷品等媒介形式存在。运动影像出现以后，主要通过胶片方式记录，以放映机方式放映。声符虽然可以通过乐谱等方式记录，但是声音还原才是其本质，因此声音媒介很晚才得以出现，即通过唱片、磁带等形式，以留声机、录音机等方式播放。符号媒介的传播则涉及媒体，语言符号的媒体主要有石头、金属器、绢帛卷轴、竹简、墙壁、纸质卷轴、书籍、报刊等，图像（等比图像）的媒体形式大致与语言媒介相同，

① 孙天正、李露：《变换的凝视——试论欧洲 15—19 世纪风景园林的观看之道》，《中国园林》2012 年第 3 期。

机制的等比图像的媒体主要是报刊，运动影像的媒体则发展成为电视与电影等大众传播样式。声符媒介则发展成为广播这一大众传播形式。

从技术的角度分析，语言、图像和声符三种符号（媒介与媒体）的发展与技术有着千丝万缕的联系。正是由于图像信息符号与语言符号、声音符号在媒介与媒体方面的不同特征，图像信息符号的制作、文本形态、材料要求与传播方式都与语言符号、声音符号不尽相同，相关的技术要求也并不一致。比如肖似类图像信息符号的制作技艺要求更高。在绘制材料方面（媒介方面），甲骨面积较小，不太适合图画。竹简（木简）由于单片狭长，每片长约一二尺，宽约半寸，单片书简连接之处有空隙，适合于文字书写，[①]一般并不适合作为图像信息文本的介质材料。而缣帛、木板与早期青铜器具、陶器形制较大（如图 11-3 所示），则适合抽象类图像信息符号乃至肖似类图像信息符号的刻画。例如木板，古代称为版牍，自春秋至魏晋，版牍是一种常用的书写与图绘介质。“版牍是以木头为原料制成的，所选的木材多为质地松软易于剖削的松木、杨柳、青杆木、桃木等。通常多就地取材，如敦煌出土的木牍中多以北方常见的松、杨为多。这些木材普遍具有速生速长、质地松软的特点，便于加工削平和携带。”[②]版牍可用来绘图，即所谓“版图”，其中的长方牍常用来绘制地图。

这一特点似乎可以大致说明，可能是材质的大小等方面不同，决定了青铜器与甲骨、竹简等材料对不同符号的承载，也决定了其作为媒介的不同使用功能、使用目的、使用场所与文化介质的形态。同时，造纸术与印刷术作为重大的技术发明创造，对图像信息符号与语言符号的制作、文本形态、材料要求与传播方式等方面均影响巨大，其中在文本小型化、轻便化与传播大众化等方面对图像信息符号的影响更为深远；现代的电报技术、电话技术针对语言符号传播，以编码与音频形式对语言符号的传播产生重大影响，促进了以报刊为主的现代新闻业的发展；[③]而摄影术的发明则针对图像信息符号，人类图像信息符号的视觉形式第一

① 钱存训：《书于竹帛：中国古代的文字记录》，上海：上海书店出版社，2006 年，第五章。

② 李明杰：《中国出版史（上册·古代卷）》，长沙：湖南大学出版社，2008 年，第 16—17 页。

③ 参见孙黎：《晚清电报及其传播观念（1860—1911）》，上海：上海书店出版社，2007 年；［美］周永明：《中国网络政治的历史考察：电报与清末时政》，尹松波、石琳译，北京：商务印书馆，2013 年。

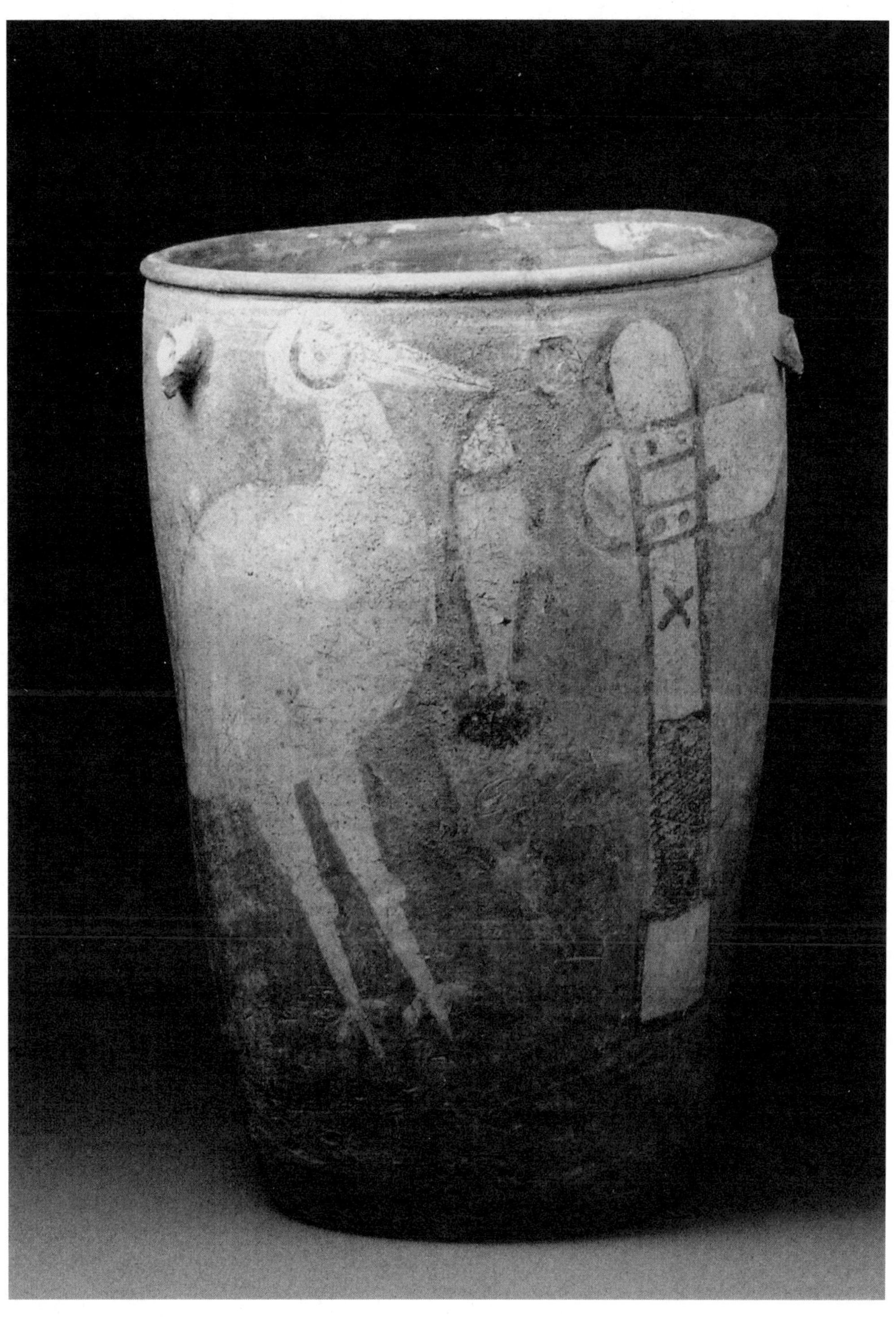

图 11-3　彩陶缸绘鹳鱼石斧图，新石器时代，陶质彩绘，河南博物院藏

次通过机器技术达到等比模拟阶段，这类图像信息符号在日常生活之中被广泛使用，促使现代绘画艺术的转型，也促进了新闻摄影在现代报刊传播中的运用；运动影像表现事件与“呈现”生活，首次在图像信息符号之中加入了“等比时间”因素，解决了困扰古人的所谓图像信息无法“历时性”表现物态的千古难题，这是继摄影术之后，人类有关图像信息制作技术的又一次重大发明，促进了电影与电视两种新的大众媒介形式的形成与繁兴。

非等比图像信息符号与等比图像信息符号的区别不单是一种视觉感受的差别，更是由于图像信息技术的差别而产生的图像信息符号自身的差别，体现出传统图像信息符号与现代图像信息符号尤其在能指层、文本材料与媒介、媒体等方面的本质不同。综合以上分析，我们大致可以认为，虽然图像信息符号的艺术化表达（如绘画艺术等）一般轻视乃至抵抗相关技术，但是从实用的角度分析，技术因素一直对图像信息符号制作、文本样式尤其是传播层面产生持续而深入的影响。摄影术和录像技术出现之后，等比图像信息受到技术的影响是根本性的，换句话说，等比图像信息完全是技术的产物，没有技术，就没有现代图像信息符号的产生，现代图像信息符号是一种技术符号。因此，图像信息符号相比语言符号、声音符号在本质层面上更是技术性的，在技术的层面，图像信息符号因为技术因素不断改进其物质层、符号形态、传播介质乃至人们的视觉形态、视觉感受与视觉思维，技术的发展不断赋予图像信息符号新的形态与应有的叙事“威力”。

二、图像信息技术发展与图像新闻未来

随着当代数字技术与大数据技术的发展，摄影、摄像设备与各种制图软件高速发展，高科技催生了亿万像素技术、立体影像的产生，[①] 3D 电影、多媒体电视机、3D 电视机、3D 显示器等新产品开始出现。新型影像技术除了专业化发展之外，还重点向设备便捷化、小巧化与应用个人化、社交化、智能化等方面高度发展，融入人们的日常生活层面。更为重要的是，数字化影像技术与社会化新媒体应用

① [美] 尼古拉斯·米尔佐夫：《视觉文化导论》，倪伟译，南京：江苏人民出版社，2006 年，第 4 章。

高度融合在一起，各种图像信息可以异常方便地迅速制作与传播，由此形成当代视觉传播新的巨型格局，[①] 促使所谓的视觉文化时代向更新的层面发展。

近几年来，数据可视化与虚拟影像技术成为业内热点，新闻可视化与虚拟影像新闻成为新闻发展的重要趋势之一。数据可视化我们在上文已经有所论述，虚拟影像又称为虚拟现实（VR，即 Virtual Reality）技术，与 AR 技术（Augmented Reality，即采用对真实场景利用虚拟物体进行“增强”显示的技术）结合紧密。2015 年 11 月，《纽约时报》推出新闻 VR 应用程序——NYT VR，给一百多万的订阅用户寄送虚拟现实体验设备——谷歌纸盒（Google Cardboard）。

同时，《纽约时报》、美国广播公司等海外媒体也开始进行虚拟现实新闻报道。新闻 VR 技术体现了新闻可视化专业技术的最新发展趋势。[②] 目前，三星、苹果、索尼、HTC、Facebook、谷歌、微软等公司都推出或计划推出自己的虚拟现实应用与设备，大多也在进行 AR 技术的研制开发。

目前，国内 VR 企业迅猛发展。除了 3Glasses、蚁视、暴风魔镜、乐相等国内熟知的 VR 厂商外，以 BAT（百度、阿里巴巴、腾讯公司）为代表的行业巨头开始在 VR 领域展开探索，乐视、小米等公司也不甘落后。网易、搜狐、新浪、腾讯等公司也积极地进行 VR 技术（AR 技术）的投资、产品开发与平台建设。人民网、新华网、光明网、澎湃新闻、财新网等也开始结合重大新闻进行虚拟现实报道的实践。

总的分析，数据视觉化表达方式蕴含着一种新型的视觉观念与视觉思维，体现出当前媒介融合语境中视觉文化传播的最新发展。目前，虚拟现实技术还存在不少问题，例如制作设备较为昂贵，制作成本高，PC 端、手机移动端的观看效果较差，等等。但是，相关技术仍在日新月异地高速发展之中，媒介融合与新媒体化的趋势越来越突出。在这一背景中，各类图像的制作与传播技术越来越高度融合起来，特殊兴趣、情感体验与商业价值成为图像制作与视觉文化传播的制约因素。可以预测的是，随着 3D 打印技术与虚拟影像技术的发展，当代图像信息符号“模

① 于德山：《我国网络视频传播的崛起与当代视觉文化生态》，《中国电视》2009 年第 8 期。
② 全晓艳、常江：《2015：西方新闻可视化发展的新趋势及其解读》，《中国记者》2016 年第 1 期。

拟现实”的能力仍将不断加强，同时将向着真实三维空间发展，与受众的触觉、嗅觉、听觉等感觉系统联系在一起，在新闻报道、影视、动漫、体育转播、股市行情、购物、社交与医疗、教育、军事、游戏、娱乐、地理测绘、城市规划等领域广泛使用，这是当代视觉技术与图像思维的集成式体现，这一切只有技术才能够做到。也正是从技术的层面，我们才能够深入地分析所谓视觉文化时代来临的根本原因、哲学影响、①特征及其发展趋势。

第二节　图像新闻信息传播技术的社会文化观照

美国学者克拉里对 19 世纪西方视觉技术演变与人类“现代之眼”的形成进行了细致的考察，发现观察者技术与主体位置的变化，蕴含着人类视觉主权与社会视觉监管之间的矛盾与张力，从视觉注意力的角度揭示了西方现代性的内在断裂与悖论之处。②实际上，随着照相机的发明及其不断技术革新，图像的生产与观看也发生着巨大的变化。因此，针对中国图像信息新闻传播技术史所蕴含的社会文化因素，我们观照我国图像信息新闻实践及其发展逻辑，重点分析图像信息新闻传播技术的视觉观念、视觉思维、技术文化特征与技术伦理等问题，探讨我国图像信息新闻传播技术文化伦理范式与价值的实现路径，从而揭示中国图像信息新闻传播技术尤其是新媒体视觉传播技术的当代社会文化场域意义。

一、图像新闻信息传播与中国社会文化发展

从中世纪图像学开始，人类视觉史历经以文艺复兴透视法、启蒙时代的暗箱、

① [德] 西皮尔·克莱默尔：《传媒、计算机、实在性：真实性表象和新传媒》，孙和平译，北京：中国社会科学出版社，2008 年。

② [美] 乔纳森·克拉里：《观察者的技术：论十九世纪的视觉与现代性》，蔡佩君译，上海：华东师范大学出版社，2017 年；[美] 乔纳森·克拉里：《知觉的悬置：注意力、景观与现代文化》，沈语冰、贺玉高译，南京：江苏凤凰美术出版社，2017 年。

现代主义的立体透镜到后现代主义的虚拟现实为线索的技术脉络；[①]克拉里指出：除了生理光学的突然出现，关于“主观视觉”之理论与模型的发展，也赋予了观察者一种新的自主性和生产性，与此同时也使得一种新的控制形式和视觉标准化得以产生。许多光学设计相继发明，它们无可分离地仰赖着一种新的知识组合，亦即“对身体的知识，以及身体知识相对于社会权力的组成关系”。这些仪器是一个复杂重塑过程之结果，亦即将观察者重新塑造为可计算与可控管的个体，同时塑造人的视觉，使其变成可测量的东西，因此也是可互换的。“很快且明显可见的是，在许多人类活动领域当中，效率与理性化端赖人们对于肉眼所能累积的认识。”然而，观察技术的转变并不是单纯在技术层面上的革新，其背后还纠缠着对人类身体的崭新理解、社会关系和权力关系的变迁、商品经济的勃兴以及哲学思考的演变等诸多错综复杂的因素。[②]

传播技术并非只作为一个渠道而存在，它是能创造意义的、活跃的关键因素，清晰解释了认知、传播以及社会组织之间的动态关系。[③]结合上文分析的图像技术发展的几个阶段与四种制像传统，我们可以简略地论述图像是如何融入政治宗教民族与社会经济文化的复杂发展过程，成为历史与文化发展中的互动因素的。[④]

从现存的历史文献和图像考古发现分析，我们大致可以断定隋唐之前，我国的图像制作属于手工绘制（刻制）时期，这一时期图像主要以青铜刻像、壁画、砖石刻画、绢帛画、纸质绘画等图像媒介形式制作与传播，与宗教、政治与民间信仰等方面联系紧密，图像成为社会生活的形象记录。尤其是纸张出现之后，纸张的廉价、轻便与便于书画等优点不断突显，促进了图像的较大规模的制作与传播。其中佛教出于宣教、祈福等目的，大规模制作与传播佛教图像，直接促进了图像雕版印制技术的实验与成熟。

① [美] 乔纳森·克拉里：《观察者的技术：论十九世纪的视觉与现代性》，蔡佩君译，上海：华东师范大学出版社，2017年，第77页。

② [美] 乔纳森·克拉里：《观察者的技术：论十九世纪的视觉与现代性》，蔡佩君译，上海：华东师范大学出版社，2017年。

③ Chesebro，J. W.，& Bertelsen，D. A.. *Analyzing Media: Communication Technologies as Symbolic and Cognitive Systems*，Guilford Publications，1996.

④ Kai-wing Chow，*Publishing*，*Culture*，*and Power in Early Modern China*，Stanford University Press，2004.

图像雕版印制技术使图像制作进入手工制印时代，促使从书籍插图的流行直至画谱与图像类书的出现，也促进了图符与年画等图像雕版制品在民间的大规模制印与传播。明代中晚期，雕版图像成为当时商业文化的一部分，其中的文人化的雕版图像成为古代雕版图像的典范，促使一个更广泛的通俗读物的读者群在长江三角洲以及中国东南和西南地区形成。[①]值得注意的是，图像雕版印制技术虽然大致在隋唐时期即已成熟，但是后来其基本工具、工艺却没有太大变化，虽然有所创新发展，如明代出现的彩色图像制印技术——饾版技术等，但是其基本技术却没有质的变化，并且一直使用到晚清时期。同时，有研究发现，直到 16 世纪后期，雕版制印的书籍才在图书流通中占有统治地位。这一现象说明雕版技术发展的复杂性。[②]中国古代的图像雕版技术为什么没有像西方图像制作技术的发展那样，从手工的雕版技术逐渐向机械化的制印技术演化？这一类似“李约瑟之问”的问题看似是无解的，[③]但是其中却蕴含了中国图像雕版制印技术发展的政治、社会与文化等制约因素。我们知道，近代西方的印刷术与西方视觉光学、化学及其机械制造、机械动力学等应用知识的发展关系紧密，[④]制像技术在这一时期得到质的发展，不仅是科技使然，也是西方近代社会文化尤其是近代出版业、新闻业、娱乐业等大众文化高速发展的产物。比较而言，虽然早在战国时期墨子就探讨了“视觉光学”问题，但是这一理论没有被其后的图像制作所借鉴和发展。北宋沈括的《梦溪笔谈》被李约瑟推崇为“中国科学史上的里程碑”，涉及古代自然科学、工艺技术等内容。其中有论及凹面镜成像、针孔成像、透光铜镜原理等内容，可谓先秦墨家“光学”思想的延续。但是这些观念与器具同样没有成为绘画观念或者被画家所用。[⑤]《梦溪笔谈》卷十七为“书画”卷，通过众多故事推崇“气韵”“画

①［美］何谷理：《明清插图本小说阅读》，刘诗秋译，北京：生活·读书·新知三联书店，2019 年，第 160 页。

②［美］周绍明：《书籍的社会史：中华帝国晚期的书籍与士人文化》，何朝晖译，北京：北京大学出版社，2009 年。

③参见［美］李约瑟：《李约瑟中国科学技术史·第一卷：导论》，袁翰青等译，北京：科学出版社、上海：上海古籍出版社，1990 年，第 2 页。

④林凤生：《中西绘画的不同风格对科学传播的影响——“李约瑟难题”的一种另类解答》，《自然杂志》2006 年第 6 期。

⑤沙振舜、韩丛耀编著：《中国影像史·第一卷（古代）》，北京：中国摄影出版社，2015 年。

意”“天趣”“妙理”，由此可见沈括的图像观。[①]另一方面，中国绘画也讲究技法。先秦、两汉时期的图像叙述传播大多具有类型化的指代、象征特点，模式化的“图式”与“意图模式”传承关系十分明显。魏晋顾恺之就曾专论绘画的“临摹”之法，六朝谢赫的绘画“六法”之中，第六法即是“传移模写”，谢赫虽然没有对此详细论说，但却把其作为“品画”的重要法则之一，对中国古代图像文本实践与品评影响极为深远。至唐张彦远的《历代名画记》，详论“六法”，并专论“拓写”之法，中国古代图像“临摹”方法的理论总结就此完备。宋元以来各种“画谱”和类书流行，其中的各种“图式”和“意图模式”及其组合方法得到更加具体的总结。然而，中国古代绘画的“临摹”之法最终停留在技巧的层面，没有画家乃至匠人有目的地对制印图像的工具、材料与器具进行技术革新，相关知识的更新与传播似乎是心得与口诀的经验式传承，难以上升到西方运用数学、光学、化学的学科知识的机械化制图阶段。宋元文人画虽然最讲究技法，但是文人画家们骨子里轻视绘画工具与技术的创新，这种观念极大地阻碍了古代图像制作技术的革新与对西方制像技术的接受，由此成为中国科学与人文两种文化传统的一部分。

明清时期，西方绘画技术对宫廷院体画和民间绘画产生了一定影响，受西方肖像画技法影响的“波臣派”，在当时士人之中也颇受欢迎。但是，西方制像技术对中国的影响仍然有限。这是因为受中国传统图像观念的影响，大规模的制像技术的革新始终没有得到社会文化与经济环境等因素的支持。从这一角度分析，晚清时期以现代印刷术为基础的西方制像工艺与技术的传入虽然颇费周折，但是这一技术楔入了当时社会文化的发展语境，因此逐渐得到认可与高速发展。梁启超在分析晚清学术状况时认为：“‘鸦片战役’以后，志士扼腕切齿，引为大辱奇戚，思所以自湔拔；经世致用观念之复活，炎炎不可抑。又海禁既开，所谓‘西学’者逐渐输入，始则工艺，次则政制。学者若生息于漆室之中，不知室外更何所有，忽穴一牖外窥，则粲然者皆昔所未睹也。还顾室中，则皆沉黑积秽。于是对外求索之欲日炽，对内厌弃之情日烈。欲破壁以自拔于此黑暗，不得不先对于旧政治而试奋斗，于是以其极幼稚之‘西学’知识，与清初启蒙期所谓‘经世之学’

① [宋] 沈括：《梦溪笔谈》，北京：中华书局，2009 年。

者相结合，别树一派，向于正统派公然举叛旗矣。”[①] 实际上，科学与技术自近代以来成为中国政治精英与文化精英构建民族国家的标准，是他们理想的中国国家现代化的象征。[②]

早在唐宋时期，西方印刷就曾经受到中国传统印刷术的影响，但是在不同的绘画、制图观念与印刷技术革命的支配下，西方近代印刷术尤其是图像印刷术呈现出与中国传统印刷术不同的发展路径。西方近代印刷术，主要包括凸版印刷术，以石版、珂罗版为代表的平版印刷术，和以雕刻凹版、照相凹版（影写版）为典型的凹版印刷术。这三种技术皆可进行图像制印，但是以石版、珂罗版此平版技术和雕刻凹版、照相凹版（影写版）此凹版印刷术最具影响。近代以来，这些技术显现出媒介技术优势，相继影响到日本和印度等亚洲地区。比较而言，明清时期，宫廷虽然对西方制像技术有所使用，但是西方制像技术对中国本土图像制作的影响仍然有限。这是因为，受中国传统图像观念的影响，大规模制像技术的革新始终没有得到社会文化与经济环境等因素的支持。从这一角度分析，晚清时期以现代印刷术为基础的西方制像工艺与技术的传入虽然颇费周折，但是这一技术契合了当时社会文化的发展语境，因此逐渐得到认可与高速发展。比较而言，印刷术虽然不是所谓西学之“显学”，但是作为西学等知识传播的媒介技术基础，反而能够突破科学与人文传统的冲突，从印刷业的组织角度分析，中国古代印刷业自唐宋形成，到明清时期形成具有地域技艺特色的行业流派，其家族作坊式、地域性的特征一直十分鲜明。比如在明清时期的福建印刷界，特别是在那些通过书店和行商组成的错综复杂的网络而创立的低成本地方企业中，家族式书坊占支配性地位。地方出版商、发行人、经销商之间的血族关系支撑起一个嵌套式的地理集团，他们生产书籍，并将之出售给当地或本区域的精英和民众。作为家族式企业，地方印刷工场通过迎合当地科考市场对经书和古典读本的需求，实现了家族成员的文化诉求。靠书籍贸易获利的商人们也通过这种途径为他们的家族进行教育投资，

① 梁启超：《清代学术概论》，《梁启超论清学史二种》，上海：复旦大学出版社，1985 年，第 59 页。
② ［新加坡］郑永年：《技术赋权：中国的互联网、国家与社会》，邱道隆译，上海：东方出版社，2014 年，第 24 页。

他们希望能够通过与书籍和古典学问之间的联系提升自身的社会地位。[①]这种不仅有利于相对固定的知识与印刷品的制作与传播，也会在此基础形成固定的印刷行业组织乃至印刷品的传播组织。其中的印刷行业组织注重行业市场的“垄断”，当然也包括印刷技术与技艺的“保密”，这种与其他行业类似的情况不仅限制了相关技术与技艺的传播范围，也极大地妨碍了相关技术与技艺的标准化、机械化的革新。“20 世纪上海出版业的根本性进步，是将西方印刷技术、中国印刷文化与商业相结合的结果。”[②]由此，印刷术就会得到更为充分的多种因素的支持，不仅成为促进晚清思想文化与知识话语转型的重要因素，[③]也成为现代机械制造与都市商业文化的一个重要组成部分。白吉尔在分析近代中国资本主义的发展时，强调了机械化的重要作用。[④]芮哲非则认为近代以来，中国以上海为代表的大城市发展出了印刷资本主义，“印刷资本主义是印刷业与出版业机械化过程中的一种衍生物。印刷业完成商业化、世俗化、民间化并转型为一种非人工的、‘由机器带来的产业’之后，印刷资本主义才真正到来”。[⑤]从这一角度再来分析近代以来中国石印、珂罗版、铜版、电子制版等制像技术的发展，我们就可以看出技术与政治、战争、经济、社会文化紧密联系甚至可以超越这些因素的特征。

二、图像新闻信息传播的技术神话批判

结合上文分析，我们看出，以摄影术和录像技术为标志，技术化的图像信息符号不断发展，图像信息符号几乎可以表现与模拟任何事件、场景与现实，当图

① [美] 本杰明·艾尔曼：《中国近代科学的文化史》，王红霞等译，上海：上海古籍出版社，2009 年，第 76—79 页。

② [美] 芮哲非：《谷腾堡在上海：中国印刷资本业的发展（1876—1937）》，张志强等译，北京：商务印书馆，2014 年，第 14 页。

③ [美] 本杰明·艾尔曼：《从理学到朴学——中华帝国晚期思想与社会变化面面观》，赵刚译，南京：江苏人民出版社，1997 年，第 27 页。

④ [美] 白吉尔：《中国资产阶级的黄金时代（1911—1937）》，张富强、许世芬译，上海：上海人民出版社，1994 年。

⑤ [美] 芮哲非：《谷腾堡在上海：中国印刷资本业的发展（1876—1937）》，张志强等译，北京：商务印书馆，2014 年，第 14—15 页。

像信息符号越来越“真实”，达到无限接近人、物与事件的时候，图像信息符号对现实的替代作用就越来越强，直至“成为”现实本身。图像信息符号及其组构的“景观社会”建构了人们的日常生活场景，影响了人们感知现实的能力与介入社会生活的方式。由此，图像新闻信息传播的技术神话被树立起来，并被各种促进因素尤其是商业与政治的因素所强化。从科技思想史的角度分析，图像信息新闻传播技术并不是单纯的技术设备与工艺流程，其自身及其发展蕴含着复杂的思想观念、社会经济变迁、信息规制、媒体组织转型等媒介文化因素，体现出复杂的社会文化的融合过程。[①]20 世纪 50 年代以来，本雅明、伊尼斯、麦克卢汉、鲍德里亚和波兹曼、梅罗维茨、芒福德、基特勒、斯蒂格勒、维利里奥等理论家大多强调传媒技术的重要影响，其中所谓的“技术决定论”本质上也是批判的文化研究；近几十年来不断升温的视觉文化研究则综合了图像信息理论、传播理论、心理学、哲学、艺术学、社会学、政治学、历史等学科理论，围绕图像信息进行了更为宏观的文化研究，取得了丰富的学术成果。总结这些相关研究成果，我们可以发现，不少内容对视觉文化的崛起及其负面效应都有所警醒，例如本雅明的“机械复制时代”、胡塞尔的图像信息现象学、海德格尔的“世界图像信息时代”、梅洛 · 庞蒂的知觉现象学、拉康的镜像理论、麦克卢汉的媒介感官延伸论、波兹曼的书写文化论、鲍德里亚的拟像理论、德波的“景观社会”、德布雷的图像媒介学、梅罗维茨的媒介情境论、莫斯可的数字化崇拜批判、斯蒂格勒的技术“药性”批判、维利里奥的速度学等理论影响深远，这些论述虽然大多是从哲学层面思考问题的，但是其中已经有意无意地凸显出图像技术的社会文化因素及其影响，为我们思考图像信息技术未来发展提供了极富启发意义的借鉴。

麦克卢汉认为“媒介是人的感官的延伸”，“一切技术都是肉体和神经系统增加力量和速度的延伸”。[②]从这一思路出发，我们通过对现代媒介发展史的考察可以发现，只有通过技术形式不断强化媒介符号的文本形态、感知形态与传播渠道，媒介（符号）成为一种技术形式文本，媒介作为“人的感官的延伸”的能

① 唐士哲：《重构媒介？“中介”与“媒介化”概念爬梳》，《新闻学研究》2014 年第 121 期。
②［加］马歇尔 · 麦克卢汉：《理解媒介：论人的延伸》，何道宽译，南京：译林出版社，2011 年，第 111 页。

力才会不断强化突出。从技术的角度看，媒介（符号）越精细、越逼真越好，然而，我们应该认识到，无论符号发展到何种地步，符号与其对象物的异质特征并没有改变，符号指涉的是其自身，永远无法是对象物本身。从中国先秦的老庄哲学、古希腊柏拉图的洞穴寓言，到宗教的偶像崇拜与偶像破坏运动，再到梅洛·庞蒂的“眼与心”、鲍德里亚的“拟像”、德波的“景观社会”等理论分析，都蕴含着对人类现实与图像信息符号模拟环境之间关系的深刻思考，这些思考提醒人们要认清现实与符号之间的差别与距离，不要让图像信息符号阻碍人们对现实与真理的体验与认知。在当今社会的视觉文化语境之中，所谓客观真实的图像信息符号并非完全真实客观，视觉再现并不必然地与真实性相联系，“视觉生物学不能解释我们实际阐释世界表象的方法。观看总是文化化了的观看”[①]。这些图像信息符号涉及技术的选择、使用者的角度和目的等方面，也涉及使用语境、政治、社会乃至种族意识等复杂因素。[②]这就要求我们时刻对图像信息新技术保持足够的反思。同时，我们发现，重大技术发明改变了图像信息传播的符号形式、制作方式、材料、文本方式与传输方式，但是图像信息技术与图像信息新闻传播实践二者并非完全一致的关系，即图像信息技术的发明并不一定会促进图像信息新闻传播的飞跃发展，由于相关政策、观念、经济与宗教等方面的影响，某一时期或者某一地域之中，图像信息技术的新发明也许并不会迅速被应用到图像信息新闻传播的实践之中，二者之间有时空错位，图像信息技术的威力往往会受到某种限制。具体而言，某种图像信息新闻传播新技术的出现并不会很快替代原有的技术形式，原有的技术形式常常会与其共存很长时间，在某些特殊的时期或者地域，较为原始的图像信息传播技术甚至还会被大规模使用。这一现象也说明，图像技术的使用是“当代社会一个视觉性的实践与生产系统，一套从主体认知到社会控制的一系列文化运行规则”[③]，是一个融合社会、文化与经济、政治的复杂过程，需要我们进行社会文化的观照。

①［英］阿雷恩·鲍尔德温等：《文化研究导论》，陶东风等译，北京：高等教育出版社，2004年，第373页。
②［美］W. J. T. 米歇尔：《图像学：形象、文本、意识形态》，陈永国译，北京：北京大学出版社，2012年。
③ 韩丛耀：《图像：一种后符号学的再发现》，南京：南京大学出版社，2008年，第99页。

小　结

科学研究本身就是一种文化，或者叫做“亚文化”。它由一定的材料、仪器、语言系统、思维模式、社会组织、社会实践等构成。[①] 从社会文化史的视角，我们可以通过观照我国图像新闻实践及其发展逻辑，重点分析图像新闻传播技术的视觉观念、技术文化特征与技术伦理等社会文化特征。这一视角体现了图像信息技术使用与革新的社会文化的现实语境，蕴含着二者形塑与影响的关系。目前，新媒体视觉传播已经成为当代传播最重要的媒介形式，对我国当代视觉传播格局与媒介文化产生重大影响。其中新媒体视觉传播失范现象与视觉亚文化值得我们高度关注，也提醒我们需要反思图像信息技术神话。因此，我们应该认真探讨我国图像新闻传播技术文化伦理范式与价值的实现路径，从而揭示中国图像新闻传播技术尤其是新媒体视觉传播技术的当代社会文化场域意义。

① 张柏春：《中国近现代科学技术史研究的若干内容与视角》，《自然科学史研究》2001 年第 2 期。

本卷结语
Conclusion

《中国新闻传播技术史·图像卷》是国家社科基金重大项目“多卷本《中国新闻传播技术史》”研究成果的一个组成部分，通过对大量相关实践与文献的梳理、分析，本卷集中研究了图像信息新闻传播技术史。至此，本卷研究也进入尾声，有几个研究结论与研究心得需要在这里强调一下。

第一，图像信息符号是技术性最强的符号。在人类使用的各种符号中，图像无疑是最具技术特质的符号类型。图像符号的这一特质与人类的视觉有关，也与图像符号的肖似性特征相关。从符号到媒介、媒体，图像信息制作与传播的技巧、工艺、工具、材料等方面要求最高，都体现出技术性特征。随着技术的不断进步，图像信息的符号、媒介与媒体特征都发生巨大变化，图像技术不断在对图像信息的符号、媒介和媒体进行重塑。从机械化、电子化再到数字化，图像信息技术经历了3次突破，图像信息制作与传播完全突破了传统手工技术、工具与材料、媒介乃至媒体的限制，如今的数字化图像信息更是可以以新的媒介与媒体方式大量储存与快速传播，这在很大层面改变着人们对图像信息的观念与使用方式。大卫·阿什德（David L. Altheide）也指出，任何一种新媒介的出现和广泛使用，都会重塑一个新的媒介生态——包括信息和承载信息的基础设备的生产和传播形态。[①] 当下流行的虚拟影像技术是新一轮图像信息技术的革新，在图像信息的符号、媒介和媒体方面进行新的技术改变，这一实验还在进行之中，虽然无法预示图像信息传播的未来，但是其对信息传播乃至众多行业的影响已经显现出图像技术的巨大威力。

---

① [美] 大卫·阿什德：《传播生态学：控制的文化范式》，邵志择译，北京：华夏出版社，2003年。

第二，中华图像文化传统。通过本卷研究，我们可以发现，中华图像文化传统历史悠久，4 种制像传统内容丰富而独特，蕴含着中华古老文化的智慧之光。美国画家霍克尼曾经分析西方 4 个世纪的绘画光学的发展脉络，对中国古代山水画高度成熟的描绘世界的方式赞赏有加，他认为目前："光学投影主宰了全世界。但是它仅仅是观看的一种方式，并且这还是一种同世界分隔开的观看方式。这在六百年前不成问题，但现在它的的确确成了严重问题。"① 眼下快速发展的全景影像与全息影像、虚拟影像技术是否可以解决霍克尼所忧虑的问题？答案要么是否定的，要么还分歧重重，由此可见中国古代图像传统的特殊价值与意义。中国当代视觉文化的发展需要中国传统的图像文化的资源，因此，针对中国图像信息传播技术史所蕴含的人文与社会文化因素，我们可以挖掘中国传统文化中丰富的科技有机论、② 图像观念与视觉思想，尤其是中国古代"象思维"所蕴含的图像审美精神，③ 以及书画同源的视觉认知模式与书画合一的文本实践的图像智慧，发挥中华图像符号所蕴含的独特文明价值及其当代意义。

第三，图像新闻信息的位置。比较而言，图像新闻信息只是图像信息的一小部分，并且在图像信息发展的历史长河中，图像新闻信息只是后来者。因此，在本卷的研究中，我们将图像新闻信息置于图像信息传播的宏大脉络中研究，只有在这一场域之中，我们才能够准确地厘清近代以来我国图像新闻信息制播技术的特点，才能够准确地确定其使用状况及其社会文化价值。例如晚清时期出现的以《点石斋画报》为代表的"新闻画报"颇为新奇，影响巨大。然而它们只是当时新型报刊的一部分，再向外延展，"新闻画报"与当时出版的各类书籍一起构成知识传播、大众商业文化乃至大众舆论的巨大汇流。④ 而从近代以来大众传播的现代性角度看，晚清以来中西军事、政治、文化的冲突引发了诸多现代性问题，"在

① [美] 大卫·霍克尼：《隐秘的知识：重新发现西方绘画大师的失传技艺（增订版）》，万木春、张俊、兰游利等译，杭州：浙江人民美术出版社，2013 年，第 231 页。

② [英] 李约瑟：《李约瑟中国科学技术史·第二卷：科学思想史》，何兆武等译，北京、上海：科学出版社、上海古籍出版社，1990 年，第 618 页；陆敬严、华觉明：《中国科学技术史·机械卷》，北京：科学出版社，2000 年，第 423 页。

③ 于德山：《中国图像叙述传播》，济南：山东文艺出版社，2008 年，第 2 章。

④ [美] 芮哲非：《谷腾堡在上海：中国印刷资本业的发展（1876—1937）》，张志强等译，北京：商务印书馆，2014 年，第 17 页。

流动性日益增强的现代体系中，视觉成为我们最为重要的感官能力之一。它使得人类能更好地认识、把握这个充满‘他者’的世界，并进而想象性地解决个体或者族群的身份困惑和危机”[①]。从《点石斋画报》表现内容的传统与现代交汇之驳杂，图绘者认同、教诲与猎奇的态度，20 世纪早期陈师曾风俗画的士人雅趣，[②]与赵望云前期旅行写生绘画所洋溢的同情之心，这类具有较强新闻性质的图像融合了图绘者对社会发展进程的特殊认识与视觉表示，为我们描绘了一幅幅前摄影时代奇异的现实景观。由此，我们不应该刻意突出乃至拔高图像新闻信息及其技术革新的重要性，而应该在还原的历史语境中展现其本来面目及价值。再从图像新闻信息技术的角度分析可知，众多的图像信息技术的革新并非针对图像新闻信息传播而进行的。比较而言，政治与宗教目的曾经是图像信息技术革新的巨大动力。近代以来，随着现代报刊、出版社等新型媒体组织的崛起，大众对各类印刷品的需求推动图像信息乃至图像新闻信息的大规模印制技术的高速发展；而从图像信息的电子模拟技术到电子数字技术，图像信息技术发展体现出更强的组织化、商业化、多用途等特征，图像新闻信息技术除了专业化的发展路径之外，开始向大众化方向发展，图像新闻信息技术呈现出最新的时代特征，其研究也显现出思想史、文化史和人类学等方面的学术价值。[③]

第四，视觉文化时代的图像反思。所谓的视觉文化时代，主要是针对图像的大规模制作与传播及其社会影响而言的。从这个角度分析，中西历史之中宗教图像的大规模传播时期也可以称为“视觉文化时代”。西方理论家所言的“视觉文化时代”崛起于 20 世纪 40 年代，主要是针对电视传播而言的。[④]电视时代的不同之处在于，其内容类型丰富，并将其传播的终端——电视机发展成家电普及到人们的日常生活中，由此其图像信息传播的时效性、内容、广度与影响力等方面皆非其前的图像信息传播所能够比拟的。近 20 年来，图像信息传播进入数字化与

① 冯雪峰：《旅行体验与视觉再现——以赵望云早期旅行写生画为例》，《艺术评论》2009 年第 5 期。

② 曾蓝莹：《图像再现与历史书写——赵望云连载于〈大公报〉的农村写生通信》，黄宗智主编：《中国乡村研究》（第三辑），北京：社会科学文献出版社，2005 年。

③ 韩丛耀：《中国近代图像新闻传播的兴起与发展》，《江海学刊》，2010 年第 3 期。

④［美］尼古拉斯·米尔佐夫：《视觉文化导论》，倪伟译，江苏人民出版社，2006 年。

网络化传播阶段，图像信息传播的时效性、内容、广度与影响力等方面被提升到全新的层面。保罗·莱文森（亦译“利文森”）是一位技术乐观论者，他认为：“任何信息技术所产生的影响都是复杂的意料之外的结果，加上我们能够对信息技术所产生的影响进行评价和可能的调整——我们登上了一个有关信息技术发展历史和发展未来的旅程，一个信息技术的发展如何对我们的世界产生影响力的旅程，一个信息技术的发展将如何影响未来的旅程。”[①] 如今，图像信息技术深深嵌入社会生活之中，为我们展现了一个无比深邃的未来场景，人类进入名副其实的视觉文化时代，或者说进入视觉文化时代的新阶段。在这种语境中，我们对视觉文化传播“影响未来”的反思可以在两个方面展开，一是传播内容方面，一是传播技术方面。在视觉文化传播内容方面，随着图像信息传播技术大规模的社会化应用，在相关技术与商业平台的支撑下，非新闻专业化的图像信息大量出现，各种负面图像信息传播现象也随之显现，并逐渐成为引人注目的热点问题，引起鲍德里亚、斯蒂格勒、维利里奥、基特勒等西方学者的悲观批判。在这种现实语境中，我们一方面应该深入研究当代视觉文化现实性的诸多问题，强化图像新闻信息专业化传播的专业水准、社会责任与社会影响，另一方面则要引领社会化图像信息传播的良性发展，努力使其成为建构当代媒介文化生态的有机组成部分。在传播技术方面，我们则要警惕技术至上论，注重分析技术与社会、生活与人之间的关系，深入探讨信息技术对于人类认识的影响，[②] 提倡图像技术的伦理与生态效应，由此彰显图像信息技术永远为人类服务的本质目的。

第五，图像新闻研究的技术范式。随着当代视觉文化的强势崛起，众多学科例如历史学、社会学、教育学、文学、新闻传播学等等，都开始不断关注图像问题，国内一些学者吸收传统史学、新闻传播史的研究优点，认为“用图像新闻建构历史是在构建一个民族、一个国家的精神场域，书写这个民族、这个国家的视觉档案史”。由此应建构具有崭新的新闻史学研究方法的图像新闻史学体系。[③] 从这

① [美] 保罗·利文森：《软边缘——信息革命的历史与未来》，熊澄宇等译，北京：清华大学出版社，2002 年，第 10 页。

② 肖峰：《信息时代认识论研究的新走向》，《光明日报》，2016 年 12 月 8 日。

③ 吴楠、郝日虹：《图像新闻史学：以图像重构“历史原境”》，《中国社会科学报》2015 年 1 月 23 日。

一视角分析，本课题研究的图像新闻技术史可谓图像新闻史的一个“崭新组件”，这一研究不同于媒介环境学派与技术哲学的宏观批判分析，也不是单纯的新闻传播技术的罗列，而是基于媒介技术的因素、构成、工艺、流程、器具、组织等媒介技术自身场域的细致分析，认真分析其作为“能指层”的基本动因在新闻信息生产场域的基本构成特征，进而勾连起传播场域与社会文化场域之中图像技术的重要功能、价值与意义。由此，我们的研究希望建构一种研究的技术范式，可以预期的是，这一技术范式将会在未来跨学科的研究中越来越突显其独特而重要的作用。

图例索引
Illustrations

第一章　中国制像的四种传统

第二章　图像信息的各种刻印技术

第三章 图像信息雕版刻印技术

第四章　西方图像制印技术的发展与认识

第五章　金属凹版图像制印技术的引用

第六章 石印技术与晚清图像出版

第七章 石印技术与晚清图像新闻

第八章 珂罗版、誊写版、金属凸版的图像制印技术

第九章 图像信息制印技术的发展

第十章 图像新闻的数字制印技术

第十一章 传播技术进步与图像新闻的发展

参考文献
Bibliography

一、论文类

程美宝：《晚清国学大潮中的博物学知识——论〈国粹学报〉中的博物图画》，《社会科学》2006 年第 8 期。

程美宝:《复制知识——〈国粹学报〉博物图画的资料来源及其采用之印刷技术》，《中山大学学报（社会科学版）》2009 年第 3 期。

戴元光、陈钢：《中国新闻史研究的本体意识与范式创新》，《当代传播》2010 年第 3 期。

董丽敏、周敏：《危机语境中的知识、媒介与文化转型——对晚清中国知识生产的一种考察》，《上海大学学报（社会科学版）》2013 年第 4 期。

段钢：《视觉文化背景下的图像消费》，《江海学刊》2006 年第 2 期。

冯雪峰:《旅行体验与视觉再现——以赵望云早期旅行写生画为例》,《艺术评论》2009 年第 5 期。

葛飞：《印刷品、网络与图像》，《学术界》2000 年第 5 期。

葛兆光：《思想史研究视野中的图像》，《中国社会科学》2002 年第 4 期。

管晓刚：《关于技术本质的哲学释读》，《自然辩证法研究》2001 年第 12 期。

郭亮:《科学、舆图与文人印象——万历二十八年后的耶稣会士图像及其影响》，《美术学报》2013 年第 2 期。

贡华南：《中国早期思想史中的感官与认知》，《中国社会科学》2016 年第 3 期。

何俊、罗群：《〈出像经解〉与晚明天主教的传播特征》，《现代哲学》2008 年第 4 期。

黄旦：《报刊的历史与历史的报刊》，《新闻大学》2007 年第 1 期。

黄旦：《媒介变革视野中的近代中国知识转型》，《中国社会科学》2019年第1期。

黄旦:《新闻传播学科化历程: 媒介史角度》,《新闻与传播研究》2018年第10期。

黄克武主编：《画中有话：近代中国的视觉表述与文化构图》，台北：“中研院”近代史研究所，2003年。

黄瑚:《论中国近代新闻事业发展的三个历史阶段》,《新闻大学》2007年春季号。

黄一迁：《商务印书馆对图像复制的推动》，《艺术科技》2016年第1期。

胡永秀：《回忆新中国珂罗版印刷的前前后后》，《出版史料》2009年第4期。

柯惠铃：《隳礼之教：清末画报的妇女图像——以1900年后出版的画报为主的讨论》，《南开学报（哲学社会科学版）》2013年第3期。

孔令伟：《近代中国的视觉启蒙》，《文艺研究》2009年第8期。

蓝勇：《中国古代图像史料运用的实践与理论建构》，《人文杂志》2014年7期。

李岩：《视觉传播中的技术理性批判——来自麦克卢汉“冷媒介”说的议题》，《新闻与传播研究》2004年第4期。

李曦珍、楚雪、胡辰：《传播之“路”上的媒介技术进化与媒介形态演变》，《新闻与传播研究》2012年第1期 。

李宏伟：《技术进化的社会选择》，《自然辩证法研究》2002年第8期。

李超：《论中国近代新兴视觉样式的兴起》，《中国美术馆》2011年第2期。

林凤生：《从中国古画看图像的知识传播作用》，《科学》2007年第1期。

林凤生：《中西绘画的不同风格对科学传播的影响——“李约瑟难题”的一种另类解答》，《自然杂志》2006年第6期。

雷启立：《晚清民初的印刷技术与文化生产》，《华东师范大学学报（哲学社会科学版）》2008年第5期。

刘继潮:《建构古典山水画空间理论的话语体系——释“以大观小”的思维智慧》,《美术研究》2004年第2期。

刘砚议：《视觉文化时代的媒介特征》，《当代传播》2004年第5期。

刘洪：《关于图像传播的思考》，《理论界》2006年第S1期。

刘成付：《视觉文化传播：从现代性到后现代性》，《现代传播》2005年第 1 期。

刘越：《20 世纪以来明清画谱研究综述》，《文艺争鸣》2011 年第 11 期。

刘克明：《全球视野下的中国图学遗产——从焦点透视到散点透视》，《中国图学新进展 2007——第一届中国图学大会暨第十届华东六省一市工程图学学术年会论文集》，2007 年。

刘宇珍：《照相复制年代里的中国美术：〈神州国光集〉的复制态度与文化表述》，《台湾大学美术史研究集刊》，2013 年。

马孟晶：《文人雅趣与商业书坊——十竹斋书画谱和笺谱的刊印与胡正言的出版事业》，《新史学》1999 年第 3 期。

潘耀昌：《从苏州到上海，从"点石斋"到"飞影阁"——晚清画家心态管窥》，《新美术》1994 年第 2 期。

潘建国：《西洋照相石印术与中国古典小说图像本的近代复兴》，《学术研究》2013 年第 6 期。

潘建国：《铅石印刷术与明清通俗小说的近代传播——以上海（1874–1911）为考察中心》，《文学遗产》2006 年第 6 期。

潘建国：《晚清上海五彩石印考》，《上海师范大学学报（哲学社会科学版）》2001 年第 1 期。

裴丹青：《〈点石斋画报〉主笔考》，《图书情报论坛》2015 年第 2 期。

齐福斌：《中国印刷设备的发展与变迁》，《今日印刷》2013 年第 11 期。

邱林华、张树栋、施继龙、方晓阳：《战汉"印染工具"模拟实验研究》，《北京印刷学院学报》2011 年第 6 期。

曲德煊：《论"刺激性"与视觉文化》，《文艺争鸣》2007 年第 1 期。

邵培仁：《论人类传播史上的五次革命》，《中国广播电视学刊》1996 年第 7 期。

盛葳：《去塞求通：民族国家视阈下的〈大公报〉塞北边疆写生》，《文艺理论与批评》2019 年第 2 期。

石义彬、林颖、吴鼎铭：《媒介技术史视角下的西方新媒体传播思想图谱》，《新闻界》2014 年第 5 期。

宋三平：《"革命史范式"和"本体论范式"的转换——中国新闻传播史研究

路径的思考》，《南昌大学学报（人文社会科学版）》2008 年第 6 期。

宋绍成、毕强、杨达：《信息可视化的基本过程与主要研究领域》，《情报科学》2014 年第 19 期。

苏铁戈：《漫话中国的石印本书籍》，《图书馆学研究》1987 年第 2 期。

孙健、陈钢：《媒介新技术与晚清出版新格局》，《中国出版》2014 年第 10 期。

孙宝国：《18 世纪以前欧洲文字传媒与社会发展研究》，东北师范大学博士学位论文，2005 年。

施威、李蓓蓓：《媒介技术演进与社会构建：内在逻辑与实践机制》，《湖南社会科学》2014 年第 1 期。

唐士哲：《重构媒介？“中介”与“媒介化”概念爬梳》，《新闻学研究》2014 年第 121 期。

唐海江：《政治文化视角与近代新闻史研究》，《新闻与传播研究》2005 年第 1 期。

唐宏峰：《照相“点石斋”——〈点石斋画报〉中的再媒介问题》，《美术研究》2016 年第 1 期。

唐宏峰：《原初的丰富与视觉的杂糅——〈点石斋画报〉的创造》，《美术》2015 年第 2 期。

田玉仓：《近代印刷术的主要特征、形成时间及对传入的影响》，《北京印刷学院学报》1996 年第 1 期。

王平贞：《杨遇春及〈杨忠武侯宣勤积庆图〉》，《四川文物》1987 年第 3 期。

王德茂：《中国印刷及设备器材工业发展的 60 年》，《印刷工业》2009 年第 9 期。

王润泽、余玉：《技术与观念的互动：民初传播技术进步与新闻业务发展》，《国际新闻界》2016 年第 3 期。

王润泽：《专业化：新闻史研究的方法和路径的思考》，《国际新闻界》2008 年第 4 期。

王尔敏：《中国近代知识普及化传播之图说形式——点石斋画报例》，《“中研院”近代史研究所集刊》1990 第 19 期。

吴莉苇：《欧洲人等级制世界地理观下的中国——兼论地图的思想史意义》，《中国社会科学》2007 年第 2 期。

吴洪亮：《从〈道原精萃〉到〈古史像解〉》，《文艺研究》1997 年第 2 期。

吴鼎铭：《权力“眼睛”的转向：以科学技术与意识形态的关系理论为视角》，《新闻界》2013 年第 11 期。

吴荣鉴：《关于敦煌版画制作的几个问题》，《敦煌研究》2005 年第 2 期。

吴果中：《中国近代画报的历史考略——以上海为中心》，《新闻与传播研究》2007 年第 2 期。

吴方正：《晚清四十年上海视觉文化的几个面向——以〈申报〉数据为主看图像的机械复制》，《人文学报》2002 年 26 期。

向敏：《中国近代珂罗版印刷业之兴衰——以上海有正书局为中心》，《编辑之友》2013 年第 3 期。

韦路、鲍立泉、吴廷俊：《媒介技术演化与传播理论的范式转移》，《当代传播》2010 年第 1 期 。

熊月之：《略论晚清上海新型文化人的产生与汇聚》，《近代史研究》1997 年第 4 期。

谢生保、谢静：《敦煌版画对雕版印刷业的影响》，《敦煌研究》2005 年第 2 期。

谢欣、程美宝：《画外有音：近代中国石印技术的本土化（1876—1945）》，《近代史研究》2018 年第 4 期。

徐立：《辛亥时期的先锋画报：〈真相画报〉》，《出版史料》2011 年第 4 期。

徐沛：《近代画报研究的文化转向及其价值》，《国际新闻界》2013 年第 3 期。

徐沛、周丹：《清末民国画报上的战争叙事与国家神话——以中日军事冲突的图像表征为例》，《新闻与传播研究》2016 年第 10 期。

杨玲：《宋雕版印书工艺技术要素考》，《图书与情报》2005 年第 1 期。

杨小彦：《视觉传播：成像技术、知识形态与艺术批评》，《艺术当代》2010 年第 1 期。

杨念群：《反思西学东渐史的若干议题——从“单向文化传播论”到知识类型转变的现代性分析》，《华东师范大学学报（哲学社会科学版）》2019 年第 3 期。

岳德茂：《我国印刷器材 60 年的光辉历程》，《印刷工业》2009 年第 10 期。

余欣：《索象于图，索理于书：写本时代图像与文本关系再思录》，《复旦学报（社会科学版）》2012 年第 4 期。

余芳珍：《阅书消永日：良友图书与近代中国的消闲阅读习惯》，《思与言》2005 年第 3 期。

邹振环：《〈职方外纪〉：世界图像与海外猎奇》，《复旦学报（社会科学版）》2009 年第 4 期。

邹振环：《戢元丞及其创办的作新社与〈大陆报〉》，《安徽大学学报（哲学社会科学版）》2012 年第 6 期。

张伟：《晚清上海石印业的发端与拓展》，《历史文献》2014 年第 1 期。

张京：《论图像文化的生产、传播和接受方式》，《理论界》2005 年第 4 期。

张柏春、田淼：《中国古代机械与器物的图像表达》，《故宫博物院院刊》2006 年第 3 期。

张柏春：《中国近现代科学技术史研究的若干内容与视角》，《自然科学史研究》2001 年第 2 期。

赵晓光：《模印制版与雕版印刷的关系探源——模印图形在陶器上的运用》，河北师范大学硕士学位论文，2010 年。

赵宪章：《语图符号的实指和虚指——文学与图像关系新论》，《文学评论》2012 年第 2 期。

赵宪章：《语图传播的可名与可悦——文学与图像关系新论》，《文艺研究》2012 年第 11 期。

赵宪章：《语图叙事的在场与不在场》，《中国社会科学》2013 年第 8 期。

赵宪章：《诗歌的图像修辞及其符号表征》，《中国社会科学》2016 年第 1 期。

郑星球：《〈点石斋画报〉图式流传与衍化》，《美术学报》2006 年第 3 期。

郑晓霞：《油印技术在中国出版印刷史上的应用》，《出版与印刷》2010 年第 3 期。

钟振升、何美惠：《迈向气的传通理论：西学与汉学的对话》，《传播与社会学刊》2012 第 20 期。

周逵：《虚拟现实的媒介建构：一种媒介技术史的视角》，《现代传播（中国传媒大学学报）》2013 年第 8 期。

周宪：《技术导向型社会的批判理性建构》，《南海学刊》2016 年第 3 期。

周宪：《图像技术与美学观念》，《文史哲》2004 年第 5 期。

周宪：《从“沉浸式”到“浏览式”阅读的转向》，《中国社会科学》2016年第11期。

二、史料类

《上海出版志》编纂委员会编：《上海出版志》，上海：上海社会科学院出版社，2000年。

爱汉者等编、黄时鉴整理：《东西洋考每月统记传》，北京：中华书局，1997年。

方汉奇主编：《民国时期新闻史料汇编（全16册）》，北京：国家图书馆出版社，2011年。

方汉奇、王润泽主编：《中国人民大学新闻学院藏稀见民国新闻史料汇编》，北京：国家图书馆出版社，2012年。

郭传芹主编：《视觉启蒙——国家图书馆藏清末民初报刊漫画集成》，杭州：浙江人民美术出版社，2015年。

上海市新四军历史研究会印刷印钞组：《艺文印刷月刊》（1937—1940），上海市新四军历史研究会印刷印钞组，1985年。

缩微复制中心编：《清代报刊图画集成》，北京：全国图书馆文献缩微复制中心，2007年。

吴永贵：《民国时期出版史料汇编》，北京：北京图书馆出版社，2013年。

袁亮编：《中华人民共和国出版史料》，北京：中国书籍，1996年。

张静庐辑注：《中国出版史料补编》，北京：中华书局，1957年。

张静庐辑注：《中国近现代出版史料（1—8）》，上海：上海书店出版社，2003年。

三、中文专著（论文集）类

鲍立泉：《技术视野下媒介融合的历史与未来》，武汉：华中科技大学出版社，2013年。

毕克官、黄远林：《中国漫画史》，北京：文化艺术出版社，2006年。

曹之：《中国古籍编撰史》，武汉：武汉大学出版社，1999年。

曹之：《中国印刷术的起源》，武汉：武汉大学出版社，1994年。

曹南屏：《阅读变迁与知识转型：晚清科举考试用书研究》，北京：社会科学文献出版社，2018 年。

陈卫星：《传播的观念》，北京：人民出版社，2004 年。

陈钢：《晚清媒介技术发展与传媒制度变迁》，上海：上海交通大学出版社，2011 年。

陈平原：《看图说书：小说锈像阅读札记》，北京：生活·读书·新知三联书店，2003 年。

陈平原、夏晓虹编注：《图像晚清：〈点石斋画报〉》，北京：东方出版社，2014 年。

陈昌凤：《中国新闻传播史——媒介社会学的视角》，北京：北京大学出版社，2007 年。

陈昌文：《都市化进程中的上海出版业》，上海：上海人民出版社，2012 年。

陈国明编:《中华传播理论与原则》,台北:五南图书出版股份有限公司,2004 年。

陈彦青：《中国传统色彩研究》，北京：北京大学出版社，2015 年。

陈永常主编：《现代印刷技术》，北京：化学工业出版社，2003 年。

陈玉申：《晚清报业史》，济南：山东画报出版社，2003 年。

陈建立、刘煜主编：《商周青铜器的陶范铸造技术研究》，北京：文物出版社，2011 年。

程焕文编，《中国图书论集》，北京：商务印书馆，1994 年。

程焕文，《中国图书文化导论》，广州：中山大学出版社，1995 年。

戴联斌：《从书籍史到阅读史：阅读史研究理论与方法》，北京：新星出版社，2017 年。

丁景唐编著:《中国现代著名编辑家编辑生涯》,北京:中国展望出版社,1990 年。

樊洪业、王扬宗：《西学东渐——科学在中国的传播》，长沙：湖南科学技术出版社，1999 年。

樊洪业：《耶稣会士与中国科学》，北京：中国人民大学出版社，1992 年。

范军编撰：《中国出版文化史研究书录 1985—2006》，开封：河南大学出版社，2008 年。

方厚枢：《中国出版史话》，上海：东方出版社，1996 年。

方晓阳、韩琦：《中国古代印刷工程技术史》，太原：山西教育出版社，2013 年。

方汉奇：《中国近代报刊史》，太原：山西人民出版社，1981 年。

方汉奇主编：《中国新闻事业通史》（共三卷），北京：中国人民大学出版社，1992 年、1996 年、1999 年。

冯鹏生：《中国木版水印概说》，北京：北京大学出版社，1999 年。

复旦大学历史系、复旦大学中外现代化进程研究中心编：《新文化史与中国近代史研究》，上海：上海古籍出版社，2009 年。

盖山林：《中国岩画学》，北京 : 书目文献出版社，1995 年。

甘险峰：《中国漫画史》，济南：山东画报出版社，2008 年。

戈公振：《中国报学史》，北京：生活 · 读书 · 新知三联书店，1955 年。

葛剑雄：《中国古代的地图测绘》，北京：商务印书馆，1998 年。

葛兆光：《中国思想史》，上海：复旦大学出版社，2001 年。

龚之允：《图像与范式：早期中西绘画交流史（1514—1885）》，北京：商务印书馆，2014 年。

郭孟良：《晚明商业出版》，北京：中国书籍出版社，2011 年。

郭建荣：《中国科学技术纪事（1949—1989）》，上海：上海人民出版社，1990 年。

韩丛耀：《图像：一种后符号学的再发现》，南京：南京大学出版社，2008 年。

韩丛耀：《图像：主题与构成》，北京：北京大学出版社，2010 年。

韩丛耀：《中国近代图像新闻史：1840—1919》，南京：南京大学出版社，2011 年。

韩丛耀：《中国图像科学技术简史》，北京：科学出版社，2018 年。

韩仲民编著：《中国书籍编纂史稿》，北京：商务印书馆，2013 年。

何晓辉、岳德茂主编：《印刷科技实用手册第一分册：印刷工艺篇》，北京：印刷工业出版社，2010 年。

何明星：《著述与宗族——清人文集编刻方式的社会学考察》，北京：中华书局，2007 年。

何堂坤：《中国古代手工业工程技术史》，太原：山西教育出版社，2012 年。

何予明：《家园与天下：明代书文化与寻常阅读》，北京：中华书局，2019 年。

洪荣华、张子谦主编：《装订源流和补遗》，北京：中国书籍出版社，1993 年。

胡国祥：《近代传教士出版研究》，武汉：华中师范大学出版社，2013 年。

胡福生：《中国印刷发展史图鉴》，太原：山西教育出版社，2013 年。

胡更生、张正修等编著：《凹版印刷原理与工艺》，北京：国防科技大学出版社，2002 年。

胡正强：《中国近现代漫画新闻史》，北京：人民出版社，2018 年。

黄一农：《两头蛇：明末清初的第一代天主教徒》，上海：上海古籍出版社，2006 年。

机械工业部石化通用机械工业局编：《中国印刷机械工业发展史》，北京：机械工业出版社，1986 年。

吉少甫主编：《中国出版简史》，上海：学林出版社，1991 年。

蒋玄佁：《中国绘画材料史》，上海：上海书画出版社，1986 年。

江凌：《清代两湖地区的出版业》，北京：中国书籍出版社，2011 年。

靳青万：《中国古代编辑史论稿》，开封：河南大学出版社，1992 年。

来新夏等：《中国近代图书事业史》，上海：上海人民出版社，2000 年。

李彬：《中国新闻社会史》，北京：清华大学出版社，2009 年。

李彬：《唐代文明与新闻传播（修订版）》，北京：中国人民大学出版社，2014 年。

李彬：《中国新闻社会史（1815—2005）》，上海：上海交通大学出版社，2007 年。

李漫：《元代传播考：概貌、问题及限度》，北京：北京大学出版社，2013 年。

李世庄：《中国外销画：1750s—1880s》，广州：中山大学出版社，2015 年。

李致忠：《历代刻书考述》，成都：巴蜀书社，1990 年。

李致忠：《中国古代书籍史》，北京：文物出版社，1985 年。

李致忠：《古代版印通论》，北京：紫禁城出版社，2000 年。

李秀云：《中国新闻学术史：1834~1949》，北京：新华出版社，2004 年。

李广宇：《书文化大观》，北京：中国广播电视出版社，1994 年。

李瑞良：《中国古代图书流通史》，上海：上海人民出版社，2000 年。

李家驹：《商务印书馆与近代知识文化的传播》，北京：商务印书馆，2005 年。

李仁渊：《晚清的新式传播媒体与知识分子》，台北：稻乡出版社，2012 年。

李铭：《视觉原理》，北京：世界图书出版公司，2012 年。

黎难秋：《中国科学文献翻译史稿》，合肥：中国科学技术大学出版社，1993 年。

刘天振：《明代通俗类书研究》，济南：齐鲁书社，2006 年。

刘克明：《中国图学思想史》，北京：科学出版社，2008 年。

刘立行、沈文英：《视觉传播》，台北：空中大学，2001 年。

刘丽：《中国近代报业采访史论：以〈申报〉为中心的考察》，合肥：安徽大学出版社，2014 年。

刘天振：《明清江南城市商业出版与文化传播》，北京：中国社会科学出版社，2011 年。

卢宁：《早期〈申报〉与晚清政府》，上海：上海科学技术文献出版社，2012 年。

罗岗、顾铮编：《视觉文化读本》，桂林：广西师范大学出版社，2004 年。

罗树宝编著：《中国古代印刷史》，北京：印刷工业出版社，1993 年。

罗树宝：《中国古代图书印刷史：彩色插图本》，长沙：岳麓书社，2008 年。

罗福林、李兴才：《印刷工业概论》，台北：中国文化大学出版部，1987 年。

陆敬严、华觉明：《中国科学技术史・机械卷》，北京：科学出版社，2000 年。

缪咏禾：《明代出版史稿》，南京：江苏人民出版社，2000 年。

马光仁：《上海新闻史（1850—1949）》，上海：复旦大学出版社，2014 年。

马雅贞：《刻画战勋：清朝帝国武功的文化建构》，北京：社会科学文献出版社，2016 年。

孟建等主编：《图像信息时代：视觉文化传播的理论阐释》，上海：复旦大学出版，2005 年。

莫小也：《17—18 世纪传教士与西画东渐》，杭州：中国美术学院出版社，2002 年。

潘光哲：《晚清士人的西学阅读史（一八三三～一八九八）》，南京：凤凰出版社，2019 年。

潘吉星：《中国科学技术史：造纸与印刷卷》，北京：科学出版社，2005 年。

潘吉星：《中国、韩国与欧洲早期印刷术的比较》，北京：科学出版社，1997 年。

潘吉星：《中国金属活字印刷技术史》，沈阳：辽宁科学技术出版社，2001 年。

彭斐章主编：《中外图书交流史》，长沙：湖南教育出版社，1998 年。

彭望苏：《北京报界先声：20 世纪之初的彭翼仲与〈京话日报〉》，北京：商务印书馆，2013 年。

彭永祥编著：《中国画报画刊（1872—1949）》，北京：中国摄影出版社，2015 年。

钱存训：《中国古代书籍纸墨及印刷术》，北京：北京图书馆出版社，2002 年。

钱存训著、郑如斯编订：《中国纸和印刷文化史》，桂林：广西师范大学出版社，2004 年。

钱存训：《书于竹帛：中国古代的文字记录》，上海：上海书店出版社，2006 年。

秦绍德：《上海近代报刊史论（增订版）》，上海：复旦大学出版社，2014 年。

曲德森：《中国印刷发展史图鉴（上、下）》，太原：山西教育出版社，2013 年。

任悦：《视觉传播概论》，北京：中国人民大学出版社，2008 年。

盛希贵：《影像传播论》，北京：中国人民大学出版社，2005 年。

施继龙等：《中国印刷术发展史略》，北京：印刷工业出版社，2011 年。

施继龙：《宋代纸币印刷史话》，北京：北京艺术与科学电子出版社，2011 年。

史春风：《商务印书馆与中国近代文化》，北京：北京大学出版社，2006 年。

史媛媛：《清代前中期新闻传播史》，福州：福建人民出版社，2008 年。

松浦章、内田庆市、沈国威：《遐迩贯珍》，上海：上海辞书出版社，2005 年。

孙毓棠：《中国近代工业史资料（第一辑）》，北京：科学出版社，1957 年。

孙毓修等撰：《中国雕板源流考 中国书史》，上海：上海古籍出版社，2008 年。

孙旭培主编：《华夏传播论：中国传统文化中的传播》，北京：人民出版社，1997 年。

宋原放、李白坚：《中国出版史》，北京：中国书籍出版社，1991 年。

宋原放主编：《中国出版史料》，武汉、济南：湖北教育出版社、山东教育出版社，2011 年。

宋应离主编：《中国期刊发展史》，开封：河南大学出版社，2006 年。

苏新平编著：《版画技法（上、下）：传统版画、木版画、铜版画技法》，北京：北京大学出版社，2008 年。

苏精：《铸以代刻：十九世纪中文印刷变局》，北京：中华书局，2018 年。

苏精：《马礼逊与中文印刷出版》，台北：台湾学生书局有限公司，2000 年。

宿白：《唐宋时期的雕版印刷》，北京：文物出版社，1999 年。

陶贤都、李浩鸣：《中国科技新闻简史》，长沙：湖南大学出版社，2012 年。

唐宏峰：《从视觉思考中国：视觉文化与中国电影研究》，北京：中国电影出版社，2016 年。

万启盈：《中国近代印刷工业史》，上海：上海人民出版社，2012 年。

王伯敏：《中国版画史》，上海：上海人民美术出版社，1982 年。

《当代中国》丛书编辑部：《当代中国的出版事业》，北京：当代中国出版社，1993 年。

王树村编著：《中国民间画诀》，北京：北京工艺美术出版社，2003 年。

王国燕：《科学图像传播》，合肥：中国科学技术大学出版社，2014 年。

王建辉：《出版与近代文明》，开封：河南大学出版社，2006 年。

王敏：《上海报人社会生活（1872—1949）》，上海：上海辞书出版社，2008 年。

王润泽：《张季鸾与〈大公报〉》，北京：中华书局，2008 年。

王润泽：《北洋政府时期的新闻业及其现代化（1916—1928）》，北京：中国人民大学出版社，2010 年。

王润泽：《中国新闻媒介史（1949 年前）》，北京：北京大学出版社，2011 年。

王余光等：《中国阅读文化史论》，北京：北京图书馆出版社，2007 年。

王余光、吴永贵：《中国出版通史·民国卷》，北京：中国书籍出版社，2008 年。

王肇文编：《古籍宋元刊工姓名索引》，上海：上海古籍出版社，1991 年。

汪轶千：《中国图书发行的昨天与今天》，北京：中国大百科全书出版社，1994 年。

汪耀华：《民国书业经营规章》，上海：上海书店出版社，2006 年。

魏隐儒编著：《中国古籍印刷史》，北京：印刷工业出版社，1984 年。

翁连溪编著：《清代内府刻书图录》，北京：北京出版社，2004 年。

吴柏龄：《中国图书发行简史与发行刍议》，合肥：黄山书社，1993 年。

吴义雄：《在华英文报刊与近代早期的中西关系》，北京：社会科学文献出版社，2012 年。

伍杰编著：《中国古代编辑家小传》，北京：中国展望出版社，1988 年。

项翔：《近代西欧印刷媒介研究：从古腾堡到启蒙运动》，上海：华东师范大学出版社，2001 年。

信立祥：《汉代画像石综合研究》，北京：文物出版社，2000 年。

辛德勇：《中国印刷史研究》，北京：生活·读书·新知三联书店，2016 年。

肖东发主编：《中国编辑出版史》，沈阳：辽宁教育出版社，1996 年。

肖东发等：《中国出版通史·先秦两汉卷》北京：中国书籍出版社，2008 年。

肖东发：《中国图书出版印刷史论》，北京：北京大学出版社，2001 年。

席泽宗编：《中国科学思想史》，北京：科学出版社，2009 年。

谢清果：《中国近代科技传播史》，北京：科学出版社，2011 年。

许静波：《石头记：上海近代石印书业研究（1843—1956）》，苏州：苏州大学出版社，2014 年。

徐铸成：《报海旧闻（修订版）》，北京：生活·读书·新知三联书店，2010 年。

徐小蛮、王福康：《中国古代插图史》，上海：上海古籍出版社，2007 年。

徐琳：《中国古代治玉工艺》，北京：紫禁城出版社，2011 年。

徐载平、徐瑞芳：《清末四十年申报史料》，北京：新华出版社，1988 年。

阎保平等编著：《计算机绘图技术》，太原：山西科学技术出版社，2001 年。

杨玲、王维生：《宋代出版文化》，北京：文物出版社，2012 年。

杨扬：《商务印书馆：民间出版业的兴衰》，上海：上海教育出版社，2000 年。

杨丽莹：《清末民初的石印术与石印本研究：以上海地区为中心》，上海：上海古籍出版社，2018 年。

杨雅媛主编：《视频及图像处理实用教程》，北京：清华大学出版社，2015 年。

杨师群：《中国新闻传播史》，北京：北京大学出版社，2007 年。

姚福申：《中国编辑史》，上海：复旦大学出版社，1990 年。

叶再生：《中国近代现代出版通史》，北京：华文出版社，2002 年。

尹韵公：《中国明代新闻传播史》，重庆：重庆出版社，1990 年。

尹韵公：《新媒体蓝皮书：中国新媒体发展报告（2012）》，北京：社会科学文献出版社，2012 年。

于德山：《中国图像叙述传播》，济南：山东文艺出版社，2008 年。

余勇编：《凹版印刷》，北京：化学工业出版社，2007 年。

余三乐：《望远镜与西风东渐》，北京：社会科学文献出版，2013 年。

余英时：《中国思想传统的现代诠释》，南京：江苏人民出版社，2004 年。

藏广州主编：《最新印刷技术实用手册——凸版印刷技术分册》，合肥：安徽音像出版社，2012 年。

藏广州主编：《最新印刷技术实用手册——平版印刷技术分册》，合肥：安徽音像出版社，2012 年。

藏广州主编：《最新印刷技术实用手册——凹版印刷技术分册》，合肥：安徽音像出版社，2012 年。

邹毓俊编著：《印刷概论》，北京：测绘出版社，1993 年。

张秉伦、方晓阳、樊嘉禄:《中国传统工艺全集: 造纸与印刷》,郑州: 大象出版社,2005 年。

张秀民：《中国印刷术的发明及其影响》，上海：上海人民出版社，2009 年。

张秀民：《中国印刷史》，上海：上海人民出版社，1989 年。

张召奎：《中国出版史概要》，太原：山西人民出版社，1985 年。

张光直：《中国青铜时代》，北京：中国青年出版社 1998 年。

张煜明编：《中国出版史》，武汉：武汉出版社，1994 年。

张绍勋：《中国印刷史话》，北京：商务印书馆，1997 年。

张志强：《20 世纪中国的出版研究》，南宁：广西教育出版社，2004 年。

张泽贤：《民国出版标记大观》，上海：上海远东出版社，2008 年。

张玉法：《先秦的传播活动及其影响》，台北：台湾商务印书馆股份有限公司，1993 年。

张树栋编校：《当代中华印刷史文选》，台北：财团法人印刷传播兴才文教基金会出版，2006 年。

张树栋、庞多益、郑如斯：《简明中华印刷通史》，桂林：广西师范大学出版社，2004 年。

张树栋、庞多益、郑如斯等：《中华印刷通史》，台北：财团法人印刷传播兴才文教基金会出版，1998 年。

张仲民：《种瓜得豆：清末民初的阅读文化与接受政治》，北京：社会科学文献出版社，2016 年。

张仲民、章可编:《近代中国的知识生产与文化政治(以教科书为中心)》，上海：复旦大学出版社，2014 年。

张挺、魏润生:《中国古代近现代报纸图集：887—1949》，沈阳：辽宁教育出版社，2015 年。

张伟、张晓依:《遥望土山湾：追寻消逝的文脉》，上海：同济大学出版社，2012 年。

赵晓恩：《延安出版的光辉：〈六十年出版风云散记〉续编》，北京：中国书籍出版社，2002 年。

赵权利:《中国古代绘画技法、材料、工具史纲》，南宁：广西美术出版社，2006 年。

赵宪章：《文体与图像》，北京：人民文学出版社，2014 年。

郑樵：《通志略》，上海：上海古籍出版社，1990 年。

郑士德：《中国图书发行史》，北京：高等教育出版社，2000 年。

郑如斯、肖东发编著：《中国书史》，北京：书目文献出版社，1987 年。

郑振铎：《中国古代木刻画史略》，上海：上海书店，2011 年。

周心慧：《中国古版画通史》，北京：学苑出版社，2000 年。

周宝荣：《走向大众：宋代的出版转型》，北京：中国书籍出版社，2012 年。

周其厚：《中华书局与近代文化》，北京：中华书局，2007 年。

周振鹤编：《晚清营业书目》，上海：上海书店出版社，2005 年。

卓南生：《中国近代报业发展史：1815—1874（增订版）》，北京：中国社会科学出版社，2002 年。

中国出版科学研究所科研办公室编：《近现代中国出版优良传统研究》，北京：中国书籍出版社，1994 年。

中国近代现代出版史编纂组编:《中国近代现代出版史学术讨论会文集》，北京：中国书籍出版社，1990 年。

中国近代现代出版史编纂组编:《新民主主义革命时期出版史学术讨论会文集》，北京：中国书籍出版社，1993 年。

钟永诚主编：《古今印刷术》，济南：山东科技出版社，2008 年。

朱国荣、包于飞主编：《民国时期的上海连环漫画》，上海：上海书店出版社，2015年。

朱锦翔、吕凌柯：《中国报业史话》，郑州：大象出版社，2000年。

朱虹编著：《数字图像处理基础与应用》，北京：清华大学出版社，2012年。

四、译著类

阿尔维托·曼古埃尔：《阅读史》，吴昌杰译，北京：商务印书馆，2002年。

艾约博：《以竹为生：一个四川手工造纸村的20世纪社会史》，韩巍译，南京：江苏人民出版社，2016年。

艾伦·G·狄博斯：《科学与历史：一个化学论者的评价》，任定成等译，石家庄：河北科学技术出版社，2000年。

布莱恩·阿瑟：《技术的本质：技术是什么，它是如何进化的》，曹东溟、王健译，杭州：浙江人民出版社，2014年。

白馥兰：《技术、性别、历史：重新审视帝制中国的大转型》，吴秀杰、白岚玲译，南京：江苏人民出版社，2017年。

白吉尔：《中国资产阶级的黄金时代（1911—1937）》，张富强、许世芬译，上海：上海人民出版社，1994年。

包筠雅：《文化贸易：清代至民国时期四堡的书籍交易》，刘永华、饶佳荣等译，北京：北京大学出版社，2015年。

保罗·莱文森：《软利器：信息革命的自然历史与未来》，何道宽译，上海：复旦大学出版社，2011年。

保罗·利文森：《软边缘——信息革命的历史与未来》，熊澄宇等译，北京：清华大学出版社，2002年。

保罗·莱文森：《新新媒介》，何道宽译，上海：复旦大学出版社，2011年。

保罗·维利里奥：《视觉机器》，张新木、魏舒译，南京：南京大学出版社，2014年。

保罗·维利里奥：《解放的速度》，陆元昶译，南京：江苏人民出版社，2004年。

保罗·维利里奥：《战争与电影：知觉的后勤学》，孟晖译，南京：南京大学出版社，2011年。

保罗·维利里奥：《无边的艺术》，张新木、李露露译，南京：南京大学出版社，2014年。

贝尔纳·斯蒂格勒：《技术与时间 1. 爱比米修斯的过失》，裴程译，南京：译林出版社，2012年。

贝尔纳·斯蒂格勒：《技术与时间 2. 迷失方向》，赵和平、印螺译，南京：译林出版社，2010年。

贝尔纳·斯蒂格勒：《技术与时间 3. 电影的时间与存在之痛的问题》，方尔平译，南京：译林出版社，2012年。

贝尔纳·斯蒂格勒：《人类纪里的艺术——斯蒂格勒中国美院讲座》，陆兴华译，重庆：重庆大学出版社，2016年。

贝奈特：《传教士新闻工作者在中国》，金莹译，桂林：广西师范大学出版社，2014年。

本杰明·史华慈：《思想的跨度与张力：中国思想史论集》，王中江编，郑州：中州古籍出版社，2009年。

本杰明·艾尔曼：《从理学到朴学——中华帝国晚期思想与社会变化面面观》，赵刚译，南京：江苏人民出版社，1997年。

本杰明·艾尔曼：《中国近代科学的文化史》，王红霞等译，上海：上海古籍出版社，2009年。

本杰明·艾尔曼：《科学在中国（1550—1900）》，原祖杰等译，北京：中国人民大学出版社，2016年。

陈汉生：《中国古代的语言和逻辑》，周云之等译，北京：社会科学文献出版社，1998年。

大木康：《明末江南的出版文化》，周保雄译，上海：上海古籍出版社，2014年。

大卫·霍克尼：《隐秘的知识：重新发现西方绘画大师的失传技艺》，万木春等译，杭州：浙江人民美术出版社，2013年。

大卫·霍克尼、马丁·盖福德：《图画史：从洞穴石壁到电脑屏幕》，万木春等译，杭州：浙江人民美术出版社，2017年。

大卫·阿什德：《传播生态学：控制的文化范式》，邵志泽译，北京：华夏出版社，

2003 年。

戴维·芬克尔斯坦、阿利斯泰尔·麦克利里：《书史导论》，何朝晖译，北京：商务印书馆，2012 年。

戴维·克劳利、保罗·海尔：《传播的历史：技术、文化和社会（第 5 版）》，董璐等译，北京：北京大学出版社，2011 年。

E. H. 贡布里希：《图像与眼睛——图画再现心理学的再研究》，范景中等译，杭州：浙江摄影出版社，1989 年。

E. H. 贡布里希：《艺术与错觉——图画再现的心理学研究》，林夕等译，长沙：湖南科学技术出版社，2000 年。

埃里克·麦克卢汉、弗兰克·秦格龙编：《麦克卢汉精粹》，何道宽译，南京：南京大学出版社，2000 年。

富谷至：《木简竹简述说的古代中国——书写材料的文化史》，刘恒武译，北京：人民出版社，2007 年。

弗雷德里克·巴比耶：《书籍的历史》，刘阳等译，桂林：广西师范大学出版社，2005 年。

费尔迪南·德·索绪尔：《普通语言学教程》，高名凯译，北京：商务印书馆，1980 年。

费夫贺、马尔坦：《印刷书的诞生》，李鸿志译，桂林：广西师范大学出版社，2006 年。

高彦颐：《闺塾师——明末清初江南的才女文化》，李志生译，南京：江苏人民出版社，2005 年。

郭颖颐：《中国现代思想中的唯科学主义（1900—1950）》，雷颐译，南京：江苏人民出版社，1995 年。

哈罗德·伊尼斯：《传播的偏向》，何道宽译，北京：中国人民大学出版社，2003 年。

哈罗德·伊尼斯：《帝国与传播》，何道宽译，北京：中国传媒大学出版社，2012 年。

哈罗德·伊尼斯：《变化中的时间观念》，何道宽译，北京：中国传媒大学出版社，2013 年。

郝大维、安乐哲：《汉哲学思维的文化探源》，施忠连译，南京：江苏人民出版社，

1999 年。

韩琦、米盖拉：《中国和欧洲：印刷术与书籍史》，北京：商务印书馆，2008 年。

赫尔穆特·基普汉：《印刷媒体技术手册》，谢普南、王强主译，北京：世界图书出版公司，2004 年。

何谷理：《明清插图本小说阅读》，刘诗秋译，北京：生活·读书·新知三联书店，2019 年。

亨利·詹金斯：《融合文化：新媒体和旧媒体的冲突地带》，杜永明译，北京：商务印书馆，2012 年。

亨利·詹金斯 ：《文本盗猎者：电视粉丝与参与式文化》，郑熙青译，北京：北京大学出版社，2016 年。

季家珍：《印刷与政治：〈时报〉与晚清中国的改革文化》，王樊一婧译，桂林：广西师范大学出版社，2015 年。

贾晋珠：《谋利而印：11 至 17 世纪福建建阳的商业出版者》，邱葵等译，福州：福建人民出版社，2019 年。

井上进：《中国出版文化史》，李俄宪译，上海：华中师范大学出版社，2015 年。

卡特：《中国印刷术的发明和它的西传》，吴泽炎译，北京：商务印书馆，1957 年。

卡洛琳·M·布鲁墨：《视觉原理》，张功钤译，北京：北京大学出版社，1987 年。

凯文·凯利：《技术元素》，张行舟、余倩等译，北京：电子工业出版社，2012 年。

柯律格：《明代的图像与视觉性》，黄晓鹃译，北京：北京大学出版社，2011 年。

柯律格：《长物：早期现代中国的物质文化与社会状况》，高昕丹、陈恒译，北京：生活·读书·新知三联书店，2019 年。

克劳斯·布鲁恩·延森：《媒介融合：网络传播、大众传播和人际传播的三重维度》，刘君译，上海：复旦大学出版社，2012 年。

孔佩特：《广州十三行：中国外销画中的外商（1700—1900）》，于毅颖译，北京：商务印书馆，2014 年。

莱辛：《拉奥孔》，朱光潜译，北京：人民文学出版社，1979 年。

雷德侯：《万物：中国艺术中的模件化和规模化生产》，张总等译，北京：生活·读书·新知三联书店，2012 年。

雷吉斯·德布雷：《图像的生与死：西方观图史》，黄迅余、黄建华译，上海：华东师范大学出版社，2014 年。

李约瑟：《李约瑟中国科学技术史·第一卷：导论》，袁翰青等译，北京：科学出版社，上海：上海古籍出版社，1990 年。

李约瑟：《李约瑟中国科学技术史·第二卷：科学思想史》，何兆武等译，北京：科学出版社，上海：上海古籍出版社，1990 年。

李约瑟：《文明的滴定：东西方的科学与社会》，张卜天译，北京：商务印书馆，2016 年。

理查德·B. 谢尔：《启蒙与出版：苏格兰作家和 18 世纪英国、爱尔兰、美国的出版商》，启蒙编译所译，上海：复旦大学出版社，2012 年。

列文森：《儒教中国及其现代命运》，郑大华、任菁译，北京：中国社会科学出版社，2000 年。

刘易斯·芒福德：《技术与文明》，陈允明等译，北京：中国建筑工业出版社，2009 年。

刘易斯·芒福德：《机器的神话（上、下）》，宋俊岭译，北京：中国建筑工业出版社，2015 年。

鲁道夫·阿恩海姆：《视觉思维：审美直觉心理学》，滕守尧译，成都：四川人民出版社，1998 年。

鲁道夫·阿恩海姆：《艺术与视知觉：视觉艺术心理学》，滕守尧、朱疆源译，北京：中国社会科学出版社，1984 年。

鲁道夫·瓦格纳：《晚清的媒体图像与文化出版事业》，赖芊晔等译，台北：传记文学出版社，2019 年。

罗杰·夏蒂埃：《书籍的秩序：14 至 18 世纪的书写文化与社会》，吴泓缈、张璐译，北京：商务印书馆，2013 年。

罗伯特·达恩顿：《阅读的未来》，熊祥译，北京：中信出版社，2011 年。

罗伯特·洛根：《理解新媒介：延伸麦克卢汉》，何道宽译，上海：复旦大学出版社，2012 年。

罗伯特·洛根：《字母表效应：拼音文字与西方文明》，何道宽译，上海：复旦大学出版社，2012 年。

诺曼·布列逊：《语词与图像：旧王朝时期的法国绘画》，王之光译，杭州：浙江摄影出版社，2001 年。

诺曼·布列逊：《视觉与绘画：注视的逻辑》，郭杨等译，杭州：浙江摄影出版社，2000 年。

马歇尔·麦克卢汉：《理解媒介：论人的延伸》，何道宽译，南京：译林出版社，2011 年。

马歇尔·麦克卢汉：《谷登堡星汉璀璨：印刷文明的诞生》，杨晨光译，北京：北京理工大学出版社，2014 年。

马克·波斯特：《第二媒介时代》，范静哗译，南京：南京大学出版社，2000 年。

马克·波斯特：《信息方式：后结构主义与社会语境》，范静哗译，北京：商务印书馆，2000 年。

马丁·肯普：《看得见的·看不见的：艺术、科学与直觉——从达·芬奇到哈勃望远镜》，郭锦辉译，上海：上海科学技术文献出版社，2011 年。

马尔科姆·巴纳德：《理解视觉文化的方法》，常宁生译，北京：商务印书馆，2005 年。

玛丽亚·露西娅·帕拉蕾丝－伯克编：《新史学：自白与对话》，彭刚译，北京：北京大学出版社，2006 年。

玛丽娜·弗拉斯卡－斯帕达、尼克·贾丁：《历史上的书籍与科学》，苏贤贵等译，上海：上海科技教育出版社，2006 年。

迈克尔·伍兹，玛丽·B. 伍兹：《古代传播技术——从象形文字到古代书卷》，蔡林翰译，上海：上海科学技术文献社，2013 年。

迈克尔·苏立文：《东西方艺术的交会》，赵潇译，上海：上海人民出版社，2014 年。

米切尔·斯蒂芬斯：《新闻的历史（第三版），陈继静译，北京：北京大学出版社，2014 年。

尼尔·波兹曼：《童年的消逝》，吴燕莛译，桂林：广西师范大学出版社，2004 年。

尼尔·波兹曼：《娱乐至死》，章艳译，桂林：广西师范大学出版社，2004 年。

尼尔·波斯曼:《技术垄断: 文化向技术投降》, 何道宽译, 北京: 北京大学出版社, 2007 年。

尼古拉斯·米尔佐夫:《视觉文化导论》, 倪伟译, 南京: 江苏人民出版社, 2006 年。

帕特里斯·费里奇:《现代信息交流史: 公共空间和私人生活》, 刘大明译, 北京: 中国人民大学出版社, 2008 年。

彭丽君:《哈哈镜: 中国视觉现代性》, 张春田、黄芷敏译, 上海: 上海书店出版社, 2013 年。

钱存训:《中国科学技术史·第五卷: 化学及相关技术·第一分册: 纸与印刷》, 刘祖慰译, 北京、上海: 科学出版社、上海古籍出版社, 1990 年。

乔纳森·克拉里:《知觉的悬置: 注意力、景观与现代文化》, 沈语冰、贺玉高译, 南京: 江苏凤凰美术出版社, 2017 年。

乔纳森·克拉里:《观察者的技术: 论十九世纪的视觉与现代性》, 蔡佩君译, 上海: 华东师范大学出版社, 2017 年。

让-弗朗索瓦·利奥塔:《话语, 图形》, 谢晶译, 上海: 上海人民出版社, 2011 年。

芮哲非:《谷腾堡在上海: 中国印刷资本业的发展(1876—1937)》, 张志强等译, 北京: 商务印书馆, 2014 年。

史蒂文·罗杰·费希尔:《阅读的历史》, 李瑞林等, 北京: 商务印书馆, 2009 年。

史蒂夫·莫滕森编选:《跨文化传播学: 东方的视角》, 关世杰、胡兴译, 北京: 中国社会科学出版社, 1999 年。

斯蒂文·罗杰·费希尔:《书写的历史》, 李华田等译, 北京: 中央编译出版社, 2012 年。

斯图尔特·霍尔:《表征——文化表象与意指实践》, 徐亮、陆兴华译, 北京: 商务印书馆, 2003 年。

史景迁:《利玛窦的记忆之宫: 当西方遇到东方》, 陈恒、梅义征译, 上海: 上海远东出版社, 2005 年。

托马斯·鲍德温等:《大汇流: 整合媒介、信息与传播》, 龙耕、官希明等译, 北京: 华夏出版社, 2000 年。

文森特·莫斯可:《数字化崇拜: 迷思、权力与赛博空间》, 黄典林译, 北京:

北京大学出版社，2010 年。

W. 本雅明：《机械复制时代的艺术作品》，王才勇译，杭州：浙江摄影出版社，1993 年。

W. J. T. 米歇尔：《图像理论》，陈永国、胡文征译，北京：北京大学出版社，2006 年。

W. J. T. 米歇尔：《图像学：形象、文本、意识形态》，陈永国译，北京：北京大学出版社，2012 年。

W. J. T. 米歇尔：《图像何求？——形象的生命与爱》，陈永国、高焓译，北京：北京大学出版社，2018 年。

汪德迈:《中国思想的两种理性: 占卜与表意》,金丝燕译,北京: 北京大学出版社，2017 年。

巫鸿：《重屏：中国绘画中的媒材与再现》，文丹译，上海：上海人民出版社，2009 年。

西皮尔·克莱默尔编著：《传媒、计算机、实在性：真实性表象和新传媒》，孙和平译，北京：中国社会科学出版社，2008 年。

伊丽莎白·爱森斯坦：《作为变革动因的印刷机：早期近代欧洲的传播与文化变革》，何道宽译，北京：北京大学出版社，2010 年。

杨晓能：《另一种古史：青铜器纹饰、图形文字与图像铭文的解读》，唐际根、孙亚冰译，北京：生活·读书·新知三联书店，2008 年。

约书亚·梅罗维茨：《消失的地域：电子媒介对社会行为的影响》，肖志军译，北京：清华大学出版社，2002 年。

余定国：《中国地图学史》，姜道章译，北京，北京大学出版社，2006 年。

詹姆斯·W. 凯瑞：《作为文化的传播》，丁未译，北京：华夏出版社，2005 年。

庄玉惜：《印刷的故事——中华商务的历史与传承》，罗宇正译，香港：三联书店（香港）有限公司，2010 年。

郑永年:《技术赋权: 中国的互联网、国家与社会》,邱道隆译,上海: 东方出版社，2014 年。

周绍明：《书籍的社会史：中华帝国晚期的书籍与士人文化》，何朝晖译，北京：

北京大学出版社，2009 年。

周永明：《中国网络政治的历史考察：电报与清末时政》，尹松波、石琳译，北京：商务印书馆，2013 年。

五、英文著作

Barbara Mittler *A Newspaper for China?: Power, Identity, and Change in Shangha's News Media, 1872—1912*, Harvard: Harvard University Asia Center, 2004.

Cynthia Brokaw, Christopher A. Reed ed., *From Woodblocks to the Internet: Chinese Publishing and Print Culture in Transition*, Leiden / Boston: Brill Academic Publisher, 2010.

Cynthia J. Brokaw and Kai-wing Chow, eds., *Printing and Book Culture in Late Imperial China*, Berkeley: University of California Press, 2005.

David Johnson, Andrew J. Nathan, and Evelyn S. Rawski ed., *Popular Culture in Late Imperial China*, Berkeley: University of California Press, 1985.

Dikötter F., *Things Modern: Material Culture and Everyday Life in China*, London: Hurst & Company, 2007.

Dikovitskaya, M., *Visual Culture: The Study of the Visual after the Cultural Turn.* Cambridge: The MIT Press, 2005.

Harriet Evans & Stephanie Donald, eds., *Picturing Power in the People's Republic of China: Posters of the Cultural Revolution*, Lanham: Rowman & Littlefield Publishers, Inc., 1999.

Han Si., *A Chinese Word on IMAGE: Zheng Qiao (1104—1162) and His Thought on Images*, Gothenburg: Acta Universitatis Gothoburgensis, 2008.

Harry Jamieson., *Visual Communication*, Chicago: University of Chicago Press, 2007.

John Naisbitt., *High Tech·High Touch, Technology and Our Search for Meaning*, New York: Random House, Inc. 1999.

Jarice Hanson., *Understanding Video, Applications, Impact, and Theory*, Newbury Park: The Sage Publications, 1987.

Joan Judge., *Print and Politics: 'Shibao' and the Culture of Reform in Late Qing China*, Stanford: Stanford University Press, 1997.

Joseph R. Dennis., *Writing, Publishing, and Reading Local Gazetteers in Imperial*

China, *1100—1700*, Cambridge: Harvard University Asia Center, 2015.

Kai-Wing Chow., *Publishing*, *Culture*, *and Power in Early Modern China*, Stanford: Stanford University Press, 2004.

Li Yu, *A History of Reading in Late Imperial China*, *1000—1800*, The Ohio State University, PhD dissertation, 2003.

Mao Lin Huang, Quang Vinh Nguyen, Kang Zhang, eds., *Visual Information Communication*, Berlin: Springer, 2010.

Marshall Mcluhan and Harley Parker, *Through the Vanishing Point: Space in Poetry and Painting*, New York: Harper & Row Publishers, 1968.

Max Loehr, *Chinese Landscape Woodcuts: From an Imperial Commentary to the Tenth Century Printed*, *Edition of the Buddhist Cannon*, Cambridge: Belknap Press, 1968.

Peter Burke ed., *New Perspectives on Historical Writing*, Philadelphia: Pennsylvania State University Press, 2001.

Robert E. Hegel, *Reading Illustrated Fiction in Late Imperial China*, Stanford: Stanford University Press, 1998.

Sol Worth, *Studying Visual Communication*, Philadelphia: University of Pennsylvania Press, 1981.

Thomas S. Mullaney, *The Chinese Typewriter: A History*, *Cambridge*: The MIT Press, 2017.

Rudolf G. Wagner, eds., *Joining the Global Public*: *Word*, *Image*, *and City in Early Chinese Newspapers*, *1870—1910*, Albany: State University of New York Press, 2007.

Xiaoqing Ye., *The Dianshizhai Pictorial: Shanghai Urban Life*, *1884—1898*, Michigan Monographs in Chinese Studies, 2003.

Xiantao Zhang., *The Origins of the Modern Chinese Press: the Influence of the Protestant Missionary Press in late Qing China*, London: Routledge, 2007.

Vinograd Richard., *Boundaries of the Self: Chinese Porttaits*, *1600—1900*, Cambridge: Cambridge University Press, 1992.

J. Van Loon, *Media Technology: Critical Perspectives*, Berkshire: Open University Press, 2008.

图书在版编目（CIP）数据

中国新闻传播技术史. 图像卷 / 韩丛耀主编；于德山编著. —南京：南京大学出版社，2024.3
ISBN 978-7-305-26975-2

Ⅰ. ①中… Ⅱ. ①韩… ②于… Ⅲ. ①新闻摄影—新闻事业史—研究—中国 Ⅳ. ①G219.29

中国国家版本馆CIP数据核字（2023）第095769号

出版发行 南京大学出版社
社　　址 南京市汉口路22号　　邮　　编 210093

ZHONGGUO XINWEN CHUANBO JISHU SHI TUXIANG JUAN
书　　名 中国新闻传播技术史·图像卷
主　　编 韩丛耀
编　　著 于德山
责任编辑 潘琳宁

照　　排 南京紫藤制版印务中心
印　　刷 南京新世纪联盟印务有限公司
开　　本 787 mm × 1092 mm 1/16开　　印张 25.75　　字数 389千
版　　次 2024年3月第1版
印　　次 2024年3月第1次印刷
I S B N 978-7-305-26975-2
定　　价 198.00元

网　　址 http://www.njupco.com
官方微博 http://weibo.com/njupco
官方微信 njupress
销售咨询（025）83594756